最新 はじめての妊娠&出産

監修／北川道弘
国立成育医療研究センター　副院長

主婦の友社編

これから始まる〝妊婦〟としての物語。どんどんママとして成長します

とパパ

初めて、「赤ちゃんできたかも」と思った瞬間から、妊娠中のストーリーは始まります。

ふたりのかわいい赤ちゃんをおなかの中で育てる時間。

ハッピーな日々が待っています。

妊娠判明期

生理が遅れてる!?と思ったら、赤ちゃんできたかも

赤ちゃん、できたかも……。
うれしい！かもしれないし、
とまどうかもしれません。
生理が遅れている、
基礎体温が高いまま、
いろいろサインがあるけれど、
まずは産婦人科で
チェックしてもらうことから
スタート！

妊娠初期

つわりがあるのも、だるいのも、おなかの赤ちゃんが元気な証拠

妊娠スタート、うれしいのもつかの間、実は
気持ち悪かったり、だるくてやたら眠かったり。
でも、それはぜーんぶ赤ちゃんがおなかに
やってきたから起こる変化。すぐに元気になりますよ。

妊娠中期

おなかもふっくらしてきた! 妊娠黄金期、楽しみます♪

つわりも終わって、
だんだんおなかもふくらんで、
マタニティマークをつけていなくても
妊婦さんってわかるころ。
いつどこにいても、ひとりじゃない
って、不思議な感じ。
力強くて楽しくて。
キラキラの妊娠生活です♪

出産・誕生

いよいよ、赤ちゃんとの対面。
陣痛なんてなんのその!

「案ずるより産むがやすし」、
これは、お産のときの
言葉だった！とあらためて実感する
その瞬間。
痛いし苦しい時間は、
振り返ったらあっという間の
できごと。ここを乗り越えたら、
無上の感動が待っています！

産後・育児スタート

ちっちゃい赤ちゃんとの
ドキドキな生活が始まります

赤ちゃんが生まれたばかりなら、
ママだって誕生したばかり。
わからないこと、とまどうことがあって当然。
ドキドキ・ワクワクしながら、
ゆっくり楽しく家族になっていこうね！

妊娠後期

大きなおなかでも、
体はたくさん動かします☆

そろそろ妊娠生活も終盤。お産の準備
心も体も、生活面でも仕上げに入ります。
おなかが大きくて、呼吸もふぅふぅしちゃうけど、
あともう少しで赤ちゃんに会える！
最後まで元気に過ごしたい時間です。

妊婦の体は、こう変化する

妊娠中の体は、ただおなかが大きくなる
だけじゃありません。まずは見た目から、
どこがどんなふうに変化するのか見てみましょう。

おなかが大きくなることで起こる変化

子宮が大きくなることで、
見た目の変化だけでなく、
体調にもいろいろな変化が起きます。
マイナートラブルもありますが、
赤ちゃんがすくすく育っている
証拠でもあります。

足がむくむ

足の静脈は、下半身の血液を上半身に押し戻しますが、途中で大きな子宮に圧迫されて、足が生理的にむくみやすくなります。ただ、病的なむくみの場合も。

妊娠線ができる

おなかが大きくなるスピードに、皮膚の伸びがついていけなくなると、真皮の部分に断裂ができます。これが妊娠線。体重が急増しないように気をつけて、保湿をしっかり！

便秘になる

子宮のすぐ後ろには、直腸があります。子宮が大きくなれば当然圧迫されて、便秘になります。また、黄体ホルモンの影響でも便秘に。便秘解消も妊娠中の大事なテーマ。

赤ちゃんが育つ

むしろ、赤ちゃんが育つことで、おなかが大きくなるのですが、最大で最高の変化です。赤ちゃんだけじゃなく、胎盤・羊水なども重量がふえます。

眠りが浅くなる

おなかが重いせいもあり、大きくなったおなかの中の赤ちゃんの動き（胎動）のせいもあり、臨月には眠りが浅くなることも。ただ、これは産後の育児に慣れるための訓練、という説も。

胃炎が起きやすい

子宮は前にせり出すだけじゃなく、上のほうにも大きくなります。胃袋がぐっと押し上げられて、消化機能も落ちやすくなります。消化のいいものを、よくかんで食べて！

腰が痛くなる

大きなおなかを支えようとする背骨から骨盤にかけて、負担がかかるようになります。腹帯を使ったり、ストレッチをしたり、腰痛とうまくつきあっていきましょう。

おなか以外も変わっていく！

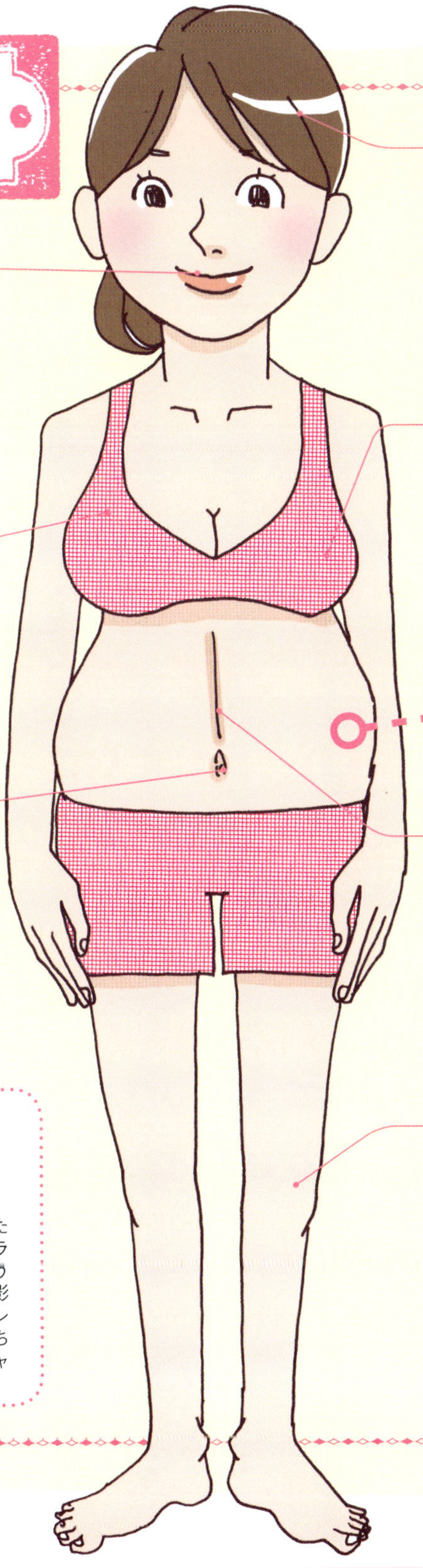

歯と歯ぐき

免疫が落ちて、歯ぐきははれやすく

妊娠中カルシウムをうばわれて歯がもろくなる、というのはウソ。でも歯ぐきがはれやすくなるのはホント。産後に備えて歯科検診も受けて！

おっぱい

乳腺が発達して2カップは大きくなる!?

産後、赤ちゃんへの栄養補給源・乳房も大きくなります。人生最大の巨乳になれるチャンス!?　フィットする下着選びも忘れずに。

おへそ

妊娠後期にはおへそが消える!?

おなかが大きくなると、皮膚が引っぱられておへその底が見え始め、ついにはおへそが消えたり、出べそになったり！　産後はもちろん戻ります。

気持ちの変化

ホルモンの影響もあって、とてもデリケートな心に

理由もなくメソメソしがちだったり、ちょっとしたことでイライラしたり、なんにでも感動するようになったり。これもホルモンの影響ですが、実は本心に何かストレスがあるせいかも。自分の気持ちを冷静に分析して大人になるチャンスです！

髪と肌

乾燥したり、うるおったり個人差あり

妊娠中は、ホルモンバランスが大きく変化します。肌も髪もホルモンのバランスが影響するので、今までと違うコンディションに。

乳首

乳輪が大きくなり色が濃くなる

乳房全体のボリュームだけではなく、乳首もボリュームアップ。色が濃くなるのは、赤ちゃんに吸われたときのために皮膚が強くなる証拠。

正中線

体の中心を走る線が色濃くなります

妊娠線とは別に、体の中央を走る正中線がくっきり濃くなることが。体の色素が濃くなる現象です。産後は消えていきます。

体毛

ホルモンの影響で全身の体毛に変化が

個人差がありますが、体毛がすごく濃くなったり、逆に脱毛もしていないのに、ツルツルになることも。髪質も含めて、激動の時期です。

体の中の大きな変化

子宮がどこにあって、どんな形か、今まで意識したことも
なかったかもしれません。妊娠に関する体の部分の名称は、
ちょっとむずかしそうですが、覚えておくと、妊娠のことがよくわかります。

子宮

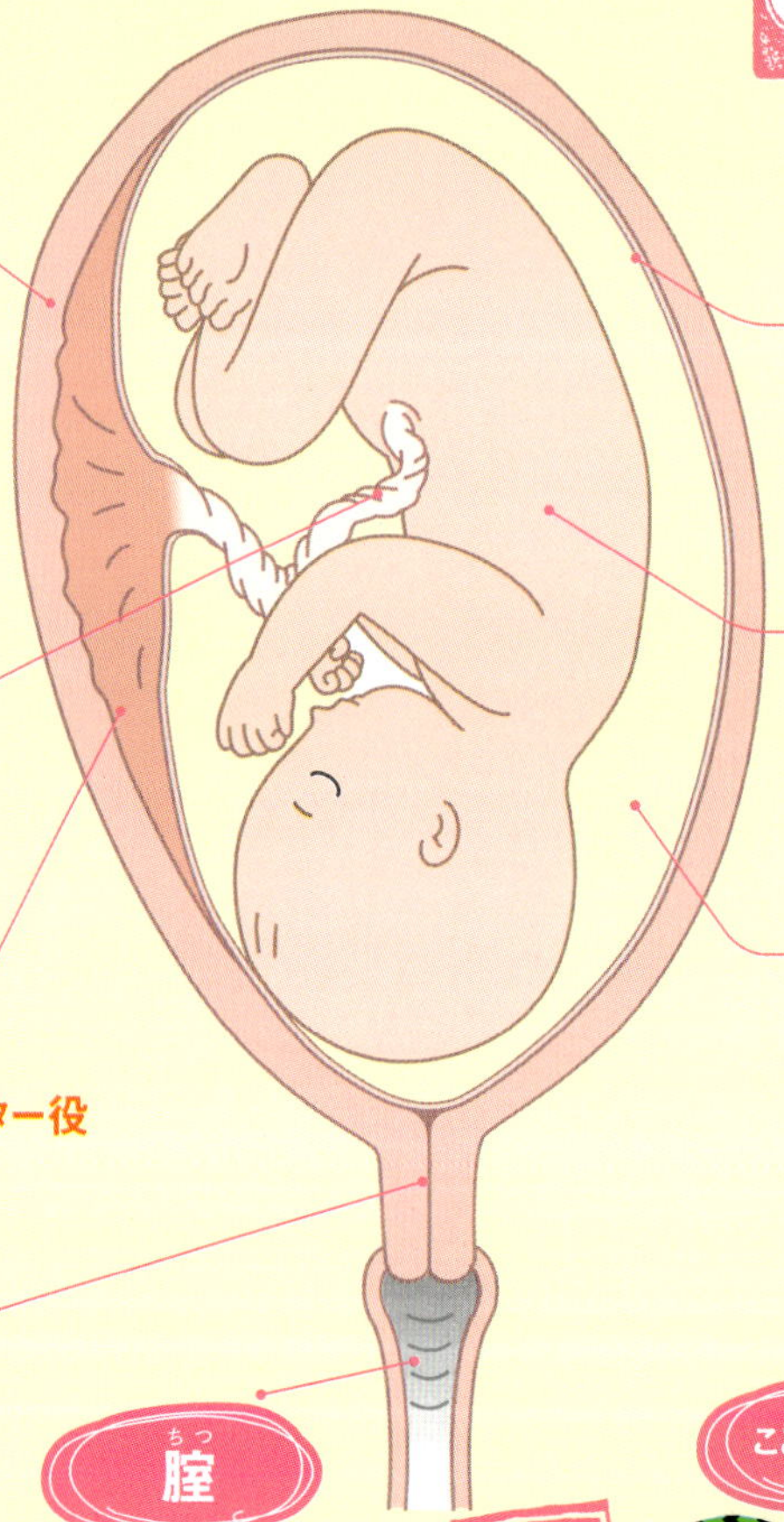

子宮《しきゅう》本体

筋肉でできた袋が子宮

収縮自在の筋肉でできているのが、子宮の本体。子宮体部と頸部があり、大部の袋の中に赤ちゃんが宿ります。

臍帯《さいたい》(へその緒)

まさに赤ちゃんの命綱

胎盤《たいばん》

赤ちゃんとママの間のフィルター役

子宮頸管《しきゅうけいかん》

ここが開くと生まれちゃう!

妊娠していないときの、子宮頸管の平均的な長さは約40㎜。ここが短くなったり、開いてくると早産に。

膣《ちつ》

外界と子宮をつなぐ道

卵膜《らんまく》

3層構造の丈夫な膜

胎児《たいじ》(赤ちゃん)

臨月まで大きくなります

羊水《ようすい》

赤ちゃんを守るプール

羊水は外からの衝撃から赤ちゃんを守る役割も果たしています。赤ちゃんは、羊水にプカプカ浮いています。

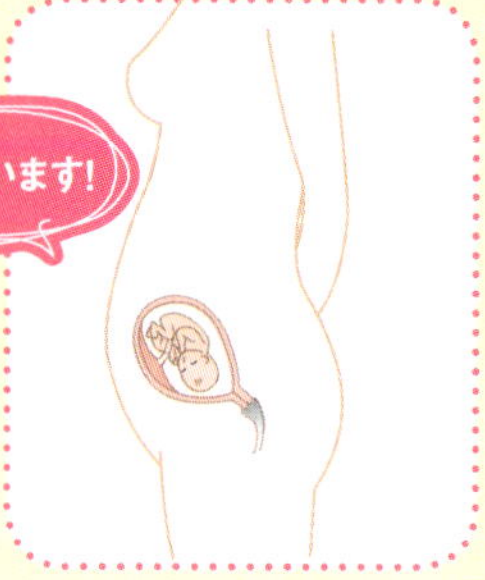

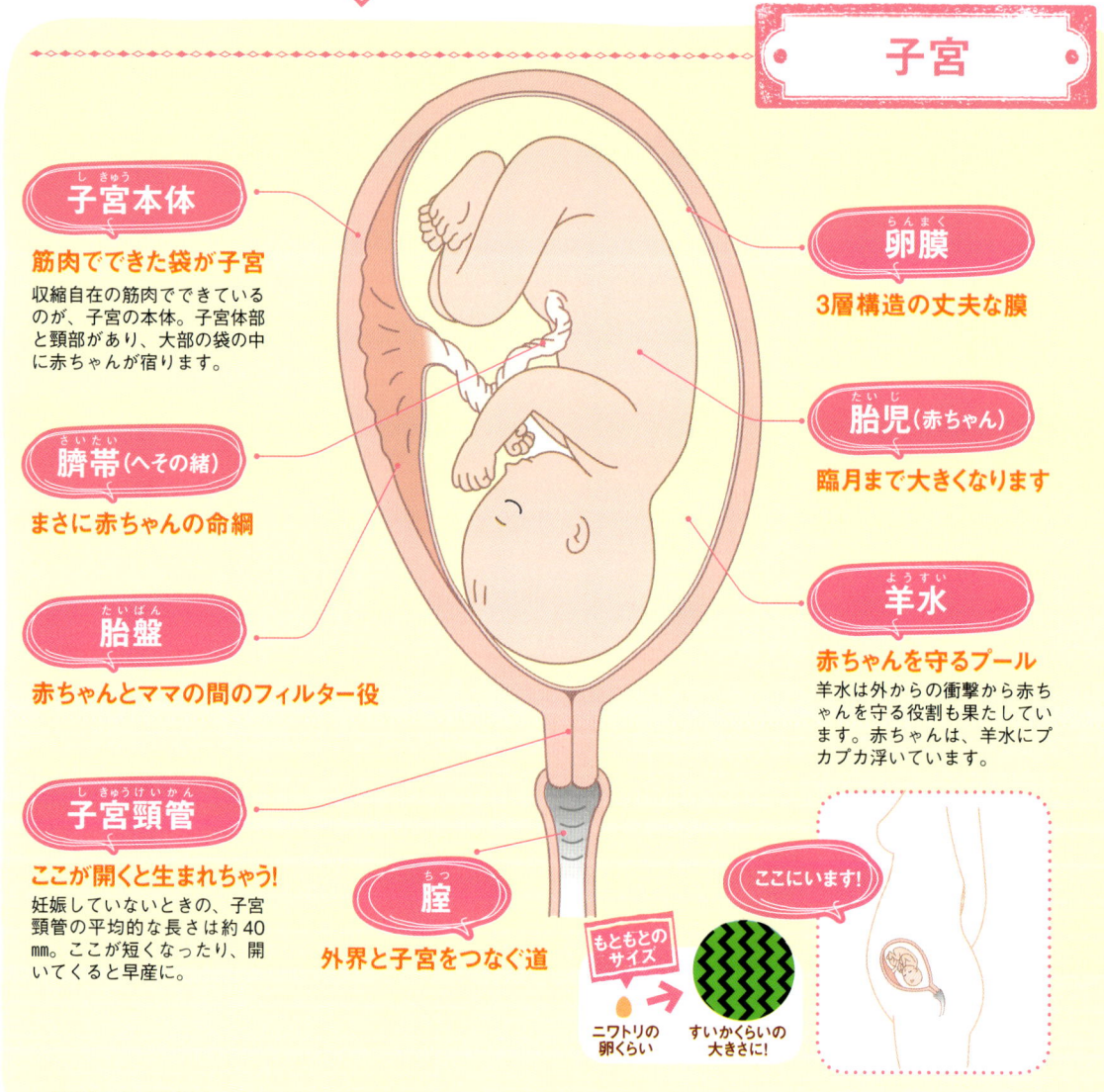

子宮の中では

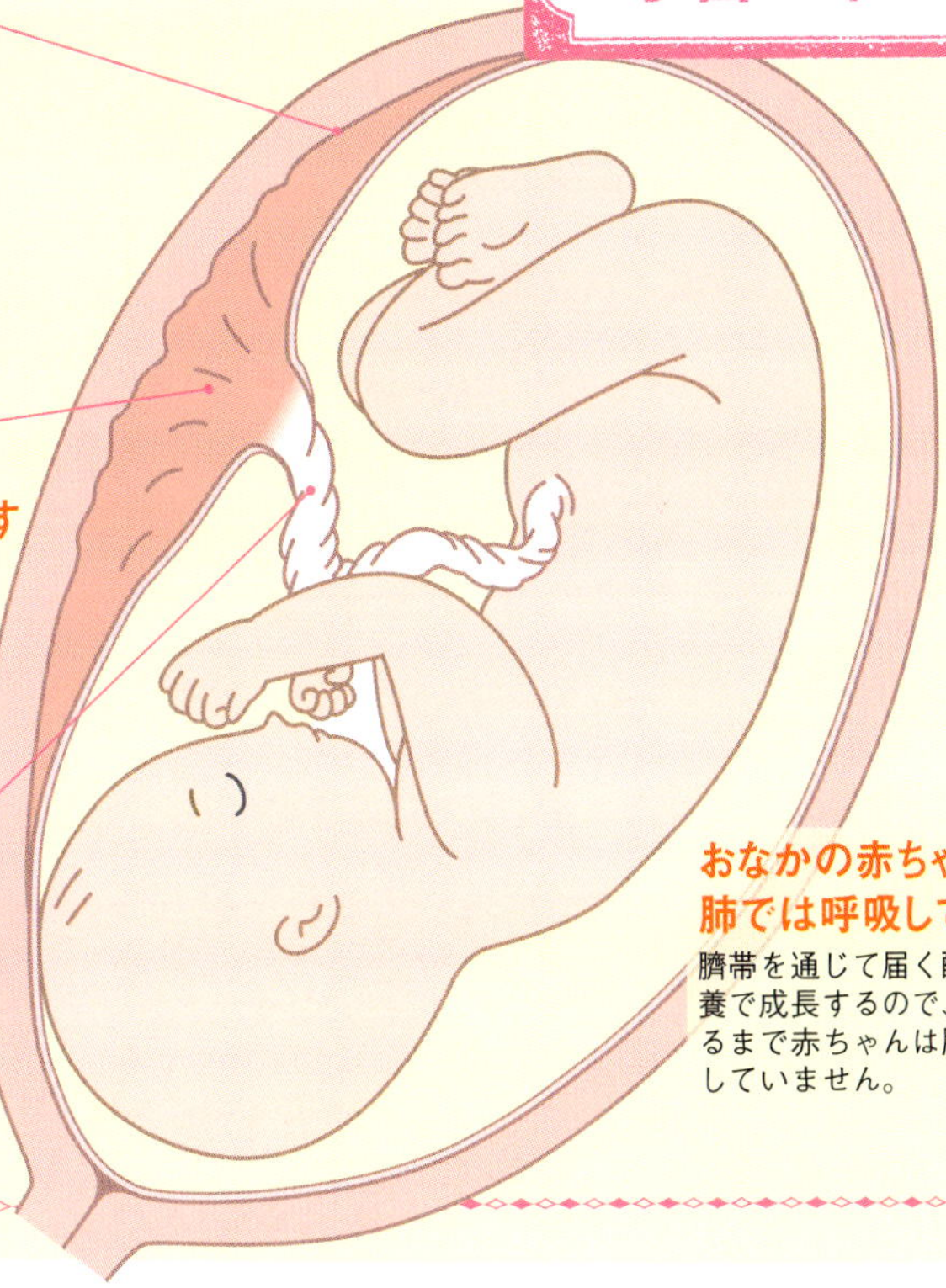

卵膜《らんまく》

羊水と赤ちゃん、胎盤を包んでいます

卵膜はとても丈夫な膜。薄いのに３層構造です。赤ちゃんがどんなにけっても破れませんが、菌に感染すると破れます。

胎盤《たいばん》

胎盤はフィルター役。酸素と栄養分を届けます

胎盤は血管の集合体。ママの血液に乗ってきた酸素や栄養分はここを通って赤ちゃんに送られ、赤ちゃん側からは、二酸化炭素や老廃物がママ側に戻されます。

臍帯《さいたい》（へその緒）

へその緒には血管が通っています

栄養と酸素、老廃物が行き来するパイプラインです。２本の臍動脈と１本の臍静脈が通っていて、その周りはゼラチン質の物質で保護されています。非常に弾力があります。

おなかの赤ちゃんは肺では呼吸していません

臍帯を通じて届く酸素と栄養で成長するので、誕生するまで赤ちゃんは肺呼吸をしていません。

乳房の中では

乳腺が急速に発達。だからどんどん大きくなる!

妊娠中期くらいまで、おなかよりもおっぱいのほうが大きくなる人もいるくらい、産後のためにおっぱいも変わっていきます。大きくなるのは、単純に脂肪がふえるだけでなく、乳腺が発達するため。血液中の栄養分が乳腺・乳腺葉の中で乳汁に変わるため、乳腺がどんどん発達していくのです。まさに着々と母乳工場の準備が進められているのです。

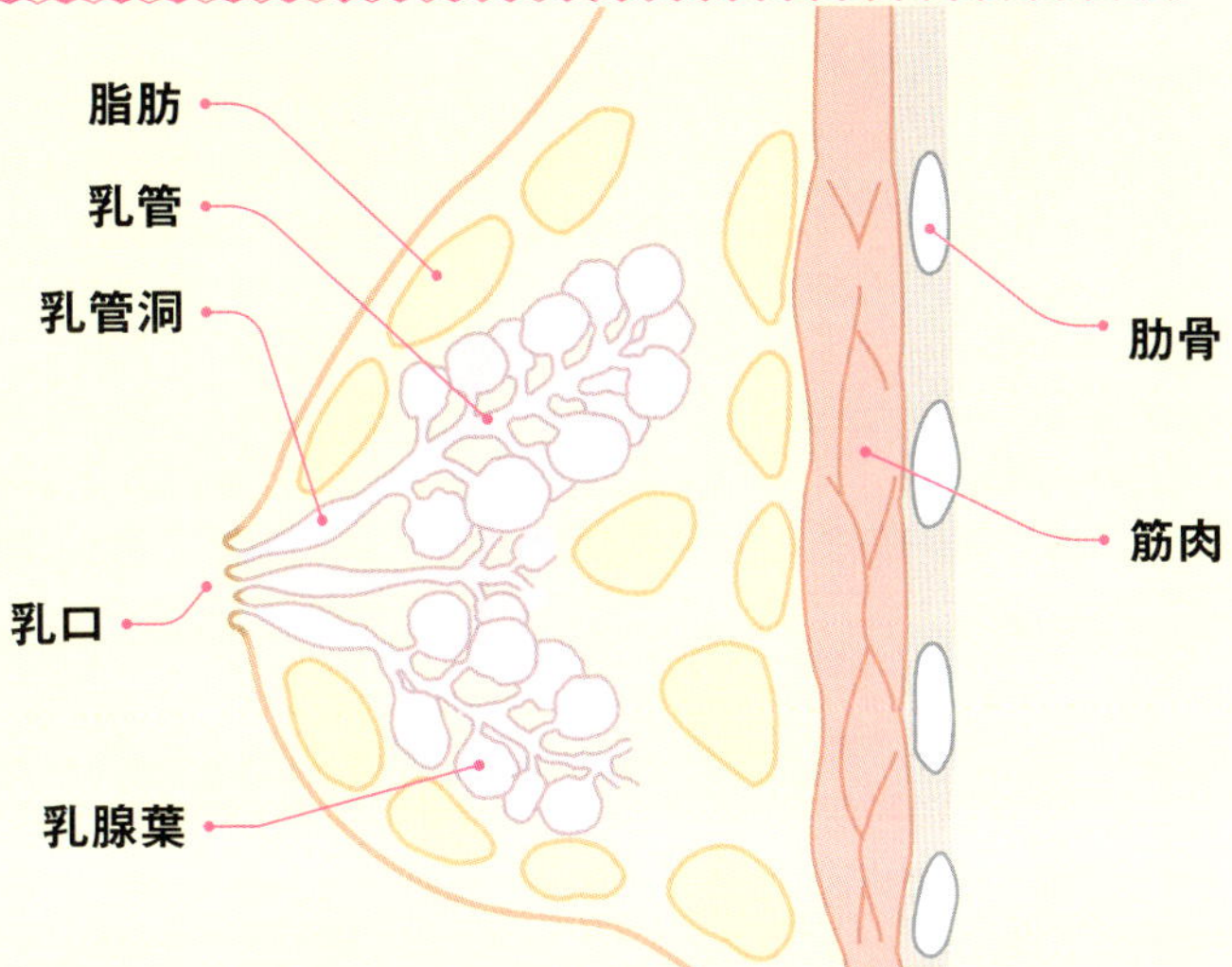

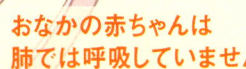

スケジュール

おなかの中で育つ命は神秘的。どんなふうにして成長して、
誕生のときを迎えるのでしょう。そして今、おなかの中では
どんなドラマが起こっているのでしょうか。見てみましょう。

3週

卵管を転がりながら
子宮まで到着。
子宮内膜のベッドに
着床します。

2週

排卵されて、精子と
出会った瞬間から、
どんどん細胞分裂
スタート！

1週

赤ちゃんのもとになる
卵が、排卵される
準備中！

0週

妊娠前最後の月経中。
まだ赤ちゃんの影も
ありません。

妊娠判明のころ

このころの赤ちゃんの大きさ

まだ肉眼では
見えないくらい小さい

妊娠3週ごろの卵

**卵は子宮に着床して、
妊娠が成立します**

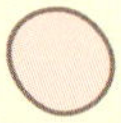

ママが気づく前から、赤ちゃんの成長はスタート

まだ赤ちゃんとは呼べない卵《らん》ですが、命はスタートし始めます。卵巣から飛び出し（排卵）、パパになる人の精子と出会った瞬間から、細胞分裂が始まり、いちばん大事な神経細胞の根幹にあたる部分が作られ始めます。赤ちゃんがほしくて待っている人は、この期間は体を大事にして。

すごい
スピードで、
細胞分裂中!

ママになる心と体

NG

ストレスのたまる生活

精神的なストレスは、体にも影響します。ストレスがたまると、血行が悪くなり、赤ちゃんにエネルギーを送り込むこともむずかしくなります。生活リズムも見直しを。

お酒を飲む・タバコを吸う

できれば、妊娠がわかる前にストップしておきたいのがタバコとアルコール。赤ちゃんがほしいなら、特に妊娠がわかる前から禁煙・禁酒をスタートしましょう。

OK

ふだんどおりの生活で大丈夫

まだつわりもないし、前半2週は赤ちゃんのもとになる卵もできていません。赤ちゃんを待ち望んでいる人も、特別なことはしないでふだんどおりに過ごすことがベストです。

葉酸をたくさんとりましょう

まだ本当に小さい胎児の芽ですが、すごい勢いで神経細胞ができつつある時期です。葉酸を意識してたっぷりとりましょう。葉酸がうんと足りないことが、赤ちゃんに影響します。

サイズの目安

体重

体重は
まだ変化しません

子宮底長

子宮底長は、
まだはかりません

おなかの赤ちゃん成長見通し

妊娠2カ月のころ

4週
月経がくるはずの日が
すでに妊娠４週０日に
あたります。
まだ赤ちゃんは「胎芽」。

5週
妊娠に気づくころ。
妊娠判定薬で
わかったら、早めに
産婦人科へ、Go!

6週
微熱っぽくて、
体がだるいことも。
でも、それが
妊娠のサイン。

7週
ほんの少し、出血する
こともありますが、
痛みがなければ
大丈夫でしょう。

このころの赤ちゃんの大きさ

頭殿長	7週ごろで約9㎜前後
体重	約1～4g
大きさ・重さの目安	ぶどう1粒くらい

※頭殿長は、頭からおしりまでの長さ。

すでに
目や耳、口などの
顔の器官も

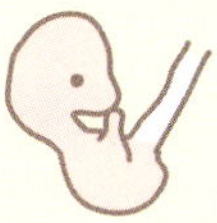

実はまだ、
魚に近い状態。
しっぽらしき
ものも

心臓や
神経が、
でき始めます

やっと小さな命が、超音波で確認できるころ

まだまだうんと小さな命ですが、ママのおなか・子宮までたどり着きました。子宮外妊娠にならず、ここまできたら妊娠の最初のステップ完了。まだ胎盤もできていないし、流産する可能性も高い時期ですが、ママはふだんどおりの生活で無理をしないで過ごしましょう。

ママになる心と体

NG

まだ産婦人科には行かなくていい

妊娠判定薬で妊娠反応はわかりますが、子宮外妊娠の可能性もなくはありません。必ず産婦人科を受診して、妊娠を確認してもらいましょう。特に経産婦さんの勝手な判断は禁物。

サプリメントをたくさん飲む

妊娠前から飲んでいたサプリメントがあるなら、内容を見直しましょう。特に、ビタミンＡやイソフラボンを大量にとりすぎると、おなかの赤ちゃんにも影響します。

OK

眠くてだるいときは寝る

妊娠して、体は急激に変化します。眠かったりだるいのは当然のこと。仕事でがまんすることもあると思いますが、できるだけ横になったり昼寝をして体を休め、赤ちゃん優先に。

少量の出血があることも

着床するときなどに、少量の出血をすることがあります。これは心配のない出血ですが、自己判断はできません。出血したら、必ず医師に相談を。

サイズの目安

体重

体重は
まだ変化しません

子宮底長

子宮底長も
はかりません

妊娠3カ月のころ

8週
早い人はそろそろ
つわりがスタート。
リラックスが
いちばん大事。

9週
うんと小さいけれど、
心臓がトクトク動いて
いることがはっきり
わかるころです。

10週
赤ちゃんの心拍が
確認されたら、
だいぶ流産の可能性も
低くなります。

11週
つわりがある人は
本格的に。
食べられるものを
食べて乗り切って！

このころの赤ちゃんの大きさ

頭殿長	10週で20～35㎜
体重	約20g
大きさ・重さの目安	いちご1粒くらい

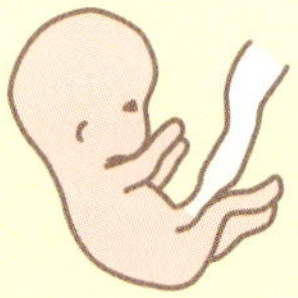

目鼻の形も
はっきりし、
あごのラインも
シャープに

手足を、
反射的に
動かすことが
できます

えらやしっぽが
消えて、
「胎芽」から
「胎児」へ

赤ちゃんがしっかりとママの子宮で育ち始めます

胎盤のもとになる、絨毛がものすごい勢いで子宮内膜に根を張っていきます。ママになる体としては、大きな変化をするときなので、だるかったり眠かったりする人も多いでしょう。その分赤ちゃんのエネルギーが大きいということ！　つわりも赤ちゃんの元気の証拠と受け止めて。

ママになる心と体

NG

つわりがないから無理をする

つわりがない人はとてもラッキーですが、おなかに赤ちゃんがいる、という感覚が薄くて無理をしがちかもしれません。おなかを意識して、今までより少しペースダウンした生活を心がけて。

体を冷やす

初期だけでなく、今後ずっとですが、とにかく体を冷やさないことが大切。暑いのに無理に着こむ必要はありませんが、首や足首など、冷やすと血行が悪くなるポイントは、しっかりカバー。

OK

つわりがつらいときは受診する

激しいつわりで水を飲んでも吐いてしまうような場合は、脱水になることがこわいので、健診でなくても受診しましょう。場合によっては、点滴を受け、水分と栄養を補給することも。

食べられるものを食べられるだけ

つわりがつらい時期は、食べられるものを食べられるときに食べられるだけ、が鉄則。つわりが落ち着いたら、またバランスのいい食生活に戻すようにすれば、今はOKです。

サイズの目安

体重

体重は
まだ変化しません

子宮底長

子宮底長も
はかりません

妊娠4カ月のころ

12週
仕事を続ける人は、
上司への報告を。
社会人としての
マナーを忘れずに。

13週
母子健康手帳は
手に入れましたか？
まだの人、急いで！

14週
分娩予約を
すませましょう。
人気の産院ほど早めに。

15週
ほとんどの人が
つわりが終わります。
バランスのいい
食事を再開！

このころの赤ちゃんの大きさ

頭殿長	13週ごろで5～7㎝
体重	約100g
大きさ・重さの目安	キウイ1個くらい

羊水の
においや味も
感じ始めます

胃、腎臓、膀胱
などの
内臓器官が
ほぼ完成

5本の指も
でき上がり、
握ったり
開いたり

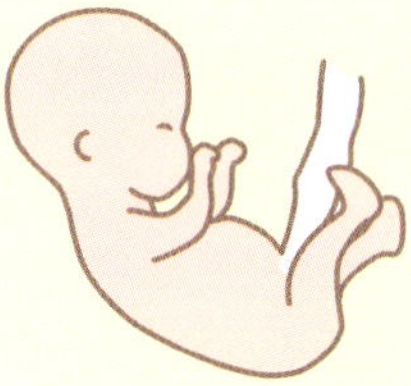

超音波でかわいい姿が見られます

心臓だけトクトク動いていた姿から、ぐっとヒトらしい形になるこのころ。手足はもちろん、指もでき上がり、クルクルと動く姿が見られます。パパもいっしょに健診に行くと、赤ちゃんを家族として迎える気分がいっそう盛り上がります。腎臓ができるので、排尿も。

ママになる心と体

NG

いつまでもつわりモード

症状がごくきつい人をのぞいて、そろそろつわりも卒業のころ。つわりモードに甘えて、偏った食事をし続けるのはNG。無理をする必要はありませんが、バランスのいい食事を再開しましょう。

母子健康手帳をもらわない

母子健康手帳には、妊娠・育児の情報も満載されていて、自分の妊娠の経過が記入されるので、万が一のときにも役立ちます。ママの名字が変わってももちろん使えるので、早めに。

OK

早すぎません！分娩予約を

すでに分娩予約をした人も多いでしょう。選択肢がある地域や里帰り出産では迷うかもしれませんが、なるべく早く予約を。最終的に決定した産院以外の予約は、早めにキャンセルを。

マタニティショーツにはき替える

布面積が小さいショーツはそろそろ卒業。まだおなかは出ていないけど、大事な命を守るためにも、保温力のある下着にかえていきましょう。はき心地がとてもいいので、手放せなくなります。

サイズの目安

体重
＋1kg

子宮底長
9～13㎝

妊娠5カ月のころ

16週
少しおなかが
ふっくら。妊婦さん
としての自覚も
スタート。

17週
胎盤が完成して、
安定期に。
無理は禁物だけど、
生活を楽しんで♪

18週
スポーツが苦手でも、
ウォーキングなら
できるかも！
挑戦しましょう。

19週
おなかだけじゃなく、
胸もサイズアップ。
ふっくらと守って
くれるブラを選んで。

このころの赤ちゃんの大きさ

体長	約25cm
体重	約300g
大きさ・重さの目安	りんご1個くらい

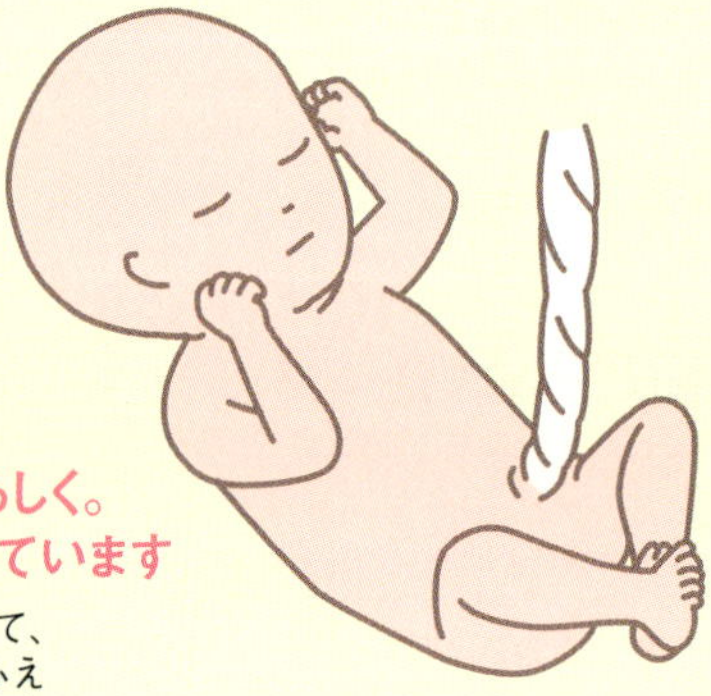

五感をつかさどる「前頭葉」ができ上がります

産毛が生えて、髪やまゆも生え始めます

目が動く様子が超音波で見えることも

赤ちゃんはますますヒトらしく。活発に羊水の中で動いています

胎盤から栄養と酸素をもらって、羊水（尿）を排出して羊水がふえて、赤ちゃんだけじゃなく、子宮はどんどんふくらみます。アクティブに過ごすことができる時期「安定期」に入りますが、ひき続き無理はしないで過ごしましょう。早い人は胎動を感じ始めます。

ママになる心と体

NG

胎動がまだない…とクヨクヨ

胎動を感じ始める時期には個人差があります。まだ胎動がない、とクヨクヨすることはありません。気分をゆったりかまえることは、元気な育児の第一歩にもつながります。

安定期だからと無理して仕事

働く妊婦さんは、つわりでペースダウンした分をとり戻そうと無理をしがちかもしれません。ハードな出張や深夜残業は避けられるように、仕事のしかたをかえることも大切！

OK

おなかに向かって話しかける

聴力が完成するのはもう少し先ですが、ママの話しかける言葉は赤ちゃんにとって、格別のこと。おなかに手を当てて、「おはよう」「おいしいね」など、話しかけてみましょう。

ウォーキングなどを始める

体調と相談しながらですが、体を動かすこともスタートしましょう。スポーツが苦手だった人は無理をしないで。逆に運動したい人も、軽いウォーキングや水泳からスタートを。

サイズの目安

体重
+2kg

子宮底長
14～17cm

妊娠6カ月のころ

20週
赤ちゃんは羊水の中で元気に動いています！胎動もくっきり感じるように。

21週
働いている人は時差通勤もおすすめ。人混みは避けて過ごしましょう。

22週
耳も聞こえ始めます。パパママふたりでいっぱい話しかけて！

23週
赤ちゃんはだんだん毛深くなっていくころです。ママも毛深くなることが！

このころの赤ちゃんの大きさ

体長	約30～33㎝
体重	約500～600g
大きさ・重さの目安	夏みかん2個くらい

内耳がほぼ完成。音が聞こえ始めます

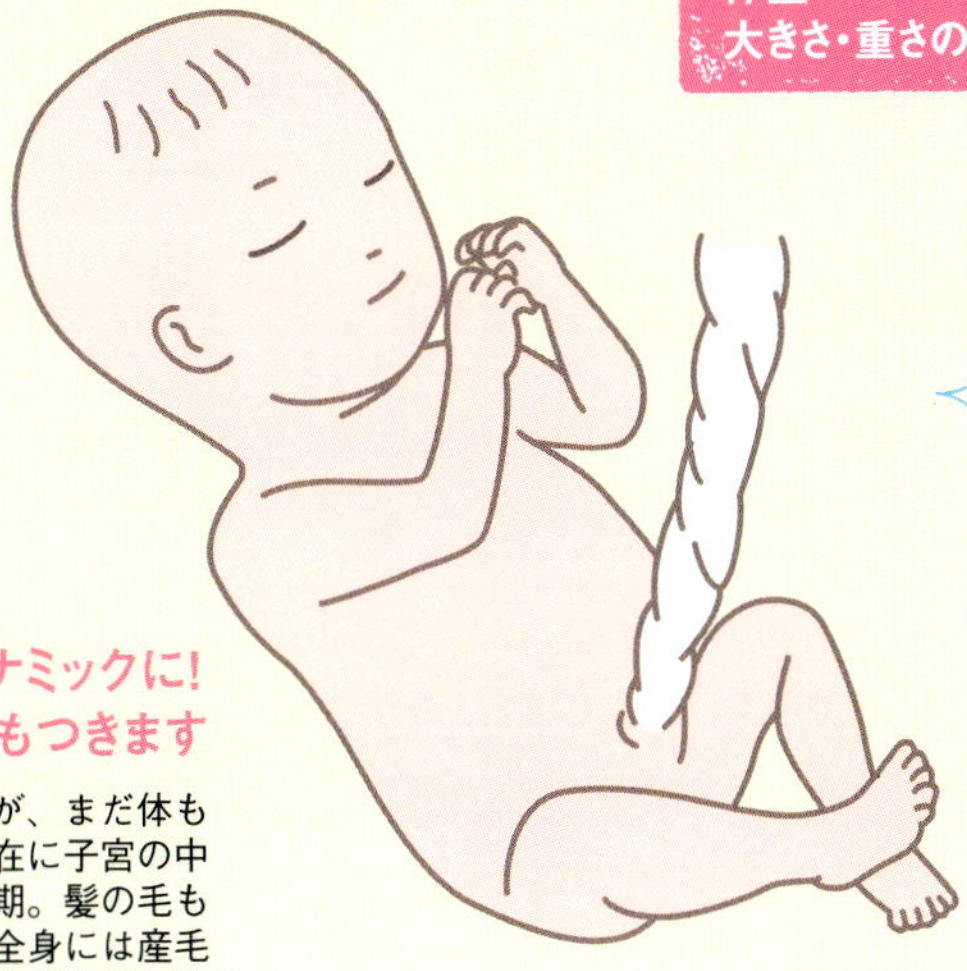

口をパクパクして羊水を飲む様子も

骨格や筋肉が発達してきます

胎動がよりダイナミックに！自由に動ける力もつきます

羊水の量はふえますが、まだ体も小さいので、自由自在に子宮の中を動き回っている時期。髪の毛もだんだん生え始め、全身には産毛も生えます。脂肪はまだ皮下脂肪ではなく、体の表面を覆うようにつきます。外性器がくっきりわかるようになり、超音波診断で性別がわかり始めるころです。

ママになる心と体

NG

体重管理をがんばりすぎる

妊娠中、体重がふえすぎるのはNGですが、ふえないのもダメ。ダイエットなんてもってのほか。おなかの赤ちゃんも成長できません。バランスよくきちんと食べることが第一です。

ハイヒールを履く、自転車に乗る

おなかが大きくなると、姿勢のバランスがとりにくくなり、転びやすくなります。安定期とはいっても、おなかを強く打つのは絶対避けたいこと。転ぶ可能性は極力低くして。

OK

歯科検診を受ける

産後はなかなか歯科に通う時間の余裕がとれません。おなかが大きくなると、あおむけで長時間の治療を受けるのも苦しくなるので、ぜひ今のうちに歯科検診へ行きましょう。

エステやマッサージに行きたい

エステティックやマッサージは、おなかの赤ちゃんには影響しません。妊娠中であることを伝えて、妊婦さんもOKな施設なら、ママのリラクゼーションはとてもいいことです。

サイズの目安

体重
+3kg

子宮底長
18~21cm

妊娠7カ月のころ

24週
赤ちゃんにも
生活リズムが。
短時間周期で寝たり
起きたりしています。

25週
超音波に映るのは、
体のパーツごとに
なってきます。
大きくなったね！

26週
聴力がほぼ完成。
おなかの中で
光も感じ始めます。

27週
おなかの中で
あくびをしたり、
指しゃぶりしたり。
しゃっくりも！

このころの赤ちゃんの大きさ

体長	約32～35㎝
体重	約800～1000g
大きさ・重さの目安	メロン1個くらい

視覚も発達して、光を感じるように。まばたきも!
鼻の穴も開通。赤ちゃんらしい顔立ちに
自分の意思で、体を動かします

これから各機能がどんどん成長していきます

数字のうえでは、妊娠22週以降は、子宮の外に出ても生きていける確率が高くなるときですが、心肺機能も内臓も、これから発育していく時期。ママはしっかり栄養をとり、適度に運動して。医師の指示があるときは従いながら、妊婦生活を楽しみましょう。

ママになる心と体

NG

トイレをがまんする

だんだん子宮が大きくなって、膀胱も圧迫されます。頻尿になりますが、トイレはがまんしないで、できるだけ頻繁に行きましょう。がまんすると膀胱炎の原因にもなります。

新しい化粧品を突然使う

ホルモンバランスの変化で、皮膚が敏感になるのが妊娠中。これまでの化粧品が合わなくなることも。新しい化粧品を使うときは、ひじの内側などでテストしてから使いましょう。

OK

こまめに水分を補給する

おなかに静脈が圧迫されることで、足がむくむことも。むくむからと水分を控えるのは逆効果。適度な水分補給を心がけて、体内の水分循環をよくしましょう。塩分は控えめに。

体がかたくてもストレッチする

マタニティスポーツをする時間がなくても、体をほぐすようなストレッチをしてみましょう。筋肉をゆっくり伸ばすと、心拍が上げるような運動でなくても血行がよくなります。

サイズの目安

体重
＋4～4.5kg

子宮底長
22～24cm

妊娠8カ月のころ

31週
胎動が強くなってきて、痛いことも！
赤ちゃんは筋肉も発達中です。

30週
そろそろ産休に入る人は、引き継ぎや片づけを進めましょう。

29週
腰痛対策にもストレッチを。
あたためることもいい対策です。

28週
おなかがずんと大きく重くなった分、赤ちゃんもすくすく成長中です！

このころの赤ちゃんの大きさ

体長	約40～41㎝
体重	約1200～1700g
大きさ・重さの目安	梨3個くらい

骨格がほぼ完成。
脂肪もつき始めます

動きはますます力強く活発に

おなかの中での姿勢が定まってきます

赤ちゃんの体がどんどん大きくなってくる!

このころになると、筋肉が発達し、骨格も完成に近づきます。羊水の中で自由に動き回れるスペースが、赤ちゃんの体の割合からすると狭くなってきて、手足を動かせる範囲が決まってきて、胎動を感じる位置が一定になってくるでしょう。内臓機能もかなり発達してきます。

ママになる心と体

NG

模様替えで家具を移動させる

重いものを持ったり押したりすると、おなかに力が入り、子宮収縮も起こします。ベビースペースをつくる模様替えは夫にまかせて。早産が、赤ちゃんにはいちばん困ることです。

シートベルトはしなくていい

おなかが大きくて苦しいからと、シートベルトをはずしていませんか？　交通事故で命を守るためにも、車に乗るときは、おなかを避けるように工夫してシートベルトは着用を。

OK

里帰り予定の人は、移動を

飛行機を利用して移動するような場合は、このころには里帰り先に移動しましょう。航空会社によっては、妊娠９カ月以降は医師の診断書が必要なことも。調べておきましょう。

おなかの大きさは個人差。気にしない

ママのおなかの大きさは、実際の赤ちゃんの大きさにはあまり関係がありません。健診で赤ちゃんが週数相当に成長していれば、見た目の大きさは気にしなくてOKです。

サイズの目安

体重
＋5～5.5kg

子宮底長
25～28㎝

妊娠 9カ月のころ

32週
超音波に写る姿も
ふっくらとしてきます。
顔立ちも
赤ちゃんらしく。

33週
お産入院バッグの
中身を準備。
バースプランも
考えましょう。

34週
肺の機能も完成して、
生まれる準備は着々。
でもまだまだ、
生まれないでね！

35週
胎動カウントを習慣に。
20～30分に一度は
動いているかな？

このころの赤ちゃんの大きさ

体長 …………………… 約46cm
体重 …………………… 約2000～2400g
大きさ・重さの目安 … パイナップル1個くらい

子宮の中が
窮屈に。
でも、まだもう少し
子宮にいて！

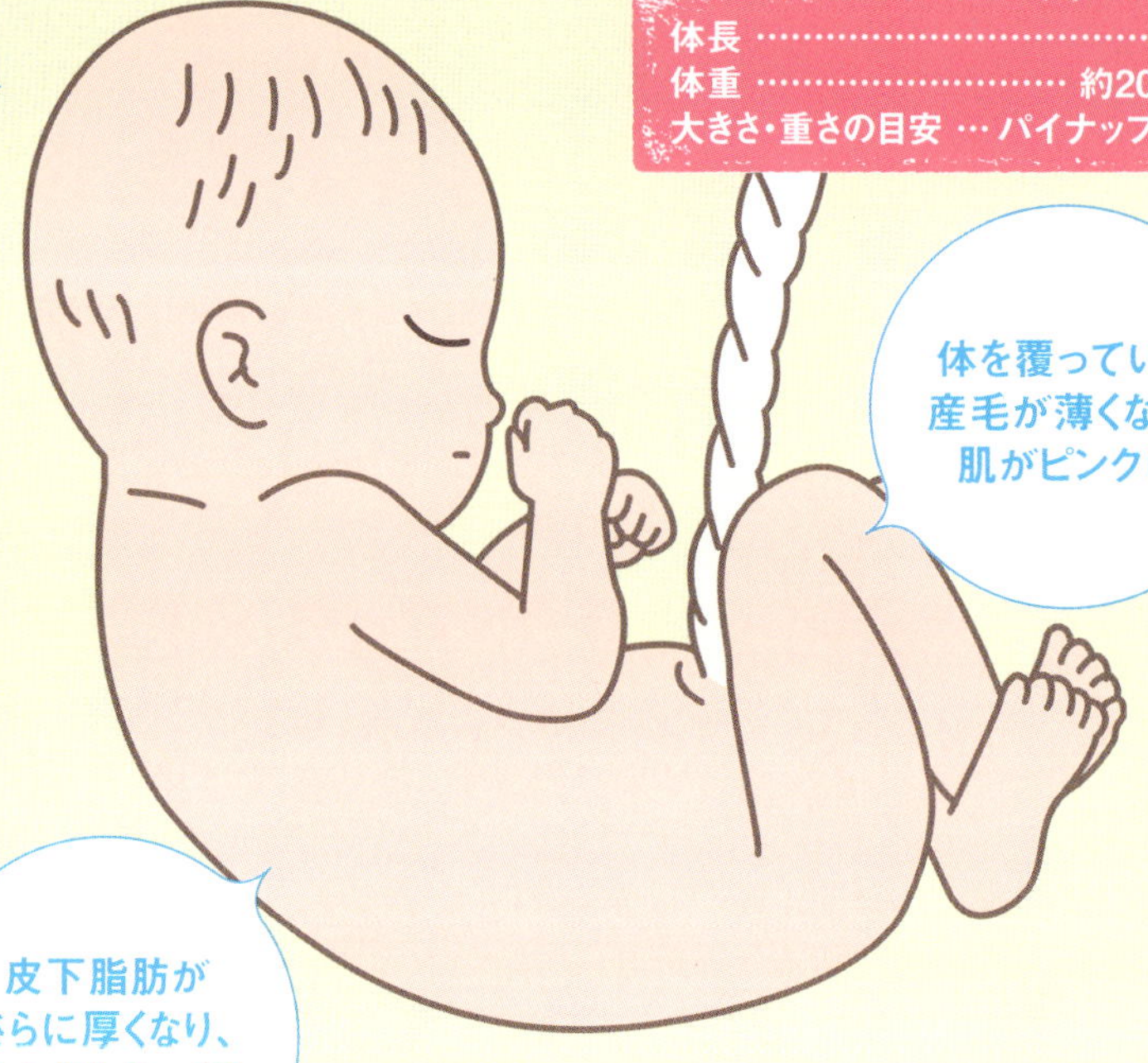

体を覆っていた
産毛が薄くなり、
肌がピンクに

皮下脂肪が
さらに厚くなり、
体つきもふっくら

もうすっかり体の機能は完成ですが、あと少し、おなかの中に

赤ちゃんが外に出ても十分に生きていけるのは、妊娠37週から。赤ちゃんの体の機能はもうほぼ完成に近づいている妊娠9カ月ですが、生まれてしまうとまだ負担が大きい時期。経腟プローブで子宮頸管長をチェックすることもあります。頸管の長さが十分であれば安心して。

ママになる心と体

NG

不安な気持ちをため込む

そろそろ、お産のことが気になるころ。未知のことが不安になるのは当然です。夫やお母さん、友だちなどに、不安な気持ちを話してみましょう。周りにわかってもらうことも大切。

鉄剤は便秘するから飲まない

貧血と言われて鉄剤が処方された場合は、自分のためにも赤ちゃんのためにも、きちんと飲みましょう。胃が荒れたり便秘する場合は、違う薬にしてもらうなど医師に相談して。

OK

皮膚炎のステロイド剤は医師の指導どおり

アトピー性皮膚炎などの場合、妊娠中でもステロイド剤を使うことが。皮膚科で妊娠中と伝えて処方してもらいましょう。外用薬なら赤ちゃんへの心配はほぼありません。

やっと産休。これから出産準備！

出産準備はこれからでも間に合います。まずは布団とおむつと肌着を。どこにどんなものが売っているか、実店舗もネットショップもチェックしておきましょう。

サイズの目安

体重
＋6～7kg

子宮底長
28～31cm

妊娠10カ月のころ

39週
周期的なおなかの張りや腰痛は、陣痛の始まりかもしれません。

38週
赤ちゃんのほうはすっかり準備万端。ママになる気持ちも準備OK？

37週
いつ出産スタートしてもOKの期間に突入！リラックスして過ごして。

36週
お産の流れをもう一度予習しておきましょう。わかっていればこわくない！

37週を過ぎたら、いつ生まれても大丈夫
肺機能も準備万端。下界に出たらすぐに肺呼吸スタート
4頭身の赤ちゃん体型に

このころの赤ちゃんの大きさ

体長	約50cm
体重	約3100g
大きさ・重さの目安	すいか1個くらい

肺呼吸の準備も、おっぱいを吸う準備も万端!

さらに一段と大きくなり、1週間で100gぐらいずつ大きくなります。呼吸する肺の準備も、おっぱいを吸うためのほおや口回りの筋肉もついて、おっぱいを吸う準備もできました！ 赤ちゃんの頭がママの骨盤の中に入ってくるので、恥骨痛や腰痛がよりいっそうつらくなることも。

ママになる心と体

NG

お産がこわいままでいる

お産は痛いかもしれないけど、けっしてこわいだけのものではありません。赤ちゃんと初めて会える最高の時間。助産師に話を聞いたり、楽しいイメージトレーニングをしましょう。

寝つけないから夜ふかし

臨月になると、胎動が強くて寝つきが悪かったり、眠りが浅いことが。それでも、夜は部屋を暗くして目を閉じて、横になるだけでも体は休まります。夜眠れない分の昼寝もOKです。

OK

切迫早産だった人も運動を

もういつ生まれてもOKの時期に入ったら、今まで運動不足だった人も体を動かしましょう。無理はしないで、家の近くをゆっくり歩くことからスタートして、体力の回復を。

胃がスッキリするけど食べすぎない

赤ちゃんの位置が下がり、胃のあたりのスペースに再び少し余裕ができます。でも、その空腹感にまかせて食べすぎるのは要注意。最後に体重がふえて高血圧にならないように！

サイズの目安

体重
+7~8kg

子宮底長
32~35cm

写真でわかる出産

痛いけど、その何十倍もうれしい！

赤ちゃんに会うまでの時間

赤ちゃんに会う瞬間は神秘的で感動的。どんなふうにお産が進むのか、
わかっていれば、痛みへのこわさも半分になります。写真で予習しましょう。

取材協力／成城木下病院

出産1週間前

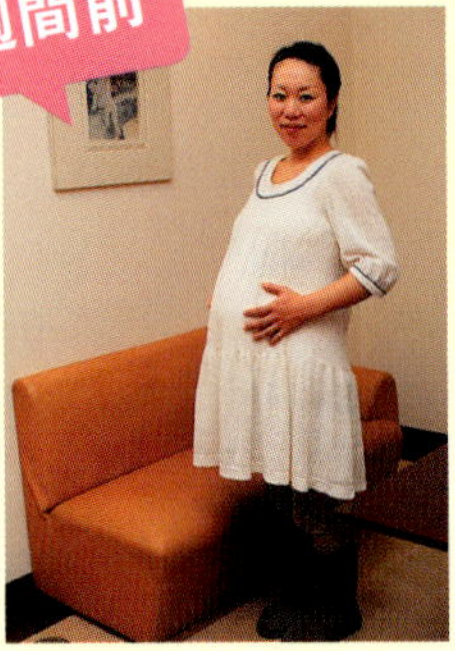

出産1週間前
もうすぐお産。
痛みはこわいけど、
それ以上に早く会いたい！

妊娠38週と5日、出産のちょうど1週間前、33才の清水圭子さんは、初めてのお産に挑みます。

陣痛スタート

ごく強い生理痛くらい。「痛い」と声に出てしまう

陣痛は、ずっと続くわけではありません。休憩時間がありますが、まだこのころはメリハリがつけられず、ずっと目を閉じたまま。

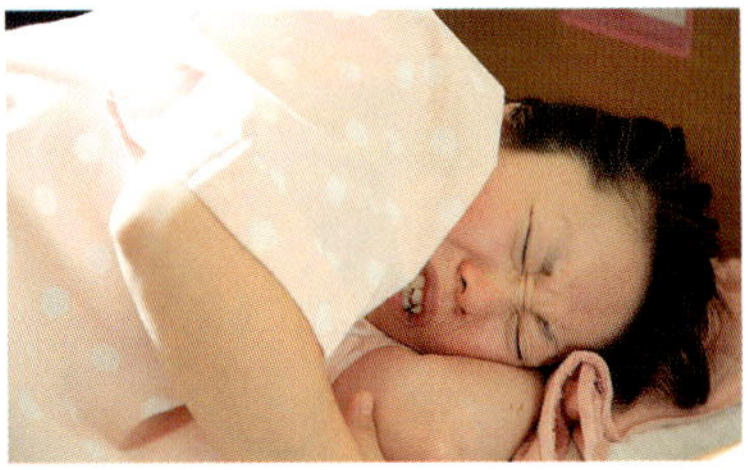

痛い！と声に出てしまい、このあと助産師から、「痛いときには息を長く吐いて」と言われました。

陣痛の合間には、まだ笑顔が見られます

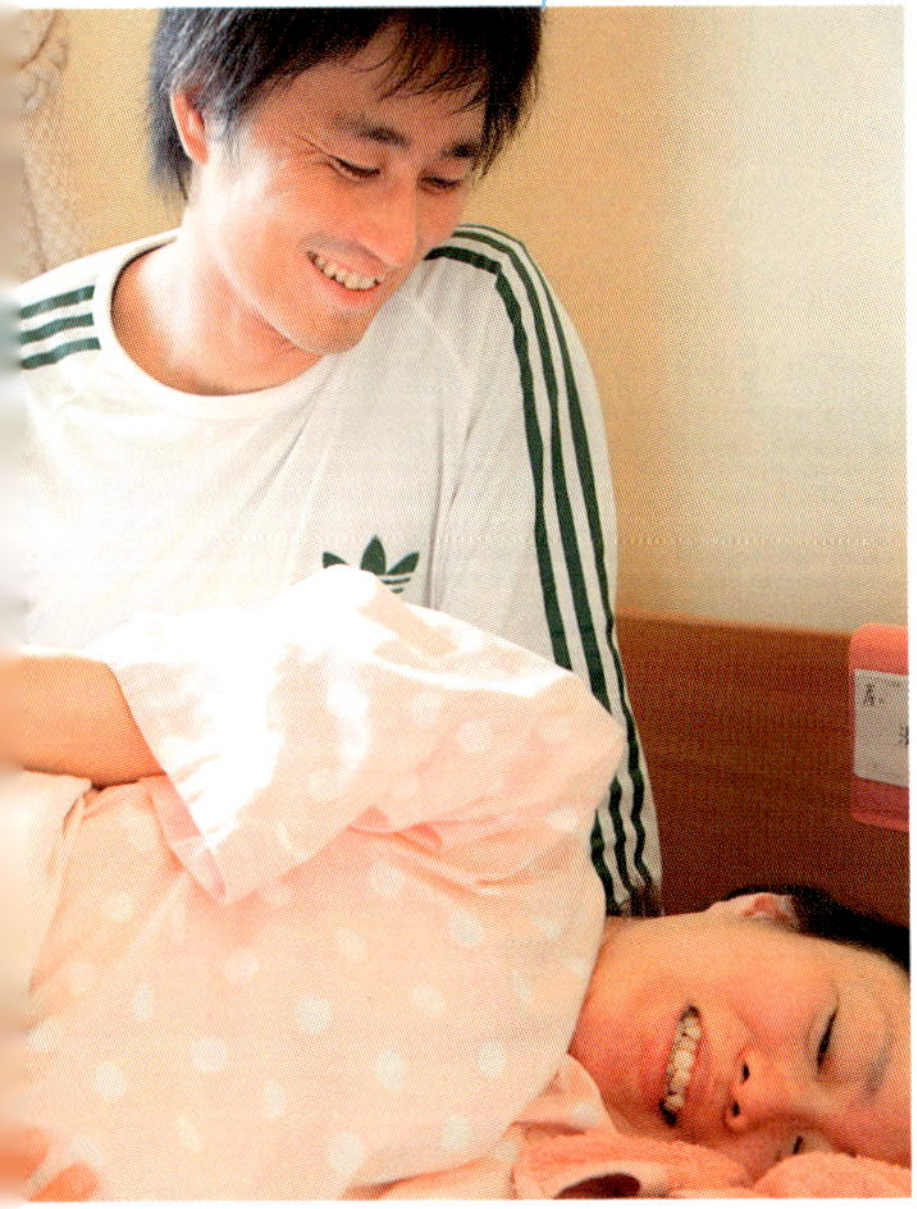

助産師に話しかけられて、つかの間の笑顔が。リラックスしていたほうが、お産はスムーズに進みます。

最初から強い痛みが始まるわけではありません

深夜2時から始まった陣痛は、初めは15分おき。3時ごろには10分おきになり、おしるしもありました。朝6時に入院したときは、まだ子宮口は2㎝開いているだけ。

少しずつ強くなる陣痛。つい、「痛い！」と言ってしまうけれど、まるですごく強い生理痛のよう。このころの陣痛はまだ4分おきくらい。陣痛も1分は続かないので、3分は休憩時間があることに。痛みがないときには心身ともにリラックスして、お産を進めていきましょう。

少しずつ強くなる陣痛

痛みが強く長く続き、休み時間が短くなっていく

痛さのピークでは、腰を強くさすってもらうと、少しラクに。パパもだんだん手つきが慣れてきます。

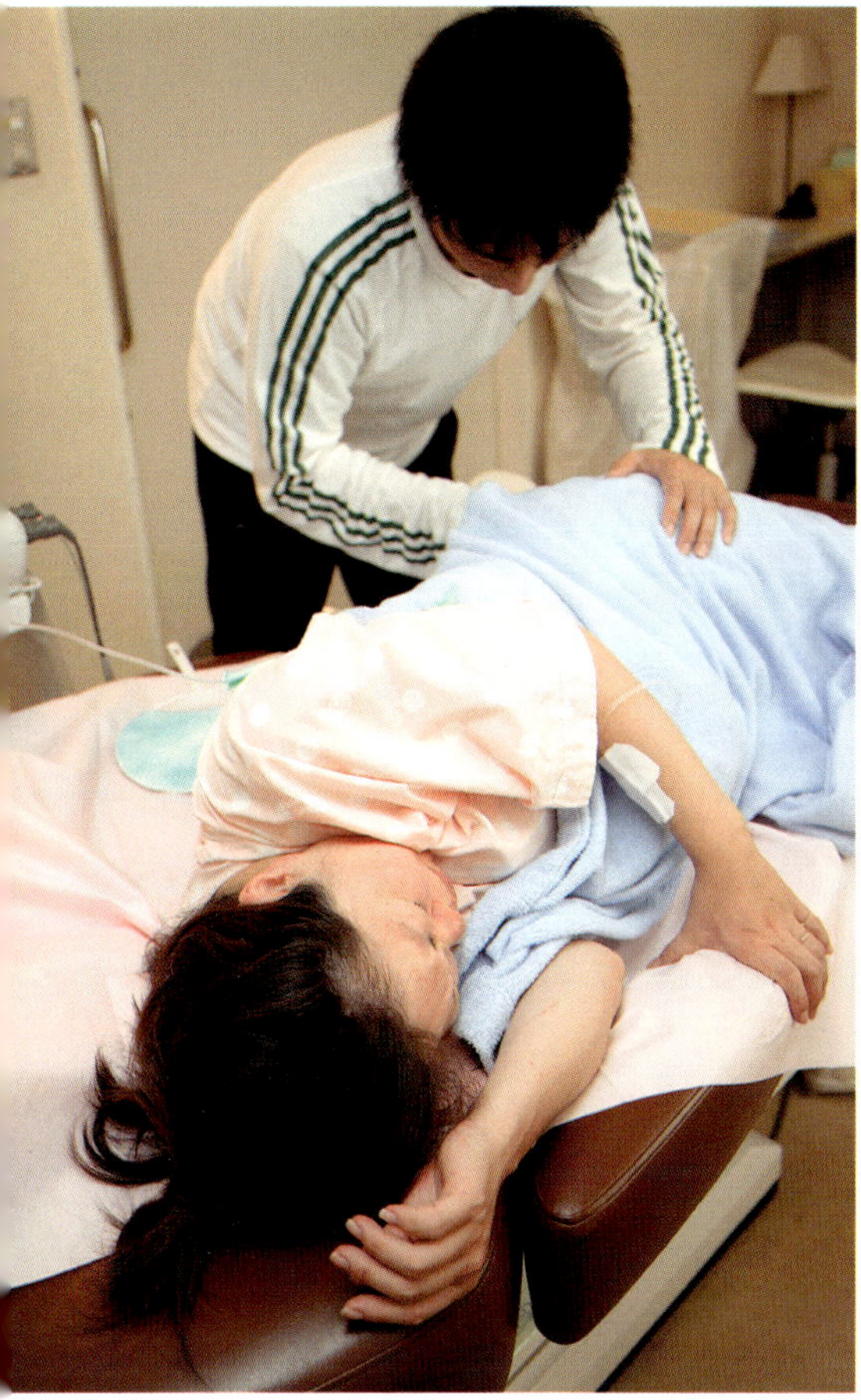

助産師のアドバイスがいちばん。呼吸のしかた、痛みの乗り越え方、痛みの合間に話すだけでもリラックス。

このとき立ち会う人にできることは…

立ち会う人は、見ているだけではなく、産む人を助けるのが仕事。いちばん大事なのは、励ますことです。

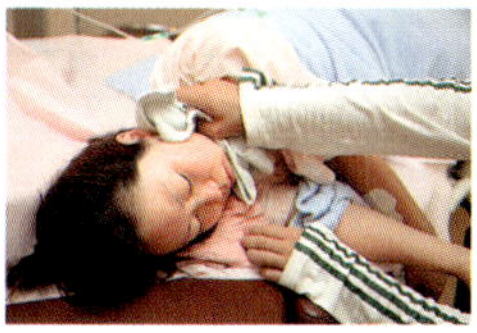

汗をふく

痛みを耐える体は、心拍数もアップして体温が高くなります。汗もたくさんかくので、ふいてほしい！

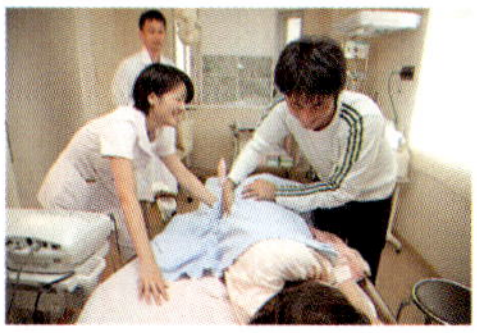

腰をさする

狭い骨盤を通って、赤ちゃんの頭が通るときは、おなかよりも腰が砕けそうに痛いので、さすってあげて。

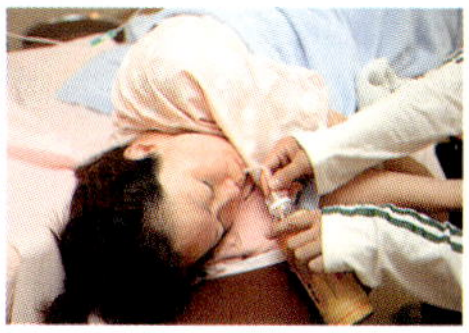

水分を補給する

ずっと激しい呼吸が続くし、汗もかくので、のどが渇きます。マラソンの水分補給と同じです。

陣痛が強くなるということは赤ちゃんにもうすぐ会えるということ！

陣痛がスタートしてから8時間経過。いよいよ陣痛は強くなり、まだ子宮口は全開大ではないけれど、陣痛の合間に分娩台に移動することに。痛みをまぎらわすために、アロマをたいてもらって、少しでもリラックス。パパのサポートのおかげで、ひとりじゃない心強さとともに痛みを1つひとつ、乗り越えていきます。立ち会いがないときは、助産師がサポートしてくれます。

医療的な処置も行います

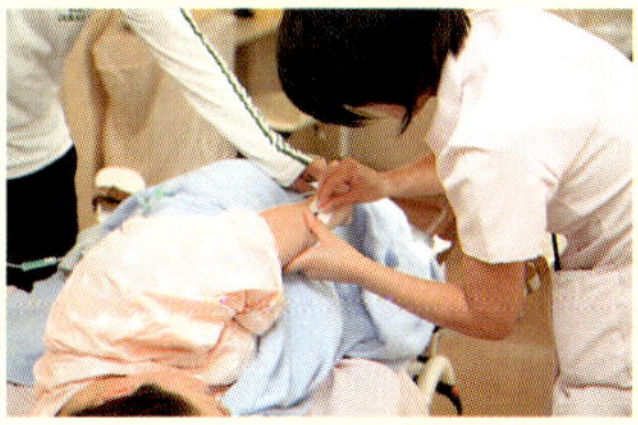

いざというときに備えて、血管を確保したり、導尿などを行うことも。どんな医療処置があるのか予習を。

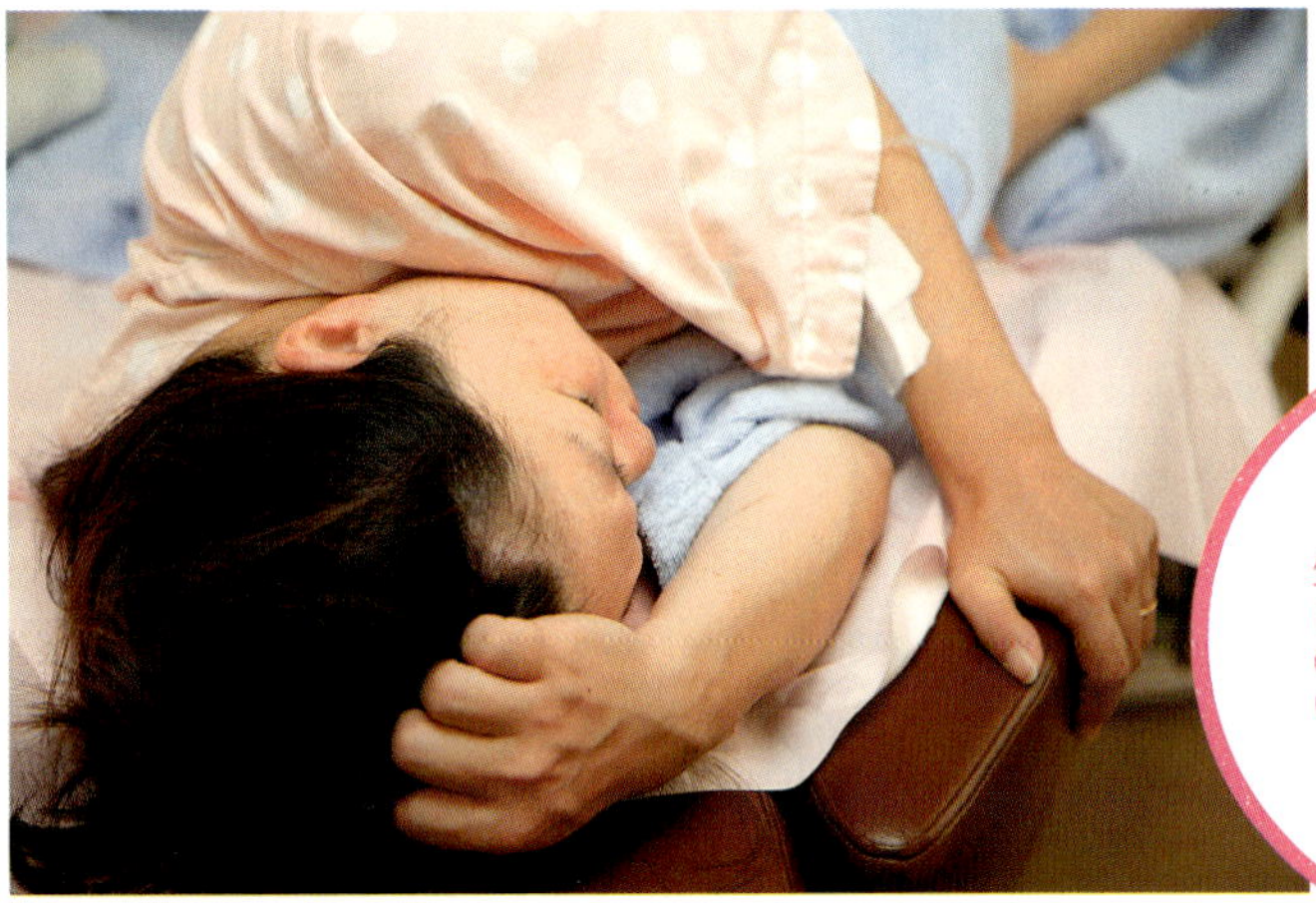

つらさのピーク「いきみのがし」

子宮口が開ききらないうちは、まだいきめない!

生理的にいきみたい感じがやってきます。この感じをのがすのが、いちばんつらいとき。

陣痛の痛みよりもつらい、いきみのがしを耐える時間

さっきよりもずっと、子宮口は開いているけれど、いきんでしまうと、ママの会陰も裂けてしまうし、赤ちゃんも狭いところで圧迫される時間が長くなるので、まだいきめません。ここがいちばんつらいとき。助産師やパパに、おしりをげんこつで押さえてもらったりしてやりすごします。酸欠になることもあるので、陣痛の合間には、深く呼吸して。それでも酸素が足りない場合は、酸素マスクが登場することもあります。

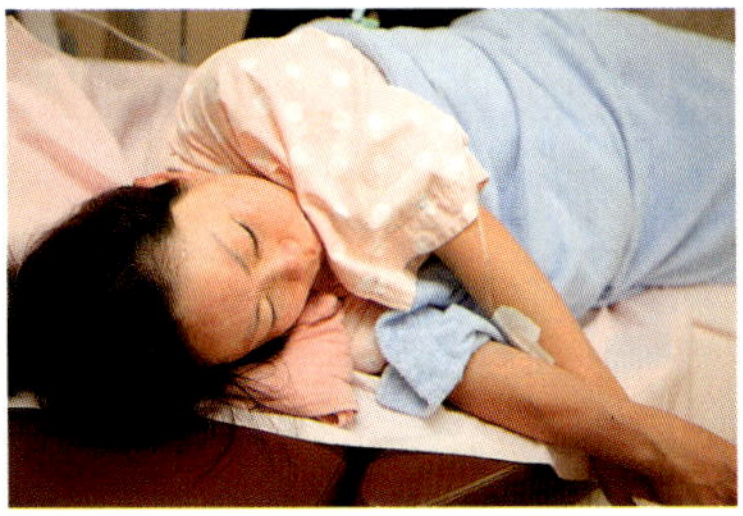

このころになると、陣痛の休憩時間は短くなっていますが、リラックスの時間もじょうずに。

「微弱陣痛」で、長引くことも

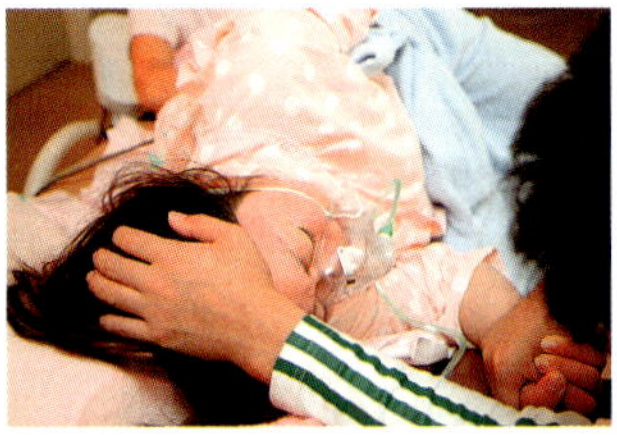

疲れて体力が落ちたりすると、子宮が収縮する力も弱くなり、微弱陣痛になることも。また、赤ちゃんがなかなかうまく進まなかったりで長引くこともあります。

帝王切開になる可能性もある、と知っておきましょう

陣痛が進んでも、途中から帝王切開になることもあります。赤ちゃんの心拍が急激に落ちたり、母体のほうに問題が起きることもあり、理由はいろいろ。お産は、母と子の命が最優先なので、帝王切開と言われたら、冷静にその理由を聞いて。帝王切開でも経腟分娩でも、お産をがんばったことは同じです。

いよいよ誕生!

子宮口全開になったら、思いきりいきんでOK!

「いきんでいいですよ」と言われてからは、おなかにしっかり力をこめて、産み出します。ここまでくれば痛みは峠を越します。

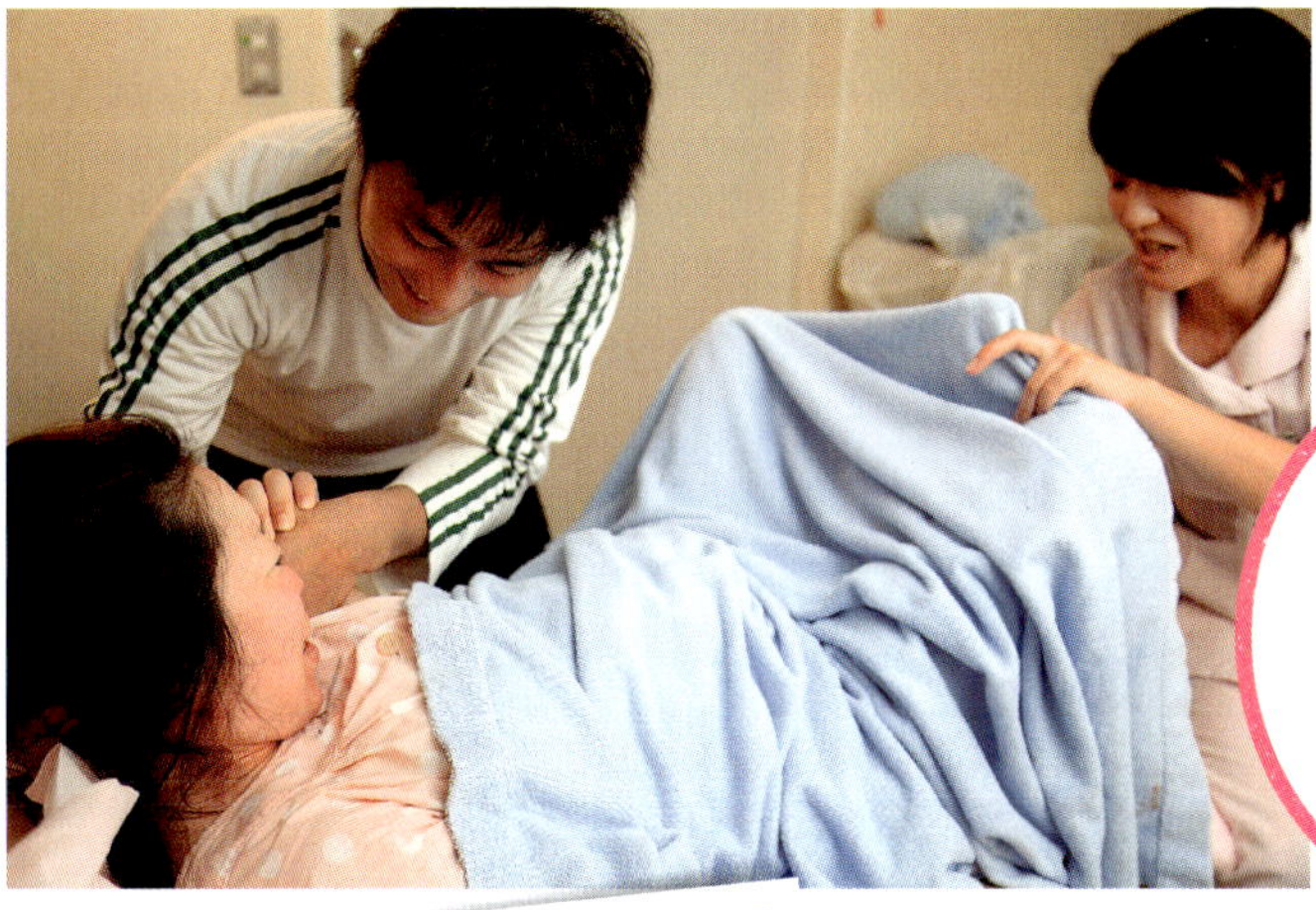

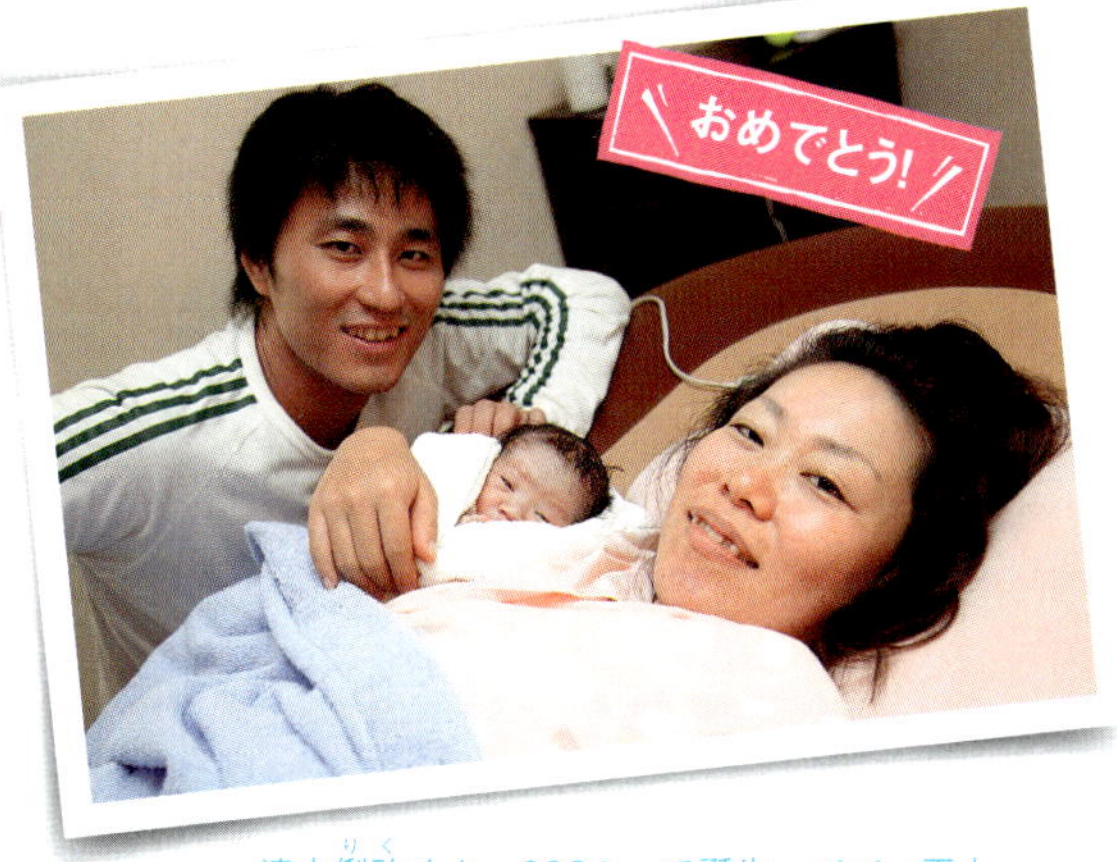

清水俐玖《りく》くん、3064 g で誕生。パパ・正大さんと、初めての3ショット。出産はゴールだけど、3人家族の物語はここからスタートです。

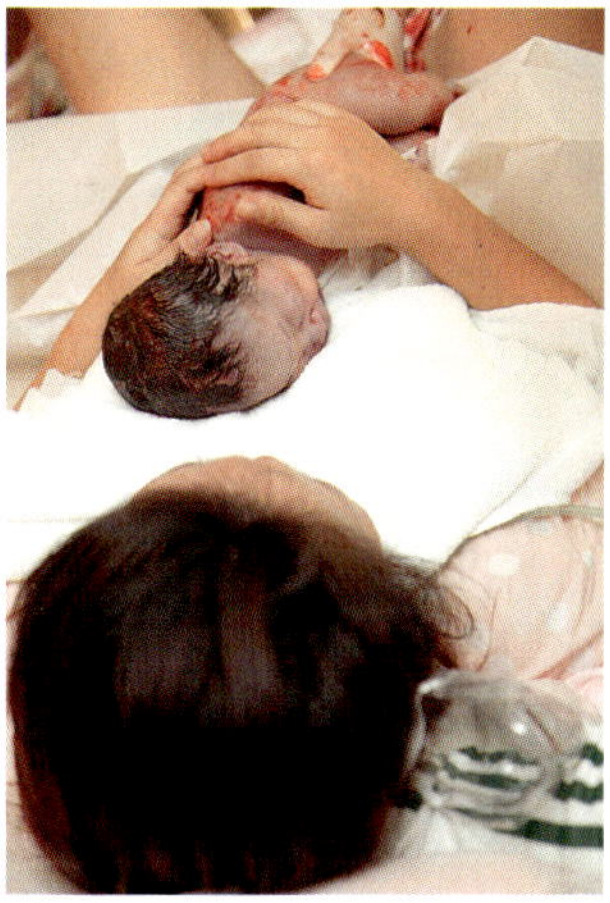

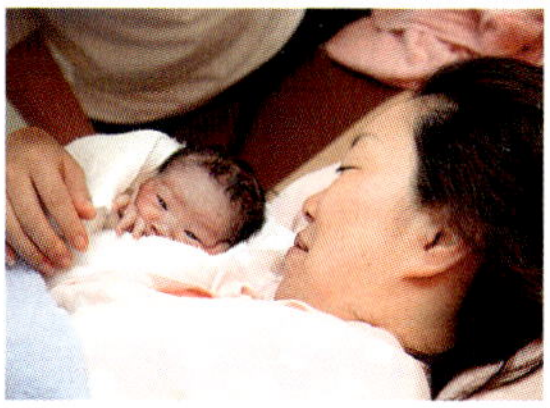

生まれたての赤ちゃんと対面の瞬間。羊水をさっとふいただけの、本当に生まれたての赤ちゃんです。

産み出す瞬間は、陣痛を乗り越えた時間よりもずっと幸せなとき

妊娠中に想像するのは、産み出す瞬間の痛みかもしれませんが、お産でいきみをがまんするほどつらいことはない、という先輩ママたちはとても多いのです。だから、「いきんでいいですよ」と言われてから誕生までは、それまで陣痛を耐えてきた時間よりもはるかに短いし、痛みを超えて、感動はピークに達します。さあ、次はあなたの番です。

カンガルーケア

ママと赤ちゃんの肌を合わせて初めての抱っこ

産後すぐに、ママが赤ちゃんを、肌と肌を合わせて抱っこをするのがカンガルーケア。もともとは、保育器が不足している国で始まった、赤ちゃんの体温をママの体温で補うためのケアでしたが、今は各国で産後すぐのきずなづくりに役立っています。

生まれたて赤ちゃんは、こんな人です

CMなどに登場する「赤ちゃん」と、生まれたての新生児では、ちょっとイメージが違うかもしれません。
どんな特徴があるのか、予習しておきましょう。

赤ちゃんの体

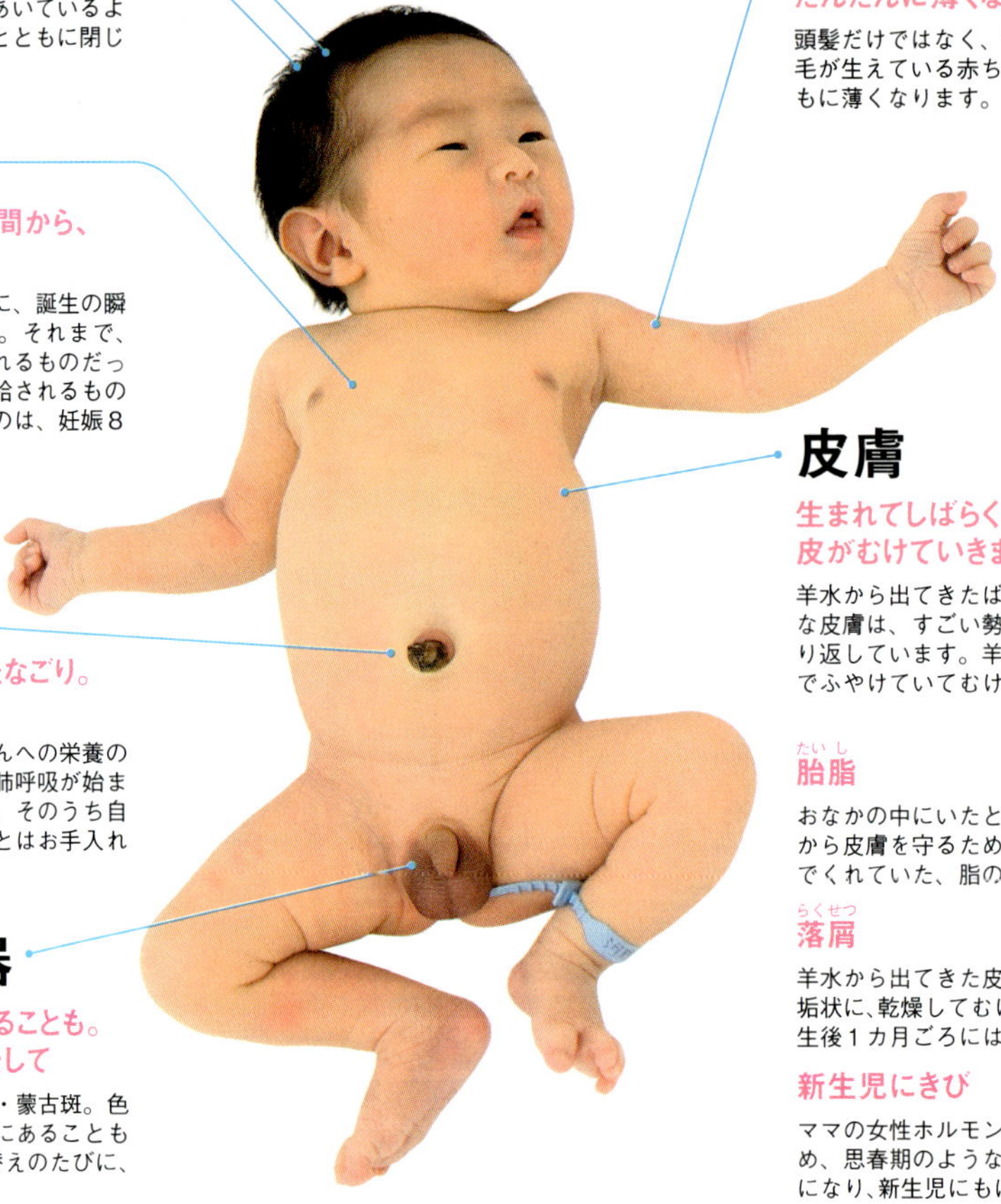

大泉門

頭蓋骨の結合部分がまだゆるいので、ペコペコしています

赤ちゃんの頭蓋骨のパーツは、結合がゆるい状態。そのため、おでこと頭頂部の中間あたりの、穴があいているような部分が大泉門。成長とともに閉じます。

髪

髪の量は個性いろいろ。生まれてから生えかわることも

超音波診断では髪の生え方はわからないので、生まれるまでのお楽しみ。ふさふさの子も薄い子も個性いろいろ。誕生時の毛が１～２カ月ですっかり生えかわることも。

体毛

意外と毛深くてびっくり!? だんだんに薄くなります

頭髪だけではなく、背中にびっしり産毛が生えている赤ちゃんも。成長とともに薄くなります。

肺呼吸

へその緒が切れた瞬間から、スタートしたばかり!

羊水で満たされていた肺に、誕生の瞬間、空気で満たされます。それまで、酸素は臍帯を通じて送られるものだったのが、一気に肺から供給されるものに。この機能が完成するのは、妊娠8カ月以降です。

皮膚

生まれてしばらくはどんどん皮がむけていきます

羊水から出てきたばかりのデリケートな皮膚は、すごい勢いで新陳代謝を繰り返しています。羊水から出たばかりでふやけていてむけることも。

胎脂《たいし》

おなかの中にいたときに、羊水の刺激から皮膚を守るために赤ちゃんを包んでくれていた、脂の膜のなごり。

落屑《らくせつ》

羊水から出てきた皮膚が、ぽろぽろと垢状に、乾燥してむけかわるのが落屑。生後１カ月ごろには落ち着きます。

新生児にきび

ママの女性ホルモンの影響を受けるため、思春期のようなホルモンバランスになり、新生児にもにきびができます。

おへそ

ママとつながっていたなごり。乾くまでお手入れを

臍帯は、ママから赤ちゃんへの栄養のパイプラインでしたが、肺呼吸が始まると同時に血流が止まり、そのうち自然にとれます。とれたあとはお手入れを。

おしり・性器

おしりに蒙古斑があることも。性器は清潔にケアをして

アジアの赤ちゃんの特徴・蒙古斑。色の薄い青いあざがおしりにあることもあります。性器はおむつ替えのたびに、ていねいにケアして。

いろいろな原始反射

新生児微笑

ほおの筋肉の引きつりのようなものですが、笑った顔に見える反射。あやすと笑うのは、生後１カ月の後半から。

モロー反射

大きな音がすると、ビクッとして、大きく腕を上げます。まるで何かに抱きつこうとするかのようなしぐさに見えます。

把握反射

かつて木の枝につかまっていた先祖の力のなごり。手のひらをさわると、握ろうとします。足も同様の反射が。

赤ちゃんとの生活24時間

退院してすぐから育児に慣れるまでが大変!

赤ちゃんもママも、もう安心してふだんの生活に戻れる、という判断で退院します。初めての育児、育児と家事の両立、何よりも寝不足に慣れるまでは、少し大変かもしれません。

ママ		赤ちゃん	
起床・朝食準備	6:00		
パパ出勤準備	6:30		
自分の朝食をとりながら洗濯	7:30	7:30	起きる・おっぱい
テレビやインターネット	8:00	8:00	ねんね
掃除	10:00		
		11:00	おっぱい
		11:30	おっぱい
	12:00	12:00	グズグズ
昼食	14:00	14:00	ねんね
赤ちゃんといっしょに昼寝	15:00		
		16:00	ねんね
シャワー	17:00		
		18:00	沐浴
		18:30	おっぱい
パパ帰宅	19:00		
		19:30	おっぱい
パパとおばあちゃんと3人交替で抱っこしながら夕飯	20:00	20:00	グズグズ
ひたすら抱っこであやしながら寝かしつけ	21:30		
	0:00	0:00	
		0:30	おっぱい
就寝	1:00	1:00	ねんね
		4:00	おっぱい
	5:00		

1日12回! おむつ替え

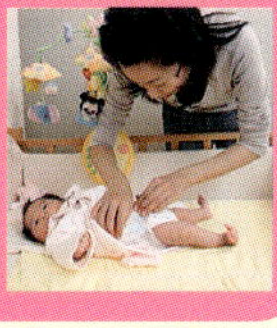

生まれてすぐは、授乳したらおむつも替えます。うんちも、量は少しずつ、回数は頻繁にゆるいうんちをします。毎回おしりもきれいにします。

ママもしっかりごはんを食べて!

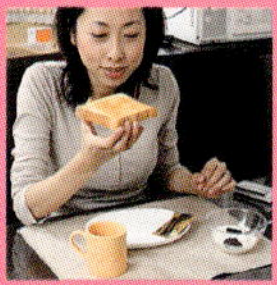

おっぱいのためにも、もちろん自分の体のためにも、バランスよく1日3食とりましょう。甘すぎるもの、脂っこいものは避けて、和食中心が理想。

ママの睡眠もとても大事!

産後の体には、睡眠は大切。家事は二の次にしても、赤ちゃんが寝るタイミングで、少しでも睡眠をとりましょう。

家事は二の次でいいから、昼寝もたくさんとって。

おっぱいは1日10回

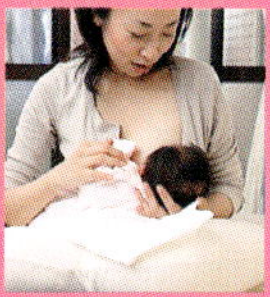

授乳間隔は、3時間あくこともあれば、1時間で泣くこともあります。だんだんに飲み方もじょうずになって、短時間でしっかり飲むようになります。

ゲップ

授乳後にゲップ。縦抱きにしたり、肩にかつぎ上げたりして、おっぱいといっしょに飲み込んだ空気を出してあげます。

沐浴
1カ月健診までは、ベビーバスで

ママやパパといっしょに入浴できるまでは、こうしてベビーバスで沐浴。手早くすませるためには、準備をしっかりしてから沐浴します。

グルーミング

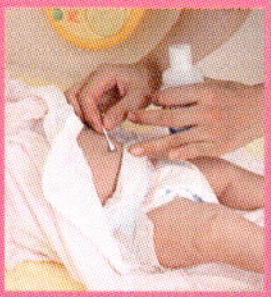

へその緒がとれたあと、しっかり乾燥するまでは、沐浴後に毎回消毒をします。

つめを切るのはちょっとこわい!

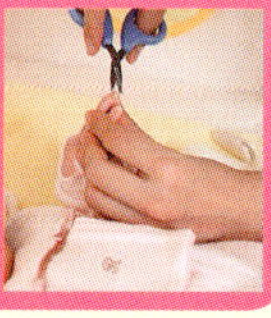

新米ママ・パパが苦手なのが、赤ちゃんのつめ切り。案外すぐに伸びるつめ、こわがらないでしっかり押さえて切れば大丈夫。

そろえておこう! ベビーグッズ

赤ちゃんが元気にすくすく育つためのお世話に必要なグッズって？　初めて見るものもあるでしょう。
これさえそろえれば、とりあえず大丈夫!のグッズたちを、覚えておきましょう。

最低限、これさえあれば大丈夫! のグッズたち

哺乳びん

120mℓ　1～2本

哺乳びんはサイズも材質もいろいろ。母乳育児なら、いちばん小さい哺乳びんが1～2本あれば十分。必要に応じて、産後に買い足して。

寝具

ベビー布団　1組

ベビーベッドを使うにしても、とにかく赤ちゃんを寝かせる敷布団が必要です。体が沈まない固めのパッドと枕などがセットで売られています。

ベビーバス

1台

生後1カ月までは、感染症予防にベビーバスで沐浴します。置き場所に余裕がなければ、レンタルでも。

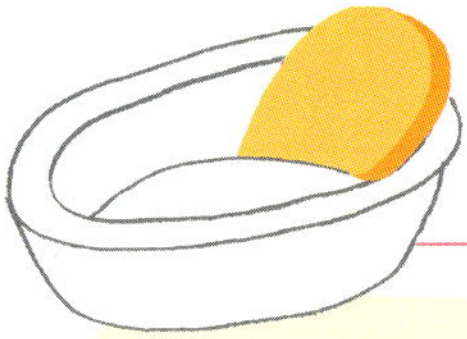

肌着・ウエア

短肌着　4～5枚

着物のように、前を合わせて着せる肌着。首がすわるまでは、頭からかぶせて着せるものよりも着せやすいです。サイズは50㎝を。

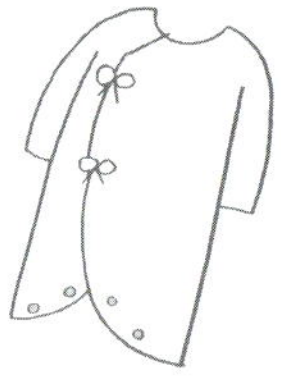

コンビ肌着　2～3枚

短肌着はおなかまでですが、足まで覆うタイプがコンビ肌着。もぞもぞ動いても、おなかがめくれず便利。短肌着の上に重ねることも。

ベビーウエア　1～2枚

1枚のつなぎタイプのベビーウエアも、前あきのものが着せやすいです。股のところをスナップ留めできる形のものも。

物ではないけれど、頼りになるのはパパとばあば

産後、足りないものを実際に買いに行くだけではなく、気持ちの面でもママの支えになるのはパパと新・おばあちゃん。いっしょに育児グッズのことも、知っておいてもらいましょう。

布おむつなら…

おむつカバー
3～5枚

紙おむつなら不要なおむつカバー。股に当てたおむつを押さえます。ウール、綿など素材もいろいろ。サイズは、まずは50㎝を。

ガーゼまたはタオル、
とにかくいっぱい

顔や体をふいたり、ママのおっぱいに当てたり、沐浴で使ったり。ガーゼやタオルはとにかくたくさんあるほど重宝します。

布おむつ本体
30枚～

エコで肌にやさしいイメージから、最近また人気の布おむつ。とにかく洗濯が必要なので、本格的に使うなら、60枚はほしいところ。

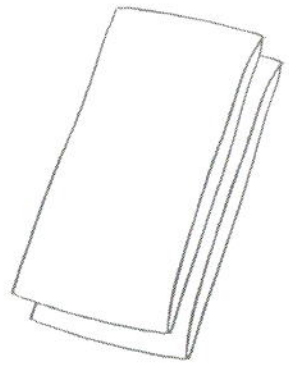

おむつ&おしりふき

紙おむつ
1～2パック

大きめ赤ちゃんだと、すぐに新生児サイズを卒業することもあるので、まず1～2パック用意。1パックは1週間ほどでなくなると考えて。

おしりふき　3パックくらい

授乳のたびにうんちをするし、毎回数枚ずつ使うので、あっという間になくなる消耗品。使い始めたら、赤ちゃんの肌に合うかをチェックして。

だんだんに

こんなグッズが必要になります

おっぱい・ミルク

母乳パッド&乳帯

授乳時以外でも、乳首からは乳汁がにじみます。服までびしょびしょ！ということがないようにパッドを当てて。

粉ミルク

母乳育児がうまくいかないときは無理をしないでミルクに。粉を1回ずつ計量するタイプのほか、軽量いらずの便利なキューブタイプも。

調乳ポット

粉ミルクの調乳に適温なのは70度の湯。一度煮沸したあと適温にキープできて便利なのが調乳ポット。

哺乳びん消毒グッズ

抵抗力の低い赤ちゃんのために、哺乳びんは洗剤洗いしたあとに消毒を。煮沸や電子レンジで熱消毒、または薬液での消毒も。

着せるもの

ロンパース

足までつなぎになっているベビーウエアがロンパース。スナップで前を留める形が、首すわり前の赤ちゃんには脱ぎ着しやすい。

ベビードレス

生後1カ月のお宮参りではおめかしすることも。レースたっぷりのベビードレスはこのときしか着られないけど記念に。レンタルでも。

ソックス

秋冬の気温が低いシーズンで、足先が冷たくなって気になるなら靴下も用意。外出するようになると、必須アイテムに。

ミトン

まだ手の動きをコントロールしきれないうちは、顔をうっかりひっかいて傷がつくことも。その防止策としてのミトン。

帽子

紫外線対策にも、防寒にも、外出するようになったら1つはほしいのが帽子。まだやわらかい頭を保護する役目も。

ねんねグッズ

ベビーベッド

パパママがベッドなら、高さをそろえる意味でも、ベビーベッドは便利。ペットや上の子がいる場合も柵のついたベッドが必要なことも。

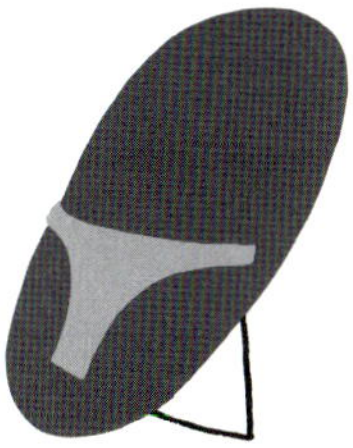

バウンサーなど

赤ちゃんを日中寝かせておく場所として、バウンサーや、簡易なキャスターつきの小型ベビーベッド・チェアがあると便利。

綿毛布、タオルケット

布団よりも体温調節がしやすいのが綿毛布やタオルケット。バスタオルで代用しても。外出時にはミニサイズのひざ掛けが活躍。

妊娠中の基本の栄養のとり方

赤ちゃんの体や脳をつくるためにも、きちんと栄養をとりたいですね。
必要なエネルギー量やとりたい栄養素を覚えておきましょう。おすすめレシピも参考にして。

バランスよく食べるとはどういうことか考えてみよう

体は食べたものでできています。食品に含まれている栄養素はそれぞれ異なる働きをするので、偏らないように食べることがとても大切。特に、ここにあげた５つの栄養素は妊婦さんの体を健康に保ち、おなかの赤ちゃんを育てていくのに欠かせません。

タンパク質

筋肉や臓器など
体の組織をつくる

体の主な構成成分なので、妊娠中は母体以外に、赤ちゃんの脳や体をつくる分も必要です。肉、魚、卵、乳製品などに含まれる動物性タンパク質と、大豆や大豆製品などに含まれる植物性タンパク質の２種類があります。

脂質

脳や神経組織、細胞膜
などをつくっている

脂に溶ける脂溶性ビタミンの吸収を促す働きもしています。リノール酸、リノレン酸など、体内で合成されない必須脂肪酸は食事からとることが必要です。赤ちゃんの脳の発育によいといわれるDHAやEPAも脂質の一種。

この5つをきちんととろう!

ビタミン

ほかの栄養素の働きを
サポートする

13種類あり、炭水化物や脂質がエネルギーになるのを助けたり、タンパク質が分解後に再合成されるのに関わっています。野菜だけでなく、肉、魚、卵、いも類など、いろいろな食品に含まれています。

炭水化物

体や脳の大切な
エネルギー源に

私たちが活動するための力の源になる栄養素。特に脳のエネルギー源として重要で、赤ちゃんの脳の発育に深く関わっているので、しっかりとりたいものです。米やパン、麺などの穀類やいも類などに多く含まれています。

ミネラル

ほかの栄養素の働きを
助けて、調子を整える

妊娠中に必要な鉄分やカルシウムなど16種類以上あり、ビタミンと同じようにほかの栄養素の働きを助け、体を健康に維持する働きをしています。肉、魚、大豆や大豆製品、乳・乳製品、野菜などに含まれています。

1日にとるべきエネルギーを知っておこう

妊娠中でも２人分食べる必要はなく、妊娠前の食事に、母体やおなかの赤ちゃんによいものをプラスしていくのが基本です。

BMIで「適量」を知ろう!

BMI（ボディ・マス・インデックス）とは、肥満度をあらわす指標です。妊娠前の体重によって数値を出し、それによって妊娠中の体重増加の目安を決めます。目安に応じて妊娠中に摂取すべきエネルギー量も調整しましょう。

→くわしくは、P106を読んでね

初期は +50 kcal

つわりの間は、食べられるものを食べられるだけでもOK

パスタ 15g　食パン 20g　ごはん 30g　りんご 95g　牛乳 95g

ほうれんそうのごまあえ　卵焼き（2切れ）　豆腐とわかめのみそ汁　きんぴらごぼう

1日の TOTAL　18〜29才 2100 kcal　30〜49才 2050 kcal

中期は +250 kcal

カロリーとともに、内容重視! 不足しがちな栄養素を補って

パスタ 65g　食パン 95g　ごはん 150g　りんご 460g　牛乳 2杯

麻婆豆腐　棒棒鶏　ぶりの照り焼き　和風ハンバーグ

1日の TOTAL　18〜29才 2300 kcal　30〜49才 2250 kcal

後期は +500 kcal

量より質の500kcalをプラスすることを考えて

500kcal は、妊娠前の朝食１食分程度に当たります。エネルギーだけでなく、栄養もたっぷりの食事にしましょう。

1日の TOTAL　18〜29才 2550 kcal　30〜49才 2500 kcal

← これに、妊娠中はプラス

朝食

ピザトースト	257kcal
サラダ	134 kcal
ヨーグルト	72 kcal
コーヒー	6 kcal
TOTAL	469 kcal

昼食

パスタ	460 kcal
ミネストローネスープ	136 kcal
ピクルス	50 kcal
TOTAL	646 kcal

夕食

ごはん	218 kcal
しょうが焼き	324 kcal
筑前煮	172 kcal
みそ汁	35 kcal
TOTAL	749 kcal

おやつ

水ようかん	116 kcal

これで 約 2000 kcal

空腹のあとに急に食べることが続くと、血糖値を調節する働きが弱くなることも。朝・昼・夕のカロリーの目安を決めるといいでしょう。

妊婦の味方!の栄養がとれる
食材&レシピ

※写真の食材は100g（乾物は10g）の目安量と、その中に含まれる各栄養素の含有量を示しています。

葉酸

妊娠中にとりたい量
1日 480μg

ごく初期に極端に足りないと、おなかの赤ちゃんに異常が起きます

細胞の分裂や新しい赤血球をつくるために必要なので、胎児の体の器官がつくられる妊娠初期に十分とることが大切。ごく初期にとても不足した場合、胎児に先天異常のリスクが高まることがわかっているため、ふだんからとるように心がけたい栄養素です。

魚介類のビタミンB_1といっしょに摂取

ビタミンB_1は葉酸が体内で細胞を合成するのを助け、いっしょに新しい赤血球をつくります。魚介類、卵、大豆、とうふなどの大豆製品などに多く含まれます。

アボカド
84μg

ほうれんそう
110μg

水菜
140μg

枝豆（ゆで）
260μg

いちご
90μg

そらまめ
120μg

モロヘイヤ
250μg

ブロッコリー
120μg

キャベツ
78μg

葉酸たっぷりレシピ

鮭とほうれんそうの和風グラタン

材料（2人分）

生鮭	2切れ	バター	小さじ1
しょうゆ	大さじ½	塩、こしょう	各少々
小麦粉	大さじ½	長いも	150g
バター（生鮭用に）	大さじ½	みそ	大さじ½
ほうれんそう	1束	マヨネーズ	大さじ1

作り方

1 鮭は骨を除き、半分に切ってしょうゆをまぶす。
2 1の水けをふき小麦粉を薄くまぶし、バター（生鮭1切れにつき半量ずつ）でこんがりソテーする。
3 ほうれんそうは3cm長さに切ってゆで、冷水にとって水けをしぼる。ほぐして塩、こしょう、バター小さじ1であえ、電子レンジで約1分加熱する。
4 長いもをビニール袋に入れ、口を軽く持ってすりこ木棒などでたたいてつぶし、みそとマヨネーズを加えてまぜる。
5 器に3を敷き、2を並べて4をかけ、オーブントースターで10〜15分、こげめがつくまで焼く。

葉酸……236μg　鉄分……3.0mg
カルシウム……82g　塩分……2.1g
274kcal

妊婦の味方！の栄養がとれる 食材&レシピ

赤ちゃんに酸素と栄養を運ぶ 赤血球のもとになる！

赤血球を構成するヘモグロビンの成分になり、酸素を体じゅうに運びます。妊娠中は胎児に栄養を届ける大切な役割もしています。胎児や胎盤が発育するにつれて必要量も多くなり、不足すると赤ちゃんの発育に影響があるだけでなく、お産のときのトラブルにも。

動物性のタンパク質に多く、ビタミンCといっしょにとると◎

ビタミンCが豊富な食材は菜の花やキャベツ、果物など。動物性のタンパク質といっしょにとると鉄分アップ。ただし、お茶やコーヒーのタンニンはタンパク質を壊します。

鉄

妊娠中にとりたい量

1日21.5mg

（妊娠中期・末期）

あさり
3.8mg

しじみ
5.3mg

きくらげ
35.2mg

ひじき
55mg

糸引き納豆
3.3mg

和牛もも赤身
2.7mg

ツナ缶（味つけ・フレーク）
4.0mg

まいわし
1.8mg

かつお
1.9mg

鉄たっぷりレシピ

豚レバーの香草パン粉焼き

材料（2人分）

- 豚レバー……150g
- A
  - にんにく……½かけ
  - イタリアンパセリ…1パック
  - ドライパン粉…大さじ5〜6
  - パルメザンチーズ……20g
- B
  - マスタード、小麦粉、中農ソース……各大さじ1
- オリーブ油……大さじ1
- レモン、クレソン……各適宜

作り方

1 レバーは多めの塩（分量外）でもみ、流水で洗う。においが気になるときは、牛乳（分量外）に10分つけ、水けをよくふく。
2 Aをフードプロセッサーに入れ、全体が緑色になるまで回す。
3 Bをよくまぜて、1にまぶし、2をつける。
4 フライパンにオリーブ油を入れてあたため、両面をカリッと焼く。皿に盛り、好みでレモン、クレソンを添える。

葉酸……629μg　鉄分……10.6mg
カルシウム……164g　塩分……1.3g
281kcal

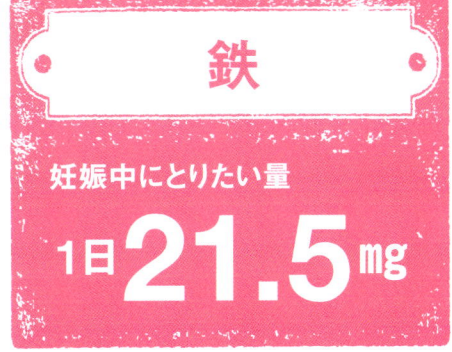

赤ちゃんの丈夫な骨や歯をつくり、ママの体の骨粗しょう症も予防

胎児の丈夫な骨や歯をつくるために必要な栄養素。不足しても母体の骨から供給されるので胎児には影響ありませんが、母体の骨量が不足して、将来骨粗しょう症になる可能性が高くなります。日本人のほとんどは必要な量をとれていないので、意識してとりましょう。

魚類やきのこ類、酢やレモンなどで吸収率をアップさせましょう

鮭やかつおなど、干ししいたけやきのこ類などに多いビタミンDはカルシウムが骨になるのを助けます。酢やレモン、りんごなどに含まれるクエン酸もじょうずに使って。

カルシウム

妊娠中にとりたい量

1日
18〜29才 700mg
30〜49才 600mg

オクラ
92mg

木綿豆腐
120mg

生揚げ
240mg

さくらえび（素干し）
2000mg

春菊（ゆで）
120 g

しらす干し
520mg

ヨーグルト
120mg

チンゲンサイ
120mg

ししゃも
360mg

カルシウムたっぷりレシピ

モロヘイヤの豆乳麺

材料（2 人分）

- モロヘイヤ …… 1 束
- あさり …… 200g
- ミニトマト …… 5 個
- うどん …… 2 人分
- 顆粒ガラスープ …… 大さじ½
- 豆乳 …… 1カップ
- すりごま …… 大さじ2

作り方

1 モロヘイヤは葉先をつむ。あさりは殻をよくこすり合わせて洗う。ミニトマトは半分に切る。
2 鍋に水1.5カップ、あさりを入れて火にかけ、あさりの口が開いたらとり出し、殻をはずす。
3 2の鍋に豆乳、ガラスープ、うどん、モロヘイヤ、ミニトマトを加えて火にかけ、沸騰直前に弱火にして2〜3分煮て、あさりを戻し入れ、ごまを加えて火を止める。

葉酸 …… 318μg　鉄分 …… 5.7mg
カルシウム …… 496g　塩分 …… 2.6g
408kcal

ほかにも積極的にとりたい栄養

食物繊維

妊婦の悩み・
便秘の改善に
効果あります

妊娠中に
とりたい量
1日 21 g

妊娠中はホルモンの影響で腸の働きが弱まることや、大きくなった子宮に腸が圧迫されることから、便秘しやすくなります。穀類やいも類、豆類、野菜、果実などのほか、きのこや海藻類にも多く含まれているので、毎日の食事にとり入れて。

こんにゃく
2.2g

さつまいも（焼き）
3.5g

大豆（ゆで）
7.0g

ビタミンD

カルシウムの吸収&
骨になるのを
サポートします

妊娠中に
とりたい量
1日 7.5 μg

カルシウムの吸収を助けるだけでなく、骨や歯になるのを促します。不足すると、カルシウムを摂取していても吸収や代謝が悪くなるので、妊婦さんや授乳中のママは骨軟化症になることも。カルシウムを含む食品と組み合わせて食べるようにしましょう。

干ししいたけ
16.8μg

鮭
33.0μg

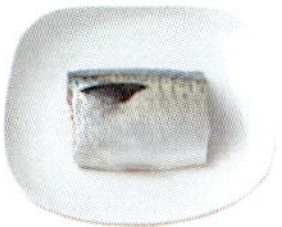

さば（焼き）
11.3μg

塩分はとりすぎないで!!

調味料に含まれる塩分量

塩
大さじ1　18g
小さじ1　6g

濃い口しょうゆ
大さじ1　2.7g
小さじ1　0.9g

トマトケチャップ
大さじ1　0.5g
小さじ1　0.2g

米みそ
大さじ1　2.3g
小さじ1　0.7g

ウスターソース
大さじ1　1.5g
小さじ1　0.5g

マヨネーズ
大さじ1　0.3g
小さじ1　0.1g

妊娠中は食事量が
ふえる分、
塩分量もふえています!

1日の塩分量の
目安は
8 g未満

妊娠中は摂取カロリーがふえる分、ふだん薄味にしている場合でも塩分量は1.5倍になります。食卓塩だけでなく、しょうゆやみそ、ソース、カレールウ、バターなどにも含まれているので、調味料を控え、香辛料や薬味、天然だしなどをじょうずに使って減塩を。妊娠高血圧症候群の予防のためにも、さらに薄味を心がけましょう。ただし、減塩しすぎると体調が悪くなります。1日6g程度を目安にして。

減塩テク

1. 酸味・辛味、薬味をじょうずに使う!
2. だしのうまみを利用する
3. みそ汁は具を多めに、汁は少なく

「かくれ塩分」にも注意!

インスタントラーメンやレトルト食品、ハム、かまぼこなどの加工食品は、保存がきくように塩分が高めになっています。あまり頻繁に使わないように気をつけましょう。使う場合は、湯通しして塩分を減らすと○。

最新 はじめての妊娠&出産

もくじ

妊娠中期

産後

この本の読み方

本書では、各テーマごとに解説しています。本文でていねいに解説していますが、「ポイントだけ知りたい！」というときにも、パッと見てわかる工夫をしました。元気な妊娠生活に役立ててくださいね！

親切・丁寧に
解説している本文

時期別にひきやすい
インデックス

何週・何カ月、
いつごろに関する情報か、
一目でわかる

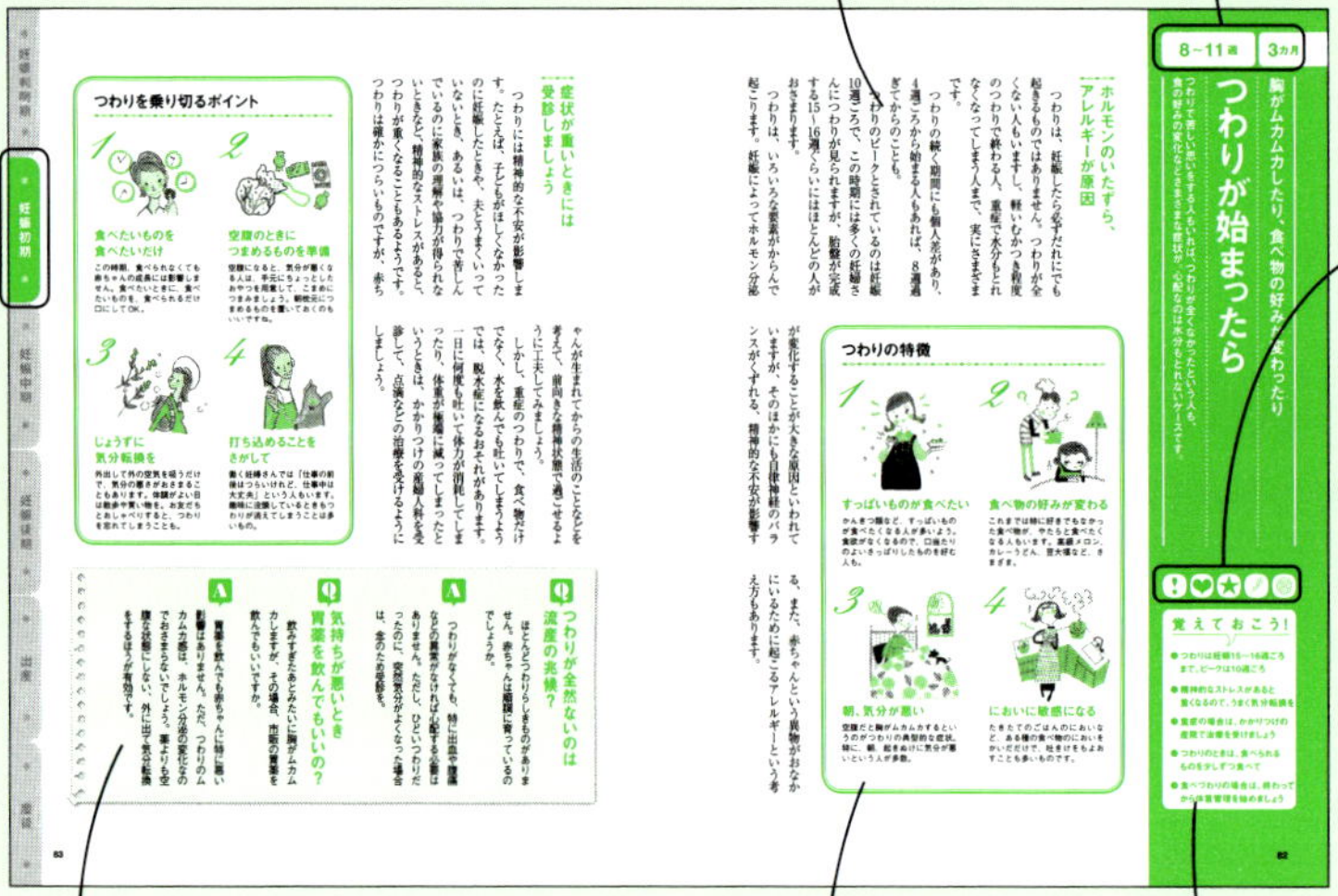

アイコンの説明

- 赤ちゃんに関すること
- 医学的な話
- 生活に関すること
- メンタルに関すること
- 知らないと困ること

もっと知っておきたい項目を、
Q&Aで読みやすく

各テーマのポイント。
ここさえ読めば、わかる

本文に登場するポイントを、
わかりやすくイラストとともに
整理したコラム

＊ 巻末（P252）には、「さくいん」も設けてあります。
キーワードから調べたいときは、ここから辞書のようにひいて調べることができます。

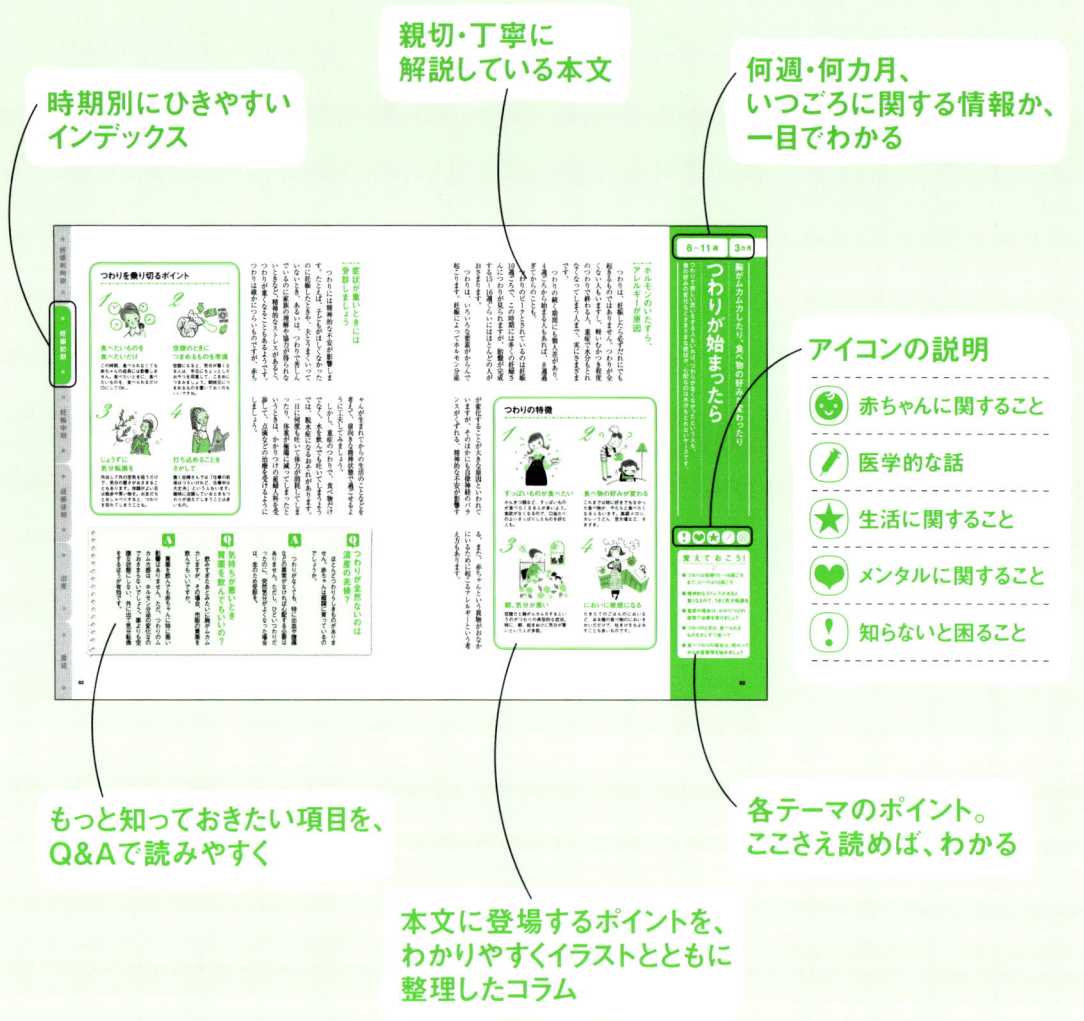

妊娠判明期

妊娠がわかる少しまえから、命は育ち始めています。
赤ちゃんの心臓や脳の最初の一歩がつくられる、
実はとても大事なときのこと、知っておきましょう。

月経が遅れ、なんだかいつもと違うみたい

もしかして妊娠?のサイン

妊娠すると、月経が遅れたり、つわりが始まるなど、体にいろいろなサインが起こります。いつもと違う様子に気づいたら、早めに産婦人科を受診しましょう。

月経の遅れから気づく場合がほとんど

「妊娠したのかしら?」と体の変調に気づく最大の徴候は、月経の遅れです。

受精卵が子宮に着床すると、ふだんは月経が始まる前にガクンと分泌量が減ってしまう女性ホルモンが、妊娠を維持するために盛んに分泌されるようになります。すると、月経のときにはがれ落ちる子宮内膜は、そのまま発育を続けます。その結果、月経が止まるのです。

月経の周期が、規則正しい人が、次の月経予定日より1週間から10日も遅れているようなら、妊娠している可能性が高いと考えていいでしょう。

とはいえ、女性の体のリズムは環境の変化に左右されやすいもの。ストレスから月経が遅れることは、珍しくありません。「妊娠したのかな?」と期待しているうちに月経が始まって、がっかりすることもあるでしょう。

また、ふだんから月経周期が不規則で、30~60日と周期にばらつきがある人は、月経の遅れから妊娠を見分けるのはむずかしいでしょう。ほかに体調の変化が起きていないか、自分の体をよく観察してみましょう。

妊娠しているのに、月経のころに出血が

気をつけなければならないのは、順調に妊娠が進んでいるのに、月経とまちがえるような出血がある場合です。

ちょうど次の月経予定日のころに、ふだんの月経よりも量の少ない、色の薄い出血が見られることがあります。「着床《ちゃくしょう》期出血《きしゅっけつ》」と呼ばれるものですが、特に心配な出血ではありません。しかし、実際は妊娠しているのに、月経に似た出血があると、妊娠に気づくのが遅れてしまいがち。月経の様子がふだんと違うときには、妊娠の可能性も考えてみましょう。

また、流産の前ぶれとして、出血が起こることがあります。腹痛を伴っていたり、ふだんの月経とは出血の量や色が違うときには、注意が必要です。

覚えておこう!

- 月経の遅れは妊娠の兆候かも?
- 月経の様子がいつもと違うときも妊娠の可能性があります
- 基礎体温をはかって高温相が3週間以上続いたら妊娠と考えて
- 体がだるい、眠い、乳房が張る、イライラするなども妊娠の兆候
- つわりが始まって気づくことも

基礎体温の変化から妊娠がわかります

基礎体温は、安静にしているときに、口の中で計測する体温です。女性は、月経の周期に合わせて、体温が微妙に変動します。ふつうの体温計では違いが読みとれないような小さな変化なので、こまかい変化も読みとれる「基礎体温計」を使って計測します。

体温をはかるタイミングは、朝起きてすぐがベスト。枕元に体温計を用意しておいて、目が覚めたら体を動かす前に毎日体温をはかります。これを専用の「基礎体温表」に記録していくと、月経のリズムがわかるのです。

基礎体温は、低温相と高温相という二相に分かれるのがふつうです。月経の始まりから排卵までは低温相で、低めの体温が続きます。排卵が起こると、黄体ホルモンが分泌されるので、この働きで体温が微妙に上昇します。そして、高温相と呼ばれる高めの体温が2週間ほど続き、妊娠しなければガクンと体温が下がって次の月経が始まります。

妊娠していると、そのまま黄体ホルモンの分泌が続くので、基礎体温は高温相が続きます。ですから、3週間以上高温相が続くようなら、妊娠していると考えてよいでしょう。

しかし、実際に基礎体温をはかってみると、例のグラフのようなきれいな二相に分かれないことが多いものです。デコボコがあって、どこまでが低温相でどこからが高温相なのか、悩んでしまうこともあるかもしれません。また、ホルモンの分泌に問題があるときも、基礎体温が二相に分かれないことがあります。

最初は体温の変化がよくわからなくても、基礎体温を長く記録していくうちに、自分のリズムがつかめてくることも多いものです。基礎体温計も、記録アプリもさまざまなものがありますので、利用してみましょう。

基礎体温の見方

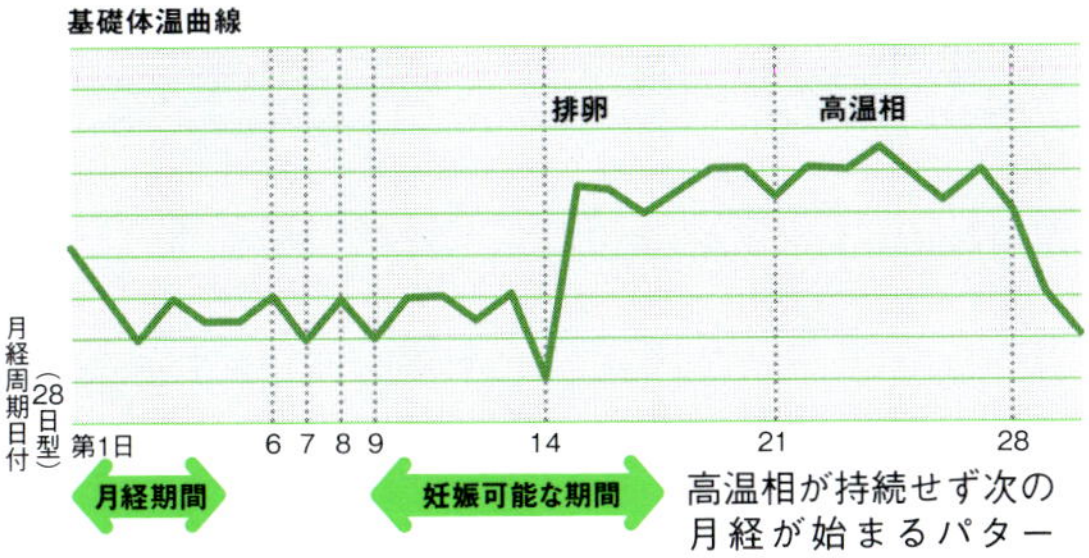

高温相が持続せず次の月経が始まるパターン。

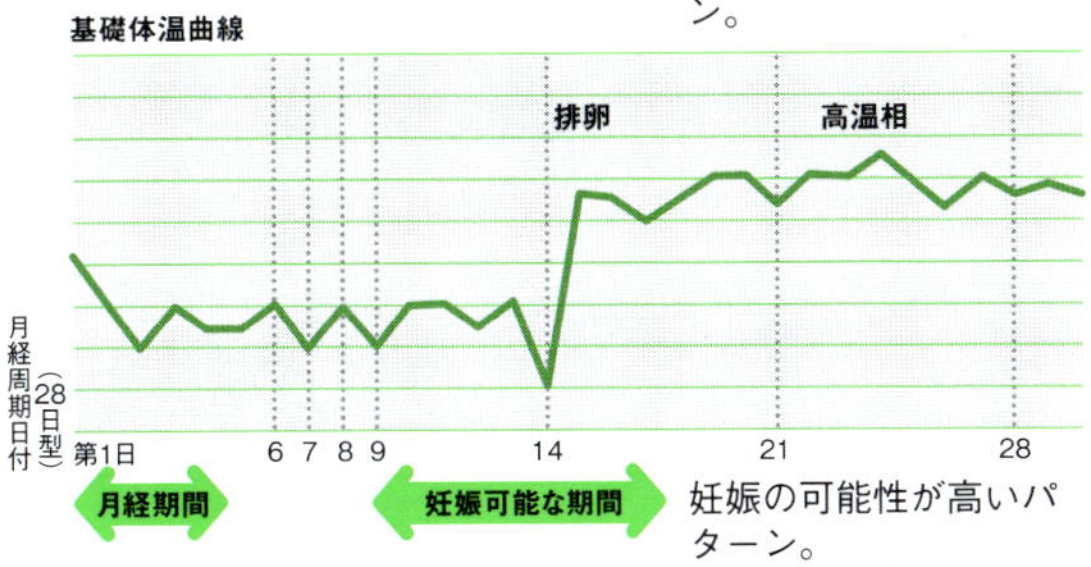

妊娠の可能性が高いパターン。

デジタル計が主流。短時間で計測できる機種も。計測したデータがそのままグラフ表示できるものもあります。

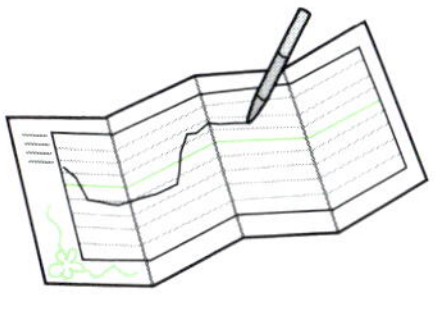

手帳に手書きするタイプと、スマホやパソコンのアプリを使う方法も。

妊娠判明のサイン

1 体が熱っぽくてだるい

妊娠のごく初期には、かぜかな？と思うような微熱が続いたり、体がほてったり、だるさが続くことがあります。

2 吐きけがしたり胸がムカムカする

多くの人が体験するつわりですが、つわりの症状は個人差が大きいもの。全くつわりがなくても異常ではありません。

3 乳房が張り、乳首が大きくなる

月経が始まる前のように、乳房が張ったり、乳首が敏感になって痛みを感じることが。乳首が大きく色が濃くなる人も。

4 睡眠不足でもないのにいつも眠い

黄体ホルモンは、軽い催眠作用があり、眠くてたまらなくなります。体が休息を求めているのかもしれませんね。

5 理由もなくイライラする

ホルモンバランスが変化するために、わけもなくイライラして不機嫌になることもあります。

6 おりものがふえたり肌が荒れる

妊娠するとおりものの量がふえることはよくあります。肌が荒れたと感じる人もいます。

体につわりやそのほかの変化も起こってきます

妊娠すると、体にさまざまな変化が見られるようになります。

体温も高めの状態が続くため、かぜでもないのにだるくて熱っぽく感じたり、1日じゅう眠くてたまらない人もいます。

妊娠の徴候として、よく知られているのはつわりですが、つわりの症状は個人差があり、始まる時期も人によってさまざまです。

月経予定日の1～2週間後、妊娠に気づくような時期からつわりが始まることもあれば、妊娠3カ月に入ってから、ようやく始まる人もいます。月経の不規則な人は、つわりの症状から妊娠に気づく場合もあるでしょう。

一般的なつわりの症状は、食欲がなくなったり、吐きけがする、実際に吐いてしまう、空腹時に胸がムカムカする、食べ物の好みが変わる、だ液の分泌がふえて生唾がよく出る、などです。

よく「すっぱいものが食べたくなる」といわれますが、食べ物の好き嫌いの変化も人それぞれなのです。食べられるものを食べて、この時期を乗り切ってください。

なかには、つわりの症状が重くなって、食べ物を受けつけなくなったり、寝込んでしまう人もいます。反対に、つわりの症状がほとんど出ないまま安定期に入ってしまう人もいます。

そのほか、月経の予定を過ぎたころから、乳房が張ったり、かたくなったり、乳首（乳頭）が敏感になってさわると痛かったり、乳輪（乳首の根元の部分）が黒ずむなどの変化が見られるでしょう。

精神的に不安定になり、イライラしたり、おりものがふえたり、肌荒れしたという変化を感じる人もいます。

これらの症状は、すべて妊娠によって体内のホルモンの分泌が大きく変わるので、その影響があらわれているのです。妊娠に伴うごくふつうの症状ですから、心配はいりません。

妊娠判定薬で妊娠がわかります

妊娠すると、絨毛性《じゅうもうせい》ゴナドトロピンというホルモンが分泌されます。市販の妊娠判定薬はこのホルモンを検出するもの。妊娠判定薬は精度も高く、月経予定日の数日後から、妊娠しているかどうかを調べることができます。使い方は、所定の場所に尿をかけるだけです。

ただ、気をつけたいのは、この妊娠判定薬は、子宮外妊娠などの異常妊娠の場合でも妊娠の反応が出ることです。ですから、あくまでも、産婦人科に行く目安として、陽性の反応が出たら、すぐに専門医の診察を受けましょう。

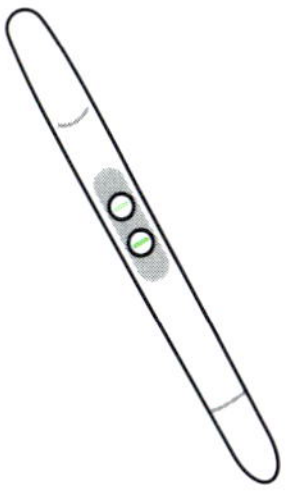

メーカーによって表示のされ方は違いますが、尿をかけると、判定窓にサインが出ます。

Q 月経不順の場合、病院へ行くタイミングは？

月経周期がとても不規則で、ときには2カ月もこないことが。産婦人科にはいつ行ったらいいでしょうか？

A 現在ではかなり早い時期から超音波検査などで、妊娠かどうかがわかります。月経不順の人は受診が遅れがちですが、妊娠かも？と思ったら、受診をためらわず、気楽に産婦人科を訪ねてみましょう。

Q つわりは遺伝する？

母は私を妊娠したときは、とてもつわりがきつかったそうです。私もつわりがひどくなるでしょうか。

A つわりの程度や内容は遺伝することはありません。「私もひどくなるかも」とクヨクヨすると、かえってつわりがひどくなりますよ。気にしないで。

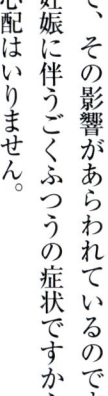

いつ受診すればいいの？　内診ってどんなもの？

初めての産婦人科

「ひょっとして妊娠？　だけど産婦人科に行ったことはないし、どんな検査をするのか心配…」と思う人は多いでしょう。病院へ行くタイミングや診察の内容について予習しましょう。

初診のタイミングは

「月経が遅れて1～2週間、妊娠したかも……」。そう感じたらすぐさま病院に行ったほうがよいのでしょうか？　受診のタイミングは、基本的には毎月月経が規則正しくきている人で、1～2週間以上遅れた場合というのが目安になります。あまり早い段階（妊娠3～4週）だと、きちんとした結果が出ないときもあります。

　最近は市販の妊娠判定薬の結果で判断する人が多いのですが、あくまで参考程度と考えてください。陽性反応が出ても、子宮外妊娠（P78参照）などの場合もあります。赤ちゃんが無事に育っている正常妊娠かを確認するために、産婦人科での診察は欠かせません。また、たとえ陰

受診するときの準備

服装

●パンツスタイルだと、下半身をすべて脱いで内診台に上がらなくてはなりませんが、ジャンパースカートやロングスカートならその必要はありません。タイトミニは不向き。
●内診のときに「下ばきをとって」と言われ、とまどう人もいますが、これはショーツのこと。
●ストッキングも脱ぐので、暖かい季節なら、ソックスのほうが手早く身支度ができます。
●血圧をはかったり、血液検査をする場合もあるので、腕がすぐまくれるようにしましょう。

持っていくもの一覧

●健康保険証
●基礎体温表（つけていた人）
●筆記用具
●お金（初診は少し高めです。余裕をもって1万～2万円）
●ナプキン、ティッシュ
●タオル

覚えておこう！

● 月経が来ないまま1～2週間たったら産婦人科へ
● 内診や超音波検査があるので、脱ぎ着がしやすい服装で
● 保険は適用されませんが、健康保険証は持参しましょう
● 超音波検査で出産予定日を予測します
● 妊娠期間は週数で覚えるようにすると便利

性と出ても、月経がこない場合には、診察に行くようにしてください。

　妊娠・出産は病気ではないので保険は適用されませんが、初診には、健康保険証は持っていきましょう。

問診表にはできるだけ正確に記入します

　産婦人科に行くとまず、問診表を渡されるでしょう。これは診察の参考にするので、できるだけ正確に記入します。聞かれる内容は、
●来院の理由（妊娠の可能性、など）
●最終月経日は何月何日から何日間か（妊娠週数を計算する目安になります）
●ふだんの月経周期や初経（初潮）の時期（月経不順などを確認するため）
●現在の症状（つわりはあるか、体調の変化はないか、不正出血がないか、など）
　過去の妊娠・出産・流産・中絶の経験の有無など、人により、答えにくい項目もありますが、医師は患者のプライバシーは厳守する義務がありますし、今後の診察に重要な情報でもあります。正直に答えてください。これまでにかかった病気、持病やアレルギーはあるか、また近親者に高血圧や糖尿病などの人がいるか、喫煙・アルコールの量、妊娠前の体重なども聞かれるかもしれません。

内診は医師が指を入れて膣や子宮の状態を確認

　問診表を書き終えると、尿検査や血圧検査を受けます。その後、内診があります。専用の内診台にのって診察を受けますが、脱ぐのは下半身で、スカートの場合は下着だけとれば大丈夫です。初めての内診台は緊張するかもしれませんが、大きく深呼吸して力を抜くようにしましょう。力が入っていると痛みを感じたり、子宮の様子がよくわからないこともあります。

　内診は、医師が直接膣の中に指を入れて、子宮の状態をみます。

　超音波検査もします。これは、おなかに超音波を当てることで子宮内の様子をモニターに映し出す検査です。放射線を使うX線検査などとは違い、妊婦さんにも赤ちゃんにも影響はありません。妊娠初期は膣の中にプローブを入れる経膣超音波を使用します。これで胎芽（赤ちゃんの原型）の様子や心拍などを確認できます。

　各検査後に、医師より妊娠の状態などを説明されます。わからないことや不安に思っていることは、ささいなことでも相談しましょう。言われるままではなく、自分から積極的に質問することも大切です。

内診台とは

足をのせる台がついた椅子です。のると、自動で脚が開く設定になっている機種が主流。おなかの上あたりにカーテンがひかれ、診察する先生と顔を合わせることはあまりありません。

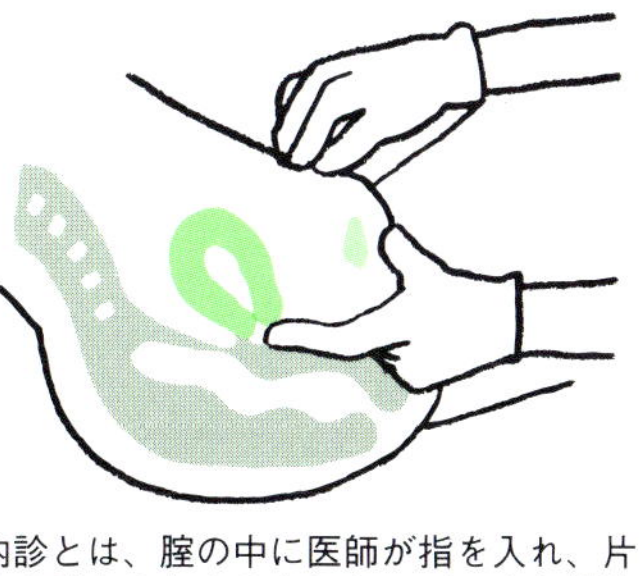

内診とは、膣の中に医師が指を入れ、片方の手をおなかの上において、少し圧迫します。ふつうは痛くない検査ですが、緊張すると痛みを感じることもあるのでリラックスして。

予定日は最終月経から計算します

初診で妊娠が判明すると、出産予定日が医師より伝えられます。

これまでは、最終月経の始まった日より計算して出していました（下表参照）。一般的に、妊娠期間は２８０日とされています。これは月経が28日周期で規則正しくくる場合を想定しているので、月経周期が不順な人は誤差が生じてきます。

いちばん正確なのは、受精日がわかっている場合です。基礎体温がきれいに二相になる人は、それを参考に排卵・受精日が推定できます。

最近は、妊娠初期の超音波検査で予定日を出すようになっています。妊娠初期はまだ、赤ちゃんの頭や体の大きさに個人差が少ないため、そのデータをもとに妊娠第何週かを特定する仕組みになっているのです。ですから、ある日超音波検査を受けた結果、最初に聞いた予定日が変わっても心配はいりません。

そもそも予定日とは一応の目安であり、予定日どおりに出産する人は多くはありません。妊娠37週（予定日前3週間）

出産予定日早見表の見方

まず表の縦軸で最終月経初月をさがします。次に横軸で最終月経初日をさがします。
その両方がぶつかる場所が出産予定日となります。
※ただし、うるう年の場合は、２月29日をはさむ妊娠期間は、１日先の日付が出産予定日です。

最終月経初日（日）／最終月経初日（月）

月＼日	1	2	3	4	5	6	7	8	9	10	11	12	13	14	15	16	17	18	19	20	21	22	23	24	25	26	27	28	29	30	31
1	10月 8	9	10	11	12	13	14	15	16	17	18	19	20	21	22	23	24	25	26	27	28	29	30	31	11月 1	2	3	4	5	6	7
2	11月 8	9	10	11	12	13	14	15	16	17	18	19	20	21	22	23	24	25	26	27	28	29	30	31	12月 1	2	3	4	5		
3	12月 6	7	8	9	10	11	12	13	14	15	16	17	18	19	20	21	22	23	24	25	26	27	28	29	30	31	1月 1	2	3	4	5
4	1月 6	7	8	9	10	11	12	13	14	15	16	17	18	19	20	21	22	23	24	25	26	27	28	29	30	31	2月 1	2	3	4	
5	2月 5	6	7	8	9	10	11	12	13	14	15	16	17	18	19	20	21	22	23	24	25	26	27	28	3月 1	2	3	4	5	6	7
6	3月 8	9	10	11	12	13	14	15	16	17	18	19	20	21	22	23	24	25	26	27	28	29	30	31	4月 1	2	3	4	5	6	
7	4月 7	8	9	10	11	12	13	14	15	16	17	18	19	20	21	22	23	24	25	26	27	28	29	30	5月 1	2	3	4	5	6	7
8	5月 8	9	10	11	12	13	14	15	16	17	18	19	20	21	22	23	24	25	26	27	28	29	30	31	6月 1	2	3	4	5	6	7
9	6月 8	9	10	11	12	13	14	15	16	17	18	19	20	21	22	23	24	25	26	27	28	29	30	7月 1	2	3	4	5	6	7	
10	7月 8	9	10	11	12	13	14	15	16	17	18	19	20	21	22	23	24	25	26	27	28	29	30	31	8月 1	2	3	4	5	6	7
11	8月 8	9	10	11	12	13	14	15	16	17	18	19	20	21	22	23	24	25	26	27	28	29	30	31	9月 1	2	3	4	5	6	
12	9月 7	8	9	10	11	12	13	14	15	16	17	18	19	20	21	22	23	24	25	26	27	28	29	30	10月 1	2	3	4	5	6	7

から41週（予定日後2週間）以内の出産であれば問題ないのです。

妊娠は週数で数えることが多いもの

妊娠は、週数と月数の2つの数え方があります。週数の場合は「満」で、月数は「数え」になります。週数は最終月経の1日目を0日とします。その日から7日間は0週です。そして次の7日間ごとに1週、2週……となっていきます。

それに対し月数は、0カ月ではなく、1カ月から始まります。28日単位で数えるので、週数でいうと0～3週が妊娠第1カ月になります。そして、4～7週が第2カ月となります。

妊娠経過においては、つわりが○週から始まった、胎動を○週で感じた、など週数で考えることのほうが多いかもしれません。

ちなみに妊娠していることに気づかずに次の月経を待っていると、すでに3～4週に入っているということになり、さらに月経が予定よりも1カ月遅れているので病院に行った、となるとその時点で7～8週、つまり妊娠2～3カ月と言われることになります。いきなり言われると驚くかもしれませんが、この数え方でいくと、多くの人が妊娠に気づくのは5～6週以降ですから安心してください。

出産予定日の40週0日を含む、37～41週でのお産を「正期産」といいます。ほとんどの赤ちゃんはこの時期に生まれます。22週未満は流産、22～36週は早産と区別されます。医療の進歩により、生まれても赤ちゃんが育つ境界線が現在は22週とされているのです。42週以降は「過期産」と呼ばれます。この時期に入ると、胎盤の機能が落ちるなど、子宮内がよくない環境になることがあり、そんなときはお産を促す処置をすることがあります。

妊娠期間の表し方

妊娠週数	0	1	2	3	4	5	6	7	8	9	10	11	12	13	14
妊娠日数	0～6	7～13	14～20	21～27	28～34	35～41	42～48	49～55	56～62	63～69	70～76	77～83	84～90	91～97	98～104
妊娠月数	1カ月				2カ月				3カ月				4カ月		

妊娠週数	15	16	17	18	19	20	21	22	23	24	25	26	27	28	29
妊娠日数	105～111	112～118	119～125	126～132	133～139	140～146	147～153	154～160	161～167	168～174	175～181	182～188	189～195	196～202	203～209
妊娠月数		5カ月				6カ月				7カ月				8カ月	

妊娠週数	30	31	32	33	34	35	36	37	38	39	40（分娩予定日）	41	42	43	…
妊娠日数	210～216	217～223	224～230	231～237	238～244	245～251	252～258	259～265	266～272	273～279	280～286	287～293	294～300	301～307	…
妊娠月数			9カ月				10カ月								

流産（0～21週）　早産（22～36週）　正期産（37～41週）　過期産（42週～）

妊娠がわかったら、まず考えておきたい

納得できる分娩施設を選ぼう

お産をするのは自分自身。どんなスタイルで、どんな施設でお産をしたいのか、はっきりしておくことが納得できるお産につながります。

産院選びのポイント

STEP 1 お産のスタイルを選ぶ → P49へ

- □ 立ち会い出産
- □ フリースタイル
- □ ソフロロジー
- □ ラマーズ法
- □ 水中出産
- □ 無痛分娩
- □ 帝王切開
- □ LDR

STEP 2 分娩施設を選ぶ → P51へ

- □ 大学病院・総合病院
- □ 産科専門病院
- □ 個人産院
- □ 助産院

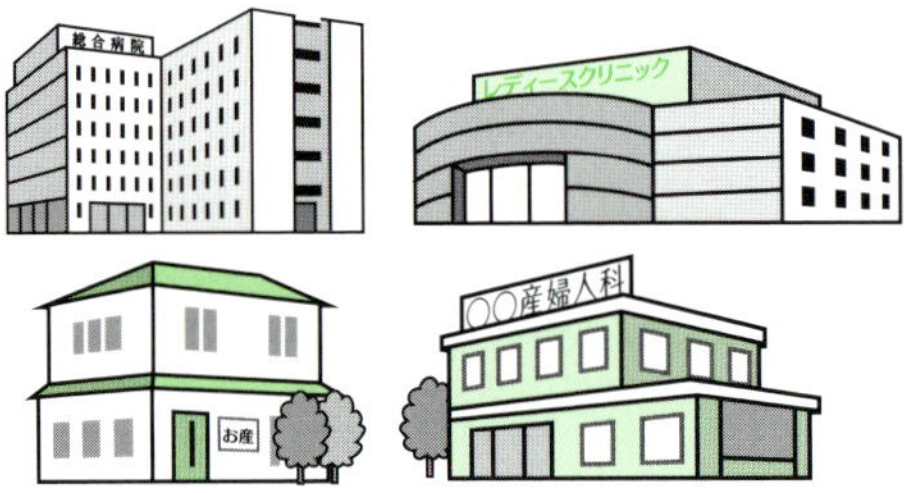

STEP 3 産院を選ぶ → P52へ

- □ 自宅からの距離はどのくらい?
- □ 分娩費用は予算内でおさまる?
- □ 緊急時の態勢、連携病院の確認
- □ 設備やアメニティは希望どおり?
- □ 入院中の食事の内容は?
- □ 母乳指導や母乳外来がしっかりあるか?

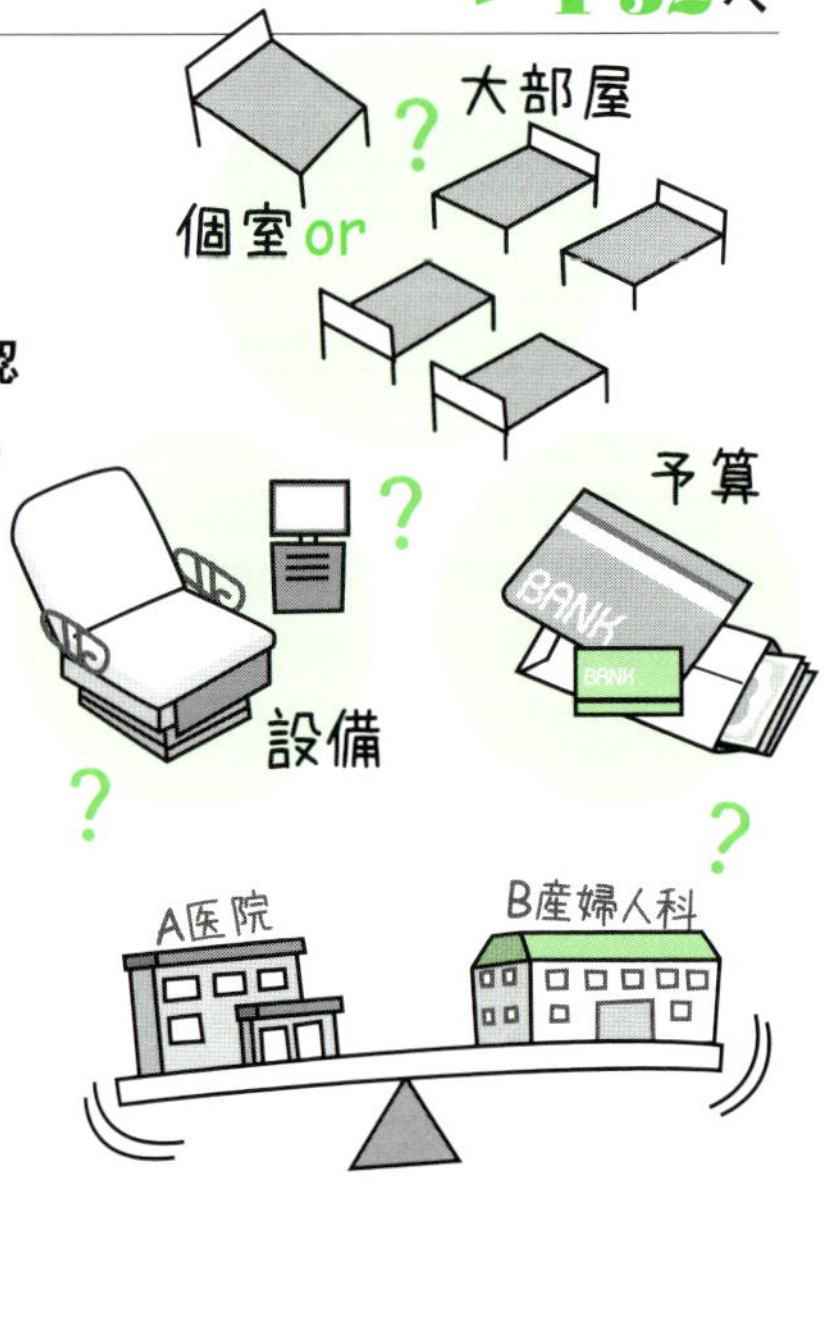

覚えておこう!

- 自分がどんなお産をしたいのか、考えてみましょう
- 自分の希望するお産ができる分娩施設をチェック
- 譲れないポイントを決めて、具体的な産院選びを
- 情報収集をしたら、自分の目でも確かめて
- 里帰り出産の場合は、早めに決めて予約することが大切

STEP 1

自分に合った出産スタイルを選ぼう

自分の好きなスタイルで産みたいという妊婦さんがふえ、今ではお産のスタイルは多様化しています。「考えたことがなかった」という人も、どんなスタイルなら満足のいくお産ができるか、早めにはっきりしておくことが大切です。

自分自身の産む力、赤ちゃんの生まれてくる力を信じたいと思う場合は、自然出産やフリースタイル分娩などがおすすめです。また、陣痛を乗り切るためのリラックス法を身につけたいということであれば、呼吸法やマッサージをとり入れたラマーズ法やソフロロジーなどがあります。夫婦で出産の感動を分かち合いたいのなら、夫立ち会い分娩も。一方、生活上の理由や持病がある場合、痛みに弱い場合などは、計画分娩や無痛分娩という方法もあります。

陣痛促進剤や麻酔を使うのか、どんな姿勢で出産したいか、夫にも立ち会ってほしいかなどについて、自分なりに考えてみましょう。

フリースタイル

分娩台にあおむけになる一般的なお産に対して、妊婦さんの好きな姿勢で出産する方法です。陣痛のときだけでなく、分娩のときにも四つんばいになったり、すわったりと、自分のいちばんラクな姿勢をとることができるので、リラックスでき、お産がスムーズに進むメリットがあります。自分の産む力、赤ちゃんの生まれてくる力を実感できるという面も。自宅出産や水中出産なども、広い意味でこれに含まれます。

こんなスタイルもOK!

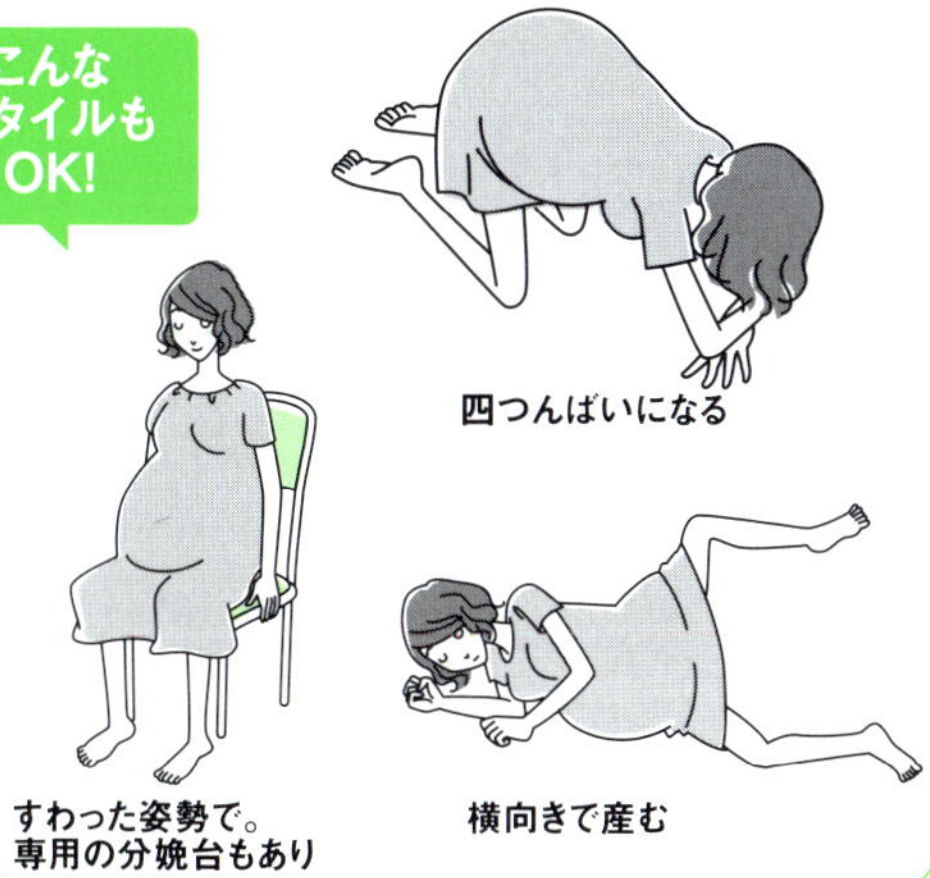
四つんばいになる
すわった姿勢で。
専用の分娩台もあり
横向きで産む

立ち会い出産

陣痛のときに産婦さんの腰をマッサージしたり、声をかけるなど、お産に夫がつき添います。赤ちゃんが生まれる瞬間にも立ち会うことも。産婦さんがリラックスできるので、お産がスムーズに進行し、直接お産に関わることで夫に父親としての自覚が芽生える、「ふたりでお産を乗り越えた」という意識から夫婦のきずなが深まるというメリットもあります。妊娠中に夫も両親学級に通い、お産の進み方や呼吸法について勉強します。

パパがサポートできること

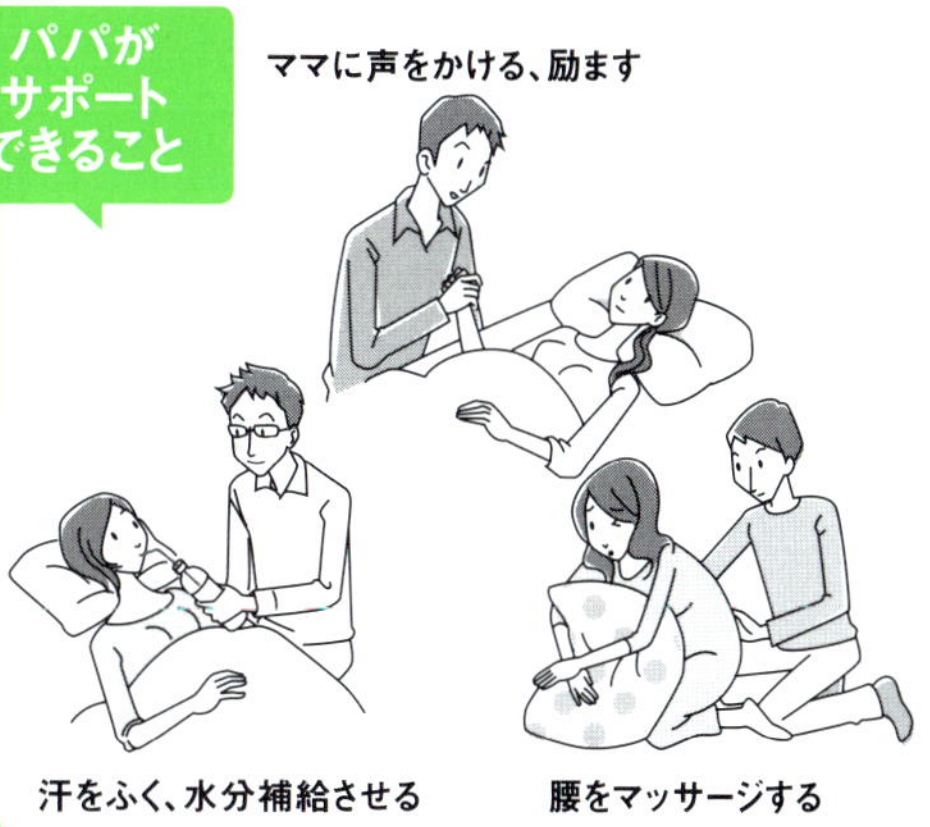
ママに声をかける、励ます
汗をふく、水分補給させる
腰をマッサージする

帝王切開

下腹部と子宮を10cm程度切開し、赤ちゃんをとり出す手術です。重い妊娠高血圧症候群や初産で逆子の場合などはあらかじめ決める「予定帝王切開」となります。経腟分娩の途中でトラブルが起きた場合などには、医師の判断で緊急に帝王切開になることも。手術は1時間ほどで終わり、局所麻酔なので赤ちゃんの産声を聞くこともできます。入院日数は10日～2週間と経腟分娩にくらべてやや長くなりますが、手術費用には健康保険が適用されます。

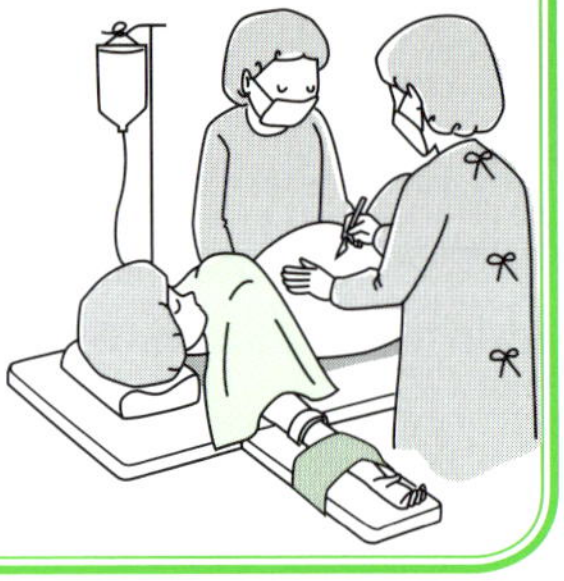

無痛分娩

麻酔の力を借りることで、お産の痛みをやわらげる方法です。心臓に持病があるなどの医学的な理由からすすめられることが多いですが、陣痛のストレスがお産の進行が妨げることがあるためや、痛みにとても弱い場合などもこの方法を選択することがあります。最近では、局所麻酔で行うことが多く、自分でいきむことができ、赤ちゃんが生まれる瞬間もわかります。熟練した技術が必要なので、専門の麻酔医がいる施設を選びましょう。

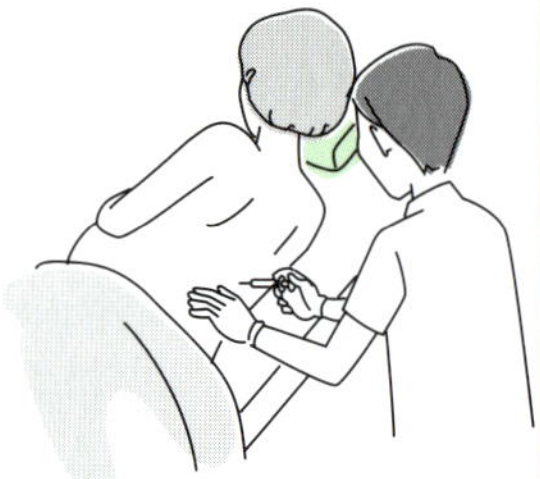

LDR（室）

陣痛（Labor）、分娩（Delivery）、回復（Recovery）の頭文字をとったもので、陣痛から出産、産後までを同じ部屋で過ごすシステムです。お産の直前にはそれまでのベッドを分娩台にできるので、通常のように陣痛のピークに分娩室に移動する必要がなく、産婦さんは最後まで落ち着いてお産に臨めるというメリットがあります。立ち会う家族のためのソファなどもあり、アットホームな雰囲気で出産ができます。

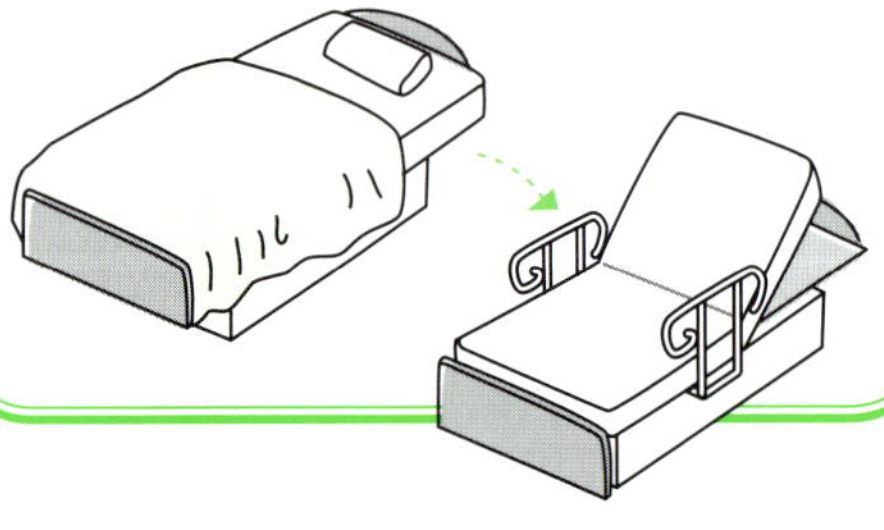

ソフロロジー

イメージトレーニングや呼吸法を学ぶことでお産に対する緊張感をコントロールし、リラックスした状態でお産に臨めるようにする方法です。

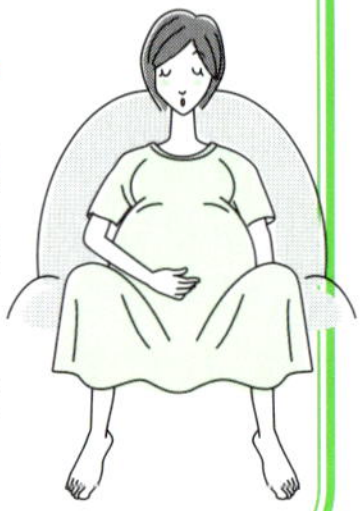

ラマーズ法

お産の流れについてきちんと予習し、呼吸法と力を抜く方法を学ぶことで、リラックスして出産することをめざします。夫の立ち会いがすすめられます。

STEP 2

施設ごとに特徴が違います

お産を扱っている施設には、大学病院や総合病院、産科専門病院など規模の大きなものと、個人産院や助産院などの小さなものとがあります。自分がどんなところでお産をしたいか、またSTEP1で選んだお産方法によっても、選ぶ施設は変わりますが、妊娠中の経過などによっては希望する出産方法や施設でのお産ができない場合もあります。

大学病院や総合病院などは、医療態勢が整っているため、合併症などのリスクや分娩途中のトラブルなどへの対応に安心感があります。

個人産院などの場合は、1人の医師に妊娠中から産後までみてもらえ、医師との信頼関係が築きやすいのが魅力です。また、助産院は、助産師がお産をサポートしてくれ、入院もできる施設で、アットホームな雰囲気があります。

医師や院内の雰囲気については、お産をした友だちから情報収集したり、自分で直接確認したりして、自分が安心してお産できる施設をさがしましょう。

大学病院・総合病院

メリット

医学的水準が高く、産婦人科以外の科もあるので、合併症などのリスクがある場合や急なトラブルが起きたときにも対応できます。

デメリット

待ち時間のわりに診察時間が短い、診察のたびに医師がかわる、夜間や休診日にスタッフが手薄などの面があります。

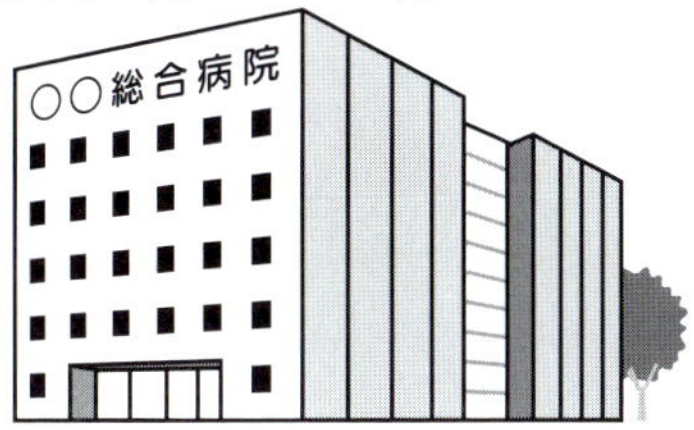

産科専門病院

メリット

産科専門のため、NICU（新生児集中治療室）を備えているなど設備が充実し、扱うお産の件数も多いので、安心です。

デメリット

NICUなどを備える病院は数が少なく、産科以外の科がないので、持病がある場合などには向かないことも。

個人産院

メリット

妊娠中から産後まで1人の医師にみてもらえ、信頼関係が築きやすくなります。食事やサービスなどに特徴があるところも。

デメリット

院内だけでは急なトラブルに対処できない場合があり、母体や新生児を提携している総合病院などに搬送することもあります。

助産院

メリット

助産師から妊娠中の生活やお産へのこまやかな指導が受けられ、アットホームな雰囲気の中でリラックスしてお産ができます。

デメリット

助産師は医療処置ができないので、利用するに当たっては、妊娠経過が順調なこと、正常なお産であることが前提になります。

STEP 3

具体的な産院選びには重視するポイントを決めて

お産のスタイルと産みたい施設が決まったら、次は具体的な産院選びです。同じような施設に見えても、陣痛促進剤を必ず使う産院もあれば、必要最小限にとどめるという産院もあります。女性にとって出産は大きな節目であるだけに、体に負担をかけず、気持ちよく通えて、安心してまかせられる産院を選びましょう。

ここまでで自分の希望がはっきりしている場合は、それに沿って産院をさがします。まだわからないという場合は、左ページのポイントを参考にして、自分の優先順位を決めていきましょう。「本当に自分が大切に思っていることは何か」「はずせないポイントはどこか」が、考えていくうちにはっきりしてくるはずです。

初診の時点で「ここなら信頼して通える」と確信できればよいですが、疑問を感じたような場合は、納得できる産院をもう一度さがし直しましょう。最近はお産の予約がなかなかとりにくくなっているため、早めに行動を。

自分が希望する産院を見つけるには

●インターネットで

スマートフォンやパソコンなど、インターネット環境が整っている場合は、産院のサイトを見てみましょう。ある程度雰囲気をつかむことができます。また、口コミサイトや掲示板などを利用して情報を集めてみても。

●友だちの口コミで

医師の評判や院内の雰囲気、お産のときの対応、入院生活の実際などについて、くわしく教えてもらいたいなら、先に妊娠・出産した友だちに聞いてみるのも一つの手段です。実際体験した人ならではの意見が聞けるでしょう。

●雑誌やタウンページで

雑誌で紹介されている産院や広告などから、自分の希望に合いそうな産院をピックアップして問い合わせてみるのもよいでしょう。そのとき、ていねいに応対してくれない場合は、候補からはずしたほうがいいかも。

一度受診するとなおよいでしょう

たとえ友だちであっても、感じ方は人それぞれ。できれば自分の目で確かめてから、決めるのがおすすめです。

里帰り出産する予定なら早めに予約を

初めてのお産では、育児面だけでなく、精神的な面でも実母にサポートしてほしいと思う妊婦さんは多いものです。実家が近くにない場合は、「里帰り出産」を選ぶことになりますが、近年、産院の予約はとてもとりにくくなっているのが実状です。まずは里帰り先の産院の予約をしましょう。同時に、健診に通っている産院にも里帰り出産であることを伝えておき、妊娠35週（9カ月末）までに里帰りする際に、紹介状を書いてもらいましょう。

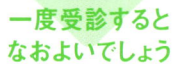

産院選びの最重要ポイント3

1 希望の出産スタイルができる

立ち会い出産ができるか、自由な姿勢で出産ができるかなど、妊婦さんの希望している出産スタイルに対応していない産院もあるので確認を。

2 通いやすい

いくら条件に合った産院でも、通院に時間がかかりすぎるのは考えものです。お産が始まったときのことも考え、1時間以内がベストです。

3 信頼関係が築ける相性がよい

お産をするのは妊婦さん自身ですが、担当の医師の人柄や技術を信頼できるか、助産師や看護師との相性がよいかは大切なポイント。

その他のチェックポイント

赤ちゃんのこと

母子同室or別室

母乳育児や新生児室での院内感染防止のため、母子同室がふえていますが、夜だけは新生児室で預かる場合もあります。産後すぐから24時間母子同室がよいか、入院中は夜はゆっくりしたいか、よく考えてみましょう。

母乳指導

出産したらスムーズに母乳が出るとは限りません。母乳の出が悪い場合は、マッサージや授乳のしかたなどの指導が必要で、そうした指導を熱心に行っている産院もあれば、一般的な指導の産院もあります。

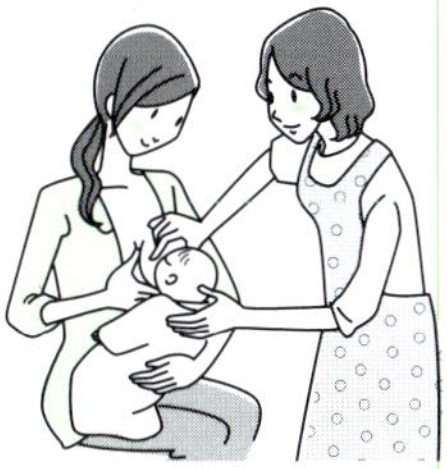

施設のこと

個室or大部屋

お産で疲れた体をゆっくり休めたいなら個室、産院で顔見知りのママをつくりたいというなら大部屋がよいかも。

緊急時の態勢

常勤や非常勤の医師・看護師の数や、深夜や夜間のお産や緊急時の対応なども大切なチェックポイントです。

設備

診察や緊急時に対応できる医療設備が整っているかはもちろん、診察室や待合室などが快適かどうかも確認しましょう。

食事

豪華なフルコースが組み込まれている産院もあれば、母乳によいといわれる食事を出す産院もあるので、好みに応じて選んで。

各種アメニティ

マタニティヨガの教室を開くなど、お産に関係するイベントのほか、フェイシャルエステやシャンプーなどのサービスがある産院も。

お金のこと

予算

出産方法や部屋のタイプのほか、設備の充実度などによっても出産費用は違うので、選ぶ際に確認しておきましょう。

妊娠判明期

ちょっと気になる遺伝の話

親と子が似るのはどうして？

親から子へとさまざまな情報を伝えるのは「遺伝子」です。体型や性質などのほか、ときには病気が受け継がれることがあります。

遺伝子は、細胞内の「染色体」にあります

髪や皮膚の色、体型、性質など、親から子へと受け継がれていく情報を伝えるのが遺伝子。その遺伝子は、細胞の中の「染色体」にあります。

卵子と精子の染色体

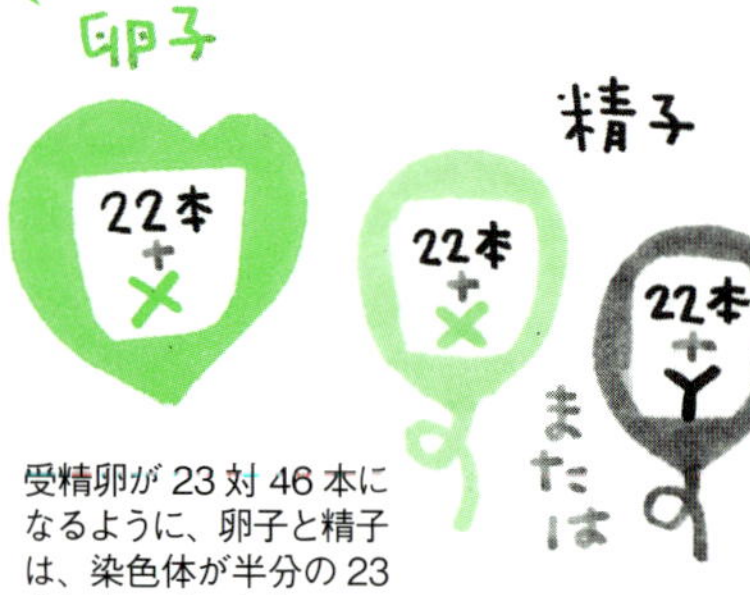

受精卵が23対46本になるように、卵子と精子は、染色体が半分の23本になっています。

人の染色体は、22対の「常染色体」と1対の「性染色体」、全部で23対46本で構成されています。しかし、精子や卵子の染色体は、赤ちゃんが父親と母親から染色体を受けとったときに元の23対46本になるように、「減数分裂」という仕組みで、半分の23本になっています。

減数分裂では、23対のそれぞれから1本ずつを選んで組み合わせができるために、約８００万通りにもなります。精子と卵子それぞれが８００万通りあるので、両方の組み合わせは70兆という、気の遠くなるような数字になります。

つまり、生まれてくる赤ちゃんは父親と母親から半分ずつ染色体を受けとるけれど、それは天文学的な組み合わせのうちの一つだということ。同じ親から生まれた兄弟姉妹でも、顔も性格も全く違う場合があるのも当然です。

遺伝による病気が心配なとき

遺伝に関わる病気には、いくつかの形があります。一つの遺伝子のために病気になるもの、複数の遺伝子が関わっているもの。また、常染色体の優性・劣性遺伝、性染色体の劣性遺伝などさまざまです。

性染色体の劣性遺伝では、女性のX染色体の1本に病気の遺伝子がある場合は、もう1本のX染色体がカバーするので発病しませんが、その遺伝子をもつキャリアになります。そして、正常な遺伝子をもつ男性との間に子どもができた場合、男の子はX染色体を1本しかもたないので、病気のあるXのほうを受け継ぐと発病してしまいます。

男性だけが影響を受けるこのような遺

覚えておこう！

- 遺伝子には「常染色体」22対と「性染色体」1対、23対46本があります
- 精子や卵子の染色体は23本
- 赤ちゃんは父親と母親から半分ずつ染色体を受けとります
- 「伴性遺伝」とは、血友病など、男性だけが発病する遺伝
- 血液型不適合の可能性があっても、処置をすれば大丈夫

血液型不適合って何？

血液型を分類するには、主にA・B・O・ABの４種類に分類するABO式とRh（＋）・Rh（－）の２種類に分類するRh式血液型があります。

ABO式の場合の血液型不適合は、O型の母親がA型、またはB型の子どもを妊娠したときに起こり、子どもに強い黄疸の症状が出ることがあります。しかし、その可能性はとても低いので、あまり問題にはなりません。

しかしRh式の場合は、母親がRh（－）で父親がRh（＋）、子どもがRh（＋）になったときに不適合が起こります。

このような組み合わせでも、初めての妊娠では赤ちゃんに障害が起きることはまれです。２回目以降の妊娠で、胎児の赤血球が破壊されて貧血や重度の黄疸などが起こることがありますが、最初の出産後に抗体ができるのを防ぐ予防処置をしておけば、２回目以降も安心して妊娠できます。

２回目の妊娠中に抗体ができて胎児の赤血球が破壊された場合でも、生まれた赤ちゃんに交換輸血の処置をとれば、まず大丈夫です。

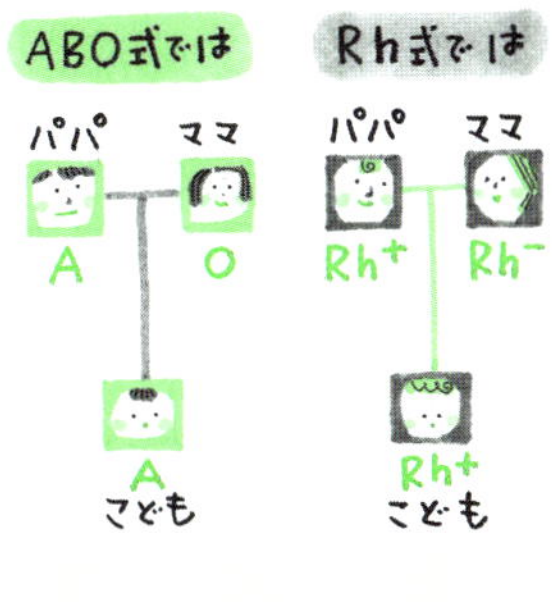

伴性遺伝について

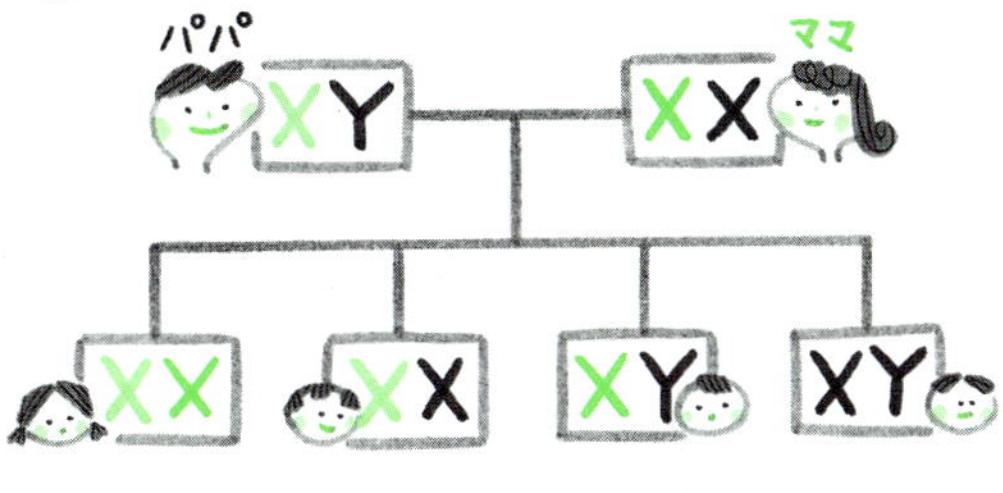

ママが黒いほうのX染色体に病気の遺伝子があるとすると、いちばん右の男の子が発症し、左から２番目の女の子がキャリアになります。（ママの緑のX染色体は正常な遺伝子）

伝を「伴性遺伝」（上段のコラムも参照）といいます。代表的な遺伝病には、血友病、デュシャンヌ型筋ジストロフィーなどがあります。

B型・C型肝炎、ATL（成人T細胞白血病）の遺伝を心配する人もいますが、これらは遺伝ではなく、ウイルス性の病気です。

また、ダウン症に関しては、ほとんどが遺伝によるものではありません。卵子が細胞分裂する、ごく初期の段階で、23対中の21番目の染色体が、2本ではなく3本になったために起こります。高齢出産になるほど、その確率は高くなりますが、若い人の妊娠でも、ある程度の確率で起こるものです。

心配があるときは、産婦人科医に相談を

遺伝子が関わっている病気が少しでも心配な場合は、できるだけ早く産婦人科医に相談しましょう。遺伝について正しい知識をもつことで、心配が解消することも多いのです。

最新の注意を払って、妊娠生活を過ごしましょう

持病のある人の妊娠・出産

健康な人にとっても、妊娠・出産は、体への大きな負担。もともと病気をもっている人は、主治医と産婦人科医に連絡をとってもらいながら、妊婦生活を慎重に過ごしてください。

覚えておこう!

- 子宮筋腫は場合によっては帝王切開になる可能性も
- 妊娠13〜14週を過ぎても小さくならない卵巣のう腫は手術も
- 子宮の奇形は流産や早産の可能性があるので安静に
- 高血圧は塩分と体重、糖尿病は血糖値をコントロールして
- その他の持病は担当医の指示に従い、産婦人科医とも連携を

子宮や卵巣の病気

流産や早産の原因になる病気もあります。無事なお産を迎えたいものです。

「子宮筋腫」は場所や大きさが問題

子宮筋腫は、子宮の筋肉にできるかたい「良性のこぶ（シュヨウ）」です。大きさとできた部位によっては、流産や早産に結びつくこともあるので、注意が必要です。

赤ちゃんの発育には、極端に大きな筋腫がたくさんあるような場合以外は、それほど影響しないでしょう。ただし、筋腫ができた部位によっては、筋腫がじゃまをして「逆子」（P166）になることがあります。また、筋腫が変性を起こして、痛みの原因になることもあります。

出産方法は、筋腫の場所や大きさによって違ってきます。特に、頸管部近くにできた筋腫は、産道を圧迫して赤ちゃんがおりてくるのを妨げるので、帝王切開になることが多くなります。

産後は、子宮の回復が悪かったり、悪露の出方が悪く、感染症を起こすこともあるので、無理をしないことが大切。母乳はできるだけ長くあげたほうが子宮の収縮や筋腫の成長に対し、効果的です。よほど特殊な場合を除いて、基本的に妊娠中は手術をしません。帝王切開で出産した場合も、出血がふえる可能性が大きいので、出産時に筋腫をいっしょにとることはあまり行われません。出産後は小さくなる可能性があるので、産後の経過

子宮筋腫の位置

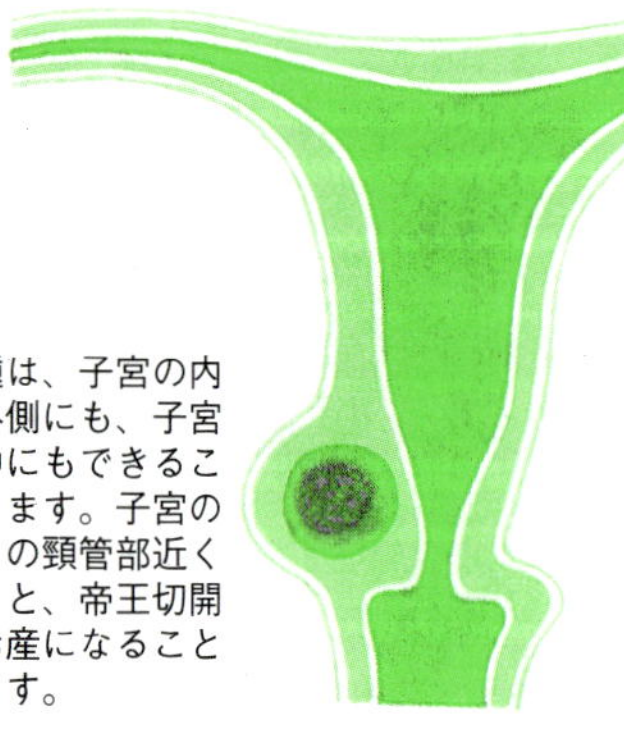

子宮筋腫は、子宮の内側にも外側にも、子宮の壁の中にもできることがあります。子宮の出口近くの頸管部近くにできると、帝王切開によるお産になることもあります。

をみて治療方針を決めていきます。

次の妊娠を希望するときは、筋腫があまり大きくならないうちに妊娠するか、それまでに筋腫の核だけをとる「筋腫核出術」を受けたほうがよいでしょう。産後も、きちんと定期健診を受けることが大切です。

「卵巣のう腫」は7cm以上なら治療を

卵巣に水などがたまり、大きくふくれ上がってしまう病気を、卵巣のう腫といいます。

妊娠初期の健診で、卵巣がはれていると言われることがありますが、この場合いちばん多いのは、「黄体のう胞」です。黄体のう胞は、妊娠に伴うホルモン分泌の影響で、一時的に卵巣がはれたもの。妊娠13〜14週ごろまでには、自然に小さくなっていきます。

しかし、この時期を過ぎても小さくならず、大きさが7cm以上あるときには、注意が必要です。ほうっておくと、のう腫のつけ根がねじれる茎捻転を起こしたり、のう腫が破裂してショック状態に陥るおそれがあります。7cm以上の大きさだったり、悪性が疑われるときには、手術が必要になることもあるでしょう。

「子宮奇形」の場合は流産・早産に気をつけて

先天的に子宮の形に異常がある場合で、子宮が2つあり、膣も2つある「重複子宮」、子宮部が角のように分かれている「双角子宮」、底部が弓状の「弓状子宮」などがあります。

子宮の内腔が狭いので、流産や早産になりやすく安静が必要です。赤ちゃんの向きや発育に影響したり、胎盤の位置がずれることもあり、その場合は前置胎盤（P182）や常位胎盤早期剥離（P182）が心配されます。

出血があったりおなかが張るときは、すぐに受診しましょう。お産は帝王切開の可能性が高くなります。

「性行為感染症」はお産までに完治を

セックスでうつる病気を、「性行為感染症」といいます。よく知られている梅毒や淋病などのほか、クラミジアや性器ヘルペスなども性行為感染症です。

なかでもクラミジアは増加傾向にあり、感染してもおりものが多くなるくらいで、自覚症状があまりない、やっかいな病気です。治療は抗生物質の服用です。必ず、パートナーもいっしょに治療を受けるようにしてください。

特に妊娠中は、ほうっておくと流産や早産を起こしたり、赤ちゃんが入っている羊膜に感染して、前期破水を起こす場合があります。

お産のときに産道感染すると、赤ちゃんが新生児結膜炎や肺炎にかかることもあるので、出産までにきちんと治しておくことが大切です。

GBS（B群溶血性連鎖球菌）も、前期破水や早産を引き起こすことがあるうえ、産道感染すると、赤ちゃんが髄膜炎や敗血症など重い病気を起こすことがあるため、妊婦さんにスクリーニングで検査する病院がふえています。治療は、抗生物質を使います。

婦人科以外の病気

妊娠中に症状が進まないように注意して、医師同士の連携も頼りにして。

「心臓病」は、専門医と産婦人科医との連絡を密に

心臓病は、病気の種類や程度もいろいろありますし、妊娠すると心臓への負担も増しますから、専門医によく相談して、妊娠や出産に耐えられるかどうか、くわしくチェックしてもらうことが大切です。

許可が出て妊娠できても、きわめてハイリスクな妊娠なので、設備の整った施設できちんと管理することが必要です。妊娠中は過労や睡眠不足にならないように心がけて、心臓病の専門医と産婦人科医に連絡をとり合ってもらいましょう。

産婦人科医と専門医の連携を。

塩分とりすぎに注意。

「高血圧」は、塩分とりすぎと太りすぎに気をつけて

高血圧の持病のある人が妊娠したときには、高血圧症自体による母体への影響と、妊娠高血圧症候群を起こしやすいので、それによって胎児の発育や胎盤機能などへの影響が心配されます。

特に妊娠後期に入ると、尿タンパクやむくみなどが出てきて、妊娠高血圧症候群があらわれやすくなります。出産時には、陣痛によって血圧が上がり、「子癇」という一種のケイレン発作を起こすおそれもあります。妊娠中は、塩分を控えた食事をとり、太りすぎないように注意が必要です。

「糖尿病」は、血糖値のコントロールが大切

糖尿病があると、妊娠高血圧症候群や羊水過多症などにかかりやすく、赤ちゃんの発育に影響することが心配されます。糖尿病のお母さんからは巨大児が生まれやすいのですが、重症になると胎盤機能が低下して、逆に赤ちゃんは小さくなってしまいます。このため、出産時のトラブルも多く、産後も感染症にかかりやすいので注意が必要です。妊娠中も専門医の指導を受けて、血糖値をコントロールすることが大切です。

「慢性腎炎」は、食事と安静に注意して

慢性腎炎などの腎臓病は、妊娠するたびに症状が進むことがあるので、妊娠する前に検査を受けて、妊娠の許可を得る必要があります。

腎機能があるレベル以上であれば妊娠を続けることができますが、十分でない

と、胎盤機能が低下して赤ちゃんの発育に影響が出たり、妊娠高血圧症候群も重なるとトラブルが起こるおそれがあります。

　妊娠中は食事に気をつけて、安静を心がけるようにしましょう。

十分に睡眠をとりましょう。

「B型肝炎」は、産後赤ちゃんに予防接種を

　B型肝炎は、血液を介して感染します。妊娠中におなかの赤ちゃんへ影響する心配はないのですが、お産のときに出血した血液にふれると、感染する心配があります。この垂直感染によって赤ちゃんにうつると、キャリア（保因者）になって、将来肝臓病を起こす可能性が出てきます。

　このため、妊婦さんがB型肝炎にかかっているとき、あるいは妊娠中の血液検査でキャリアとわかった場合は、出生後赤ちゃんに予防接種などをして、感染を防ぐ措置がとられています。お産は経腟分娩が可能で、B型肝炎だけの理由で帝王切開になることはありません。

「自律神経失調症」は、ストレスコントロールを

　自律神経失調症は、交感神経と副交感神経のバランスがくずれることで起こる病気です。妊娠すると、ホルモンの分泌変化などにより、頭痛、肩こり、ほてり、動悸、低血圧やめまいなどの症状が、さらにひどくなる場合もあるので、ストレスをためないように気をつけましょう。

　産後もマタニティブルーに陥りやすいので、育児などは家族の協力を得て、無理をしないことが大切です。

疲労をためないように休養を。

「気管支ゼンソク」は、発作を抑える治療を

　妊娠中は、ゼンソクの発作が頻繁になる人もいれば、かえって症状が軽くなる人もいます。たとえ激しい発作が起きたとしても、それが原因で流産や早産になることは、まずありませんが、赤ちゃんが一時的に低酸素の状態になることがあります。

　妊娠前からの治療は、そのまま続けます。発作予防のために投与される副腎皮質ホルモンは、量的には赤ちゃんへの影響はないと考えられています。発作の原因になることは極力避けて、かぜもひかないように気をつけましょう。

「胆石」は、妊娠中でも治療が可能

　胆石は、発熱や痛みなどの症状が強くなければ、妊娠にはほとんど影響がありません。症状があらわれたときは注射や薬で治療しますが、痛みがひどいときには妊娠中でも手術が可能です。

だいたいの目安を知っておきましょう

妊娠・出産にかかる費用

分娩・入院費に毎回の健診費、里帰りする場合はその費用など、妊娠・出産にはまとまったお金が必要になります。今のうちから予算を立てておくのがおすすめです。

分娩・入院にかかる費用は40万～60万円

妊娠・出産は病気ではありません。そのため、通常は健康保険がきかないので、毎回の健診をはじめ、分娩や入院には40万～60万円くらいの費用がかかります。個室だったり、無痛分娩やLDRを選んだり、サービスが充実している施設だったりすると、その分高くなるでしょう。夜間や休日にお産が始まった場合などには分娩費に割増が必要なこともあるので、早めに産院に確認しておくと安心です。

健康保険がきくケースとしては、妊娠中に異常があって手術をしたり、入院したりした場合や、お産が帝王切開になった場合などがあります。生命保険や医療保険に加入している妊婦さんは、念のため確認しておくといいでしょう。

妊娠・出産費用の内訳

健診費

一般的に初診料は5000～1万円、健診費は5000～8000円程度ですが、血液検査などがあると1万円以上のことも。

分娩費

お産そのものにかかる分娩介助料以外に、胎盤処置料、お産入院中の診察費や投薬・注射料などがあります。

入院費

入院中の食事費、お産セット代、新生児管理保育料など。個室の場合、いわゆる差額ベッド代がかかることも。

文書料

出生証明書や生命保険などを請求する際に必要な診断書を作成してもらうためにかかる費用です。

その他

マタニティ用品、ベビーグッズ、内祝い、お祝い行事などの費用も準備して。

覚えておこう!

- 毎回の定期健診や分娩・出産に健康保険はききません
- 切迫流産や切迫早産で入院したとき、帝王切開などは健康保険適用
- 出産育児一時金など、公的補助はきちんと申請を
- 医療費控除、扶養控除など戻ってくるお金の申請も忘れずに

もらえるお金と戻ってくるお金をしっかりチェック

分娩や入院にかかる費用には健康保険がききませんが、国や自治体などから「助成」があります。助成金は、基本的に届け出をしないともらえないので、忘れずに申請しましょう。

妊婦健診費の助成は内容や金額などが自治体によって異なります。各自治体の役所で母子健康手帳をもらうときにいっしょにもらえる「妊婦健康診査受診票」をチェックして。

働くママの場合は、こんな制度も

●出産手当金

産前42日・産後56日の出産休業中の生活を保障するためのもので、勤務先の健康保険に加入している場合に支払われます。基本は日給の⅔×休んだ日数分ですが、出産が予定日より早いか遅いかにより、支給される額は変動。

●育児休業給付金

育児休業中の生活を保障するために雇用保険から支給されます。支給額は月給×0.5×休業した月数分で、上限額は21万5100円と定められています。また、育児休業中も会社から月給の8割以上が支払われている場合は対象外です。

●失業給付金の延長措置

妊娠・出産で退職するものの、また働きたいと思っていて、雇用保険に加入していた場合は、ハローワークで失業給付金の受給期間を延長することができます。産後働きたいと思ったら、受給申請しましょう。

もらえるお金・戻ってくるお金

出産育児一時金

どの健康保険でも、子ども1人につき42万円支給されます。以前は出産後に申請して後日振り込みがありましたが、現在では産院に直接支払われる場合がほとんど。直接支払制度と受取代理制度のどちらを導入しているか、産院に確認しましょう。

医療費控除

生計が同じ家族の1年間の医療費が10万円を超えた場合、翌年に確定申告をすると所得税が戻ってきます。年をまたいで出産した場合は、2年に分けて申告するので注意しましょう。共働きの場合は、所得が高い人が申告したほうが得です。

児童手当

子ども1人当たり3才になるまでは月1万5000円、3才以降12才までの第1子と第2子は1万円、第3子以降は1万5000円支給されます。ただし、扶養家族の数で所得制限があります。

扶養控除

出産を機に退職して夫の扶養に入る場合、所得税などが戻ってきます。サラリーマンの場合は年末調整で申請します。ただし、12月31日現在の状況で決まるため、出産した日によってはその年の扶養人数に入れないこともあります。

医療費助成

赤ちゃんが健康保険に加入すると受けられます。自治体によって対象年齢や助成金額が異なり、所得制限のあるところも。医療費を支払ったあとに申請する場合と、乳幼児医療証の提示により、その場で助成される場合があります。

仕事と妊娠を両立するには?

妊娠しても働き続ける

妊娠しても、すぐに退職せずある程度仕事を続けたり、また産休や育休をとって産後も働き続けるママはたくさんいます。仕事もがんばりつつ、母子の健康を守りましょう。

妊娠がわかったら、上司に早めに報告

妊娠がわかったら、直接の上司にはなるべく早く報告するようにしましょう。

妊娠中は、化学物質やX線にさらされるようなおそれのある仕事、重い荷物を持ち上げるような重労働は禁止されています。このような仕事についているときは、すぐにかえてもらう必要があります。

また、妊娠初期は、つわりで体調が悪くなることが多いもの。上司に妊娠を報告してあれば、休暇をとりやすくなるでしょう。

働く女性は流産・早産になる率が高いという報告もあります。仕事にはかかわりの人がいても、おなかの赤ちゃんを守るのはあなただけ。心身に過度の負担をかけないように心がけたいものです。

妊娠と仕事を両立させるには

通勤のとき

先を急がない

通勤途中で気分が悪くなることもあります。そんなときは途中下車。急行ではなく、各駅停車に乗れる時間の余裕をもって。

ラッシュを避ける

可能なら、通勤ラッシュの時間をはずしたオフピーク通勤を。少し戻っても始発駅を利用するなど、経路も見直してみましょう。

オフィスでは

妊娠はすぐに報告を

職場の状況などで言い出しにくいこともありますが、いずれわかること。早めに報告するのがベターです。産休・育休や退職などの予定も決まっているなら早めに意思表示を。

同じ姿勢を続けない

OA作業など、根を詰めて長時間同じ姿勢でいると疲労がたまります。意識して休息をとりましょう。赤ちゃんへの電磁波の影響は神経質にならなくて大丈夫。

ときどき体を動かして血行を促す

昼休みや仕事の合間には手を伸ばして回したり、足を軽く上下させたりの運動を。休養できるスペースがあれば、短時間でも横になると子宮への血液循環がよくなります。

冷えに注意

オフィスでは冷暖房が強くなってしまう傾向が。特に夏場の冷房は体をうんと冷やすので、ソックスの重ねばきやひざ掛けなどで冷え対策をしましょう。

覚えておこう!

- 妊娠は上司に早めに報告し、必要なら配置がえしてもらっても
- 仕事との両立は、体に負担をかけないことを心がけて
- 働く女性の妊娠・出産・育児を守る法律を知っておきましょう
- 産休、育休は夫婦のライフスタイルに合わせて考えて
- 産休中に保育園の見学などをしておきましょう

働く女性は法律で守られています

働く女性の妊娠・出産・育児を守るために、さまざまな母性保護制度があり、労働基準法や男女雇用機会均等法、育児・介護休業法で定められています。

これらの法律で保護されているのは、「産前・産後の休暇」「妊産婦の危険有害業務の禁止」「妊婦健診を受けるための通院休暇」「育児休業」「休暇中の解雇制限」などです。このような制度があることを知り、自分の権利を守るために、できるだけ活用しましょう。

とはいえ、法律で定められていても、職種や受け入れ側の理解度によっては、実施状況に差があるのが実情です。会社に申請しても認められないときには、各都道府県の「労働局雇用均等室」に相談してみてください。

産休、育休のとり方は夫婦でよく話し合って

女性が産後も働き続けるときには、法律で産前6週間、産後8週間の「産休」をとる権利が定められています。また、男性女性ともに、子どもが1才の誕生日を迎えるまで、「育休（育児休業）」をとる権利も定められています。

育休の制度はさまざまな形で利用することができます。子どもが1才になるまで母親が育休をとることもあれば、育休の途中で職場に復帰して、そのかわりに勤務時間を短縮することもできます。夫婦で半々に育休をとることも、母親は産休明けに仕事に復帰し、かわりに父親が育休をとることもできます。自分たちのライフスタイルにふさわしい両立の方法を、考えていきましょう。

産休に入る前には、休暇中に周囲の人が困らないように、しっかり引き継ぎ業務をすませておくのが、社会人としてのマナー。周囲の人への気配りが、休暇明けで復帰したときの人間関係にも影響してきます。

家での過ごし方

休日は体を休めてのんびり

平日はオフィスで仕事に追われ、休日は家事でてんてこまいでは、体にいいはずはありません。少々の手抜きは赤ちゃんのためと思い、できるだけ疲労回復に努めましょう。

家事は夫に協力を求めて

布団を干す、おふろの掃除など、妊娠中の体に負担がかかる家事はこの際、夫にまかせましょう。育児がスタートすれば父親の出番はもっとふえます。妊娠中から「夫の教育」を。

子どもの預け先は保育所が大半

大半の家庭では、子どもを保育所に預けて働いています。しかし、政府の少子化対策にもかかわらず、特に都市部では、0才児の入所はなかなかむずかしく、入所待ちになることも。低年齢だと1人の保育士で担当できる子どもの数が少なく、離乳食などのこまやかなケアが必要なために、定員枠が少ないのです。

とはいえ、保育所は子どもが毎日生活する場所。子どもも親も安心して通える保育所に預けたいものですね。

入所の申請は生まれてからでないと受けつけてもらえませんが、産休中に、ここと思う保育所には実際に足を運んで、見学してみましょう。保育方針は所長先生の考えに左右されることが多いので、ぜひ話を聞いて。こまかい質問事項はメモにして持参するとよいでしょう。

また、今その保育所に通っている人に、どんな様子か聞いてみるのも、判断の助けになります。

保育所を選ぶポイント

1 立地

自宅近くや通勤の最寄駅の近く、場合によっては勤務先の近くなど、限られた時間の中で、仕事と家事と育児をスムーズに両立させるためには、保育所の立地は重要です。

2 公立か私立か

一般的に公立保育所のほうが保育料などが安い傾向がありますが、地域によっては、全く差がないことも。保育方針などもそれぞれの保育所により千差万別です。

3 認可か無認可か

保育所が認可されるためには、職員の数や敷地、建物の広さなどさまざまな制限があります。無認可だからといって必ずしも保育の質が劣るわけではありません。

4 保育時間

預かってもらえる時間帯が、通勤時間も含めた親の出勤・退出時間と合わないと、二重保育などの必要が出てきます。最近は延長保育をしている保育所もふえてきています。

5 保育内容

各年齢の１日の過ごし方や年間の行事などもチェックして。病気になったときの対応などもぜひ知っておきたい点です。

6 保育士の構成

年齢の高い保育士が多い保育所、学校を卒業したての若い保育士が多い保育所など、さまざまです。あまり年齢に偏りがないほうが望ましいといえます。

7 施設や設備

見学に行くと保育所の庭の広さや建物の設備に目をひかれがちですが、子どもが家庭のかわりに１日じゅう過ごすのに快適かどうかが重要。給食室やトイレなどもチェック。

妊娠初期

妊娠 1——4カ月 | 0——15週

つわりがあったりだるかったり、何もない人もいるけれど、
まだ「妊娠している実感」に慣れないこの時期。
少しずつ、妊婦さんらしい生活にシフトしましょう。

妊娠1カ月

【初期】0—3週

この時期のポイント

妊娠1カ月は、受精・着床が起こる時期。
したがって、この期間の前半は、
まだ赤ちゃんはいない状態。後半になると、
おなかの中ではいずれ赤ちゃんになる
小さな命が盛んに細胞分裂を始めます。

妊娠ライフメモ

●おなかの中では、受精卵が細胞分裂を始めています。妊娠の可能性がある人は、ふだんから薬やレントゲンには注意が必要です。体調がすぐれないからといって、安易に薬を飲まないように。レントゲンは月経開始後10日以内に、と心がけて。

●タバコやアルコールにも注意が必要です。特に喫煙習慣のある人は、早めにタバコをやめましょう。

●基礎体温は高温が続くので、なんとなく熱っぽかったり、体がだるくなる人もいます。

母体の変化と特徴

妊娠0週の１日目は、最終月経の始まった日です。その約２週間後に排卵があり、受精した場合は、受精卵がさらにその約１週間後に子宮内膜に着床することに。つまり妊娠した状態になるのは、妊娠３週目前後となります。

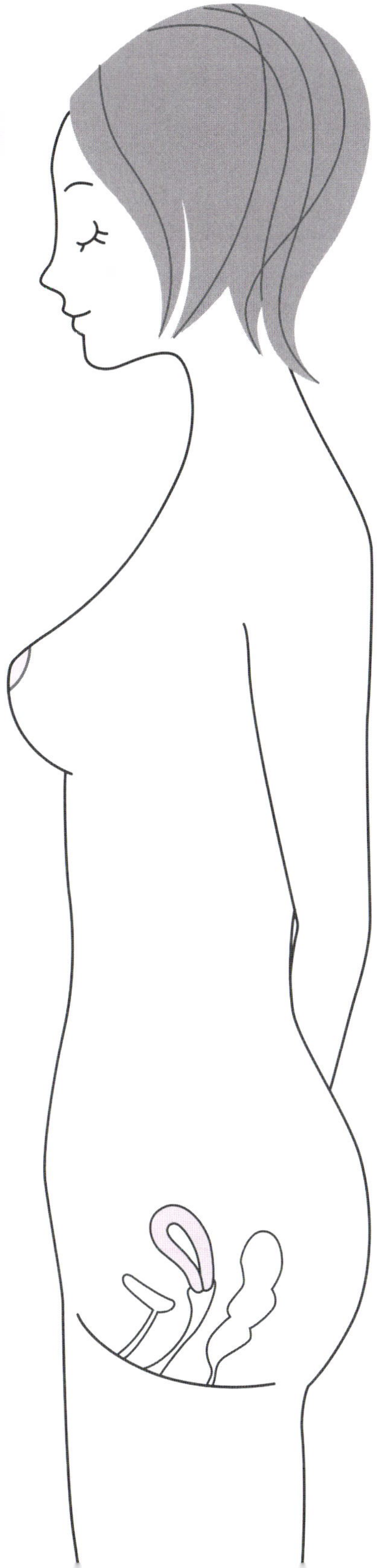

赤ちゃんの発育

大きさはまだ数mm程度ですが、着床すると母体から栄養を吸収しながらフルスピードで成長していきます。受精卵が細胞分裂を始めてから、妊娠２カ月までは、"胎芽"と呼びます。

まだ胎児ではなく
胎芽と呼ばれます
(実際には
目に見えない大きさ)

赤ちゃんへの影響は?

薬・タバコ・放射線

妊娠がわかる前に飲んでしまった薬やタバコ、そして放射線の問題。赤ちゃんに影響しないか、不安ですね。疑問にまとめてお答えしましょう。

薬

妊娠4〜7週にかけては要注意

妊娠週数は、最終月経の始まった日を「0週0日」として数え始めます。0日目から27日目まで、つまり受精前から妊娠3週の終わりまでは、「無影響期」と呼ばれていて、この時期に飲んだ薬が赤ちゃんに影響することはありません。

反対に、最も影響を受けやすいのは、28日目から50日目まで。つまり、妊娠4週から7週の終わりごろまでです。

この時期には、赤ちゃんの中枢神経や心臓、消化器、四肢など、体の重要な器官が形成されます。この大事な時期に器官や機能に奇形を起こす可能性（催奇形性）のある薬の服用は避けましょう。

妊娠8週から15週末までの期間にも、赤ちゃんの性器や口蓋などが形成されますから、やはり慎重にしたいもの。

妊娠16週以降（妊娠5カ月）になれば、赤ちゃんの体の器官はほぼ完成するので、奇形が起きる可能性は少なくなります。しかし、依然として機能の発達に影響する可能性は残っています。

ビタミン剤や病院でもらった薬は心配なし

市販されている総合ビタミン剤やサプリメント（栄養補助食品）などは、規定の用量を守って服用するなら、問題はありません。ただし、ビタミンAは、大量に摂取すると催奇形性があるといわれているので、必要以上に飲むのは避けましょう。

産婦人科で妊婦さんに処方される薬は、ほとんどが長年使用されて安全性が確立されているものばかり。薬を使わないと、かえって症状が悪化したり長引いたりして、結果的に赤ちゃんに悪影響を及ぼす可能性があります。かかりつけの産婦人科医の指示による服薬なら、まず問題はないでしょう。歯の治療などで薬を使う場合は、必ず「妊娠している」ことを医師に伝えてください。

心臓などに持病のある妊婦さんの場合は、妊娠中に病気が悪化すると、おなかの赤ちゃんにもよくない影響を与えます。持病の薬は、お母さんの健康を維持するために必要なものです。主治医とよく相談して、治療方針を立ててもらいましょう。

覚えておこう!

- 妊娠4〜7週は薬の服用を避けましょう
- 病院で処方された薬は医師の指示どおりに飲んで
- 喫煙は妊娠中のトラブルや赤ちゃんの成長の妨げに
- 検査のためのX線は心配ありません
- 妊娠中は禁酒、カフェインも控えめが原則です

体の各器官のできる時期と薬の影響の関係

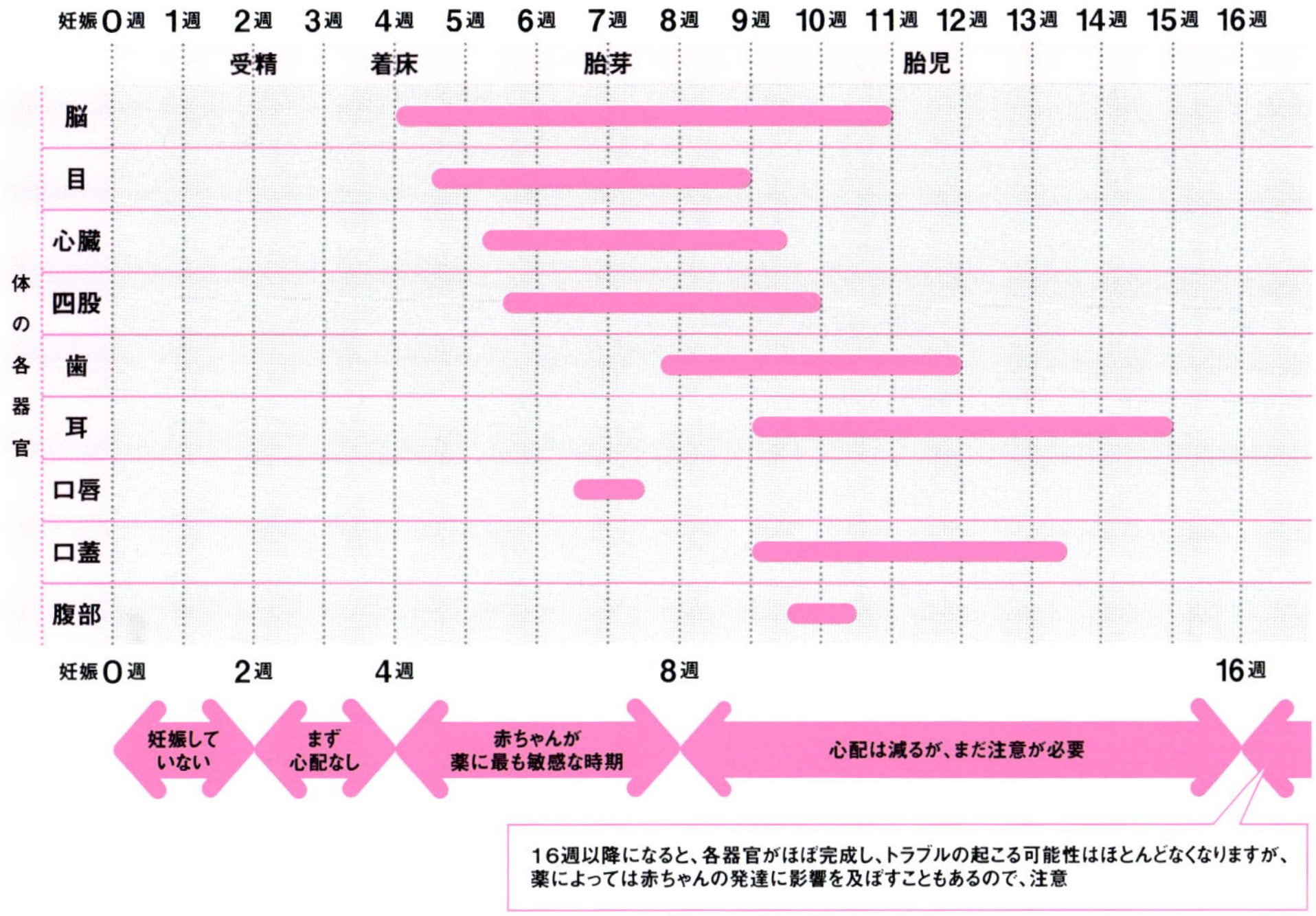

こんな薬は大丈夫!?

かぜ薬

妊娠4～7週の使用は避けるべきですが、それ以外の時期であれば、市販のかぜ薬を3～4日程度飲んでも、おなかの赤ちゃんに影響することはまずありません。ただし「妊娠中の服用は避ける」ように指示されているものは、控えましょう。妊娠中にかぜをひいてしまった場合は、かかりつけの産婦人科医に相談して、薬を処方してもらうとより安心です。

便秘薬

妊娠すると、便秘に悩まされる人が多いもの。食事の改善や適度な運動でも便秘が解消しないときは、薬を使いたいと思うこともあるでしょう。便秘薬には、腸の動きを促して便通を整えるものと、便をやわらかくするものがあります。どちらも赤ちゃんに影響することはありませんが、薬を使って激しい下痢をするような場合は使用を避けてください。

精神安定剤など

妊娠前からうつ病のような精神・神経の病気があるような場合、妊娠したからといっていきなり薬の使用をやめてしまうと、症状が悪化することがあります。妊娠する前から薬を常用しているときは、妊娠中も薬を継続するかどうか、専門医に相談してください。場合によっては、薬の量を変える、薬の種類を変えるなどの指示があるでしょう。

ステロイド系塗り薬

外用薬は内服薬よりも体に吸収される量が少ないので、おなかの赤ちゃんに直接影響を与えるということは、まずありません。体がかゆくなる妊娠性掻痒症の場合に、ステロイドの塗り薬が医師から処方されることもありますし、局所的に使用するのなら、まず問題はありません。長期にわたって広範囲に使用する場合は、必ず医師に相談してください。

タバコ

妊娠がわかったら、「禁煙」のチャンス

妊婦さんがタバコを吸うと、肺から吸収されるニコチンや一酸化炭素の影響で、血管が収縮して血液の流れが悪くなります。すると、子宮の収縮が起こりやすくなり、胎盤の機能が低下して、流産や早産、前置胎盤や常位胎盤早期剥離といったトラブルが起きやすくなります。

また、赤ちゃんに必要な酸素や栄養が行き渡らなくなり、低体重児になったり知能の発達や成長が遅れる可能性も。

こうした傾向は、1日に吸うタバコ本数が多いほど強くなります。1日に16本以上タバコを吸う妊婦さんの場合、タバコを全く吸わない人とくらべると、早産する割合が約6.7倍、低体重児が生まれる割合は約4.5倍にふえるという報告もあります。赤ちゃんのためにも、妊娠がわかったらぜひ禁煙にとり組んでください。

禁煙は、タバコときっぱりサヨナラするのが、近道です。喫煙者の近くや、お酒の席などタバコが吸いたくなる場所は避けて、誘惑を断ち切りましょう。

妊婦さん自身がタバコを吸わなくても、家庭で夫が吸う場合もあるでしょう。タバコの煙には、喫煙者が吸う主流煙と、タバコの点火部分から出る副流煙がありますが、この副流煙には主流煙の50～100倍の濃度の有害物質が含まれています。タバコの煙がおなかの赤ちゃんを苦しめていることを説明して、夫にもこの機会に禁煙してもらうといいですね。

ママの喫煙と低体重児・早産の関係

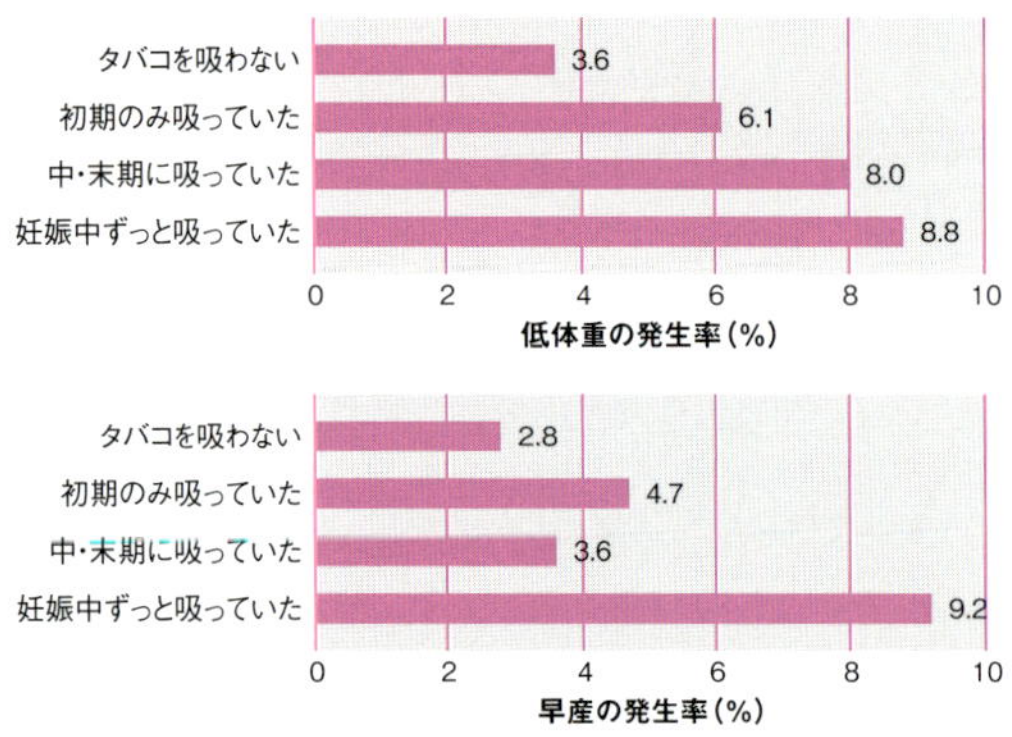

禁煙成功のポイント

喫煙グッズは捨てる

灰皿やライターなどの喫煙グッズは、思いきって処分。家族がタバコを吸う場合も、自宅に買い置きをしないこと。

気分転換をこまめに

タバコが吸いたくなったら、軽く体を動かしたり、シャワーを浴びて気分転換を。シュガーレスガムをかむのも効果的。

「禁煙」を公表する

「禁煙する！」と、周囲に公表しましょう。応援してもらったり、くじけそうなときには、しかってもらえる環境づくりを。

ほかのストレスを減らす

禁煙を始めて1週間ぐらいは、イライラがつのってきます。ストレスになることは、控えるように心がけましょう。

放射線

妊娠後、50ミリシーベルト以下なら、影響はまずありません

そもそも、放射線がなぜ体に悪影響を及ぼすのでしょうか。それは、放射線が、細胞のDNA（遺伝子）を傷つけるから。がんになったり、染色体異常があらわれたりするのは、このせいです。

同じ放射線量を浴びた場合、一気に浴びてしまうよりも、ジワジワと持続して被ばくする低線量被ばくのほうが、影響は小さいと考えられています。これは、細胞には、放射線で傷ついても修復する「修復酵素」があり、元どおりの細胞になろうとする力があるからです。ただし、被ばく量が長期にわたって大量になった場合、染色体異常やになる確率は、やはり高くなります。

また、大量に被ばくした場合、妊娠するかどうかには関係します。ICRP（国際放射線防護委員会）によれば200～400ミリシーベルトの放射線を長年にわたって毎年浴びたり、一気に150～6000ミリシーベルトの放射線を浴びたりすると、一時的な不妊が起きる可能性が出る、といいます。ただ、すでに妊娠している人の場合は、死産や奇形などの確率は、通常の場合の妊娠と変わらないというデータがあります。被ばくした両親の精子も卵子も放射線の影響はかなり小さいということでもあります。

放射能を含んだものが体に蓄積されると、細胞に影響し続けることになるため（内部被ばく）、食品はできるだけ、放射能を除去した状態にして口にすることが望ましいのです。「買うときに選ぶ」「野菜や果物は皮や外側の葉を除き、よく流水で洗う」「肉や魚類は、放射能が蓄積されやすい内臓部分を捨て、よく洗い、肉汁を捨てる」、こうしたことで、少しでも内部被ばくを避けることはできるはずです。

受精後の被ばく時期と胎児への影響

●受精後10日まで	奇形発生率の上昇なし
●受精後11日～妊娠10週	（この期間内に急性被ばくで）50ミリシーベルト未満の胎児被ばくならば奇形の発生率は上昇しない
●妊娠10～27週	（この期間内に急性被ばくで）100ミリシーベルト未満の胎児被ばくならば中枢神経障害に影響しない

原子力発電所の事故以前でも、「妊娠しているのに気づかずに、X線検査を受けてしまった」という相談がよくあるために、こうした放射線被ばくのガイドラインが設けられています。受精してから10日の間に放射線を大量に浴びた場合は、受精卵が死んでしまうために奇形が発生することはない、ということになります。

X線検査については、問題はありません

妊娠しているとわかっていて、X線を当てることはまずないでしょう。気になるのは、妊娠と気づかないうちにX線検査を受けてしまった場合ですね。

その影響も、上記の「受精後の被ばく時期と胎児への影響」の数値を見るとわかるように、いちばん敏感な妊娠11日～10週の間でも、50ミリシーベルト以上が影響するのですから、たとえば腹部のX線検査で受ける被ばく量は1回約1ミリシーベルト、50回以上の検査を受けないと、影響はないとされています。妊娠に気づかず、健康診断でX線検査を受けていたとしても、おなかの赤ちゃんへの影響は、まずないといえるでしょう。しかもこれは、X線を子宮に直接当てたと想定しての数値なのです。胸や胃の検査目的のX線なら、まず心配ありませんし、歯科などで受ける頭部のX線は、全く問題ありません。

妊娠2カ月

【初期】4―7週

この時期のポイント

月経が見られず、つわりが起こるなど、
妊娠のサインが体にあらわれ始める時期です。
月経が2週間以上遅れたら、
なるべく早めに産婦人科を受診すること。
妊娠しているかどうかの検査を受けて、
生活全体を見直しましょう。

妊娠ライフメモ

- できれば「ここで出産したい」と思う産院に、初診から通うのが理想です。通いやすさ、出産方法、費用などまで慎重に考え、納得できる産院選びを行いましょう。実際にそこで出産した先輩ママの声も参考に。
- 風疹《ふうしん》の免疫がない人は人混みはできるだけ避け、ウイルスに感染しないよう注意を。
- 流産しやすい時期です。無理をしないで、体を冷やさないようにしましょう。出血と下腹部痛などのサインは見のがさないで。

母体の変化と特徴

月経がなく、基礎体温は高温状態が続いています。胸がムカムカしたり、吐きけをもよおすつわりが起こったり、乳房が張る、乳首がチクチクする、体がだるい、眠い、生つばが出る、など妊娠のサインがあらわれてきます。

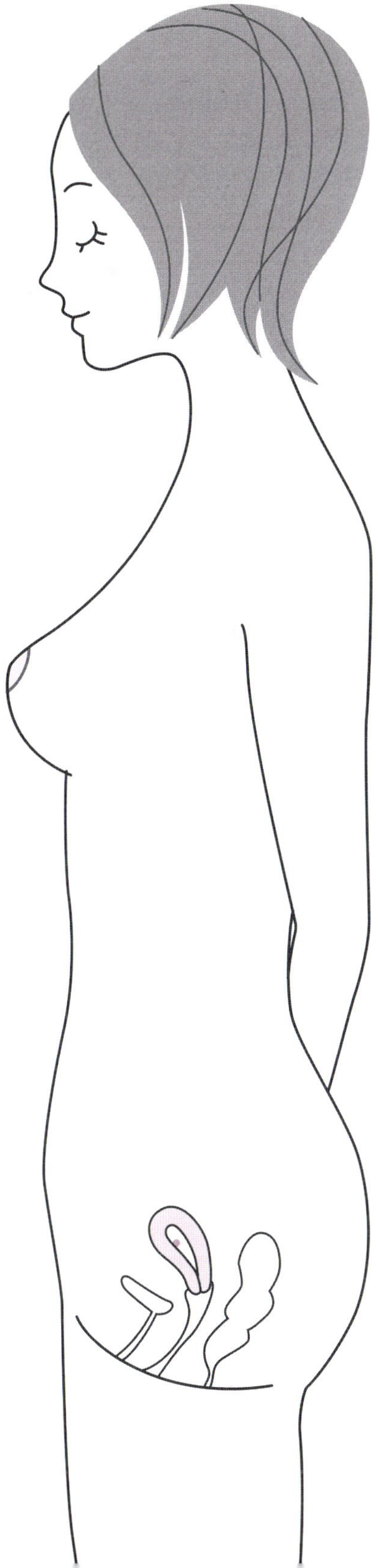

赤ちゃんの発育

“胎《たい》芽《が》” と呼ばれる受精卵の状態から、2頭身に成長し、心臓もかすかに動き始めます。子宮内膜から栄養分を吸収しながら、胎盤をつくる準備と口、目、脳、神経などの器官ができ始める重要な時期（器官形成期）です。

妊娠7週の胎児

頭殿長　約8㎜
体重　約4g

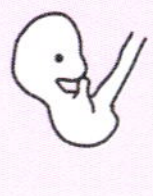

4～7週　2カ月

健診のたびごとにする検査はなんのため?

定期健診と初期の検査

健診では、母体の健康状態と胎児の成長の様子を確かめます。妊娠は病気ではないけれど、トラブルが起きることも。母子の健康状態をチェックしてもらいましょう。

妊婦健診のスケジュール

　妊娠に気づいて、初めて産婦人科を受診したときに、すでに胎児の心拍が確認できれば、次の健診は4週間後。心拍が確認できない早い時期だと、「1週間後にもう一度」ということもあります。それ以降の定期的な健診は、特にトラブルがなければ、妊娠7カ月までは4週ごと、8カ月に入ると2週間に1回、臨月になると毎週になります。

　健診を定期的に行うことの目的は、妊娠中の母子の健康管理です。よく、「妊娠は病気ではない」などといわれますが、妊娠に伴って合併症が出てくることはあります。また、赤ちゃんがちゃんと成長しているかどうかも、健診を受けないとわかりません。

　健診は、妊娠に伴うトラブルの早期発見・治療のために、重要な役割を果たしています。特に変わったことがなくても、必ず受けましょう。

　特に、初産のときになんのトラブルもなかった経産婦さんは、上の子のお世話もあるせいで、健診を休んでもいいかと思ってしまうこともあるようです。妊娠の経過は、1回1回違うものです。大事な赤ちゃんのために、健診は休まないで受けてください。

合併症の兆しをチェック

　定期健診では、毎回、体重測定や血圧の測定、子宮底長の測定、尿検査やむくみの有無などが調べられます。

　体重測定は、合併症を引き起こす原因にもなる肥満の度合いを調べるため。尿検査では、タンパクと糖をチェックします。血圧測定とタンパク尿は、妊娠高血圧症候群を早期発見するのに役立ちます。このほかにも、必要に応じて超音波検査や内診などが行われます。

　妊娠は病気ではないので、健康保険の適用にはなりません。施設にもよりますが、だいたい1回の健診の費用は5000〜8000円くらい。超音波検査や特殊な検査を受けたときには、もう少し高くなることもあります。

　健診のときには、診察券と健康保険証を持参しましょう。妊娠・出産には保険は使えませんが、おなかが張りやすいなどで薬を処方されたときには、健康保険の適用になります。また、自治体で母子健康手帳の交付を受けたら、それ以降は毎回持参してください。また、健診無料券が配布されたら、有効に使いましょう。

覚えておこう!

- 胎児の心拍が確認されたら、妊娠7カ月までは4週ごと、8カ月からは2週ごと、臨月は毎週健診があります
- 健診は、妊娠中のトラブルを早期発見するうえで大切
- 血液検査は妊娠初期、後期に2回受けるのが一般的
- 医師に聞きたいことや疑問はメモにしていきましょう

定期健診で調べること

血圧測定

要注意!

血圧の上昇は妊娠高血圧症候群のサインなので、これも健診のたびに測定します。最高血圧が140mmHg以上、最低血圧が90mmHg以上の場合は、要注意。妊娠高血圧症候群になると、母体にも悪影響がありますが、胎児に十分な栄養がいかないので発育不良になる心配も。血圧測定でチェックしましょう。

最高血圧
140mmHg以上

最低血圧
90mmHg以上

体重測定

妊婦の最大の敵は肥満。妊娠中に太りすぎると、合併症が起きやすくなります。体重増加の限度は、妊娠前のBMIによって異なります。くわしいことは、P106を参照してください。特に、1週間に500g以上の急激な体重増加は、要注意です。こまめに体重をはかって、コントロールする必要があります。

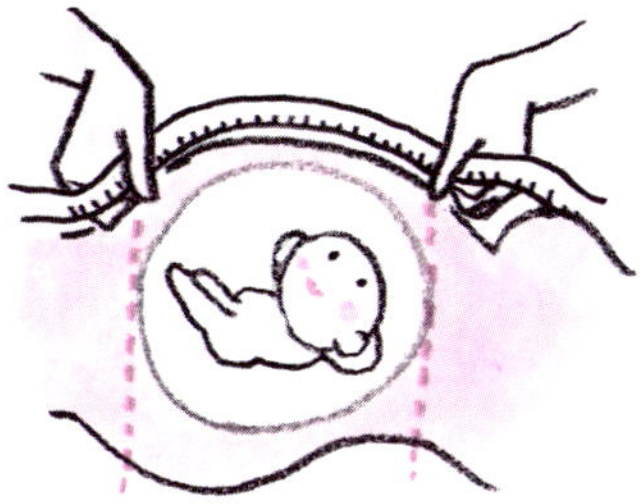

腹囲と子宮底長

子宮底長は恥骨から子宮のてっぺんまでの長さを、メジャーではかります。子宮底長の目安は、だいたい「妊娠週数マイナス4cm」くらいです。腹囲はおなかのいちばん大きくなっているところのサイズですが、個人差が大きいので、はからないこともあります

超音波診断

おなかの赤ちゃんの姿を見られる検査なので、楽しみという人もあるかもしれませんが、心臓や脳、内臓などの発育状況を見て、異常を発見することが本来の目的です。出産前に病気がわかれば、誕生後すぐに治療をスタートすることもできるからです。また、早産予防のために、子宮頸管長のチェックにも使います。

血液検査

血液からは、たくさんの情報がわかります。感染症の有無もそうですが、白血球の量などからも、体のどこかに炎症がないかなどの情報源となります。鉄欠乏性貧血もわかります。毎回は検査しませんが、初期と後期には必ずチェックします。

浮腫(むくみ)

妊娠中は体に水分がたまりやすいので、軽いむくみくらいなら生理的なもので問題ありません。しかし、むくみがしだいに強くなって、足のすねを指で押してもへこみが元に戻らないようだと、要注意。体重が1週間に350g以上ふえるのも、水分が体にたまるためです。食事の塩分と体重増加に注意します。

尿検査

尿の中にタンパクが出ると妊娠高血圧症候群の、糖が出ると糖尿病の疑いがあります。しかし、尿タンパクは寝不足や疲労時に出やすいもの。また、尿糖も妊娠中は非妊時にくらべると出やすい傾向があります。このため、検査で一度検出されただけなら、そのまま様子を見ます。どちらも2回以上続いた場合には、くわしい検査をします。

血液検査からわかること

体の中のいろいろなことがわかる血液検査は、妊娠初期と後期の2回受けるのが一般的です。

初期には、血液型や貧血の有無、風疹の抗体価や肝炎や本人の許可を得てＨＩＶ感染（エイズ）なども調べます。

血液型を調べるのは、出産時に万が一輸血が必要になったときのため。ＡＢＯ式とＲｈ式の血液型を確認します。

女性は月経があるので、妊娠前から貧血ぎみの人が多いものです。妊娠すると、血液中の血漿《けっしょう》という成分が多くなるので、血が薄まった状態になり、さらに貧血が悪化する人が少なくありません。

風疹の抗体価は、これまでに風疹に感染したかどうかを調べるためのもの。妊娠初期に風疹にかかると、胎児への影響が大きく、心臓奇形などの原因になることも。妊娠中に抗体のないことがわかったら、風疹に感染しないように、妊娠初期は外出を控えることが大切です。

妊娠初期に受ける検査

受診項目	内容
血液型検査	ABO式、Rh式で血液型を調べ、緊急輸血が必要となったときに備え、また、血液型不適合の有無（新生児の貧血や黄疸の原因）を調べます。
貧血検査	中期、後期にも検査。貧血のまま出産すると、出産時の大出血でトラブルが起きたり、産後の回復が遅れることがあります。
風疹の抗体価検査	風疹への免疫の有無を血液から調べます。抗体価が8倍未満なら抗体がなく、256倍以上なら最近の初感染の疑い。16～128倍の場合は大丈夫です。
HB抗原検査	B型肝炎ウイルスの有無を血液から調べます。母体が感染しているのに抗体がない場合、出産時に血液から赤ちゃんに感染することがあります。
梅毒反応検査	自覚症状がなくても病原体は赤ちゃんに感染するので、妊娠14週以前の早期発見・治療が大切。夫も同時に治療が必要です。
クラミジア検査	赤ちゃんが産道で感染して、肺炎などを起こすことがあります。2週間ほどの治療を受け、出産までには治します。夫の治療も必要です。
エイズ検査	母体が感染していると、赤ちゃんにも感染する可能性があります。妊婦さんには原則として検査をすすめる病院が多数。

健診をじょうずに受けるポイント

健診と健診の間には、かなり日にちがあるので、体の変化や気になることはメモしておきましょう。診察中に医師に質問するときも、メモがあると要領よく疑問が解決できるもの。母子健康手帳に書き込んで、それを医師に見てもらってもよいでしょう。痛みや異常と思われることは、診察中に医師に訴えてみてください。途中で声をかけづらいときは、カルテや母子健康手帳への記入が終わったときが、質問しやすいタイミングです。

健診で質問するときのポイント

- **どんな症状、ことがらなのか**
  具体的に話しましょう。
- **いつから**
  症状があるときは、いつからなのかを正確に。

医師以外に、助産師、看護師に聞いてみることもおすすめ。

超音波診断からわかること

超音波診断は、プローブをおなかに当てて、赤ちゃんに当たって跳ね返ってきた超音波の波形を分析して作られる画像をもとに診断する方法です。プローブには、膣に挿入して使う経膣プローブと、おなかの表面に当てて使う経腹プローブがあります。

主に、胎児を見る検査法ですが、子宮頸管長を調べるためにも使います。これは、子宮頸管が短くなると、早産する可能性が高くなるため。経膣プローブを使ってはかります。

胎児の様子を見るのは、心臓や脳、内臓の発育具合を見るため。万が一、病気などが発見された場合は、治療の方針を前もって立てるためにも役立ちます。性別判明などは、大事な検査にくらべたら、オプションのようなものなのです。

超音波写真の見方をマスターしよう

おなかの赤ちゃんの様子を、実際に目で確かめられるのが超音波写真ですが、もらった写真を見て、「どこが写っているの？」「このマーク、いったい何？」と疑問に思うママも多いのでは。でも、基本的なポイントを押さえれば、赤ちゃんのいろんなことが手にとるようにわかるはず。赤ちゃんの成長ぶりを超音波写真で追いながら、見方のコツをしっかりマスターしてね！

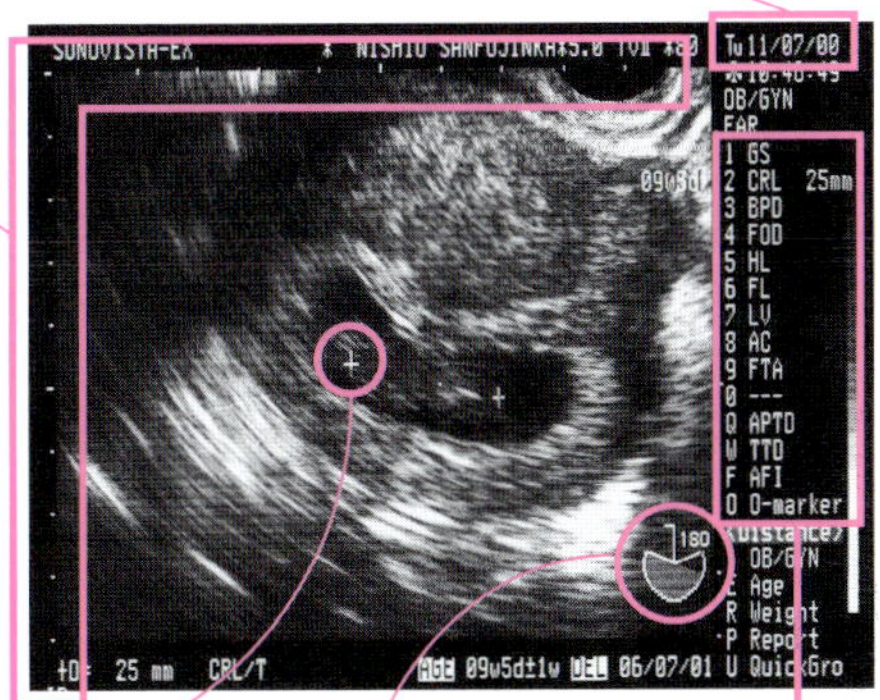

日付・時刻

いつ検査したかがわかります。

目盛り

超音波写真の上部と横にある目盛りは、胎児の大きさをはかる目安になります。一般的に、1目盛りが1cmです。

＋マーク

ACやCRLなど、胎児の体の部分的な大きさをはかるときに使います。2つの＋マークの間の長さを計測します。

この一見、りんごのようなマークは、膣に入れて超音波で調べる経膣プローブで見たしるし。経腹なら表示なし。

アルファベットが意味すること

超音波写真は、もともと赤ちゃんの情報を医師が得るためのもの。でも、写真の右横に並んだ英文字、数字やマークがわかると、写真を見るのが楽しくなりそうですね。

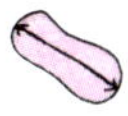

GS【胎のうの大きさ】

赤ちゃんの入っている胎のうという袋が妊娠5週くらいから見られ、子宮外妊娠でないことが確認できます。

AC【躯幹周囲長】

おなかの周囲の長さ。妊娠中期以降に、成長や発育のぐあいを調べるのに使われます。この数値も推定体重の計算に使われます。

FL【大腿骨長】

大腿骨とは太ももの骨のこと。体の中ではいちばん長い骨で、このFLとBPDやFTAなどの数値から推定体重の計算が可能に。

FTA【腹部横断面積】

赤ちゃんの胴をおへその位置で輪切りにすると、断面は楕円形に。この断面積がFTAで、推定体重の計算に利用されます。

CRL【頭殿長】

頭のてっぺんから、おしりまでの長さ、つまり座高を示す数値。おなかの赤ちゃんは体を丸めているため、実際より少し短めに出ます。

BPD【児頭大横径】

赤ちゃんの頭の大きさ。頭を上から見て左右の真横の幅をはかる。妊娠週数や出産予定日、胎児の発育のぐあいがわかります。

CRLの目安

週数	7	8	9	10	11	12	13	14	15
cm	0.9	1.3	1.9	2.8	3.8	4.9	6.1	7.2	8.3

BPDの目安

週数	10	15	20	25	30	35	36	37	38	39	40
cm	1.5	3.2	4.8	7.8	8.0	8.8	9.0	9.1	9.2	9.3	9.4

これらの数値はあくまで目安。赤ちゃんによって差があるのは当然です。

4～7週　2カ月

赤ちゃんはちゃんと子宮にいるかな？

異常妊娠ってどんなもの？

受精卵は、子宮に着床して赤ちゃんに育っていきます。でも、まれに子宮の外に着床したり、うまく胎児に育たない、などの異常妊娠が起きることもあります。

子宮以外の場所に着床する「子宮外妊娠」

卵子と精子は、卵管の中の膨大部という場所で出会って、受精が起きます。その後、受精卵は分割を繰り返しながら子宮に移動して、子宮内膜に着床。胎児へと育っていきます。

ところが、なかには受精卵が卵管の内部に着床したり、ときには卵管の出口から腹腔内に飛び出して、腹膜に着床してしまうことがあります。

このように、子宮内腔以外の場所に受精卵が着床した状態を、子宮外妊娠と呼んでいます。

妊娠に気づいて産婦人科を受診すると、尿検査で妊娠の有無を調べます。妊娠反応が出ているのに、超音波で見ても子宮内に赤ちゃんの入る袋が映らない場合は、子宮外妊娠の疑いがあります。

子宮外妊娠だと、胎児は育つことができません。卵管の中で胎児が成長していくと、薄い卵管の壁が破裂して、出血を起こし、母体の命に関わる危険性もあり

子宮外妊娠の種類

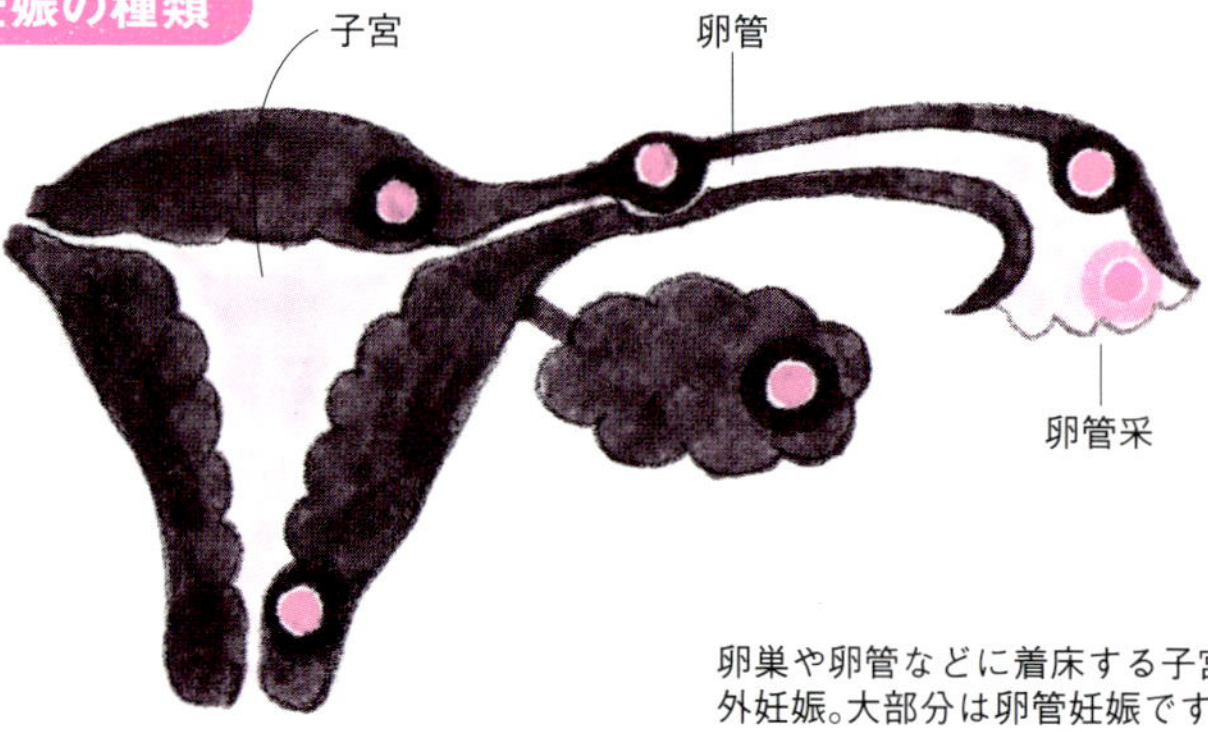

卵巣や卵管などに着床する子宮外妊娠。大部分は卵管妊娠です。

覚えておこう！

- 「子宮外妊娠」は、子宮内膜以外の場所に受精卵が着床した状態で、下腹部の激痛や出血などの症状で気づく場合も
- 「胞状奇胎」は胎盤をつくる「絨毛組織」が異常に増殖したもの。子宮内に胎児心拍が認められず、ぶどうの房のようなものがふえてきます
- 出生前診断は夫婦でよく相談を

ます。このため、卵管に着床しているという診断が確定したら、すぐにその部分の卵管切除などの処置が必要です。

産婦人科で診察を受けていれば、早い時期に子宮外妊娠とわかるので、大事に至ることはありませんが、月経不順で妊娠に気づくのが遅れた場合などでは、下腹部の激痛や出血などの症状が起きて初めて、子宮外妊娠がわかることもあります。

下腹部痛が強く、あるいは出血のためにショック状態を起こしているようなケースでは、一刻も早く産院へ行く必要があります。

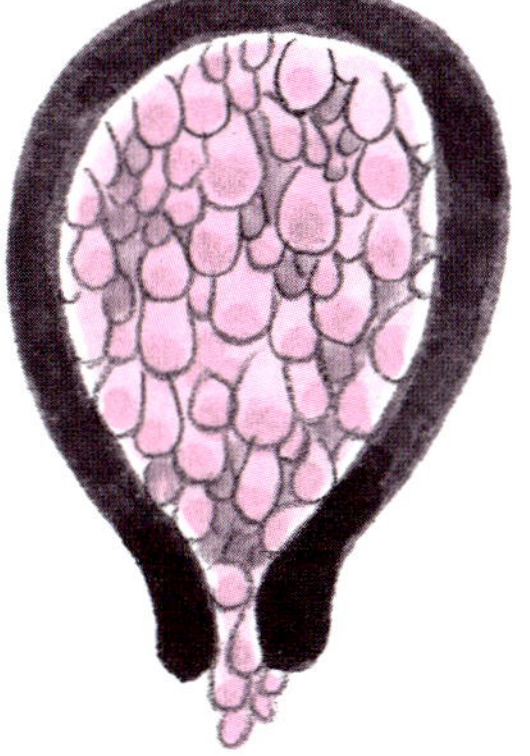

「胞状《ほうじょう》奇《き》胎《たい》」では手術後も定期的検査が必要

胞状奇胎は、子宮の中で胎盤をつくっていく「絨毛《じゅうもう》組織《そしき》」の一部が、異常に増殖したもの。絨毛が、ぶどうの粒のようになって子宮の中を満たして、胎児を吸収してしまいます。

症状としては、妊娠8週くらいから、少量の茶色っぽい出血が見られ、つわりの症状が重くなります。

超音波で映すと、7~8週になっても胎児の心拍が認められず、ぶどうの房のようなものがふえてくることから診断がつきます。

胞状奇胎の診断が確定したら、子宮の中を掻爬してきれいにとり除きます。少しでも残っていると、まれにですが絨毛がんに移行するおそれがあります。手術後は、定期的な検査が必要ですが、医師の許可がおりたら妊娠も可能です。

染色体異常と出生前診断

おなかの赤ちゃんの染色体異常や奇形を調べる検査が、「出生前診断」。

健診時の超音波検査のほかに、母体の血液を採取して調べるクアトロテスト、Maternity21plus（母体血漿中の胎児由来のDNAを用いた、精度の高いスクリーニング検査）、羊水を採取して異常の有無を確かめる羊水検査などがあります。

ダウン症などの先天性の染色体異常の発生率は、20代で1000人に1人、30～34才では900人に1人、35～39才では300人に1人、40才を超えると100人に1人くらいの割合といわれています。

診断法のうち、クアトロテストは、胎児に染色体異常があるかどうかではなく、その確率を判定するもの。結果は、6000分の1というような確率で示されます。異常がある確率が高い場合、もし確定診断を望むなら、おなかの上から針を刺して、羊水を採取して調べる羊水検査が必要です。

ただ、この羊水検査は、ごくまれに破水や感染を起こすおそれがあります。リスクを伴う検査であることを理解して、また、もしも万が一異常があることが判明したらどう決断するのかまでを含め、夫婦でよく相談してから、受診の有無を慎重に決めてください。

妊娠3カ月

【初期】8—11週

この時期のポイント

多くの人につわりの症状が出て、
つらさのピークを迎える時期です。
超音波の画面で赤ちゃんの動きや心拍動が
確認できることも。
11週ごろには男の子と女の子の区別が
つくようになりますが、実際に
確認できるのはまだまだ先です。

妊娠ライフメモ

●ほとんどの人が妊娠に気づき、医師の診断を受けているころです。遅くともこの月までには、必ず産院を受診して。とはいえ、まだ「おなかの中に新しい命が芽生えている」という実感はあまりないはず。

●つわりで食べられなくても、赤ちゃんは大丈夫です。こまかいことは気にせず、食べられるときに好きなものを食べて乗り切って。

●そろそろ役所で母子健康手帳の交付を受けましょう。妊娠経過やお産の記録となり、妊娠中に病院へ行く際には必ず持参します。

母体の変化と特徴

おなかは全く目立ちませんが、子宮は握りこぶし大に。膀胱《ぼうこう》や直腸を圧迫するので、頻尿《ひんにょう》や便秘、おりものがふえるなどの変化があらわれます。吐きけやむかつきといったつわりも本格化。10週前後がピークでしょう。

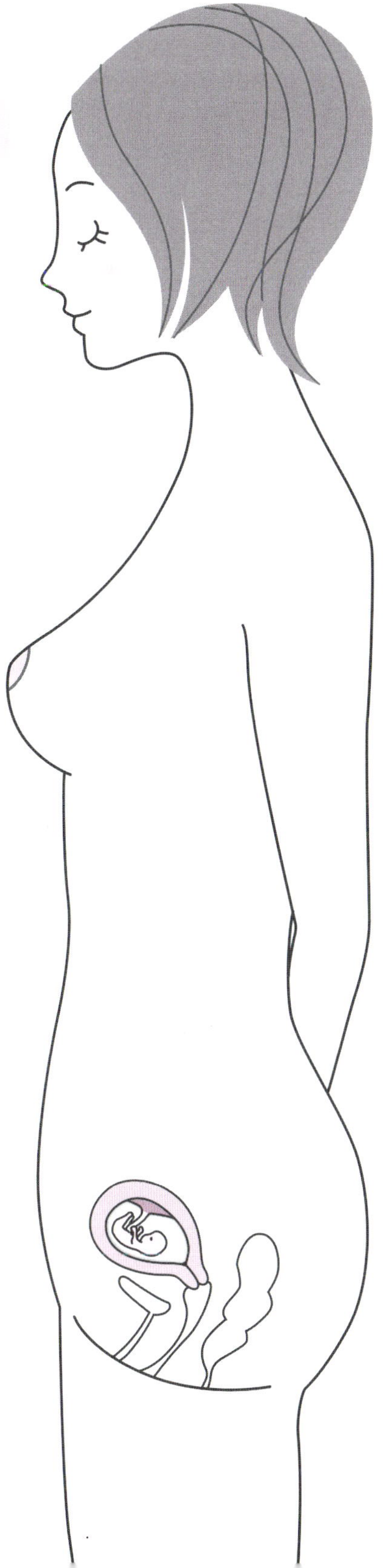

赤ちゃんの発育

魚のような形の胎芽期が終わり、胎児期がスタート。胴体と手足が発達してきて３頭身になります。指先にはつめがつくられ、まぶたや唇、鼻やあごができ、顔立ちが整います。腎臓と尿管がつながり、排泄ができるようになります。

胸がムカムカしたり、食べ物の好みが変わったり

つわりが始まったら

つわりで苦しい思いをする人もいれば、つわりが全くなかったという人も、食の好みの変化などさまざまな症状が。心配なのは水分もとれないケースです。

ホルモンのいたずら、アレルギーが原因

　つわりは、妊娠したら必ずだれにでも起きるものではありません。つわりが全くない人もいますし、軽いむかつき程度のつわりで終わる人、重症で水分もとれなくなってしまう人まで、実にさまざまです。

　つわりの続く期間にも個人差があり、4週ごろから始まる人もあれば、8週過ぎてからのことも。

　つわりのピークとされているのは妊娠10週ごろで、この時期には多くの妊婦さんにつわりが見られますが、胎盤が完成する15～16週ぐらいにはほとんどの人がおさまります。

　つわりは、いろいろな要素がからんで起こります。妊娠によってホルモン分泌が変化することが大きな原因といわれていますが、そのほかにも自律神経のバランスがくずれる、精神的な不安が影響する、また、赤ちゃんという異物がおなかにいるために起こるアレルギーという考え方もあります。

つわりの特徴

1

すっぱいものが食べたい

かんきつ類など、すっぱいものが食べたくなる人が多いよう。食欲がなくなるので、口当たりのよいさっぱりしたものを好む人も。

2

食べ物の好みが変わる

これまでは特に好きでもなかった食べ物が、やたらと食べたくなる人もいます。高級メロン、カレーうどん、豆大福など、さまざま。

3

朝、気分が悪い

空腹だと胸がムカムカするというのがつわりの典型的な症状。特に、朝、起きぬけに気分が悪いという人が多数。

4

においに敏感になる

たきたてのごはんのにおいなど、ある種の食べ物のにおいをかいだだけで、吐きけをもよおすことも多いものです。

覚えておこう！

- つわりは妊娠15～16週ごろまで。ピークは10週ごろ
- 精神的なストレスがあると重くなるので、うまく気分転換を
- 重症の場合は、かかりつけの産院で治療を受けましょう
- つわりのときは、食べられるものを少しずつ食べて
- 食べづわりの場合は、終わってから体重管理を始めましょう

症状が重いときには受診しましょう

つわりには精神的な不安が影響します。たとえば、子どもがほしくなかったのに妊娠したときや、あるいは、夫とうまくいっていないとき、つわりで苦しんでいるのに家族の理解や協力が得られないときなど、精神的なストレスがあると、つわりが重くなることもあるようです。つわりは確かにつらいものですが、赤ちゃんが生まれてからの生活のことなどを考えて、前向きな精神状態で過ごせるように工夫してみましょう。

しかし、重症のつわりで、食べ物だけでなく、水を飲んでも吐いてしまうようでは、脱水症になるおそれがあります。一日に何度も吐いて体力が消耗してしまったり、体重が極端に減ってしまったというときは、かかりつけの産婦人科を受診して、点滴などの治療を受けるようにしましょう。

つわりを乗り切るポイント

1

食べたいものを食べたいだけ

この時期、食べられなくても赤ちゃんの成長には影響しません。食べたいときに、食べたいものを、食べられるだけ口にしてOK。

2

空腹のときにつまめるものを準備

空腹になると、気分が悪くなる人は、手元にちょっとしたおやつを用意して、こまめにつまみましょう。朝枕元につまめるものを置いておくのもいいですね。

3

じょうずに気分転換を

外出して外の空気を吸うだけで、気分の悪さがおさまることもあります。体調がよい日は散歩や買い物を。お友だちとおしゃべりすると、つわりを忘れてしまうことも。

4

打ち込めることをさがして

働く妊婦さんでは「仕事の前後はつらいけれど、仕事中は大丈夫」という人もいます。趣味に没頭しているときもつわりが消えてしまうことは多いもの。

Q つわりが全然ないのは流産の兆候？

ほとんどつわりらしきものがありません。赤ちゃんは順調に育っているのでしょうか。

A

つわりがなくても、特に出血や腹痛などの異常がなければ心配する必要はありません。ただし、ひどいつわりだったのに、突然気分がよくなった場合は、念のため受診を。

Q 気持ちが悪いとき胃薬を飲んでもいいの？

飲みすぎたあとみたいに胸がムカムカしますが、その場合、市販の胃薬を飲んでもいいですか。

A

胃薬を飲んでも赤ちゃんに特に悪い影響はありません。ただ、つわりのムカムカ感は、ホルモン分泌の変化なのでおさまらないでしょう。薬よりも空腹な状態にしない、外に出て気分転換をするほうが有効です。

つわりのときの食べ方

食べられるものだけ口にしましょう

つわりになると、ふだんどおりの食事がとれなくなりますが、これはしかたのないこと。つわりがある間は、「食べられるものを食べる」方針でいきましょう。

妊娠中は、栄養バランスのとれた食事を心がけたいものですが、それはつわりが終わってから実行すればいいのです。この時期は無理に食べても、吐いてしまうだけでしょう。

妊娠すると、よく、すっぱいものや、さっぱりしたものが食べたくなるといわれますが、好き嫌いの変化は人それぞれ。脂っこいものや香辛料がきいた料理を好むようになる人もいます。

食事の時間や量も、常識にとらわれる必要はありません。少量ずつ、何回かに分けてもいいでしょう。とにかく、口にしやすいものを、好きな時間に好きなだけ食べるようにしてください。

つわりのときの食べ方のヒント

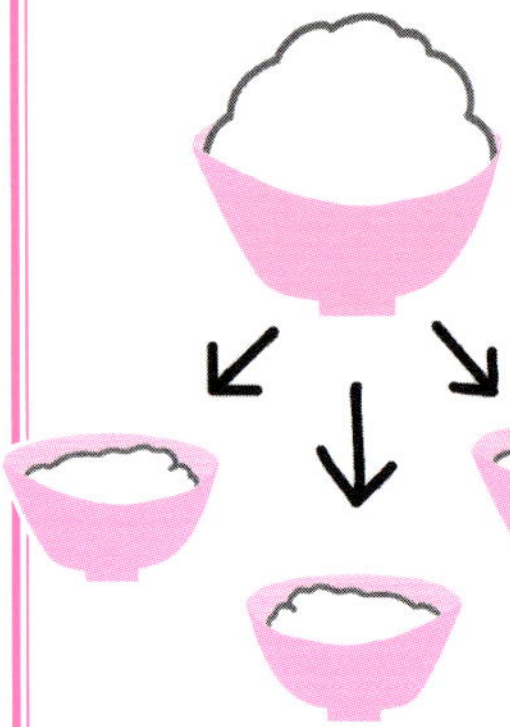

量を少なくして、回数を多く

つわりのときの食べ方の基本は、「口に入るものを口に入る分量だけ食べる」。でも、調子がいいからといって、一度にたくさんの量を食べてしまうと、食べ物が胃を刺激して、吐きけを誘ってしまうことも。「これくらいなら大丈夫」と思う食べ物でも、一度にたくさん食べずに、少量ずつ何回かに分けて食べるようにしましょう。

少々であれば、刺激物もOK

つわりの間はあいまいな味よりも、はっきりした味が好まれるようです。「タバスコ」などの刺激物や、スパイスのきいたカレーなどは、少量ならば大丈夫。こうした刺激物が、おなかの赤ちゃんに影響することはありません。ただ、やはり量が多くなると、弱っている胃の粘膜は刺激することになるので、ほどほどに。

のどごしをよくする工夫を

のどごしのいい食べ物は、食欲がないときでも食べやすいものです。ゼリーやヨーグルト、プリンは、つわりの時期に人気の高い食べ物。また、同じ食べ物や飲み物でも、冷たくすると比較的口にしやすくなるようです。果汁や野菜ジュース、市販の機能性飲料などを、凍らせて食べてみては？　野菜スープなどを寒天寄せにするのもおすすめ。

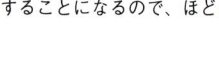

食べづわりも苦しい

体重管理は、つわりが落ち着いてから

「おなかがすくとムカムカして、食べないと気分が悪くなる」というのが、食べづわりです。

空腹感が少しでもあると吐きけがするために、しょっちゅう食べ物を口にするので、つわりの時期なのに太ってしまうことも。でも、食べないと気分が悪いのですから、しかたがありません。

体重管理は、つわりが終わってからスタートすればOKです。つわりがおさまったら、バランスのいい食生活に切りかえましょう。

ただ、満腹になればいいわけでもなく、食べすぎるとまた気持ちが悪くなったりするのが食べづわり。「小さなおにぎりを常備していた」「あめや小さなお菓子をいつもバッグに入れていた」という人たちもいます。短い期間のことなので、工夫して乗り切りましょう。

つわりのときにおすすめの食べ物

トマト

さっぱりしてほどよく酸味もあることから、つわり中の人気野菜。よく冷やして、軽く塩を振ったり、はちみつをかけても。

アイスキャンディ

飲み物はダメでも、アイスキャンディなら大丈夫という人も。ソーダ味や、かんきつ系のアイスキャンディなどが人気。

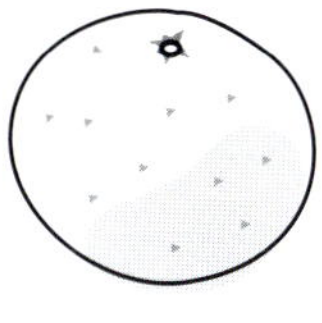

グレープフルーツ

果物全般は妊婦さんには人気。酸味とほろ苦さで口の中がさっぱりするグレープフルーツは王道。ビタミン補給にも◎。

おすし

ごはんがたけるにおいがダメでも、冷めたごはんなら大丈夫という人も。外食も気分転換に。

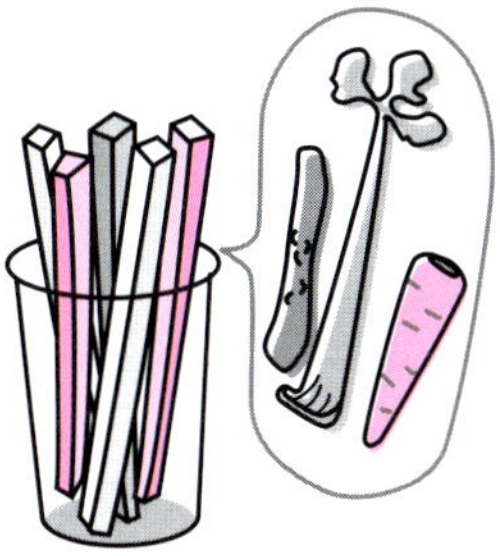

生野菜

つわりだと、料理中のにおいがダメ、という人も多いです。火を通さない生野菜が、においも少なくて食べやすいことも。

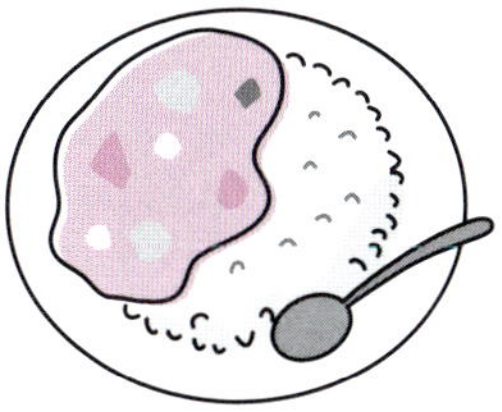

カレーライス

スパイスがたっぷり入った、さらっとしたカレー。カルダモン、クミンなどが入ると、食後、口の中がスッキリ。

8～11週　3カ月

母子健康手帳の有効な使い方

妊娠が診断されたら、自治体で発行してもらいます

市区町村の役所や保健所に妊娠届けを提出すると、母子健康手帳が交付されます。妊娠中の経過や出産の様子、赤ちゃんの乳幼児健診の結果などを記録する大事な手帳です。

覚えておこう!

- 妊娠が確認できたら、住所地の役所で交付してもらいましょう
- 妊娠中は万一に備えて診察券や健康保険証とともに携帯を
- 定期健診のときに妊娠の経過を記録してもらいます
- お産で入院するときも赤ちゃんや母体の記録を記入します
- 産後の乳幼児健診にも必要になるので、大事に扱いましょう

妊娠中は持ち歩く習慣をつけましょう

母子健康手帳は、ママと赤ちゃんの健康管理を目的としたものです。

妊婦さんについては、妊娠中に受けた定期健診の結果を記録する欄があります。妊娠中に何かあったときは、かかりつけの医師でなくても、この手帳を見れば妊娠の経過がわかるようになっています。

このほか、妊娠中の様子を自分が記入する欄、出産の様子や、生まれた赤ちゃんの様子、その後の健診の結果や予防接種を記録する欄もあります。

母子健康手帳とともに、妊娠中の健診を無料で受けられる無料健診票や副読本なども交付されるので、妊娠が確定して、主治医から指示が出たら、早めに妊娠届を出して、交付を受けましょう。双子以上の妊娠のときは、判明したら必要な冊数を交付してもらいます。

母子健康手帳のもらい方

- **いつ**
  8～12週くらいの妊娠がはっきり確認できたころ
- **だれが**
  本人または家族
- **どこへ**
  自分の住んでいる（住民票のある）役所や出張所
- **資格**
  妊娠が確認できた人ならだれでも（医師の証明書が必要な地域も）
- **用意するもの**
  認め印

大事な情報が満載

母子健康手帳は、自分の記録をつけるだけのノートではありません。大事なのは、赤ちゃんの月齢・年齢ごとの体重や身長などの増加を示す「乳児身体発育曲線」。発育の目安を知ることができます。離乳の規定や、予防接種のことなどの情報もしっかり記載されています。また、赤ちゃんのうんちの色から病気のサインを読みとるための「便色カード」も入っています。この1冊で、育児の予習ができるような特別な手帳です。実は、母子健康手帳のシステムは、日本独自のものなのです。

手帳のサイズは、各自治体で自由に決められています。サイズにあったカバーもいっしょにそろえて、有効に利用しましょう。

妊娠中は、万が一のときに備えて、外出するときは常に、診察券、保険証などとともに母子健康手帳を持ち歩くようにしましょう。旅行で遠方に出かけるときなども、忘れずに持参するようにしてください。子どもが小学校に入学するころまで使用するので、なくしたり汚したりしないよう、大切に扱いましょう。

母子健康手帳の役割

1

定期健診のとき

健診のたびに、体重、血圧、腹囲、子宮底長、尿検査の結果、むくみの有無などを記録します。

2

公的サービスを受けるとき

保健所が主催する妊娠中の母親学級の受講や、産後の育児手当などの公的なサービスを受けるときに必要です。手帳がないとサービスを受けられないことも。

3

お産で入院するとき

お産の様子や、赤ちゃんの生まれたときの身長や、体重などを記録します。入院中の母体の回復の様子や、赤ちゃんの健康状態も記入します。

4

産後の乳幼児健診のとき

産後は、赤ちゃんの成長の様子などを記録します。乳幼児健診や各種の予防接種のときに必要です。

Q 汚れたらとりかえてもらえるの？

母子健康手帳にコーヒーをかけ、汚してしまいました。この場合、新しい手帳ととりかえてもらえますか？

A 汚れてしまったからという理由ではとりかえてもらえません。ビリビリに破れてしまったり、紛失してしまったなどの場合は、役所に再発行できるかどうか問い合わせをしてください。

Q 海外で妊娠した場合、母子健康手帳ってあるの？

転勤で海外に行くことになったのですが、そこで妊娠したら母子健康手帳はどこでもらえばいいのでしょうか。

A 海外に住んでいて妊娠した場合、日本に住民票がなければ母子健康手帳は発行されません。ただ、それにかわるものとして、母子衛生研究会が「外国語／日本語併記母子健康手帳」という冊子を製作・市販しています。

8～11週　3カ月

安定期に入るまで、いちばん心配なこと
切迫流産と流産

切迫流産は、流産になりかかっている状態。対策をとれば、流産にならずにすむケースもあります。そのためにも、切迫流産と流産について、よく知っておくことが必要です。

覚えておこう!

- 出血や下腹部痛は切迫流産や流産のサイン
- 流産とは、妊娠22週までに胎児が母体から外に出てしまうこと
- 流産になりかかっている状態が「切迫流産」。診断されたら、「安静」に過ごすことが基本
- 流産の原因の半数以上は染色体異常など赤ちゃん側に原因があります

切迫流産《せっぱくりゅうざん》

サインがあっても、赤ちゃんの心拍が確認できれば、まず大丈夫です。

出血や下腹部痛が起こったら、産院へ

切迫流産や流産のサインになるのは、出血と下腹部の痛みです。

出血の状態は、少量から多量まで個人差がありますが、多くの場合は出血がダラダラと続きます。下腹部痛は、月経痛のような重苦しさや痛み、腰痛などがしだいに強くなってくるようだと要注意です。これらのサインがあったら、すぐに産院を受診してください。

切迫流産は、これらのサインがあっても流産にはなっていない状態です。超音波で赤ちゃんの心拍が確認できる場合がほとんど。たとえ出血があっても、赤ちゃんの心拍が確認できれば、たいていの赤ちゃんは元気に育っていきます。

妊娠8～9週くらいで赤ちゃんの基本的な体はでき上がってくるので、妊娠3～4カ月に入っていれば、切迫流産といわれても、出産まで無事に妊娠を継続できることが多いでしょう。

切迫流産の出血は、胎盤ができる部分からのものが多く、赤ちゃん自身に出血

こんなサインに要注意

おなかの痛み

子宮収縮のサインがおなかの痛みです

月経痛のような、おなかの痛みは子宮が収縮しているサイン。子宮が収縮すると着床して間もない卵が子宮内膜からはがれてしまいます。軽い痛みでも、受診してください。

出血

微量の出血でも受診して

着床時に出血なら心配はありませんが、自分で判断ができません。月経のときのように出血しても、なんでもないこともありますが、微量の出血でも切迫流産のサインの場合が。必ず受診しましょう。

流産にならない生活のポイント

異常があったら すぐ産院へ

流産のいちばんの予防法は、危険信号を見のがさないことです。出血やおなかの張り、おなかや腰の痛みなどに気づいたら、すぐに受診しましょう。出血は、鮮血が出ることもあれば、茶褐色だったり、おりものに少量の血がまじる程度のこともあります。たとえ少量でも、出血は異常を知らせるサインと考えて、産院に連絡してください。

おなかを 冷やさない

おなかを冷やすと血行が悪くなり、子宮が収縮しておなかの張りや痛みの原因になります。切迫流産の診断を受けている人や、高齢妊娠でリスクの高い人は、冬場は厚手のソックスを履いたり、腹帯を身につける、ひざ掛けで保温するなど、下半身を冷やさないような工夫を。また、夏も室内は冷房で体が冷えてしまいがち。冷房対策を忘れずに。

激しい運動は 控える

おなかが張ってしまうような激しい運動は控えましょう。長時間のドライブや旅行などで同じ姿勢を続けていると、子宮が収縮しやすくなることがあります。スケジュールに余裕をもたせてください。切迫流産の診断を受けたら、ウォーキングなどの運動もお休みしましょう。セックスも控えてくださいね。

ストレスを ためない

流産につながってしまう原因の一つに、妊婦さんの激しい疲労やストレスがあります。強いショックや不安、恐怖などは、妊婦さんの精神状態を悪化させて体に悪影響を及ぼすことも。心配事はできるだけ夫や友人に相談して、極端にストレスをため込まないように心がけましょう。ゆったりと生活することがこの時期には大切です。

の原因があるわけではありません。ですから、赤ちゃんが元気であれば、妊娠は継続できるのです。

治療の基本は「安静」を守ること

切迫流産と診断されたときは、「安静」に過ごすのが治療の基本です。

症状や仕事、家庭状況などによって、自宅安静から入院まで、安静の度合いは異なります。どのくらいの安静が必要なのか、医師に具体的に聞いて確認してください。仕事は、可能であれば休んだほうがよいでしょう。出血量が多い、上の子が家にいて安静にできない場合などは、体を休めるために入院をすすめられることもあります。

薬は、初期は積極的に使いませんが、12週以降は子宮収縮抑制剤、いわゆる張り止めの薬を使うこともあります。また、クラミジアや腟炎、子宮頸管炎などの感染からおなかが張ってくるようなときは、感染症の治療も行います。

母体側に切迫流産の原因があるときは、サインに早めに気づくことで、ある程度は流産を防ぐことができます。

流産

流産になるのは、全妊娠の約1割。妊娠12週までに起こる場合がほとんどです。

原因のほとんどが赤ちゃん側の問題

赤ちゃんがおなかの中から出てきても、生存できるギリギリのラインは、現在、妊娠22週とされています。このため、妊娠22週までに胎児が母体から外に出てしまうことを「流産」といいます。

流産が起こるのは、妊娠全体の約10％程度。そのうちの8割ほどが、妊娠12週までの初期に起こっています。

流産の原因を調べてみると、約50～60％は赤ちゃん側にあります。主な原因は、赤ちゃんの染色体異常ですが、臍帯や胎盤の異常なども原因になります。

つまり、流産の大半は自然淘汰的なもので、もともと育たない卵であったということが多いのです。

妊婦さん側の原因としては、子宮の奇形や子宮筋腫など、子宮のトラブルによるもの。糖尿病や妊娠中毒症、クラミジアや風疹が流産の原因になることもあります。年齢的には35才以上の妊娠のほうが、流産の危険性が高くなります。

実際に流産になりましたか？

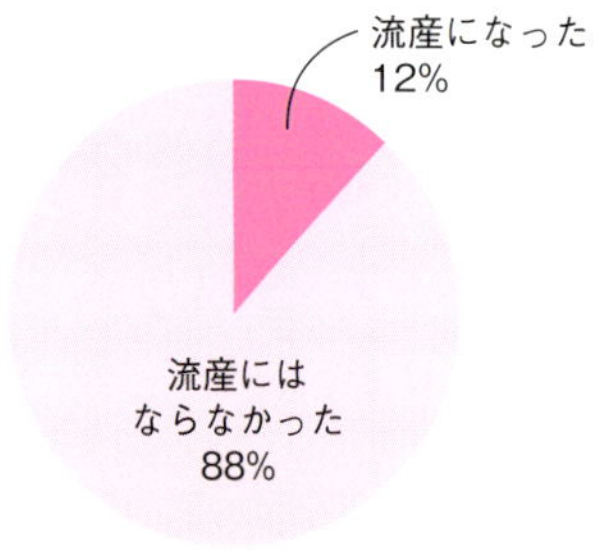

切迫流産になった100人にアンケートをしたところ、流産になった人は約1割。ほとんどの人は、妊娠を継続することができています。

流産の原因

赤ちゃん自身

染色体異常などのために、もともと育つ力をもっていない卵だった場合、妊娠4～8週には流産してしまうことが多いもの。臍帯や胎盤などのトラブルも流産の原因になります。

母体の子宮に問題がある

母体側の原因には、子宮の奇形や炎症、大きな子宮筋腫、子宮頸管無力症などの子宮のトラブルがあげられます。早めに発見することで、流産を防げることも。

感染症

腟から入った細菌の感染が原因で、胎児を包む羊膜に炎症が起きて、破水して流産してしまうことも。クラミジアや風疹の感染が、流産を引き起こすこともあります。

その他

妊婦さんの糖尿病や心臓病、腎臓病などの持病が悪化して、流産してしまうことがあります。また、大きな精神的なショック、著しい疲労、高熱、外傷が影響することも。

もっと知りたい流産 Q&A

Q 張り止めの薬は、赤ちゃんに影響しない？

妊娠中は薬を使わないようにしているのですが、張り止めの薬は赤ちゃんに影響しませんか？

A 張り止めの薬は、妊娠12週未満ではあまり使われません。12週以降になると子宮収縮抑制剤や止血剤を使いますが、胎児の内臓などはほぼ完成しているので、副作用の心配はありません。

Q 高齢妊娠だと流産しやすい？

35才で初めて妊娠しました。高齢妊娠だと、流産しやすくなるというのは、本当ですか？

A 35才以上の高齢妊娠では、胎児の染色体異常がふえるというデータがあります。また母体側に子宮筋腫があったり、着床する子宮内膜の状態が悪かったりするため、切迫流産や流産が起きる可能性は高くなります。

Q 出血したら夜中でも受診すべき？

夜中に出血が起きたら、すぐに病院に行ったほうがよいのですか？ 朝まで待っても大丈夫？

A おりものがピンク色になるようなごく少量の出血、茶褐色の少量の出血ならば、翌朝まで待って、診察時間に受診してもよいでしょう。しかし、鮮血や量の多い出血のときは、夜中でも産院に連絡してください。

Q 流産後、次の妊娠までの間隔は？

流産してしまいました。次の妊娠までは、どのくらい間隔をあければよいですか？

A 流産になった原因にもよります。特別な原因がなければ、2～3カ月あければ大丈夫。しかし、流産の明らかな原因がある場合は、そちらの治療を優先させましょう。

Q 流産になりやすい体質ってあるの？

流産しやすい体質というのはあるのでしょうか。次の妊娠までに、検査を受けたほうがよいですか？

A 胎児側に流産の原因があったときは、たまたま育たない卵だったのだと考えましょう。1回の流産だけでは体質とはいえません。2回以上流産を繰り返す場合は、検査をすすめられることもあります。

Q 流産を繰り返したときは？

流産が2回続きました。検査を受ける予定ですが、何か問題があったら治療できるのでしょうか。

A 2回流産を繰り返すと「反復《はんぷく》流産」、3回以上だと「習慣流産」という病名がつきます。原因が明らかになれば、今はいろいろな治療法がありますから、まずは検査を受けてみましょう。

8～11週　3カ月

まだ赤ちゃんは小さいけどママの体には影響します

妊娠初期のマイナートラブル

おなかの赤ちゃんは大丈夫だけど、妊娠したばかりのママの体には、小さなマイナートラブルがいっぱい。心配はありませんが、仕組みを知れば安心です。

体がだるいのは、ホルモンの影響

妊娠していない女性でも、「月経前緊張症」といって、月経の前になると黄体ホルモンが分泌される影響で、眠くなったり、だるくなることがあります。

妊娠初期には、黄体ホルモンの分泌が活発なので、その影響を受けて、眠けやだるさ、体のむくみなどの不快な症状に悩まされることが少なくありません。

また、妊娠16週くらいまでは基礎体温が高温のまま維持されるので、体が熱っぽく感じられることもあるでしょう。16週以降になると低温に戻りますが、それまでは微熱による体のだるさを感じることがあるかもしれません。

眠けや疲れを感じたら、無理をせずに横になって休みましょう。

便秘や下痢が続いたら

やはりホルモンの影響で、自律神経の調節に乱れが生じて、腸の働きがうまくいかなくなることがよく見られます。多くは便秘症状となりますが、なかには下痢も見られることがあり、人によっては便秘と下痢を繰り返すことも。

様子を見ているうちに落ち着いてくることが多いのですが、つらいときは医師に相談して、赤ちゃんに影響のない薬を処方してもらいましょう。

ゆっくりした動作でめまいや立ちくらみを予防

以前から貧血や低血圧の人は、妊娠中にめまいや立ちくらみを起こすことがあります。貧血の場合、初期の検査でわかるので、鉄剤が処方されたり、食生活の改善などのアドバイスがあるはず。妊娠前から貧血の人は、鉄分を含んだ食事をしっかり食べるように心がけましょう。

低血圧の場合は、妊娠中は子宮に大量の血液が流れているので、急に立ち上がると脳に十分な血液が送られずに、立ちくらみが起きることがあります。ゆっくり立ち上がるなど、妊娠中は動作にも気をつけたいものです。

また、自律神経には血圧を一定に保つ働きがあるのですが、ストレスで自律神経のバランスが乱れると、低血圧になることもあります。ストレスを解消して、めまいや立ちくらみを予防してください。

耳鳴り、頭痛はストレスが原因かも

耳鳴りや頭痛の原因は、高血圧、視力

覚えておこう!

- 妊娠中は立ちくらみを起こしやすいので、ゆっくり動いて
- おりものの量がふえただけなら特に心配ありません
- 子宮が急に大きくなるため、トイレが近くなることが
- かゆみやシミ・ソバカスなど肌のトラブルが起こりがちに
- 子宮が大きくなるのにつれて、脚のつけ根にひきつれ感も

の低下、歯のかみ合わせが悪い、肩こりなどですが、思い当たることがなければ自律神経失調症かもしれません。

自律神経失調は、妊娠をきっかけに仕事を辞めて孤独感やストレスを感じている人に多く見られます。両親教室で友だちをつくったり、ショッピングなどに出かけて、ストレスを解消してください。

おりものがとても多いときは

妊娠すると、ホルモンの影響で頸管粘液や膣内の分泌物がふえるために、おりものが多くなります。特に妊娠初期と末期のお産が近い時期にふえて、なかには1日に2〜3回も下着をかえなくてはならないような人もいますが、生理的なものなので心配はいりません。

ただし、色やにおいに変化があったときは、膣炎の可能性もあるので、健診のときに確かめてもらいましょう。

頻繁にトイレに行きたくなる人も

尿がたまる膀胱《ぼうこう》は、おなかの中で子宮の前に位置しています。そのため、子宮が急に大きくなる妊娠初期には膀胱が圧迫されて、頻繁に尿意を覚えることがよくあります。でも、実際は膀胱に尿が十分にたまっているわけではないので、トイレに行っても尿はあまり出ないのです。中期になれば落ち着いてきますから、あまり神経質になる必要はありません。

ただ、尿意があればがまんせず、トイレに行きましょう。頻尿《ひんにょう》のほかに痛みや残尿感があるときは、膀胱炎の心配もあるので、主治医に相談してください。

かゆみなど肌のトラブルは、産後、自然に解消

妊娠中は新陳代謝が活発になり、またホルモンの影響で体質が変化したりするため、かゆみ、湿疹、かぶれなどの肌のトラブルがふえてきます。

また、黄体ホルモンの分泌が増加するので、メラノサイト（メラニン色素を分泌する細胞）が過敏になり、シミ、ソバカスなどが目立ったり、なかには体毛の増加や抜け毛に悩む人もいます。紫外線対策として、外出時には、紫外線をカットするUV化粧品を利用したり、帽子や日傘などを忘れずに。

がまんできないかゆみは、主治医に塗り薬を処方してもらいましょう。妊娠中に使用しても大丈夫なステロイド剤もあります。妊娠していることを伝えて、皮膚科医と相談することも大切です。

産後は、ホルモンバランスが元の状態に戻るので、これらの肌のトラブルのほとんどは自然に直ります。

脚のつけ根のひきつれ感は心配なし

妊娠初期の子宮は、上に向かって大きくなっていきます。そのため、子宮と骨盤の間の靭帯《じんたい》が急に引き伸ばされて、脚のつけ根のあたりがひきつれたように痛むことがあります。

生理的なものなので、妊娠が進むにつれておさまっていきます。痛みが気になるときは、ゆっくり休んでください。

妊娠4カ月【初期】12—15週

この時期のポイント

この時期に胎盤がほぼ完成します。
胎盤とへその緒は、胎児とママを結ぶライフライン。
赤ちゃんは酸素を受けとって
二酸化炭素を出したり、栄養素をもらって
老廃物を出したり。
胎盤には、有害物質をくい止める
役割もあります。

妊娠ライフメモ

●つわりもおさまり、食欲が回復してきます。妊娠中はホルモンの影響で栄養を皮下脂肪に蓄えやすくなっています。食事のバランスに気をつけて、そろそろ体重管理を意識し始めましょう。

●小さなことに落ち込んだり、イラついたり……。精神的に不安定になりがち。これは妊娠によって起きた、ホルモンの大きな変化が原因です。体調が落ち着いたら、気分を変えて妊娠生活を楽しみましょう。マタニティ日記をつけてみては？

母体の変化と特徴

14〜15週には胎盤もほぼ完成し、流産しにくい安定期に入ります。下腹部のふくらみもなんとなくわかるように。ほとんどの人がつらかったつわりから解放され、食欲が回復。基礎体温は高温相から下降し始めます。

赤ちゃんの発育

４カ月の半ば（13週）ごろには、内臓や手足などの器官がほぼ完成します。頭はピンポン玉くらいの大きさになり、顔には産毛もうっすら。骨や筋肉も発達して、羊水の中でクルリと回転したりすることもできるのです。

妊娠13週の胎児

頭殿長　約5〜7cm
体重　約100g

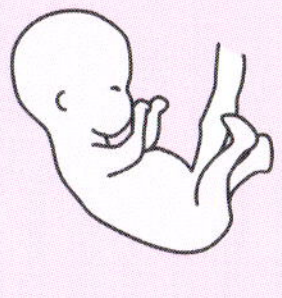

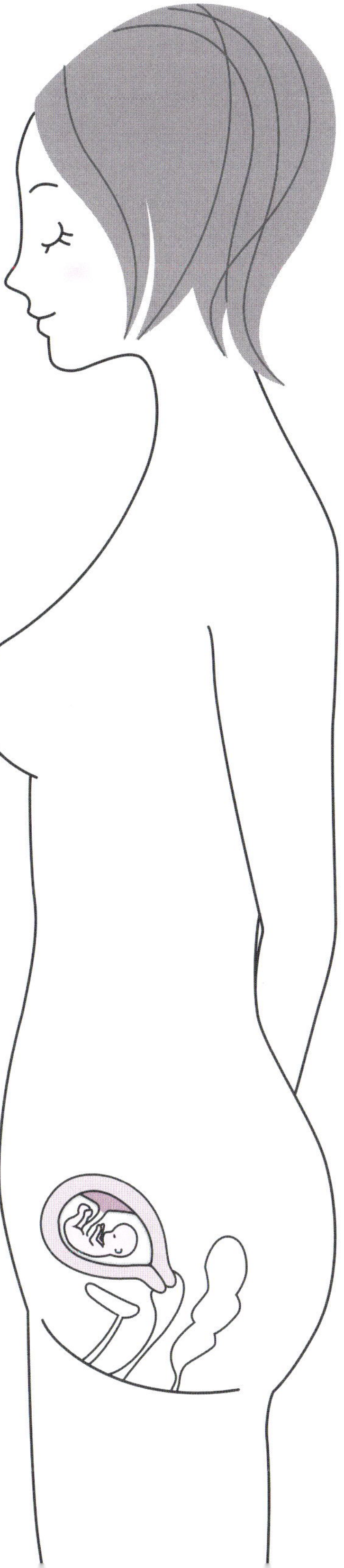

12～15週　4カ月

おなかがふくらみ始める前から準備しましょう

マタニティインナー＆ウエア

妊婦さんらしい体になってくると、かえなくちゃならないのは着るもの。特にインナーは、おなかが少しふっくらし始めるこのころからチェンジ。着心地重視でおしゃれも楽しんで！

インナーのかえ時は妊娠4～5カ月のころ

ごく初期のうちは、まだおなかも大きくならず、妊娠前と同様の下着でもいいでしょう。でも、4～5カ月ぐらいから、ちょっと窮屈に感じ始めるでしょう。そうなったら、かえ時です。

インナーは、おなかの赤ちゃんを守り、体を冷やさないためにも大事なアイテムです。特にマタニティショーツは、おなかをすっぽり包み込むことで、安心感と保温の両方に効果があります。大きなショーツに初めはとまどうかもしれませんが、一度はいてみると、はき心地のよさに手放せない、という人も多いのです。

最近は、マタニティ用でもデザインが豊富です。自分が心地よくはけるインナーをさがしてください。

マタニティブラジャーにはいろいろなタイプが

妊娠中大きくなるのは、おなかだけではありません。授乳の準備で、乳房もぐっと大きくなります。出産までに2カップほどボリュームアップすることもあります。そんな変化に対応して、さらに産後は授乳しやすい機能があるのが、マタニティブラ。妊娠中は肌も敏感になるので、やさしい素材で作られたものも多いのです。機能性に加えて、デザインもいろいろあるので、楽しんで選びましょう。授乳期まで使うので、ショーツよりも長く使うアイテムです。やや高価かもしれませんが、品質のよいものを手に入れると長く使えて、結局お得です。

おなかが大きくなったら腹帯もじょうずに利用して

おなかをカバーする腹帯は、ショーツの上から着けます。保温のほか、腹帯には腰痛対策の機能もあります。おなかが大きくせり出してくると腰に負担がかかり、かなり多くの人が妊娠中に腰痛になりますが、腹帯でおなかを支え上げることでも、腰がラクになります。

産前、ガードルをはく習慣がなかった人には、抵抗があるかもしれませんが、腹巻タイプや、ベルトタイプのものもあるので、おなかが大きくなってきたら、合うものを使ってみましょう。

覚えておこう！

- ショーツは早いうちからかえたほうが保温効果もあって◎
- ブラは、産後の授乳でも活躍。長く使えるものを選んで
- 体を冷やさない工夫をしながら自分らしさもキープ
- マタニティウエアとふつうの服を賢くコーディネイトして

マタニティインナーの種類と選び方

2カップはアップするブラジャーは授乳機能も重視して

授乳機能がついているマタニティブラがほとんどです。それもカシュクールタイプや、カップだけをはずすタイプ、前ボタンをはずすタイプなど、いろいろ。妊娠中はデザイン優先でもいいですが、産後、授乳に慣れるまでは、肌ざわりもやさしい乳帯タイプが人気です。

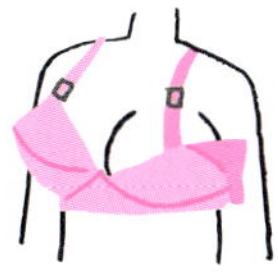

カップだけをはずして授乳するタイプ

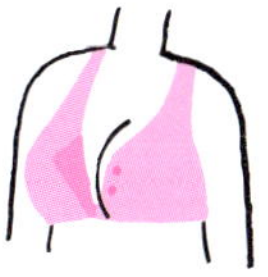

前合わせをはずして使う乳帯タイプ

マタニティショーツはおなかの保温も考えて

妊娠前は、布面積の小さいショーツをつけていた人は、なるべく早くマタニティショーツにかえてみましょう。「オバサンみたい！」と抵抗があるかもしれませんが、ほとんどの人がそのはき心地のよさに戻れなくなります。

タイツやキャミソールもおなかを締めつけないものに

ショーツやブラジャーほどの必需性はありませんが、大きくなるおなかと胸に合わせたキャミソールやタイツが必要に。特にタイツやストッキングは、いくら股上も伸縮性があるとはいえ、大きくなったおなかを締めつけることにもなります。マタニティ専用のものは、やっぱり優秀。はき心地で選んでください。

大きいおなかを支えるためにマタニティガードル&腹帯を

腹帯は、しなくてもかまいませんが、妊娠７～８カ月くらいから、ぐんとおなかが出て腰痛が始まると、腹帯で支え上げることでラクになります。寒いシーズンや冷房が効いたところに長時間いるようなときは、保温性重視の腹巻タイプが、妊娠期を問わずおすすめです。

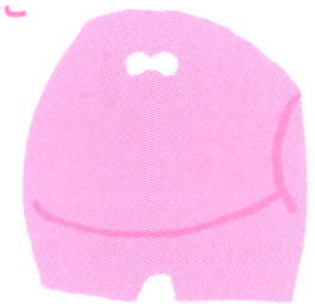

ガードルタイプできっちりサポート

腹巻タイプでやさしく保温

5カ月になったら「腹帯」を。日本だけのお祝い事

5カ月の戌の日に、腹帯《はらおび》を巻いて安産祈願するのが、日本古来の風習です。犬は安産だから戌の日に、という説もありますが、実はこの風習は日本独自。外国にはないものです。さらしに限らず、ショーツにプラスしてさらに何か巻かなくてはならない、ということはありませんが、安産してきた昔の人たちにあやかってみるのもいいことでしょう。

今はなかなかさらしを巻く機会は少ないかもしれませんが、実は、きっちりとさらしを巻くことで、おなかを支え上げ、骨盤が締まってとてもラクという人もいます。ただ安産祈願の記念品にするだけではなく、実際に一度巻いてみるのもいいですね。

大きなおなかを楽しむ着こなしを！

　チュニックがふつう服の定番アイテムになったこともあり、マタニティウエアは特別なものを買わなくてもなんとかなりそうな印象があります。

　トップスはそれでなんとかなるかもしれませんが、やはりボトムスは、必要になってきます。おなかの部分だけ伸縮性があって、ほかはきれいにフィットするパンツや、ミニ丈の元気なスカートなど、実は妊娠前とかわらない自由度で選べるのです。

　妊婦さんになったらファッションが制限されたのは昔の話。むしろ、大きくなったおなかを強調するような着こなしも積極的に楽しみましょう。

　ただし、体を冷やすことは厳禁。下のコラムのルールを守って、おなかの赤ちゃんにやさしいマタニティファッションを、どうぞ楽しんでください。

体を冷やさない&守るポイント

えりぐりや胸元を冷やしすぎないで

背中から胸元を冷やすと、かぜをひきやすいだけでなく、おっぱいの出方にも関係します。あたためて血行よくしましょう。

足さばきのいい服で転ばない！

冷やさない工夫としてはOKなロング丈も、気をつけないと転ぶ原因に。裾が長いと足さばきが悪くなるので気をつけて。

ペタンコ靴を楽しもう

こわいのは転倒すること。ハイヒールを履きなれていても、おなかが大きくなると体のバランスが変わってくるので、足元はやっぱり安定感重視で。あまりペタンコすぎるよりも、3～4㎝くらいの太めヒールが歩きやすい。

首と足首は冷やさないのが鉄則！

首から胸、背中にかけて冷やすと、かぜをひきやすくなります。また、足首を冷やすと、血行が悪くなりむくみの原因にもなるし、さらに冷たい血流がおなかにまで上っていき、おなかが張りやすくなります。

はおりもので体温調節の工夫を

寒い季節はもちろん、真夏は冷房のせいで1日の寒暖の差が大きくなってしまうことも。冷えないために、汗をかきすぎないために、はおりものを用意して、こまめな体温調節を。

足首も冷やさないポイント

意外と体温が高くて暑がりの妊婦さんは多いので、つま先は出ていてもOKだけど、足首だけは冷やさない工夫を。

マタニティウエアの便利アイテム

産後も着られるワンピース

ゆったりラインのワンピースは、実は産後もお役立ち。産後２～３カ月くらいまでは、体重は戻ってもおなか回りだけが戻らなかったりするので、授乳口つきのワンピースがあれば、産後も便利に使えます。

必須! おなかリブのパンツ

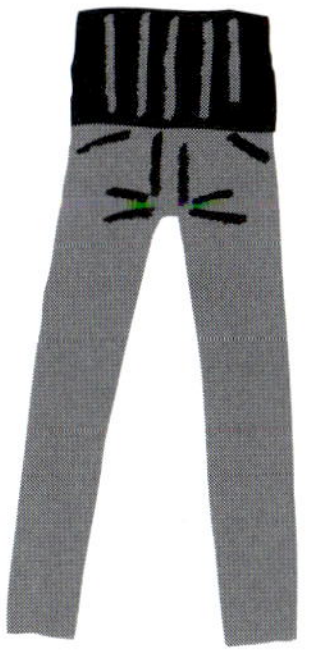

デニムも、きちんとパンツも、おなか部分だけが伸縮するタイプが充実。足さばきのよさでは、やっぱりパンツははずせないアイテム。かっちりした上着をはおれば、ワーキングマタニティスタイルにも。

王道・チュニック

ふつう服でも、臨月までカバーできそうなチュニックが定番に。ただやっぱり臨月近くになると、前身ごろだけが上に上がってしまう、といったこともあるので、マタニティウエアのチュニックが優秀です。

あると便利!なアイテムたち

おしゃれスポーツウエア

伸縮性があるスポーツウエアも利用価値あり。おしゃれなジャージやＴシャツで、元気妊婦になりましょう！

ママコート

ふつうのコートの合わせに、布を足して大きなおなかをカバーします。産後は、抱っこひもで赤ちゃんを抱っこした上から着られて便利。

ロングカーディガン、ニット

ふつう服のニットでロング丈のものは妊娠中、重宝します。あたたかくおなかをすっぽり包んで、妊婦らしいシルエットもかわいい。

冠婚葬祭のとき、どうする？

妊娠中にないとは限らない、冠婚葬祭。体調に問題なければ出席したいところ。問題は、妊娠中一度しか着ないかもしれない喪服やドレスをどうするか。便利なのは、産後も着られるような黒のゆったりラインのワンピースです。アクセサリーやショール、タイツ・ストッキングをかえることで、喪服がわりにも、パーティにも着られます。産後にも活躍できるような黒のワンピースなら、少し品のいいものを買ってもいいでしょう。

ただ、妊娠中はやっぱり体調が最優先。葬儀にしても、結婚式にしても、妊娠中であることで欠席することはうしろめたいことではありません。長時間の立食パーティや、寒いお通夜の参列などは、行かないほうがいいでしょう。

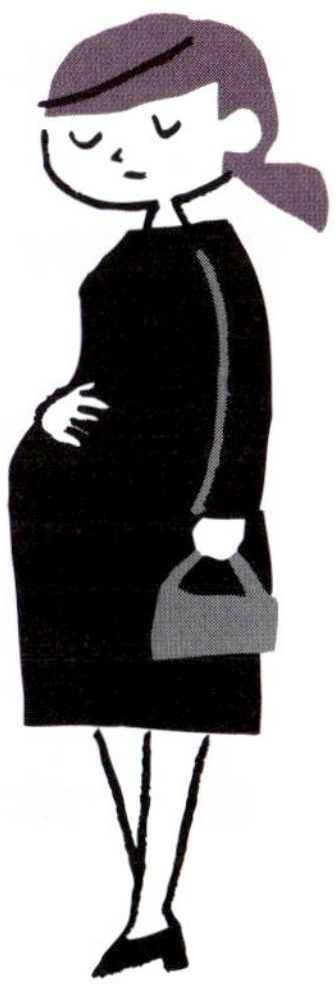

妊娠しても、きれいでいたい、おしゃれしたい!

ファッションと美容、これしてもいい?

妊娠中も、きれいでいたいけれど、妊娠前にしていたのと、同じことをしてもいいの? 肌の変化や、化粧品などの使い方など、疑問にお答えします。

覚えておこう!

- 妊娠中も自分らしくおしゃれするのはいいことです
- おなかと足を冷やさないことが最低限のルール
- おなかの赤ちゃんを優先したほうがいいことは、守って
- 迷うことがあったら、健診のときに相談しましょう

Q ショートパンツははいてもいい?

おなかが大きくなっても、今までと違うおしゃれにはしたくありません。それに夏は暑くて、ショートパンツをはきたいですが、ダメですか?

A 暑いときにはショートパンツもいいでしょう。また、タイツやレギンスを下にはけば冷え防止にもなります。太ももの筋肉は、体の中でいちばん大きい筋肉なので、ここが極端に冷えないようにすれば、大丈夫です。

Q 臨月に入って、季節が急変! 着るものに困っています

5月に出産予定で、ずっと冬ものマタニティウエアを着ていましたが、さすがに気温が高くなって、あと1カ月ないのに困っています。

A 産後も着られそうな春夏物を買い足しましょう。授乳口つきのチュニックやゆったりめのワンピースなどが便利。夫と共有できるメンズのTシャツやジャージで乗り切る方法もありますね。逆に秋冬物が必要な場合は、ゆったりニットが便利でしょう。

Q ふつう服を妊娠中に着るときのNGは?

予算的な関係からも、なるべくマタニティを買わないですませたいと思っています。ふつう服だとNGなのって、どんなアイテム?

A やっぱりボトムスは、おなか回りの問題があるので、買い足さないとむずかしいでしょう。オーソドックスな形のマタニティデニムが1本あると便利です。トップスは臨月までふつう服のチュニックやゆったりカットソーでもいけますが、前身ごろが上がってしまい、シルエットがおかしなことになっていないか、チェックして。

Q ブーツが入らない! 産後もこのまま?

おなかだけが大きくなるんじゃなくて、足もむくんだみたいで、去年のブーツが入りません……。

A ふくらはぎがむくんでいるせいでしょう。産後はまた戻るので安心して。妊娠中だけあきらめて、ゆったりしたハーフブーツなどで乗り切って。

Q パーマやカラーリングしても大丈夫?

産後に備えて、今のうちにきれいにしておきたいですが、おなかの赤ちゃんに影響は?

A

おなかの赤ちゃんへの影響は考えなくて大丈夫。ただ、長時間同じ姿勢ですわっているのは、体に負担なので、美容師さんにお願いして、ちょっと立ち上がったりさせてもらって。カラーリングは、地毛に近い色に戻したほうが、伸びてきたときに自然でしょう。

Q タトゥーを入れているけど赤ちゃんに影響は？

足と背中に、小さいですがタトゥーが入っています。これって赤ちゃんには影響ある？

A

タトゥーは赤ちゃんには影響ありません。ただ1つ心配なのは、タトゥーがあると、病院によってはMRI検査が受けられないこと。タトゥーの顔料は金属成分が含まれていて、磁気を利用するMRI検査に支障があるからです。

Q ネイルや除光液のにおい、大丈夫？

自分でマニキュアを塗るときのにおいが、赤ちゃんに何か影響することはありますか？　また除光液は？

A

ママが吸い込んだ揮発性の成分が、おなかの赤ちゃんまで届くことはありません。ただ、揮発性成分のにおいで、ママ自身が気分が悪くなることもあるので、マスクをしたり、換気を十分にして、におい対策はしてください。

Q ヒールが高い靴も履きたいけど絶対だめ？

今までずっと、かかと7cm以上の靴ばかり履いてきました。妊娠してもスタイルをかえたくはないのですが……。

A

とにかくこわいのは、転倒すること。履きなれているとはいえ、おなかが大きくなってバランスが変わると、転ぶ可能性もあります。できれば、ヒールは4cm前後までにして、太めヒールのデザインを選び、少しでも安定感のある靴にかえていきましょう。

Q ボディピアスってどうしたら…？

おへそにボディピアスを入れています。これからおなかが大きくなると、はずさなくちゃいけない？

A

なかでもへそピアスは、おなかが大きくなるときに引っぱられるし、お産でどんな体勢になるかもわかりません。また緊急帝王切開になる可能性もあるので、はずしましょう。穴はふさがりますが、赤ちゃんと自分のためです。産後またあけて楽しんでください。

Q むだ毛が濃くなった！これってふつう？

今まであまり気にならなかった体毛がすごく濃くなった気がします。夫からも指摘されて、ちょっと恥ずかしい……。これって産後も直らない？

A

妊娠中は、ホルモンバランスの影響で、体毛が濃くなることがあります。逆に体毛が抜けてツルツルになる、ということも。妊娠中の一時的なものなので、産後は元に戻ります。無理な脱毛は避けて。

妊娠初期に気をつけること

まだ妊娠していることに慣れないうちに、気をつけておきたいことがあります。
おなかは小さいけど、もう赤ちゃんがいること、忘れないでね。

車や自転車の運転はしても大丈夫?

妊娠初期は、注意力が散漫になっていますから、できれば車の運転は控えましょう。どうしても運転する必要があるときは、慣れた道だけで、短時間に限りましょう。

自転車は、買い物の足としても便利ですが、転倒したときのことがやはり心配。できるだけ徒歩にして、運動を兼ねてゆっくりのんびり歩いてください。荷物はショッピングカートなどを使うとラクです。

家事は体調のよいときに

トラブルのない妊婦さんなら、基本的に炊事、洗濯、掃除などの家事は、これまでどおりにして大丈夫。ただし、妊娠初期は、つわりで体調が悪いことが多いもの。無理をしないで、体調のよいときにこなすようにして。多少のホコリには目をつぶって、食事作りがおっくうなときは、外食もよいでしょう。

体調がいい人も無理はしすぎないで。手足が冷える家事は家族にかわってもらいましょう。

お酒は妊娠判明時からNG カフェインは通常量ならOK

母体に入ったアルコールは、胎盤を通過して赤ちゃんに送られます。妊娠中、ビールなら大びん２本、日本酒なら２合のお酒を毎日飲むと、体や知能に障害のある胎児性アルコール症候群の子が生まれる確率が高くなるという報告も。「妊娠したら禁酒」が基本。

また、紅茶やコーヒーをふつうに飲んでもカフェインの過剰摂取にはなりません。ただ、市販のドリンク剤には、カフェインやアルコールなども多く含まれるため、避けたほうが無難です。

家の中の危険な場所をチェックしましょう

家の中は安全なようでいて、階段から落ちる、敷居につまずいて転ぶなど、案外事故が起きやすいところです。おなかが大きくなって、足元が確かめにくくなる前に、家の中を片づけて、不用品を処分しておきましょう。階段の踏み台に滑り止めをつける、浴室に滑り止めのマットなどを置くといった対策も考えてみては？

産後、赤ちゃんの事故対策も兼ねて、家の中を見直してみるといいですね。

旅行や運動は安定期に入ってから

妊娠16週に入ると、胎盤はほぼ完成して「安定期」と呼ばれる時期になりますが、それまでは、まだ体調は不安定。マタニティスイミングやマタニティビクスなどの運動は、妊娠16週を過ぎて医師の許可が出てから、始めるようにしてください。遠方への旅行も、事前に医師に相談してからのほうが安心です。海外旅行はトラブルが起きたときの対応に不安があり、控えたほうが無難です。

パソコン作業は根を詰めないように

おなかの赤ちゃんへの電磁波の影響を心配する妊婦さんもいますが、現在のところ明らかな影響は判明していません。電磁波防止エプロンを着用するのもよいですが、あまり心配はいりません。むしろ長く同じ姿勢で作業を続けて、疲れないようにしましょう。こまめに立ち上がったり、ストレッチするように心がけて。

妊娠中期

妊娠5——7カ月｜16—27週

妊婦としての黄金期ともいえる、「安定期」と呼ばれる中期。
胎盤ができ、胎動もしっかり感じて、ママになる準備も着々。
いちばん大事なことは、無理をしすぎないこと、です。

妊娠5カ月

【中期】

16—19週

この時期のポイント

18～19週になると、子宮の中で自由に
動き回る赤ちゃんの動きを「胎動」として
感じることができるようになります。
逆子になっていても、この時期の赤ちゃんは
クルクルと動いているもの。
すぐに直るので心配はいりません。

妊娠ライフメモ

- 胎動を感じる時期には個人差があります。あせらずに楽しみに待ちましょう。
- 日々変化するボディに合ったマタニティ専用の下着をつけましょう。ママの体をやさしくしっかりと包み込み、おなかの赤ちゃんを守る機能をもっているのです。
- ５カ月に入った戌の日に腹帯を巻く、という風習が日本にはあります。「帯祝」といって、安産を願う昔から伝わる習慣です。
- 赤ちゃんがグングン発育する時期。栄養には十分気をつけて。特に貧血には注意が必要。

母体の変化と特徴

妊娠中で最も安定する時期。おなかのふくらみがかなり目立ってくるとともに、乳房も大きくなり、皮下脂肪もついてきます。体重もふえ、体全体がふっくら。早い人は18週くらいに胎動を感じ始めたりする人もいるでしょう。

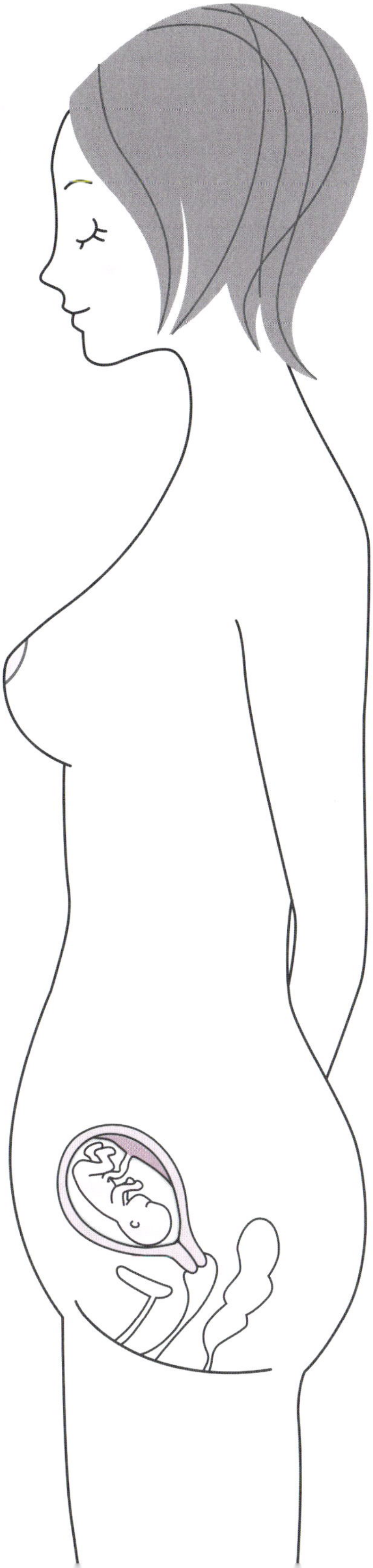

赤ちゃんの発育

皮膚を保護するために全身に産毛が生えてきます。神経が統合されてきて、赤ちゃんの動きも意思をもった運動へと変化していきます。超音波で心臓が2心房2心室に分かれているのが確認できるでしょう。

ふえすぎもやせすぎもトラブルを招きます

体重管理を始めよう

妊娠中の体重のふえすぎは、妊娠高血圧症候群などの合併症やお産のトラブルを招き、やせすぎは赤ちゃんの発育を妨げるので、適正な体重増加をめざしましょう。

BMIを使って目標体重を決めよう

妊娠中はおなかの赤ちゃんや胎盤、羊水に加え、母体の血液量や水分もふえるので、体重が増加するのがふつうです。でも、そのためにふえる分は6～7kgで、それ以上ふえた分は皮下脂肪。皮下脂肪は赤ちゃんを守るためやお産のときに必要とはいえ、3kg程度で十分ですし、妊娠前の体重によっても、適正な体重増加量は違います。

どのぐらいの体重増加が適正かは、BMI（ボディ・マス・インデックス）という、肥満度をあらわす指数を使って調べます。自分の妊娠前の体重を下の式に当てはめて数値を出し、表で該当する「目標体重」をチェックしましょう。

適正な体重増加のためにBMIをチェック

妊娠前の体重 [　　] kg÷（身長 [　　] m×身長 [　　] m）＝ BMI [　　]

18.5未満	……… やせ	目標体重は9～12kg
18.5～25未満	……… ふつう	目標体重は7～12kg
25以上	……… ふっくら	目標体重は個別に設定

同じ体重でも身長が違えばBMIは違います

体重が50kgの場合、身長が150㎝なら、BMIは22.2となり、「ふつう」体型なので、7～12kgの体重増加が目安。身長が170㎝なら、BMIは17.3で「やせ」なので、9～12kgが目安となります。

妊娠でふえる体重の内訳って?

赤ちゃんの重さが約3kg、胎盤や羊水が約1kg、母体の血液量や水分などの増加が1.7～2.5kgで、これを合わせると約6～7kg。これにお産や産後の育児に必要なエネルギーとしての脂肪を足したものが適正な体重増加分です。

覚えておこう!

- 赤ちゃんに必要な増加の分は6～7kgです
- BMIを使って、適正な体重増加量を知りましょう
- 妊娠前の体型によって、適正な体重増加量が違います
- 太りすぎは妊娠高血圧症候群などのトラブルに
- やせすぎは赤ちゃんの発育を妨げます

太りすぎると…

太りすぎると、妊娠中には妊娠高血圧症候群や妊娠糖尿病などのリスクが高くなりますし、お産のときには微弱陣痛で時間がかかるなどのトラブルを起こす可能性があります。

妊娠中はホルモンの働きで、今までと同じように食べていても体重がふえやすくなります。つわりが終わると食欲が増すので、体重増加が適正かどうか、こまめにチェックしましょう。

やせすぎだと…

妊娠中の体重増加が少なく、赤ちゃんが十分な栄養がもらえないと、発育が遅れ、出生時の体重が2500g未満の「低出生体重児」になる可能性があります。

体型の変化や産後の体型戻しが気になるかもしれませんが、赤ちゃんの栄養のもとは妊婦さんの食事。栄養バランスのよい食事をきちんと食べましょう。

太りすぎて起こりがちなトラブル

●妊娠高血圧症候群 → P110

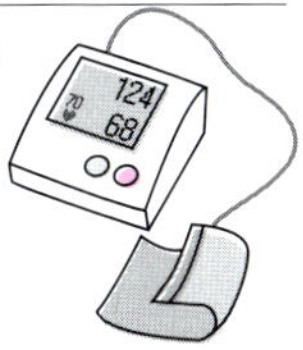

妊娠20週以降、分娩後12週まで高血圧が見られる、または高血圧にタンパク尿を伴う場合です。胎盤に十分な血液が届かなくなり、赤ちゃんの発育にも母体にもトラブルが。

●妊娠糖尿病 → P108

妊娠をきっかけに血糖値が高くなった状態です。もともと肥満だったり、妊娠中に急に体重がふえたりした場合はかかりやすく、赤ちゃんが巨大児になって難産の可能性が高くなります。

●微弱陣痛《びじゃくじんつう》

お産が始まっても陣痛がなかなか強くならなかったり、途中から弱まってしまう状態です。よい陣痛がつかないと子宮口も開かないので、お産が順調に進みません。

●その他

産道に脂肪がついて、お産のときに赤ちゃんが通りにくくなったり、出血量がふつうより多くなったりすることがあります。

やせすぎで起こりがちなトラブル

●子宮内胎児発育遅延《しきゅうないたいじはついくちえん》

おなかの赤ちゃんが妊娠週数に応じた大きさに育っていないことです。妊娠高血圧症候群などの合併症や厳しいカロリー制限などで起こります。赤ちゃんの様子によっては、入院や予定日前に帝王切開になることも。

●低出生体重児《ていしゅっしょうたいじゅうじ》

おなかの中での発育が十分でなく、出生時の体重が2500 g未満の赤ちゃんを「低出生体重児」といいます。保育器や人工呼吸器などでのサポートが必要になる場合があり、ママが先に退院することも。

ドクターから 食事についてのアドバイス

1. なるべく**薄味**に！
2. **バランスのよい食事**をとり、間食を控えて
3. もともと**ふっくらの人は体重が全くふえなくても**赤ちゃんは育ちます

16～19週　5カ月

妊娠糖尿病

ママにも赤ちゃんにも影響が。食事と運動でコントロールを

妊娠するとホルモン分泌の影響から、だれでも血糖値が上がりやすい状態になります。赤ちゃんとママを守るために、健診で診断されたらきちんと管理を。

覚えておこう!

- 「糖尿病にはいたっていないものの、糖の代謝に異常がある」場合を妊娠糖尿病といいます
- 妊娠糖尿病になると、ママにも赤ちゃんにも大きな影響が
- 治療は、食事療法と運動で継続的にコントロール
- 産後も、引き続き経過を観察します

妊娠するとインスリンのコントロールがむずかしく

妊娠糖尿病とは、妊娠中に初めて見つかる「軽度の糖代謝異常」のことです。妊娠中に初めてわかった「明らかな糖尿病」のことではなく、「糖尿病にはいたっていないものの、糖の代謝に異常がある」場合を、妊娠糖尿病といいます。

妊娠中の女性の体は子宮で赤ちゃんを育てるために、エストロゲン、プロゲステロン、胎盤由来成長ホルモン変異体（GH）、ヒト胎盤性ラクトゲンなど多くのホルモンを分泌し、そのホルモンの影響で血糖値が上がりやすくなります。

血糖値を上げないように、初期には膵臓からたくさんのインスリンが出てコントロールしますが、16週ごろに胎盤が完成してホルモンの量がますますふえると、間に合わなくなり、血糖値が再び上昇しやすくなります。もともと妊娠中は高血糖になりやすい状態なのです。

妊娠糖尿病の発症は、妊娠20週以降に多く、特に●もともと肥満ぎみの人、●糖尿病の家族がいる人、●高年出産、などは、妊娠糖尿病になるリスクが高いと考えられます。

妊娠糖尿病になるとママは、●妊娠高血圧症候群、●尿路感染症、●羊水過多症、●早産、●膣カンジダ症、などが起こりやすくなります。また、赤ちゃんは、●巨大児になる、●新生児期に低血糖になりやすい、などの影響があります。さらに、出産のときに胎盤の機能が低下して赤ちゃんの心音が低下したり、赤ちゃんが大きくなりすぎたことで、難産になるトラブルが起こることもあります。

だから、早期発見と悪化予防のための治療、管理が必要な病気といえます。

糖水を飲む負荷試験での血糖値

空腹時	92mg/dℓ以上
1時間後	180mg/dℓ以上
2時間後	153mg/dℓ以上

この数字のうち、1つでもオーバーしていたら、妊娠糖尿病と診断されます。時間がかかりますが、とても大事な検査です。

早期発見と管理し続けることがとても大切

妊娠糖尿病の検査は、妊娠初期と中期に1回ずつ行います。空腹時と、糖水投与1時間後・2時間後の血糖値をはかる検査です。上の表にあるような基準値を、どれか1つでもオーバーしていると、妊

娠糖尿病と診断されます。これが、実は2010年以前は、2つオーバーした場合に診断されていましたが、基準が厳しくなって以来、妊娠糖尿病と診断される人はふえています。初期にはセーフでも、胎盤ができ上がってからの中期で診断されたり、また後期になって発症することもあります。一度診断されたら、食事の指導がされ、改善のために記録をつけて提出するなどの、継続したコントロールがなされていきます。

　また、産んだらおしまいではなく、産後6～12週間後に再検査をします。「正常型」「境界型」「糖尿病型」に分類されます。そのまま糖尿病に移行する人もいるからです。産後3～6カ月後に糖尿病に移行する人は、全体の約5％、妊娠糖尿病になった人が次回の妊娠でも再び発症する確率は36～70％というデータもあります。産後も引き続き食事に注意して、定期的に血糖値のチェックを受けることが望ましいでしょう。

治療の基本は、運動と食事の管理

　治療は、食事と運動が中心。食事療法といっても、食べなければいいというものではなく、赤ちゃんの発育に必要な栄養とエネルギーはきちんととることが必要です。1日にとるべきエネルギーは、妊娠前のBMIに合わせます。

　また、空腹時に一気にたくさん食べると血糖値が上がりやすくなるので、1回の食事量を分散して、1日4～6回に分けて食べることがおすすめです。

　運動は、ウォーキングや水中歩行のような、「ちょっと脈が速くなる程度」の有酸素運動がおすすめです。ただし、妊娠高血圧症候群や切迫早産など、合併症のある人はできません。食事や運動でコントロールできない場合は、インスリンを使った治療を検討します。

　出産の直後には、これまで大量に分泌されていたホルモンの分泌がなくなって、急激な低血糖を起こすことがあるので、経過を見守ります。

妊娠糖尿病にならない生活ポイント

有酸素運動をする

摂取したエネルギーをきちんと代謝できる体にしていきましょう。

一気食い禁止。少量ずつ回数をふやして

空腹時から一気に血糖値が上がることが繰り返されると、インスリンのコントロールも効かなくなります。極端な空腹に注意して過ごして。

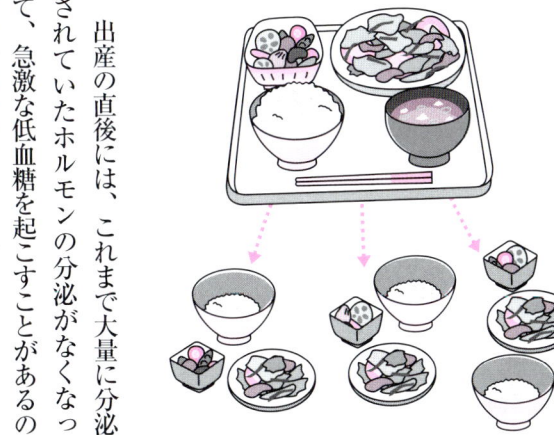

妊娠中、いちばんこわいのが高血圧

妊娠高血圧症候群

妊娠中は生理的にも血圧は上がりますが、異常に血圧が上昇してしまうのが、妊娠高血圧症候群。赤ちゃんのためにも、血圧を管理することをスタートしましょう。

高血圧とタンパク尿が2大症状

妊娠高血圧症候群の新しい定義は、妊娠20週以降、分娩後12週まで高血圧が見られる場合、または高血圧にタンパク尿を伴う場合のいずれかです。最高血圧が140㎜Hg以上、160㎜Hg未満で、最低血圧が90㎜Hg以上、110㎜Hg未満は軽症ですが、最高血圧が160㎜Hg以上、最低血圧が110㎜Hg以上のケースは重症と判定されます。タンパク尿は正確に判定するには24時間の尿をためてはかりますが、3+以上の陽性反応が連続して出た場合に重症と見なされます。

高血圧になるということは、血管が細くなって血液が流れにくくなるということです。また、タンパク尿が出ている状態は、腎臓機能が低下して血液のろ過ができてないということです。こうなると、胎盤に十分な血液が届かずに、赤ちゃんの発育が悪くなり、母体にもトラブルが出やすくなります。

腎臓病や高血圧症、心臓病など、もともと腎臓や血管系が弱い人や、両親や祖父母にこれらの病気の人がいる場合も、妊娠をきっかけに発症する可能性があります。肥満ぎみの人も要注意。重症になると、妊婦さんが全身性のケイレン発作を起こすことも。これを繰り返すと、母体の心臓が衰弱して、子宮に血液が送れなくなり、赤ちゃんは酸素不足に。母子ともにとても危険な状態になり、緊急に帝王切開になることもあります。

妊娠中はだれでもむくみやすい

むくみとは、体に余分な水分がたまっ

要注意のむくみ

1

手足だけではなく、全身がむくんでいる

おなかや顔など、体全体にむくみがあるときはかなり循環が悪い証拠。

2

すねを指で押してもへこんだまま戻らない

健診のときにする検査方法。押した指のあとが残るようなら要注意。

3

体重が1週間に500g以上も増加してしまった

急激な体重増加は、脂肪ではなく水分がメインのことが多いのです。

覚えておこう!

- 妊娠20週以降、分娩後12週まで高血圧が見られる場合、または高血圧にタンパク尿を伴う場合をいいます
- 胎盤に十分な血液が届かなくなり、赤ちゃんの発育や母体のトラブルを招きます
- 腎臓病などの持病がある人、肥満ぎみの人、多胎妊娠の場合などは要注意

妊娠高血圧症候群になりやすいタイプ

濃い味やしょっぱいものが好きな人

塩分をたくさんとるということは、浸透圧の関係で、血管内の水分が少なくドロドロした状態になりがち。

もともと持病があり、家族が高血圧の人

両親が高血圧の場合、体質が似ていることがあります。これまでなんでもなくても、妊娠をきっかけに発症することも。

生活にストレスが多い人

ストレスが多いと血圧は上がります。仕事が忙しい、寝不足など、ストレスは少しでも解消を。

妊娠の経過によってなりやすい人

経産婦の場合、前回の妊娠で妊娠高血圧症候群になった場合は、かなり注意が必要です。

ている「水ぶくれ」の状態をさします。

妊娠中にむくみやすいのは、胎盤から分泌されるホルモンのせい。これらのホルモンの働きで体内に水分がとり込まれ、さらに妊娠後期になると、子宮が大きくなって血管を圧迫するので、下半身がむくみやすくなってきます。

　注意が必要なのは、一晩寝ても治らなかったり、手の甲や足のすねを押しても戻らなかったりする場合です。むくみ＝妊娠高血圧症候群、ではありませんが、発症の前ぶれの可能性がないとはいえません。妊娠後期の1週間に体重が500g以上ふえた場合も、病的なむくみの可能性があります。

　起床時や夕方に顔や手足がむくむような生理的なむくみならば、まずは塩分のとりすぎに注意。適度な運動で血液循環をよくすることも大切です。水分は必要以上に控えないでください。おしっこの量が少なくなって老廃物がうまく体外に排出できず、血液が濃くなり、赤ちゃんにスムーズに栄養分を運べなくなってしまいます。

妊娠高血圧症候群を防ぐポイント

1 ストレスをためない

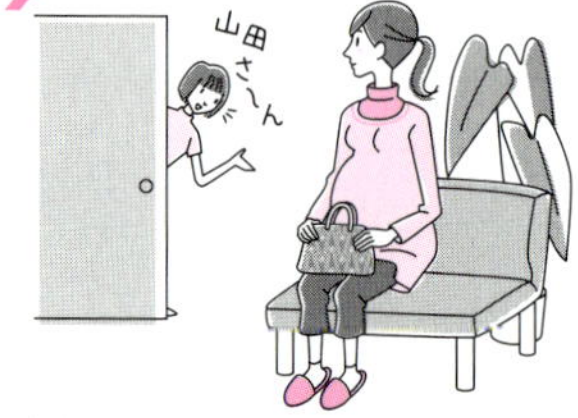

疲労やストレスが引きがねになることもあります。

2 体重管理

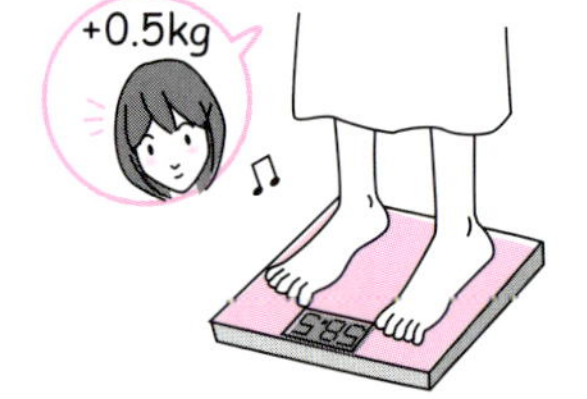

体重をできるだけふやさないこと。肥満は大敵です！　要注意。

3 定期健診を受ける

高血圧やタンパク尿は自覚しにくいので、定期健診にはきちんと行きましょう。

4 動物性脂肪に注意!

カロリーが高く、皮下脂肪になりやすいので、摂取は控えめに。太りすぎは難産にもなりやすくなります。

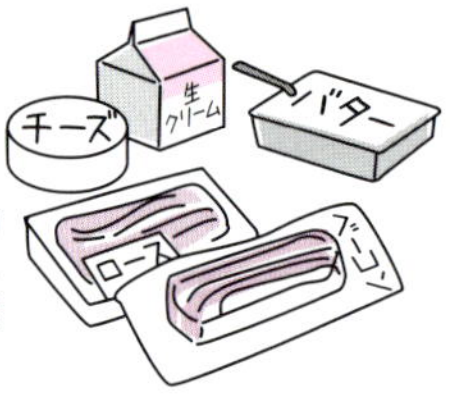

5 塩分を控えめに

減塩の調味料や、酢やスパイスなどで調味を。濃い味は、ごはんをたくさん食べる原因にも。

6 適度な運動

ハードな運動は、妊娠中には不向き。毎日少しずつ続けられるストレッチや散歩などでも十分です。

7 ビタミン、ミネラル、をとる

意外と、意識しないととれないのが、ビタミンとミネラル。野菜や海藻などを毎食とるようにして。

規則正しい食事と生活で予防しましょう

妊娠高血圧症候群は、いったんひどくなってしまうと、安静にしたところでなかなかよくならないことが多いもの。やはり予防が第一です。大切なのは、体重管理。太りすぎると血圧が高くなり、妊娠高血圧症候群の原因になるので、カロリーに注意してバランスよい食事をしましょう。

特に中期から後期にかけては、週に５００ｇ以上ふえるのは危険信号です。塩分をとりすぎないことも重要なポイント。インスタント食品や加工食品（かまぼこやウインナソーセージなど）、外食には、かなりの塩分が含まれており、避けたほうが無難です。料理のときは、しょうゆやみそは控えめに。

また、適度な運動は血液の循環をよくし、むくみ解消の効果もあります。規則正しい生活を心がけて、早寝早起きをし、体調が悪くないなら、家事などは今までどおりに行いましょう。１日最低30分は歩くようにすると、ストレス解消にもなります。

もっと知りたい妊娠高血圧症候群Q&A

Q 妊娠高血圧症候群は遺伝するのですか?

母がひどい妊娠中毒症(妊娠高血圧症候群)で難産だったそう。遺伝しますか?

A

赤ちゃんの発育に影響する、難産になる、といわれる妊娠高血圧症候群。その原因ははっきりしておらず、遺伝が関係しているという説もあります。たぶん、生活習慣や食生活が似てしまうからでしょう。今は症状が出ていなくても、予防を心がけるのはよいことです。水分制限ではなく、塩分制限をしっかり。

Q どんな治療を受けることになるの?

高血圧にタンパク尿で妊娠高血圧症候群との診断。今後どんな治療を受けるのか、入院するのか不安です。

A

「安静」と「食事」の2本柱が基本。軽症で入院するのは、体を休めるのが目的です。重症の場合は、腎臓や心臓の負担を軽くするため、出産まで入院して安静を守ります。血圧が高いときは、光が刺激となってケイレンを起こさないよう部屋を暗くします。降圧剤で血圧を下げることもあります。

Q 妊娠高血圧症候群だと下から産めないの?

高血圧がひどく、妊娠高血圧症候群と診断されました。心配なのはお産。経腟分娩はあきらめないとダメ?

A

軽症ならば経腟分娩が可能です。ただし重症の場合は、いきみによる血圧上昇を避けるために、無痛分娩にするケースも。重症では、早期に帝王切開するケースが多いでしょう。高血圧の影響で胎盤機能が落ち、胎児仮死や胎盤早期剥離になる可能性があるからです。

Q お産がすめば治るものですか?

食事の塩分制限をしています。かなり味けなくつらいのですが、お産がすめば元に戻ると考えてよいですか?

A

軽症なら、産後1カ月健診までには血圧が高い状態もタンパク尿も消えるのがふつうですが、重症だと産後も悩まされ、入院生活が延びる人も。一時的な症状で終わらず、慢性的な成人病に移行することもあります。完全に治るまで、医師の指示に従って食事療法や薬物療法を続けなければなりません。

Q 一度なると次の妊娠でもなる?

長男の出産では重症となり、入院もしました。もう1人産みたいのですが、次もまたなるのでしょうか?

A

産後に病状が回復しても、一度経験すると、次の妊娠でも再び発症する可能性は高くなります。特に重症だった場合は、その確率がよりアップ。だからこそ、重症になる前にくい止めることが大事なのです。後遺症が残ったまま妊娠すると、妊娠高血圧症候群の症状がよりひどく出ることもあります。

妊娠中でも、赤ちゃんが生まれてもいっしょに！ ペットとじょうずに暮らすには

家族同様にかわいがってきたペットですが、赤ちゃんが生まれるとなると、心配なことも。仲よくつきあっていくためにはいくつかの注意が必要です。

ペットは「動物」と認識しましょう

かわいいペットですが、人間にも感染する菌をもっていることがあります。ふんから感染する病気もあり、特に、妊婦さんが初めて感染すると、おなかの赤ちゃんに影響を与えることもある「トキソプラズマ症」が心配です。

とはいえ、いくつかの点に気をつければ、いっしょに暮らしていくことに問題はありません。基本的には、口うつしでエサを与えないこと、エサとして生肉を与えないこと、世話をしたあとはよく手を洗うこと、ふんはこまめに処理することなどがポイントです。

また、かかりつけの動物病院にも妊娠や出産を伝えて、いつでも相談できる関係をつくっておきましょう。

妊娠中のペットの飼い方ポイント

ペットをさわったら必ず手を洗う

ペットの体や飼っている水槽などには病原菌がいる可能性が。予防のためにも手洗いを。

口うつしでエサを与えない

ペットの口の中には病原菌がいるので、口うつしや口の周りをなめさせることはやめて。

ふんの処理は手袋を使ってこまめに

動物のふんは乾燥すると空気中に浮遊して、病気に感染する原因になります。手袋やマスクをして、こまめに処理しましょう。

ペットに生肉を与えない

トキソプラズマのオーシスト（卵のようなもの）は、生肉からもうつるので、与えないで。

妊娠中は生肉を食べない

牛・豚・鶏の生肉、レアステーキなどからもオーシストがうつることが。

人間もペットも抗体検査を受ける

トキソプラズマに初めて感染すると、おなかの赤ちゃんにも感染して流産・早産の原因などになります。抗体検査を受けておきましょう。

産後のポイント

赤ちゃんとペットだけにしない

特にトラブルが起こらなくても、口の周りなどをなめられたり、赤ちゃんの上にのられる可能性もあるので、目を離さないで。

掃除はこまめに

動物の毛には雑菌がついていますし、アレルギーの原因になることも。今まで以上にこまめに掃除するよう、心がけましょう。

覚えておこう！

- ペットは病原菌をもっているので接し方に注意します
- 口うつしや口の周りをなめさせることは厳禁です
- ペットにさわったら、必ず手を洗いましょう
- 生肉は、与えるのも自分が食べるのもやめて
- 産後は赤ちゃんとペットだけにしないように目配りを

ペット別対策

その他のペット

カメなど爬虫類&両生類
ミドリガメやトカゲなどの爬虫類やカエルなどの両生類は、サルモネラ菌をもっています。口から感染するので、さわったら必ずよく手を洗いましょう。

熱帯魚など魚類
金魚や熱帯魚などの魚類の世話では、水槽に手を入れたり、水をかえたりすることがあります。雑菌が多いので、その後は手を洗う習慣をつけましょう。

オウム・インコなど鳥類
インフルエンザのような症状が出る「オウム病」に感染する可能性があります。鳥かごをこまめに掃除し、口うつしでエサを与えないように注意して。

ネコ

性格

もともと個別に行動する動物なので、自分から積極的に赤ちゃんに近づくことはありません。ただし、精神的にナイーブなので、赤ちゃんの存在がストレスになって、食欲がなくなったりすることも。

ポイント

外に出すと感染症をもらってくる可能性があるので、室内飼いにしましょう。ネコが赤ちゃんの気配や声に慣れたら、赤ちゃんの服などをかがせたりして、少しずつ慣らしていきます。

イヌ

性格

赤ちゃんが生まれて、飼い主が赤ちゃんにばかり注目すると、イヌは飼い主の愛情が変化したと思ってしまいます。本来群れの中で生活しているので、家族に順位をつけ、赤ちゃんにライバル心をもつことも。

ポイント

赤ちゃんがいないときにイヌをかわいがると、イヌは「赤ちゃんがいなければ自分がやさしくしてもらえる」と思い、逆効果です。赤ちゃんがいるときにかわいがるようにすると、赤ちゃんに好意的に。

ペットから感染する可能性のある病気

下にあげた以外にも、さまざまな病気があります。同じ布団で寝たり、自分のお箸でペットに食べさせたりしないように注意しましょう。

パスツレラ病
パスツレラ菌は、イヌの75%、ネコのほぼ100%が口の中にもっている病原体です。かまれたり、ひっかかれたりして感染すると、赤くはれます。スキンシップのとりすぎは避けましょう。

バルトネラ症
主にバルトネラ菌に感染したネコにひっかかれたりすることで感染し、発熱や痛み、リンパ節のはれなどの症状が出ます。ノミが媒介するので、定期的に駆除して。

エキノコックス症
キタキツネやイヌなどに寄生する原虫です。感染した動物のふんに卵が排泄され、人間が感染すると、重い肝機能障害を起こします。北海道以外でも感染が確認されています。

もっと知りたい流産Q&A

Q アレルギーが心配ですが…

「イヌやネコを飼っていると赤ちゃんがアレルギーになるかも」と聞きました。何に注意したらいいですか?

A

イヌやネコの唾液がアレルゲンになるといわれています。必ずしもアレルギーになるとはいえませんが、こまめに掃除をしたり、空気清浄器を使うなどして、部屋を清潔に保ちましょう。

Q 里帰りのときの実家のイヌが心配

特に病気があるわけではありませんが、なめてくるので、どういえばよいか、困っています。

A

妊娠中は抵抗力が低下しているので、スキンシップがすぎると、パスツレラ菌に感染することも。重症化することもあるので、よくご両親と話をしましょう。

安定期に入ったら、積極的に体を動かして

マタニティスポーツを楽しもう

妊娠中期に入って医師の許可がおりたら、無理のない範囲で体を動かしましょう。マタニティスポーツは、お産に向けて体力をつけたり、ストレスを解消するのに役立ちます。

安定期は体を動かすチャンス

妊娠初期は、流産の可能性やつわりがあったりして、体が自由にならないことが多いもの。でも、妊娠16週を過ぎて胎盤が完成する時期になれば、もうひと安心。医師の許可が出たらマタニティスポーツにとり組んでみましょう。

妊娠中は、なるべく体を動かしておいたほうが、体重管理もスムーズです。ストレッチなどで関節や筋肉の柔軟性を高めておくと、お産のときにも無理なくポーズがとれるようになります。

気持ちのリフレッシュ効果も見のがせません。外に出て、新鮮な空気を吸うだけでも気分がスッキリしますが、体を動かすとさらに爽快。運動によって、夜もグッスリ眠ることができるでしょう。また、マタニティスイミングやヨガで、プールやスタジオに出かけると、妊婦さんの友だちがたくさんできます。仲間づくりのチャンスでもあります。

管理の行き届いた施設を選んで。無理はしないこと

マタニティスポーツは、日常的な健康管理をきちんとしたうえで始めるのが原則です。医師の許可をもらうのはもちろんのこと、おなかが張りやすかったり、腟炎の治療をしているなど、体調の悪いときはお休みしましょう。

マタニティスイミングでは、妊婦さんに負担のない水温や室温、水質など、管理の行き届いた施設を選ぶことが大切。コーチなどのスタッフが、妊婦さんの血圧測定をするなど、健康面でも注意しているかどうかが、施設を選ぶ一つのポイントになります。また、どこかに通ったりしなくても、ちょっとした工夫で運動はできます。

近所の公園でウォーキングをしたり、家の中でストレッチをしてもよいでしょう。産後はゆっくり自分のためのスポーツをする時間もとりにくくなるので、夫婦でたくさんおしゃべりしながらウォーキングも、心身ともにいいことです。

ただし、無理は禁物です。「きょうはここまでがんばる!」と目標をかためすぎるのは、かえってよくありません。体を動かしていて、途中でおなかが張ったり気分が悪くなったりしたら、すぐに中止して体を休めましょう。「気持ちいいな」というところがとても大切で、体を伸び伸びと動かしてください。そして、運動のあとは、ゆっくり体を休めることも忘れないでください。

覚えておこう!

- 胎盤が完成する妊娠16週以降くらいからは、積極的にマタニティスポーツにトライ
- 体重管理やリフレッシュの効果があり、友だちづくりにも最適
- おなかの張りなど体調の悪いときはお休みしましょう
- 管理やスタッフ態勢をチェックして施設を選んで。自分でウォーキングやストレッチも

マタニティスポーツ　いろいろ

マタニティ・ヨガ

人気の高い運動です。無理のないストレッチと、リラックス法を同時に指導してもらえるところが人気の秘密。特に、肩こりや腰痛などのトラブルに悩まされている人には、おすすめです。ヨガのポーズの中には、妊娠中は控えたほうがよいものもあるので、経験豊富な指導者に教えてもらうようにしましょう。

ウォーキング

特別な指導を受けなくても、気軽に始められるのがウォーキングの魅力。歩くことによって血行が促されるので、むくみや便秘の予防につながります。安定期に入って運動の許可が出たら、1日に30～40分くらいを目安に歩いてみましょう。最初はのんびりペースで始めて、慣れてきたら少し足早に。坂道や階段は避けて、緑の多い平らな道を選びましょう。

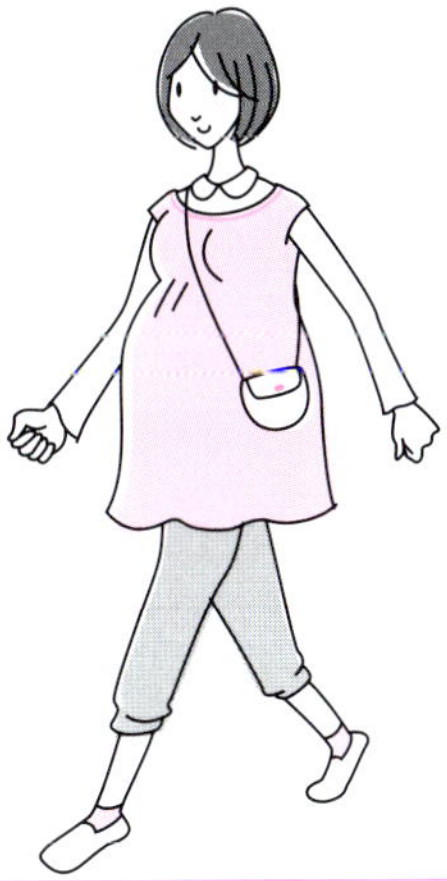

マタニティビクス

妊婦さんのために、特別に考案されたエアロビクス。リズミカルな音楽に合わせて全身を動かす運動なので、肩こりや腰痛をやわらげたり、筋肉が鍛えられることによって体力がつくなど、マタニティスイミングと同じような効果が得られます。最近では、スタジオを併設している産院もあります。

ストレッチ

おなかが大きくなっていくと、そり返るような姿勢になり、腰や背中に負担がかかります。腰痛予防のためにも、ストレッチをする習慣をつけましょう。特に股関節のストレッチをしておくと、お産のときに必要なポーズを無理なくとれます。おふろ上がりで血行がよくなっているときに、安産体操をして筋肉を伸ばしましょう。

避けたほうがいいスポーツ

球技

当然のことながら、ボールがおなかに当たることがとても心配です。球技は、観戦するだけにして。

ジョギング

走ると、着地するときに体重の何倍もの負荷が体にかかるもの。ウォーキングまでにしておきましょう。

バレエ・ダンス

ゆったりした動きのダンスならOKですが、ジャンプしたりつま先立ちになるような動きがあるダンスはNG。

エアロバイク・自転車

サドルにまたがること自体は、問題ありませんが、転倒することが心配。避けたほうが無難です。

マタニティフラダンス

ゆったりした動きと、南国の雰囲気で人気のフラダンスは、実はとても足腰を使います。ゆっくりな動きほど、筋肉を使うので、意外とハードかもしれません。でも、気分的にリラックスして行うマタニティフラダンスは、今とても人気です。

16～19週　5カ月

運動不足解消＆安産のためにも！

マタニティ・ヨガを楽しもう

おなかが大きくなるにつれて、動くのも大変になりますが、お産にはある程度の筋力が必要です。自宅でできるヨガにトライしてみましょう。

体の柔軟性を高め、リラックス効果も

深い呼吸とゆっくりとした動きによって心と体のバランスを整えるヨガは、妊娠中にぴったりです。意識して深い呼吸をすると、体がリラックスして気持ちが落ち着くので、お産のときにも役立つでしょう。ふだん使っていない筋肉を伸ばしたり、ゆるめたりすることで体が柔軟になり、腰痛や足のむくみなど妊娠中のマイナートラブルにも効果があります。

健診で特に問題がなかった場合は、安定期に入った妊娠13週目以降から始められます。ただし、おなかが張ったり、気分が悪かったり、疲れていたりするときは無理に行う必要はありません。自分の体と相談しながら、少しずつとり入れていきましょう。

まずはウォーミングアップ！

ポーズを始める前に、背骨をほぐしていきます。33個ある背骨の骨と骨の間を伸ばして、体を動きやすくしましょう。

おしりの下に敷くとラク

クッションや折りたたんだバスタオルを敷くと、骨盤が自然にまっすぐに！

1 あぐらをかく要領で床にすわり、両足の裏をつける。合わせた両足の親指を両手で下から支え、背筋を伸ばして呼吸を整える。

POINT おしりが浮かないよう、床に左右の坐骨をしっかりつけて。

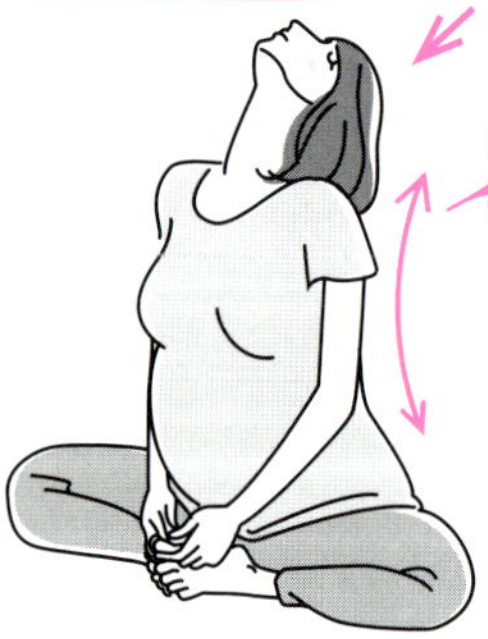

2 おなかを前に突き出すようにしながら、あごを上に上げ、背中をそらせる。息を吸いながら行って。

POINT 両わきを締めて、ひじを後ろに引くようにしておなかを前に。

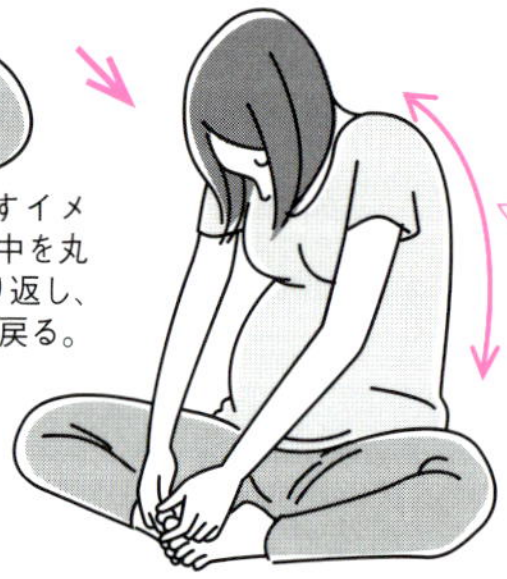

3 背骨の1つひとつを動かすイメージで、息を吐きながら背中を丸める。2と3をもう一度繰り返し、息を吸いながら1の姿勢に戻る。

POINT 首から腰までの背骨の間1つひとつを伸ばす気持ちで。

NG!

おなかをかばいすぎて骨盤が斜めに。腰痛の原因になるので×。

覚えておこう！

- 健診で問題がなければ、妊娠13週くらいからスタート
- 体調が不安な場合は、主治医に確認してからに
- 始めたあとも無理をせず、体調のよいときに行って
- 使用するグッズは家にあるもので代用を
- 呼吸を意識しながら行いましょう

マタニティ・ヨガの基本3カ条

1 始めるのは安定期以降に

つわりが終わって体調が安定する妊娠 13 週以降から始められます。ただし、体調に不安がある場合は、必ず主治医と相談してからに。

2 無理をしない

おなかが張る、おなかが痛いなどの症状があったり、疲れていたりする場合は、行わないのが原則です。自分の体調を最優先で。

3 ヨガマットなどは代用品でOK!

ヨガマットやクッションなどは、大きめのバスタオルや布などで代用できます。タオルケットなどをたたんで使っても。

腰痛予防に!
冷え・むくみ予防に!

らくだのポーズ

腰をそらせることで、妊婦さんに多い腰痛をやわらげます。アキレス腱を伸ばすので、足のむくみ予防にも効果が。

1 正座して、両手を腰のやや上に当て、呼吸を整える。

POINT
肩の力を抜いて肩と肩甲骨をおろす。

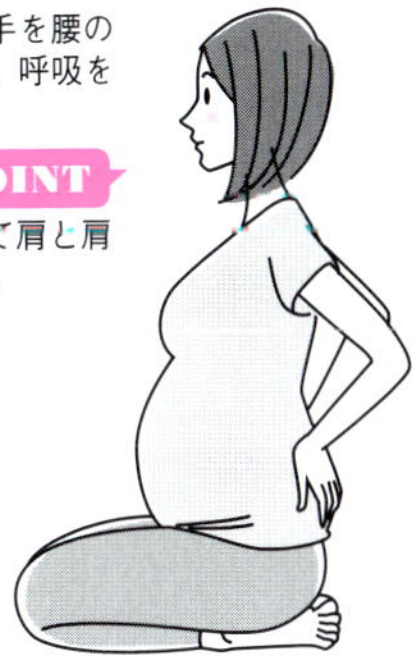

2 息を吸いながら、みぞおちを斜め上に向けるようにし、あごも上に向けて体をそらす。そのままの姿勢でラクな呼吸を数回繰り返してから、また息を吸いながら 1 の姿勢に戻る。

POINT
左右のひじを内側に引き寄せて肩甲骨を寄せながら、苦しくないところまで体をそらせて。

3 両手を腰に当てたまま、床に両ひざをつく。あごを引き、息を吐いておなかを見ながら、おなかを前に突き出すようにする。脚のつけ根やももの前側を伸ばすように意識しながら、体をそらす。

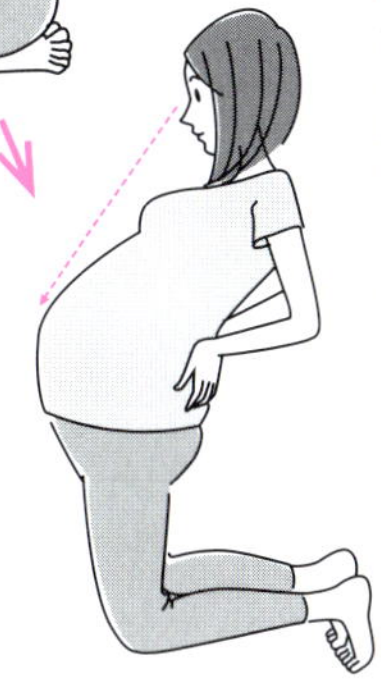

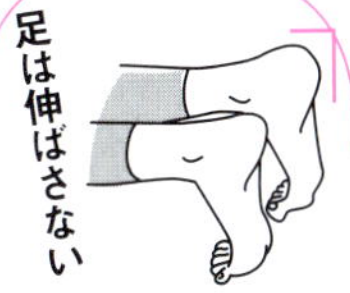

足首は 90 度に曲げて立て、アキレス腱を伸ばすこと。足の血行がよくなって、むくみ予防に！

分娩体位の練習に!
安産につながる!

骨盤を上げるポーズ

骨盤を持ち上げるポーズなので、お産のときに赤ちゃんが出てきやすい姿勢の練習に。骨盤底筋群を動かすことで、産道もきたえられます。

1 あおむけに寝て、肩幅より少し広めに脚を開き、ひざを立てる。つま先とひざは少し外側に向けて、腰と背中をしっかり床に着ける。

POINT
手のひらは床に向けて体を支えて。

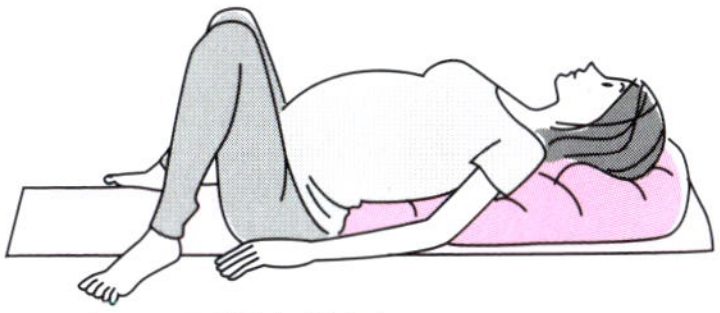

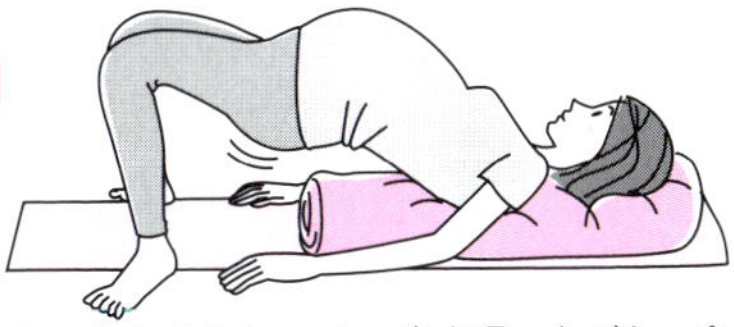

2 1 の姿勢から、息を吐きながらゆっくりとおしりを持ち上げる。目線はおなかに向けて、そのままの姿勢でラクな呼吸を数回繰り返す。息を吸いながら、ゆっくりとおしりを床におろす。腰と背中も床につけて 1 の姿勢に戻る。

手と足でマットを押すようにして、おしりを上げる。

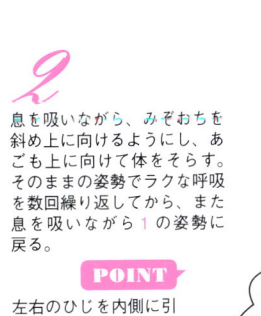

妊娠6カ月【中期】20—23週

この時期のポイント

23週には子宮底長が約21㎝にもなり、
下腹部はますます大きくなります。
おなかを突き出した姿勢になりがちで、
腰や背中が痛くなることも。
また、子宮に下半身の静脈が圧迫され、
足がむくんだり、こぶのような
静脈瘤ができることがあります。

妊娠ライフメモ

- 妊娠経過が順調な人は、マタニティスイミングなどのスポーツを始めるのもよいでしょう。また、この安定期に旅行を計画するのもOK。ただし、無理をしないこと。この基本を忘れずに楽しみましょう。
- 静脈瘤予防のため、下半身の血行をよくすることを心がけて。ぬるめのお湯にゆっくりつかる、足を高くして寝るなどは効果的。
- ホルモンの影響で、シミ・ソバカスができやすくなっています。強い日ざしは極力避けて、ＵＶケアは念入りに行いましょう。

母体の変化と特徴

血液量がふえたことに加え、大きくなった子宮が心臓や肺を圧迫するせいで、動悸や息切れなどが起こりやすくなります。乳腺が発達し、乳房も大きく。入浴中に乳首をしぼると、黄色っぽい乳汁が出ることもあります。

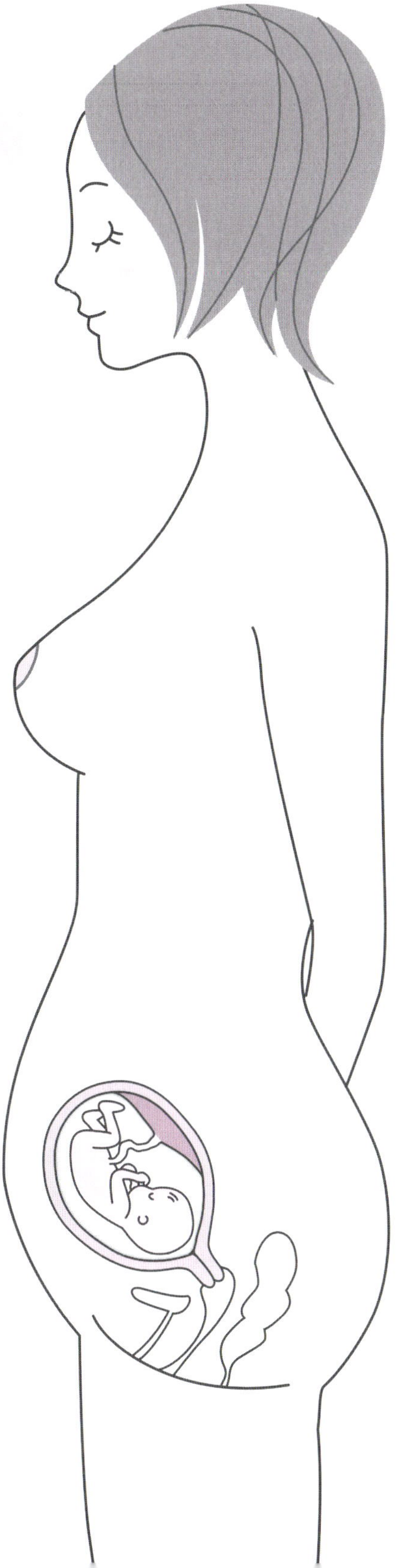

赤ちゃんの発育

皮膚はまだ透けていて暗赤色。だいぶ顔立ちがはっきりしてきました。皮下脂肪も少しずつふえてきますが、体はまだシワが多くてやせっぽち。脳細胞は数のうえではほぼ完成し、20週には耳が聞こえ始めるといわれます。

妊娠22週の胎児
身長　約30cm
体重　約500g

おなかの中に赤ちゃんがいる実感がわいてきます

胎動ってどんなもの？

妊娠6カ月になると、おなかの中で赤ちゃんが体を動かす「胎動」を、多くの人が感じとれるようになってきます。赤ちゃんの元気の証し、いっぱい感じましょう！

初めて気づくのは、18～20週ぐらい

超音波で見ると、すでに妊娠8週のころから、赤ちゃんが羊水の中で体を動かしていることがわかります。でも、このころは赤ちゃんがあまりにも小さく、その動きも弱いので、妊婦さんがその動きを感じることはありません。

妊婦さんが、おなかの中の赤ちゃんの動きを「胎動」として感じとれるのは、早い人で妊娠16週くらいから。18～20週になると大半の人が感じるようになり、遅くとも22週になればほとんどの人が胎動に気づきます。

胎動を感じ始める時期は、個人差が大きいものです。あまり神経質にならずに、胎動を感じる日を楽しみに待っていてください。

動き方は、しだいにダイナミックに

初めて感じる胎動は、「これが胎動なの？」と首をひねってしまうものかもしれません。腸が動いているようなグニュグニュとした感じだったり、魚がはねるようなビクンとした動きと感じられることもあります。

妊娠が進むにつれて、胎動はしだいに大きくはっきりした動きになります。

赤ちゃんの成長と胎動

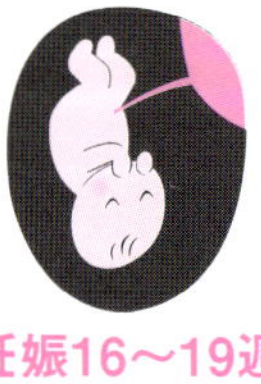

妊娠16～19週

身長は23～25cm。胎動は、まだかすかな動きなので、人によっては気づかないことも多いもの。

妊娠20～30週

身長は30cm以上に。グルンと回転したように感じるなど、ダイナミックな強い動きになります。

妊娠31～35週

身長は40cm以上に。頭の位置がしだいに定まってきて、足のあるあたりをボコッとけられることも。

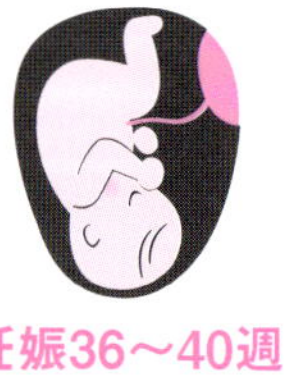

妊娠36～40週

身長は50cmくらい。赤ちゃんの頭が下がってきて固定されるので、胎動は小さな動きが中心に。

覚えておこう！

- 初めての胎動は、腸の中のガスが動く感じがします
- 動き方も成長します
- 静かにしている夜のほうがより胎動を感じます
- おなかに話しかける「胎教」を始めましょう
- 激しかった胎動が、急に動かなくなるのは心配なサイン。受診を

Q 動き方が変な感じ。苦しんでいるの？

ときどきしゃっくりをしているように、何度もビクンビクンとします。苦しんでいるのでは？

A

胎動には、実にさまざまな動きがあります。グニャグニャするのも、ビクンビクンとするのも、赤ちゃんが元気に体を動かしている証拠。苦しんでいるわけではなく、動くことで神経や筋肉を発達させているのです。

Q 胎動が急に激しくなったのですが

急に胎動が激しくなって、夜などはなかなか寝つけないことも。赤ちゃんに異常が起きたのでは？

A

胎動は、赤ちゃんが元気な証拠。どんなに激しく感じられる胎動でも、心配する必要はありません。妊娠週数によって、胎動の様子は刻々と変化していくものです。

Q 太ったせいか、胎動が弱くなりました

妊娠後期に入ってから急に体重がふえたのですが、そのせいか、胎動が弱くなったような気がします。

A

胎動はおなかの皮膚を通して伝わってくるので、太めの妊婦さんは胎動を弱めに感じる傾向にあるようです。しかし、胎動の様子は週数によって変化するもの。赤ちゃんが大きくなったので、動きが小さくなったのでしょう。

Q 予定日近くになって、胎動が少なくなりました

臨月に入ってから、胎動がだんだん少なくなりました。動かなくても、大丈夫ですか？

A

静かに横になって、胎動を観察してください。激しく動き回った翌日に、動きがピタッと止まった場合や1日じゅう胎動が感じられない場合はトラブルの可能性があります。急いで産院へ。

おなかにたくさん話しかけて「胎教」スタートしましょう！

赤ちゃんは、子宮の中でいろいろなことを感じとっています。胎児のころからお母さんやお父さんにたくさん話しかけてもらった赤ちゃんは、活発で心やさしい子に育つ、という先輩ママの声もあります。胎動を感じるようになったら、おなかの赤ちゃんに話しかけてあげましょう。ポイントは「少し大きめの声で、ゆっくりと、心を込めて話しかける」こと。話す内容は、なんでもかまいません。ママの目に映ったものや、感じたことを、思いつくまま話しかけてみましょう。早くから赤ちゃんを家族の一員として意識して、誕生を待ち望んでいる気持ちを伝えましょう。

妊娠や出産について勉強できるチャンス

両親学級に参加しよう

保健所や産院で開かれる両親学級。ここでは、妊娠や出産に必要な知識を、専門家が教えてくれます。積極的に参加しましょう。

通っている産院や自治体で開催が

初めての妊娠・出産には、不安がつきもの。特に核家族で、身近にお産の経験者がいないときは、的確なアドバイスが受けられないことも多いでしょう。自分の母親に聞いても、お母さんの時代とはお産のしかたや、赤ちゃんの育て方もずいぶん変わってきています。

妊娠や出産についての正しい知識や、赤ちゃんの世話のしかたを勉強するのが、両親学級。初めて妊娠した人や、数年ぶりの妊娠で前のことを忘れてしまった人は、ぜひ参加しましょう。

両親学級は、通っている産院で開催されているものか、もしくは市区町村の保健所や健康センターなどで開講されているものを受講します。自治体が主催するものは、妊婦さん本人にお知らせが届くこともあれば、広報紙を見て自主的に参加するものも。くわしくは、自治体の窓口に問い合わせてみてください。

妊娠中期のうちに受講しましょう

妊娠後期になると、おなかが張りやすくなるなど、実習に参加するのがつらくなる場合もあります。できるだけ妊娠中期のうちに参加したほうがよいでしょう。ただ、働いている妊婦さんは、産休に入るまでは両親学級を受講する時間がつくれないかもしれません。その場合は産休に入ってからでもかまいませんから、1回でも2回でも参加しましょう。

両親学級では、当日参加した妊婦さんが交流できる時間も設けられています。この機会に、同じ産院で出産する妊婦さんや、同じ地域の妊婦さんと友だちになっておくと、心強い味方になってくれることもあります。

実習には積極的に参加して

両親学級では、産婦人科の医師、助産師、保健師、栄養士などが、それぞれの

覚えておこう!

- 自治体や産院で開催されています。日程をよく調べて
- 働く妊婦さんは、産休に入ってからの参加でも遅くありません
- 夫も参加して、妻の体のこと、赤ちゃんのことを知りましょう
- 立ち会い出産のために必ず出席という産院もあります

分野を担当して、実際に役立つ知識を講義してくれます。テーマごとに何回かに分けて開かれますが、なるべく全回出席するようにしましょう。質問の時間もありますから、不安に思っていても妊婦健診では時間がなくて聞けないことを質問してみましょう。専門家のアドバイスを受けられるチャンスです。妊婦体操やお産のときの補助動作、赤ちゃんのお世話のしかたなど、話を聞くよりも実際に体や手を動かしたほうが理解が早いものは、「実習」形式がとられることもあります。実習のある日は、トレーニングウエアなど体を動かしやすい服で参加し、恥ずかしいと思わず、積極的に体験してみましょう。

父親のための体験講習も充実

　両親学級は、妊婦さんだけが参加するものではありません。パパになるための勉強のために、夫といっしょに参加することにも意味があります。実際に、出産に立ち会うときにお産の流れを理解しておくために、立ち会い予定の夫は必ず参加して、という産院もあります。また、出産には立ち会わなくても、妊婦の体の変化や出産のメカニズム、赤ちゃんの世話のしかたなどを、勉強しましょう。平日の夜や土曜日などに開催されることも多いので、気軽に参加できます。男性にとっては、妊娠・出産についての知識を得る数少ない機会ですから、積極的に参加してください。

　妊婦の夫の体験として貴重なのが、「妊婦ジャケット」を着てみる講習会。実際の妊娠後期の妊婦さんのおなかと同じ大きさ、同じ重さのジャケットを装着します。妻がいかに毎日体力的にも大変か、実感してみるいいチャンスでもあるし、「これが赤ちゃんの重みだ」と感じることも、いい体験です。

両親学級のプログラム

地域の保健センターでの実施例

第1回	『妊娠中の生活』	妊娠中の過ごし方について、助産師や保健師から話があるほか、当日集まった妊婦さん同士の交流も。
第2回	『妊娠中の歯と栄養について』	歯科医師または歯科衛生士から、妊娠中の歯の知識に関する話と、栄養士からの話を聞きます。
第3回	『妊婦体操』(実技)『出産と産後について』	助産師指導による、安産のための体操指導と、お産・産後の過ごし方などの話を聞きます。お産のビデオなどを見ることも。
第4回	『立ち会い出産「産後の育児」』	両親学級として、カップルで参加。赤ちゃん人形を使っての沐浴実習や、お産のときの呼吸法の練習などがある場合も。

両親学級のプログラム内容、1回当たりの時間、回数などは、開催している施設によって異なります。詳細は問い合わせを。

20～23週　6カ月

妻は先にママになってしまう！　追いついて!!

パパになるために、今できること

体の変化がない分、パパになる自覚がなかなか追いつかないのが男性。知識だけでもしっかり予習して、妻のサポート役としてもがんばりましょう！

覚えておこう！

- 自分のことは自分でできる大人の男になりましょう
- 妻の体と心について知っておきましょう
- 出産に立ち会うだけが、いいパパの資格ではありません
- 妻とたくさん話をして、赤ちゃんが生まれることを楽しみにしましょう

ママになるよりも、体の実感がないのがパパ

妊娠がわかったときから、体の変化が始まる女性と違い、パパになる男性のほうは、全く変化がありません。つわりもないし、おなかが重くなるわけでもなく、疲れやすくなるわけでもない、ましてや胎動を直接感じることもないのですから、まだ目で見ることができない赤ちゃんのことを考えることは、なかなかむずかしいことのようです。

それでも、あと数カ月したら赤ちゃんが生まれて、新しい生活が始まるわけですから、ある日突然、育児生活が始まるのではなく、妻の妊娠中から気持ちを切りかえていくことはとても大切です。

女性のほうが、赤ちゃんの存在を体で感じている分、親になる準備を先に進めているといえますが、それでも実際の育児がスタートするのは、赤ちゃんが生まれてから。ふたりとも不安がいっぱいであることには変わりないのです。

赤ちゃんがここにいること、わかってもらうことから

まずは、妻のおなかに赤ちゃんがいることを実感してみましょう。妊娠後期になれば、おなかをさわることで胎動を手のひらから感じることもできるでしょう。ふだんの生活の中で、おなかが大きいことで不便になることを想像して、妻が今できないことをしてあげることもいいことです。

このとき、とても大事なことは、話すことです。妻は、自分の体がどんな感じなのか、どんな気持ちで日々過ごしているのか話して、理解してもらいましょう。

「夫婦なんだから、言わなくてもわかる」というのは、もっと何十年も時間を重ねてきた夫婦のこと。とにかく話をすることで、お互いに何をどう助けたらいいのかがわかり、そのことが育児をするうえでも、大事なベースになっていくのです。

パパになる!ためのチェックポイント

妻の体と心を知っておこう

妊娠中から産後の女性は、心も体もめまぐるしく変わっていきます。この本を熟読することもおすすめですが、やっぱり妻自身に、今どんな感じがしているのか、話してもらうことがいちばん。産後うつを予防するためにも、とても大事なことです。

妊娠中の妻について知っておくこと

- □ つわりのときは、料理するのもつらい
- □ おなかが大きいと腰痛になる
- □ 妊娠中はだるいことがよくある
- □ 妊娠中は暑がりになる
- □ 甘いものを食べすぎてはいけない
- □ タバコは自分も厳禁
- □ 赤ちゃんの出産予定日を覚えておく
- □ 妊娠中～産後は精神的に不安定なものだ

自分のことは自分でできる生活上の大人になろう

仕事をしてお金を稼いでくるだけが、大人ではありません。最低限の衣食住に関する自分のことを自分でできてこそ。赤ちゃんのお世話の前に、自分のことができるようになっておきましょう。下記の「できるようになりたいこと」に、1つひとつチャレンジして。

できるようになりたいこと

- □ 自宅のどこに何があるか、知っている
- □ ゴミの分別と、収集曜日を知っている
- □ 簡単な夕食くらい作れる
- □ 家計管理を妻まかせにしない
- □ 近所の人とあいさつができる
- □ ふだんの買い物の店を把握している
- □ 食品と生活用品の値段の相場を知っている
- □ 洗濯ものを干してとりこめる

立ち会い出産は「立っている」だけじゃない

「立ち会い出産」は、その場にいるだけでは意味がありません。出産の主役である妻を心身ともにサポートするのが、大きな役割。血を見るのがこわいなど、立ち会うことが恐怖だったなら無理はしないで、産後の育児をがんばる決意をかためるだけでも、十分です。

立ち会い出産の心得

- □ 水分補給をこまめにしてあげる
- □ とにかく腰をさすってあげる
- □ 汗をタオルでふいてあげる
- □ わがままを言っても怒らない
- □ 血が苦手なら、無理をしない
- □ ビデオや写真を撮るだけに夢中にならない
- □ 励ましの言葉をかけてあげる
- □ 立ち会いに間に合わなくても、産後の育児をがんばればOK!

赤ちゃんとの生活をいっしょにシミュレーションする

できれば、出産前に妻といっしょに、赤ちゃんがいる友だちの家を訪ねて、実際の赤ちゃんにふれる機会をもてるといいですね。赤ちゃんは大人の小さいバージョンというわけではありません。知識だけでももっておけば、とまどいは少ないでしょう。

赤ちゃんとの生活で知っておくこと

- □ 赤ちゃんはよく泣く
- □ 赤ちゃんは抱っこしないと寝つかない
- □ 授乳は2～3時間おき
- □ おむつ替えは1日10回以上
- □ 低月齢のころのうんちはゆるいものだ
- □ 赤ちゃんは汗っかき
- □ 夜は何度も起きることになる
- □ 家庭では禁煙

妊娠中のセックス

清潔を保って、無理のない体位で行いましょう

妊娠中は、体調がよくて医師から注意を受けていないのなら、セックスをしても大丈夫。夫婦のコミュニケーションを大事にした思いやりのあるセックスを。

妊娠中でもコンドームは必需品

妊娠の経過が順調に進んでいるようなら、基本的にはいつセックスをしても大丈夫です。

しかし、妊娠中は性欲が減退してしまう人も多いもの。セックスをしたくないときには、自分の気持ちをすなおに伝えて、夫に協力してもらいましょう。

切迫流産・早産や妊娠高血圧症候群で安静の必要があるときや、前置胎盤、性感染症などのトラブルのある人、前回が早産になった人、おなかが張りやすい人は、医師から許可がおりないかぎりセックスはできません。無理は禁物だということを、夫に説明してください。

妊娠中のセックスは、母体のコンディションが最優先。体調のよい日を選びましょう。抵抗力が弱っているので、感染症などにかかりやすくなっています。セックスの前には必ず入浴して、手やつめをきれいに洗うなど、これまで以上に清潔を心がけてください。

実は、この感染症が、流産・早産の引きがねになります（Ｐ１３２参照）。妊娠中は不要と思いがちなコンドームですが、感染症を予防するうえでコンドームをつけたほうが安心です。

妊娠中は性器全体が充血して、とても傷つきやすくなっています。ゆっくり、浅く、疲れないセックスを心がけて。また、乳房や乳首に強い刺激を与えると、子宮の収縮が促されます。もし、途中でおなかが張ったり、出血したり、痛みなどの異常を感じたら、すぐに中断を。しばらく横になって様子を見守り、症状がおさまれば大丈夫です。

妊娠中のセックス頻度

妊娠中どのくらいの頻度でセックスしていましたか?

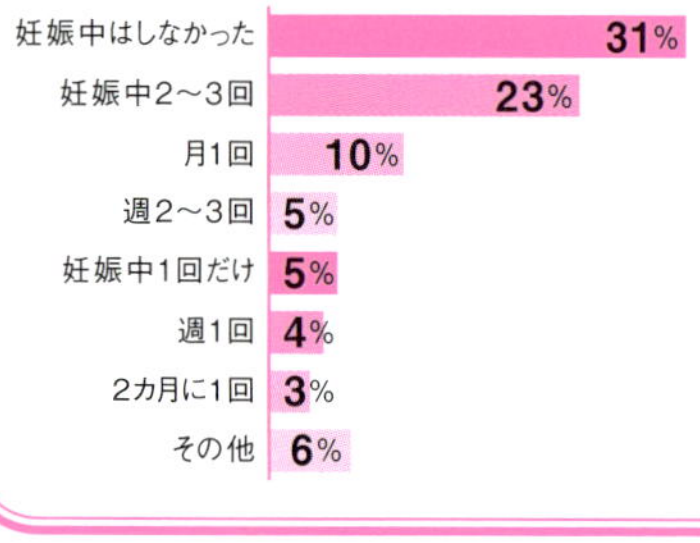

妊娠中のセックス回数は減りましたか?

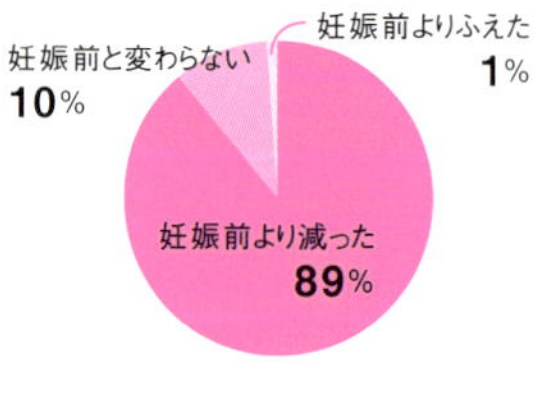

覚えておこう!

- 体調のよい日を選び、清潔を心がけて
- 切迫流産・早産やトラブルがある場合などはできません
- 感染症が流産・早産を招くので、コンドームは必須
- 妊婦さんが負担を感じない体位を選びましょう
- おなかが張ったり、出血があったりしたら、すぐに中断して

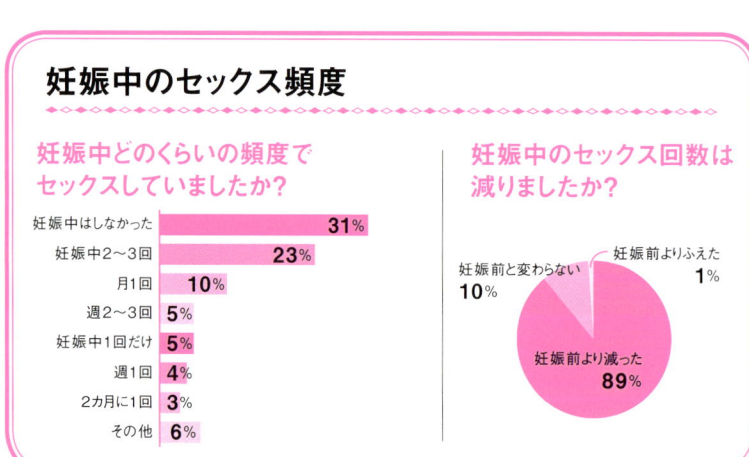

妊娠中のセックスの体位○と×

× **後背位**

挿入が深くなりすぎます。

○ **座位**

挿入が浅くなるので、おすすめ。

○ **前側位**
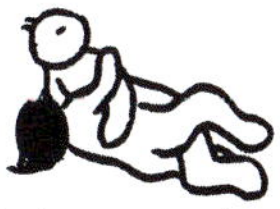
腹部が重ならないのでおなかがラク。

× **屈曲位**

脚を上げるとおなかへの負担が大。

○ **正常位**

夫は妻に体重をかけないように。

○ **後側位**
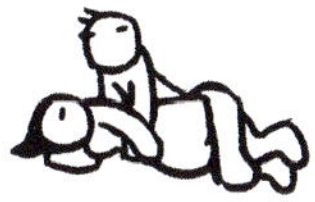
横向きに寝ていられるので、ラク。

Q 妊娠中に避けたほうがよい体位とは？

妊娠中のセックスで、避けたほうがよい体位と、してもよい体位を具体的に教えてください。

A

妻の負担が軽く、ラクな姿勢をとれるものを選びましょう。横向きに寝る「前側位」「後側位」がおすすめ。挿入が深くなる「後背位」や「屈曲位」は避けましょう。

Q 精液には、子宮を収縮させる物質が？

精液には、子宮を収縮させる物質が入っていると聞いたのですが、本当なのでしょうか。

A

たしかに、精液の中にはプロスタグランディンという子宮の収縮を促すホルモンが入っています。しかし、微量ですし、妊娠中は子宮口がしっかり閉じているので、あまり心配しすぎないように。

Q 妊娠中に性欲が高まるのは、異常ですか？

妊婦友だちには性欲がなくなる人が多いけれど、私は逆に高まってしまって。これって異常なことですか。

A

女性ホルモンの分泌は出産に向けてどんどんふえていくので、人により性欲が高まっても不思議ではありません。性欲がなくなる人、高まる人と、個人差があるものです。

Q オーガズムを感じても大丈夫？

オーガズムを感じたときに、赤ちゃんがよく動くように思います。ひょっとして苦しいの？

A

妊婦さんがオーガズムを感じたからといって、赤ちゃんが苦しむようなことはありません。ただ、オーガズムを感じると子宮の収縮が促されます。何度もオーガズムを感じるようなセックスは、産後までおあずけに。

妊娠7カ月

【中期】

24―27週

この時期のポイント

妊娠22週以降37週未満のお産を
「早産」といいます。
7カ月にもなると、万が一、生まれても、適切な処置で
赤ちゃんが育つ可能性はあるものの、
適応力は未熟。体調がよいからといって、
くれぐれも無理はしないように!

妊娠ライフメモ

- ●妊娠線ができるのは、急激な体重増加や皮膚の乾燥が原因です。一度できると完全には消えないので、太りすぎない、保湿するなどの予防を。
- ●体調がよければ、妊娠中期は安心してセックスを楽しめる時期です。ただし、大きなおなかをいたわりながら、途中でおなかが張ったら中断して様子を見てください。
- ●赤ちゃんの聴覚が完成します。ゆっくり、はっきり、たくさん話しかけてあげて。

母体の変化と特徴

おなかは前や上腹部までせり出します。背中や腰の痛み、太ももや外陰部などの静脈瘤、またひどい便秘が原因で痔に悩まされる人も少なくありません。子宮の筋肉が刺激に敏感になっており、おなかが張りやすくなります。

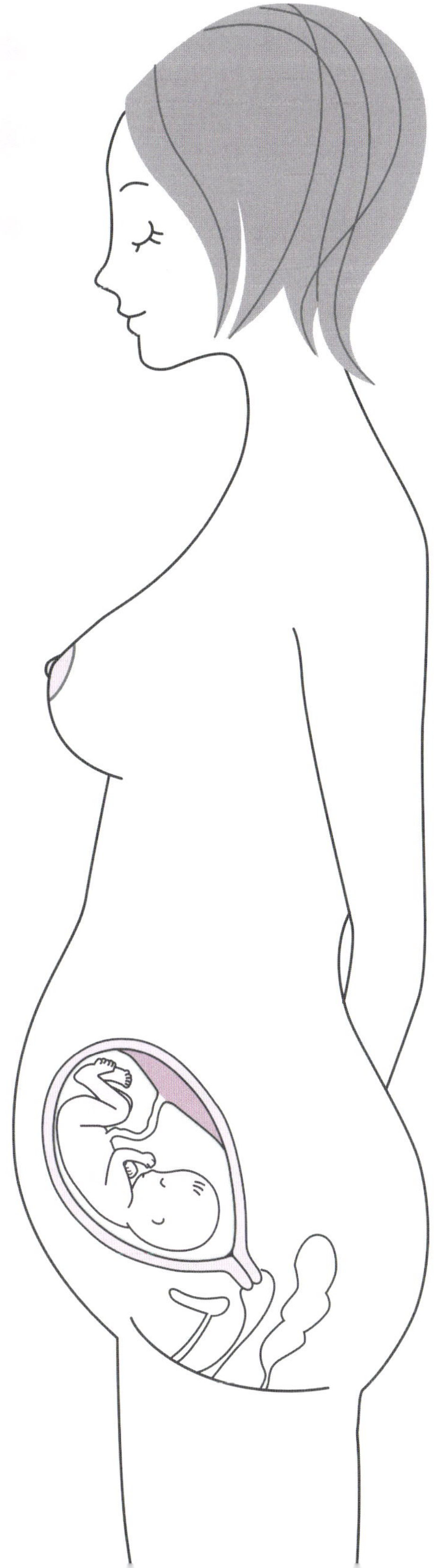

赤ちゃんの発育

まぶたができ、鼻の穴も開通。25週には聴力が完成するので、ママの心音のほか、ママの声も聞こえています。大脳皮質も発達し、自分の意思で体を伸ばしたりちぢめたり、手足を握ったりと、こまかい動きもじょうずに。

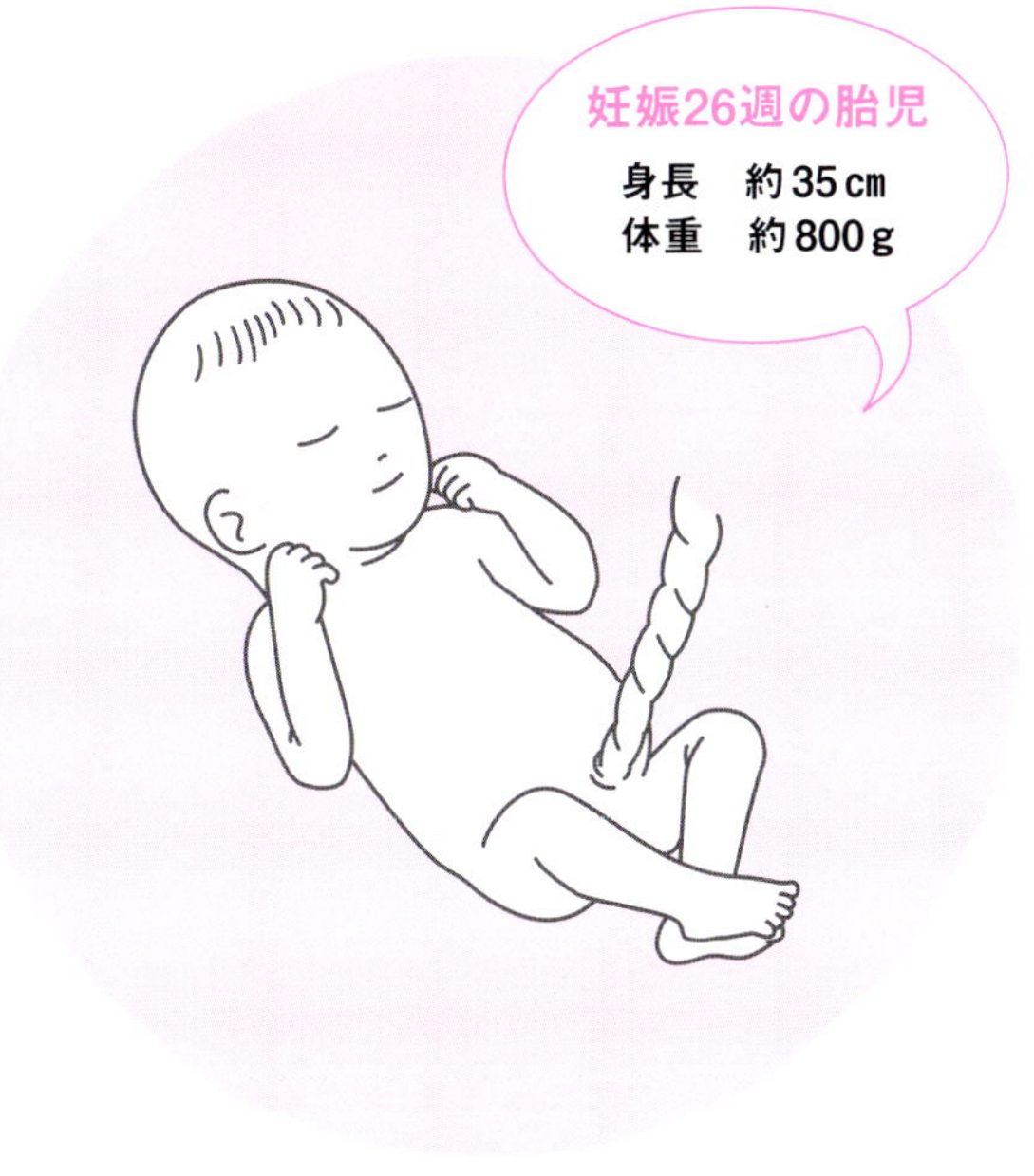

早期発見・早期治療が赤ちゃんを守ります

早産を予防しましょう

呼吸や体温調節など、赤ちゃんの体の機能は、妊娠37週で整います。それまではおなかの中で育てられるよう、早産予防について知っておきましょう。

赤ちゃんは臨月まで子宮で育てることが大切

早産とは、赤ちゃんの体の機能が整う前の妊娠22週以降37週未満の間に生まれること。早く生まれれば生まれるほど、脳や心肺機能に障害が出る確率が高くなるので、少しでも長く子宮の中で育てることが大切です。

早産の主な原因は、感染症です。妊娠すると母体の免疫力が低下し、かぜなどにかかりやすくなります。腟や子宮頸管内部も、悪玉菌が増加してアルカリ性に変わり、細菌やカビが発生しやすい状態になって性感染症にもかかりやすくなります。腟内に炎症が起こっても自覚症状がないため、子宮口が開いたり、卵膜や子宮内部にまで進んで、破水したりして早産につながってしまうのです。

早産になる仕組み

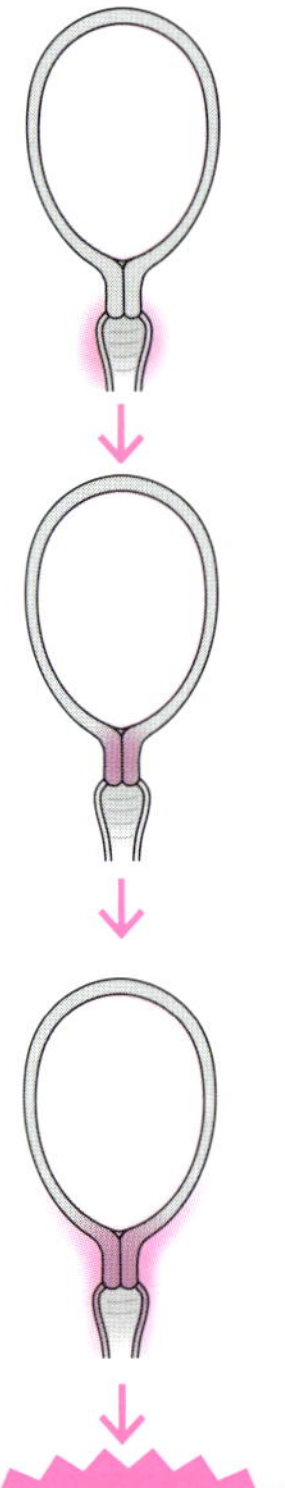

腟《ちつ》炎《えん》

腟には自浄作用がありますが、妊娠で免疫機能が変化し、細菌やカビなどが発生しやすくなって炎症が起こります。におい、かゆみ、おりものがふえるなどの症状が出ます。

↓

子宮頸管炎《しきゅうけいかんえん》

腟炎の細菌が上に進んで子宮頸管にまで及ぶと、そこでも悪玉菌が増加してしまい、子宮頸管の粘膜が炎症を起こします。おりものの量や色が変わる症状があります。

↓

ここまでにくい止めたい!

絨毛膜羊膜炎《じゅうもうまくようまくえん》

子宮頸管炎のうちに治療をしないと、子宮内部にまで細菌が入り込みます。赤ちゃんを包んでいる卵膜まで感染してしまいますが、妊婦さんにはあまり自覚症状がありません。

↓

前期《ぜんき》破水《はすい》

正常な子宮

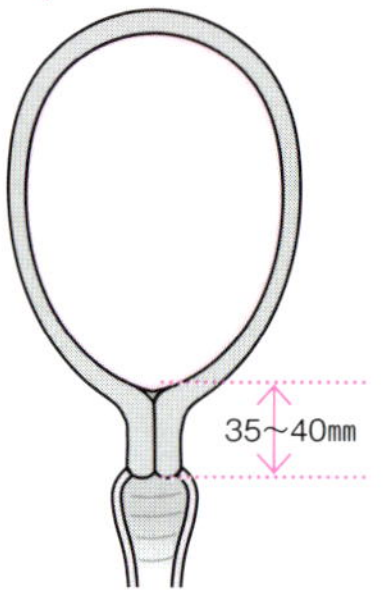

子宮口がしっかり閉じている

内子宮口、外子宮口とも、お産が近くなるまではしっかり閉じられているのが正常です。

子宮頸管の長さが35～40㎜

内子宮口と外子宮口の間の細い部分を子宮頸管といい、子宮口が開いてくると短くなっていきます。

酸性に保たれた子宮頸管

妊娠すると乳酸菌の働きにより、pH4.0～5.0の酸性に保たれますが、悪玉菌がふえるとアルカリ性に。

覚えておこう!

- 赤ちゃんの体の機能が整うのは妊娠37週以降
- 妊娠すると免疫力が低下し、感染症にかかりやすくなります
- 性感染症にかかっても、自覚症状はほとんどありません
- 健診できちんとチェックを受けましょう
- 妊婦さん自身も自分の体の変化に気を配りましょう

健診では子宮頸管の状態をチェックします

腟炎や子宮頸管炎のうちに発見しないと、早産をくい止めるのはとても大変です。健診では、早産の早期発見、早期治療のため、子宮頸管の状態や腟内の分泌物をチェックしています。

子宮頸管は一般的に40㎜前後の長さがあり、子宮口が開くにつれて短くなるので、内診と超音波検査で診断します。25㎜より短くなると早産の危険性が高いと判断できます。

また、「腟内細菌培養検査」や「エラスターゼ検査」などの腟内分泌物の検査を行って、感染症にかかっているかどうかを確認します。

妊婦さん自身はこんなことに気をつけて

1 きちんと健診を受ける

早産予防のためには、まず健診を受けることが大切です。内診では子宮口のかたさや締まりぐあいを、超音波検査では子宮頸管の長さや胎盤、赤ちゃんの位置などをチェックします。腟分泌物の検査で、細菌やカビの有無を調べることも。

2 感染症を予防する

前期破水や切迫早産を起こす感染症にかからないよう、悪玉菌を防ぐこともポイントです。手洗いやうがいをはじめ、バランスのよい食事や疲れすぎないようにするなどの対策をし、抵抗力を落とさないようにしましょう。

たとえば…

- 手洗いやうがいをする
- 体を冷やさない
- 無理をしない
- バランスのよい食事をとる
- 適度な運動をする

3 体の変化に気を配る

妊娠は病気ではありませんが、今までと同じでもありません。経過が順調でも、過信は禁物。おなかの張りやおりものの変化などは、異変を知らせるサインです。少しでも「おかしい」と思ったら、すぐに医師に相談しましょう。

健診ではここをチェックします

Check 1

子宮頸管が25㎜より短くなっていないか

妊娠16～25週くらいまでに、子宮頸管の長さを調べます。内診で外子宮口、経腟超音波検査で内子宮口の開きぐあいが確認できます。

もし短くなっていたら

万一短くなっていた場合は、早産になるのを防ぐため、「子宮頸管縫縮術」という子宮頸管をしばる手術をすることもあります。

Check 2

腟内の分泌物は正常か

「腟内細菌培養検査」では腟内部の善玉菌と悪玉菌の割合を、腟内のpH検査では酸性かアルカリ性かを調べます。腟内のおりもの検査も。

もし異常が見つかったら

子宮頸管が短く、分泌物にも異常があった場合は、子宮頸管縫縮術は行えません。腟を消毒液や食塩水などで洗浄する治療を行います。

たとえば…

- おりものの変化
- おなかの張りぐあい
- 腰痛
- 疲れすぎていないか
- 強いストレスがないか
- 体が冷えていないか
- 食べすぎていないか

無理をせず、疲れをためない生活がいちばんの対策に

切迫早産と早産

妊娠22週以降37週未満の間に、赤ちゃんが生まれそうになるのが「切迫早産」。元気に育てるためには、1日でも長くおなかの中で過ごしてもらいたいものです。

切迫早産《せっぱくそうざん》

母体側に原因があることも多いので、日常生活の見直しが必要。

危険信号を見のがさないで

流産は赤ちゃん側に原因のあることが多いのですが、早産は母体側の原因によって起こることが多いのが特徴です。

出血やおなかの張り、下腹部や腰の痛み、おりものの増加など、体のサインに早めに気づけば、早産になるのを防げるケースも多いのです。そのためには、危険信号をよく知っておくことが大切です。

注意したいサインは「おなかの張り」「おなかの痛み」「出血」「破水」の4つ。

妊娠後期になると、刺激や疲れから、おなかが張ることがありますが、しばらく休んでいるうちにおさまるようなら心配ありません。しかし、張りが長引く場合や、しだいに強くなって規則的に張るような場合は要注意。急いで産院に連絡してください。

おなかの痛みのほか、下腹部や背中、腰の痛みなども、危険なサインである可能性が高いもの。規則的な下腹部痛や腰痛は、お産が始まりかけていることも。また、激しい痛みは、何か異常が起きている場合もあるので、すぐに受診を。

突然の大量出血や鮮血の場合は、早産のほかにも常位胎盤早期剥離《じょういたいばんそうきはくり》や前置胎《ぜんちたい》盤《ばん》など、重大な症状が考えられるので、すぐに受診してください。茶褐色の出血のときも、早産ではなくてもポリープやびらんなどの可能性があります。念のた

覚えておこう!

- 早産とは妊娠22週以降37週未満に赤ちゃんが生まれること
- 多くは母体側に原因が
- おなかの張り、おなかの痛み、出血、破水の4つがサイン
- 切迫早産は早産しかかった状態。安静にし、場合によっては入院することも
- 生まれた赤ちゃんは保育器や人工呼吸器などでサポート

早産にならない生活ポイント

体を冷やさない

体を冷やすと、子宮の収縮が引き起こされてしまうことも。冷房のきいた部屋では、冷え対策を忘れずに。立ち仕事などでは、ソックスやスリッパを履く習慣をつけましょう。冷え性の人は、常に厚手のソックスやひざ掛けを用意して、下半身が冷えないように工夫が必要です。

感染症を起こさない

不潔なセックスは感染症の原因になります。感染症を予防するために、必ずコンドームを使用するようにしましょう。そのほか、自分の体調と相談して、疲れているときなどには控えて。安静を指示されているときは、セックスは禁止です。また、激しいセックスは避けましょう。

動きすぎない

妊娠中は、自分で思っているよりも体に負担がかかっています。赤ちゃんが生まれる前にと、ついあれもこれもと欲ばりに行動しがちですが、この時期は、おなかが張るような行動は慎んで。安静を指示されているときは、ウォーキングなどの運動もお休みします。

ストレスをためない

仕事をもつ女性がふえているので、最近はそのストレスによる早産や切迫早産がふえているといわれます。妊娠中は、これまでのように働くのは無理。がんばりすぎず、周囲に甘えてもいいのでは。心のゆとりをもって、おなかの赤ちゃんを最優先に考えましょう。

めに受診したほうがよいでしょう。

破水は、そのまま早産につながりやすいもの。それまでに切迫早産の兆候がなくても、突然破水してしまうこともあります。すぐに産院へ。破水かどうか疑わしいときも、産院に連絡してください。

張り止めの薬や安静生活で治療

切迫早産と診断された場合のいちばんの治療法は、安静生活です。お母さんの子宮という最高の保育器の中に、1日でも長くいられるようにしてあげることが、赤ちゃんの成長のために重要です。安静には、自宅安静と入院安静があり、その度合いは症状によって異なります。張り止めの薬を使用する場合もあります。ただし、妊娠35週以降の場合は、赤ちゃんが子宮の外に出て生活できる準備が整っているので、そのままお産を進めることもあります。切迫早産は早産になりかけている状態ですが、早めに気づいて対策をとれば、妊娠37週以降の「正期産」の時期までもちこたえることができます。体のサインを見のがさないように注意しましょう。

安静生活を乗り切ろう

安静の目安を医師に確認して

「安静生活」を言い渡されたときに迷うのは、いったいどのくらい動いてもいいのか、ということ。実は、ひと口に安静生活といっても、症状によって動いてもよい目安はだいぶ違うのです。

まず、大きく分かれるのが、自宅安静と入院安静。同じ自宅安静でも、ある程度は動いても大丈夫な場合と、食事、トイレなどの必要最小限のものに抑える制限の厳しいものがあります。

入院安静でも、条件つきで歩行を許可されるものから、ほとんど1日じゅうベッドに寝たままという「絶対安静」で、段階がいくつかに分かれています。自分にどの程度の安静が必要なのか、医師によく確認しておきましょう。

症状が落ち着けばふつうの生活に

仕事をもっている人は、医師から安静を指示されたら、診断書をもらって休職しましょう。これは法律で認められていることです。仕事にはかわりの人がいますが、おなかの赤ちゃんを守れるのはママだけだということを忘れずに。

どうしても自宅安静がむずかしいときは、医師に相談してみましょう。入院すると安静の目安もわかるので、場合によっては、短期間の入院安静をすすめられることもあるでしょう。

安静生活で、切迫早産の症状が落ち着いたあとは、基本的にふつうの生活に戻しても大丈夫です。ただし、激しい運動や旅行などは避けて、少しずつ体を慣らしていきましょう。くれぐれも無理のないように生活してください。

安静生活の度合い

自宅安静

安静度アップ

入院安静

ある程度動いてもOKだが、疲れる前に横になる

いわゆる「自宅安静」は、寝て過ごすのではなく、「静かに過ごす」という意味。家事もOKですが、疲れる前にこまめに横になるようにしましょう。外出や買い物は最小限にとどめて。仕事は、診断書をもらって休職を。

トイレや食事など以外は、横になっている

入院にはならなくても、医師の診断によっては、トイレや食事、洗面などの必要最小限の行動以外は、基本的に横になっていたほうがよい場合もあります。家事は、家族に協力してもらいましょう。

入院でも、条件つきで歩行の許可が

子宮口が開いてきている場合は、入院安静が必要になります。「フロア内の歩行可」「売店まで歩行可」など、条件つきで歩行が許可されることも。状態がよければ、制限は少しずつ解除されます。

1日じゅうをベッドの上で過ごす「絶対安静」

破水した場合や、子宮頸管無力症、前置胎盤などは「絶対安静」になることが多いもの。食事もベッドの上でとることになり、トイレも部屋のポータブルトイレですませるなど、ほとんど1日じゅうをベッド上で過ごすことになります。

早産

早産で生まれた赤ちゃんは、子宮の外で生きていくことがとても大変。

早産の原因は、感染症からが圧倒的

妊娠22週以降37週未満に赤ちゃんが生まれる「早産」は、全妊娠の6～7％。切迫早産から早産になる可能性は、約30％とされています。

早産の原因のうち、圧倒的に多いのは、細菌やウイルスによる感染症です。細菌や病原体が子宮に達して炎症を起こすと、子宮の収縮や破水の原因になるからです。最近ふえているのは、母体のストレスによるもの。このほか、子宮頸管無力症、前置胎盤、大きい子宮筋腫、子宮の奇形、双子以上の多胎妊娠、妊娠中毒症なども、早産が起こりやすくなります。

実際に早い時期にお産が始まってしまうと、週数や赤ちゃんの大きさ、お母さんの健康状態にもよりますが、ＮＩＣＵ（新生児集中治療室）のある病院へ移ることが多く、緊急の場合には救急車で搬送する「母体搬送」を行います。また、赤ちゃんだけを移送する「新生児搬送」の場合もあります。経腟分娩が可能なこともありますが、赤ちゃんの安全のため、帝王切開になることが多いでしょう。

保育器の中で育ちます

妊娠22週から36週6日までの間に生まれた赤ちゃんを「早産児」と呼び、その中でも妊娠28週未満の場合を、「超早産児」と呼びます。

妊娠週数とは別に、出生時体重による区別もあり、２５００g未満を「低出生体重児」、１５００g未満を「極低出生体重児」、１０００g未満を「超低出生体重児」と呼びます。

妊娠週数や出生時体重によって、管理のしかたは異なりますが、ＮＩＣＵなどの進歩により、一般に１５００gあればリスクは少なく、２０００gあれば通常の赤ちゃんとほぼ変わらずに育つ場合も多くなりました。

しかし、赤ちゃんの呼吸機能が完成するのは、妊娠34週くらい。自分で呼吸ができるようになるまでは、保育器の中で人工呼吸器などに助けてもらって生活することになります。

新生児集中治療室（NICU）とは？

文字どおり、新生児のための集中治療室です。無菌状態の保育器1つに1人の赤ちゃんが入り、赤ちゃんがどの程度自力で生きられるかによって、補助の器具は違います。心拍を管理する機械、人工呼吸器、栄養供給のチューブ、どれも小さい赤ちゃんのサイズに作られ、最新の医療が集結した場所です。ここである程度成長し、保育器の外に出られるようになると、退院して自宅に帰ることができます。それまでの間、ママは搾乳して通院します。

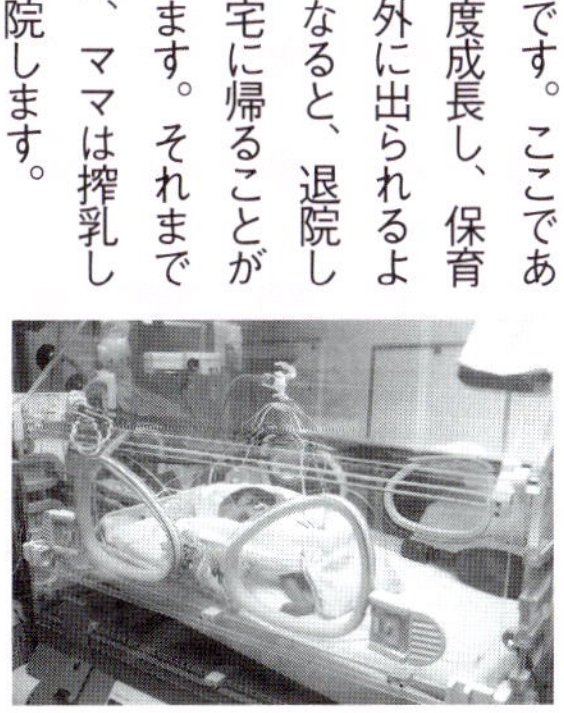

大きくなったおなかのせいで、妊娠中になる人がいっぱい

便秘と痔をなんとかしたい!

大きくなった子宮とホルモンの影響で、妊娠中は便秘になりがちです。便秘が原因で、痔ができてしまうことも。便秘にならない生活を心がけましょう。

便秘対策は、食事と生活リズムの改善で

もともと、便秘は女性に多いといわれていますが、妊娠するとさらに便秘をしやすくなります。

その理由は2つ。1つは、妊娠によって黄体ホルモンの分泌が活発になること。このホルモンには、筋肉をゆるめて、腸の動きを鈍らせる作用があるのです。もう1つは、子宮がだんだん大きくなって骨盤の中に入り込み、腸を圧迫すること。圧迫された腸の動きが鈍くなり、便通が悪くなってしまいます。

このほかにも、便秘の原因として、食物繊維不足の食生活や運動不足がよく知られています。また、不規則な生活をしていたり、便意を感じてもがまんしたりしていると、腸に便がたまっていても便意を感じなくなり、排便のリズムが乱れてしまいます。

もともと便秘がちの人は、妊娠によってさらに悪化することが予想されます。食事や排便リズムに気をつけて、便秘を予防していきましょう。

食事は、野菜や海藻などの食物繊維が豊富な食品を、たくさん食べるようにしましょう。野菜は火を通したほうが、カサが減っていっぱい食べられます。

排便のリズムをつけるためには、朝食をきちんと食べるのが早道。食後の腸が動き始めたタイミングをのがさず、トイレに行って排便習慣をつけましょう。

便秘対策

快便を得るためには、快眠が必要

睡眠中は腸が活発に動きます。早寝早起きの規則正しい生活を。

ストレスは大敵。リラックスした毎日を

ストレスで胃や腸の働きは悪化。出なくてもくよくよしないこと。

適度な運動で腸の動きを促進

毎日決まった距離を歩くだけでもOK。スイミングも効果あり。

好き嫌いをなくして、繊維質をたっぷり

食物繊維は、消化されずに腸に到達。腸をきれいにします。

覚えておこう!

- 妊娠するとホルモンの関係で便秘しやすくなります
- 食物繊維の多い食事と適度な運動で便秘を予防しましょう
- 排便リズムをつけるために朝食はきちんと食べて
- 便秘を予防することが痔の予防にもつながります
- シャワートイレなどで肛門の周囲を清潔に保って

痔の予防は、便秘を防ぐのがいちばん！

痔の最大の原因は便秘です。かたい便を無理に出そうとしていきんだときに、静脈がうっ血してこぶができたりする「いぼ痔」、肛門の周囲の粘膜が傷ついて出血する「切れ痔」になることがあります。妊娠中は、骨盤の中の血液循環が子宮に圧迫されて悪くなっています。骨盤の真下にある肛門の周りは、特にうっ血しやすいので、ちょっとしたことで痔になりやすいのです。

ですから、痔の予防には、便秘にならないような生活を心がけるのが早道。シャワートイレなどで肛門周囲を清潔に保ち、入浴中はマッサージをして血行を促すようにしましょう。ひどく悪化しなければ、産後には自然に治ってしまう人が多いものです。

痔の対策

痔の予防にも、痛みを抑えるためにも、シャワートイレで清潔に。

血行をよくするために、おふろであたため肛門の周りをマッサージ。

消毒剤、鎮痛剤、かゆみ止めの入った消毒薬を使っても。

もっと知りたい流産 Q&A

Q 便秘薬を使っても大丈夫？

妊娠する前から便秘症で、愛用の市販薬があります。これを飲み続けてもよいですか？

A 市販されている便秘薬を飲んでも、赤ちゃんに直接影響を与えるようなことはありません。便秘がひどくなる前に作用の穏やかな薬を使うと、痔の予防にもなります。ただし、下痢を起こすようなら使用を中止してください。

Q 排便が4日に一度ですが…

妊娠したら排便間隔がさらに長くなって、4日に一度しか出ません。これは異常なのでしょうか。

A 4日に一度でも、おなかが張ったり痛くなるという不快感がなく、排便もスムーズなら、問題はありません。排便間隔がこれより短くても、便がかたくて排便が困難なら、食生活や生活リズムを見直してみましょう。

Q 妊娠中でも痔の手術はできる？

痔の痛みがひどくて、がまんできません。妊娠中でも痔の手術は受けられるのでしょうか。

A 妊娠中に手術することはまれです。手術が必要な場合でも、大きな手術は避けて、固まった血を部分的に摘出するような手術になります。妊娠中は症状をやわらげる治療を中心にして、本格的な手術は産後に。

鉄分を摂取して、出産までに改善しておきましょう

貧血と言われたら

貧血のほとんどは、鉄分の欠乏によるものです。出産時の出血量が多くなったり、産後の回復や母乳の出が悪くなることもあります。

妊娠中は、貧血の人がふえます

若い女性には貧血ぎみの人が多いのですが、妊娠中は、ふだんは貧血に縁のない人でも、妊娠が進むにつれて貧血になる場合が少なくありません。

赤ちゃんや子宮が大きくなると、体内を流れる血液の量が急激にふえます。このとき、赤血球の増産が追いつかないのに血液の成分である血漿がふえるので、「血が薄い状態」になるのが貧血の原因です。また赤ちゃんも血を造るために鉄を必要とし、お母さんの鉄も不足がちになります。

妊娠初期と後期には、血液検査で赤血球の数や量を調べて貧血の状態をチェックしますが、初期から貧血になる人は、月経の出血量が多くて妊娠前から貧血だった人、上の子を産んでからあまり時間がたっていない人に多いようです。

出産のときや産後の母体への影響が心配

体の中の鉄は、①赤血球のヘモグロビンとしての鉄、②これ以外の血液中の鉄、③肝臓にある貯蔵鉄として、3つの形で存在しています。

赤血球の鉄が足りなくなると、体じゅうに酸素が十分に行き届かなくなるので、血液中や肝臓に貯蔵された鉄から補充されます。妊娠前から貧血だと、妊娠が進むにつれてさらに悪化します。

妊娠中の貧血は、よほどのことがないかぎり、赤ちゃんへの影響はありません。しかし、妊婦さんのほうは、出産時の出血量が多くなったり、産後も貧血が続いて母体の回復に時間がかかる、母乳の分泌が悪くなるなどのトラブルが起きる心配があります。

貧血対策には鉄分補給がいちばん

鉄は意識してとらないと、ふだんでも不足しがちなミネラル。成人女性の必要量は1日10～11㎎ですが、妊娠中の中期以後では21・5㎎も必要とされています。

体内での吸収がよいのは、動物性食品に含まれている「ヘム鉄」です。豚や鶏のレバーは、吸収効率のよい鉄分の宝庫ですから、嫌いでなければ定期的に食べるようにしましょう。植物性の食品に含まれている「非ヘム鉄」は、吸収率は低いものの、ビタミンなどの栄養素もとれるのが魅力です。ほうれんそうや小松菜などは、頻繁に食べるようにしましょう。植物性の鉄は、ビタミンCといっしょに

覚えておこう!

- 妊娠中は血液中の血漿がふえて相対的に赤血球が少なくなり、貧血になりやすくなります
- 貧血になると出産時の出血量が多くなるなどのトラブルが起きる可能性が
- 鉄分は、妊娠前半期に1日15㎎、後半期に20㎎が必要
- 食事だけで改善されない場合は鉄剤を服用することも

鉄分の多い食品をとろう

貧血のときの食事の工夫

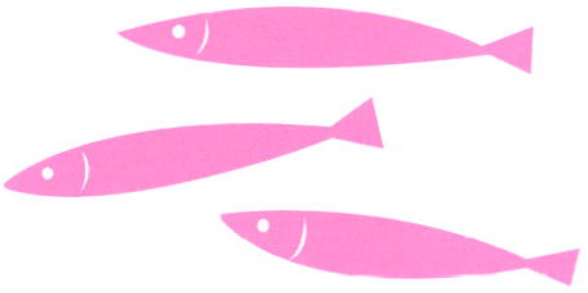

わかさぎ

血合いもいっしょに！

干しひじき

水でもどすとふえる。

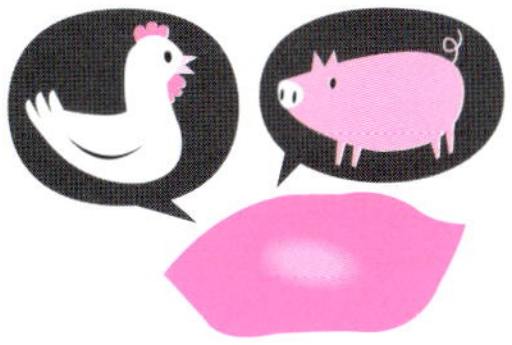

豚や鶏のレバー

吸収のいいヘム鉄の宝庫。

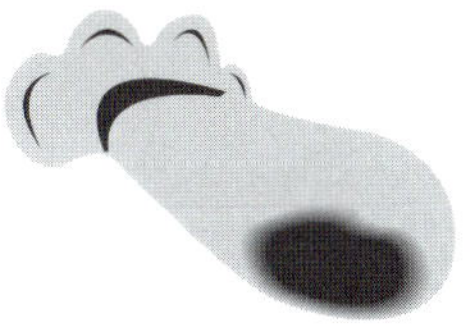

カキ

貝類にも鉄がいっぱい。

青菜類

ゆでればたくさん食べられます。

高野どうふ

レバーに匹敵する含有量。

ビタミンCと酢で吸収率アップ

果物に多いビタミンCやクエン酸、リンゴ酸などの有機酸を鉄といっしょにとると、鉄が腸の中でとけやすくなり、吸収率がアップします。酢にも同じ効果があります。

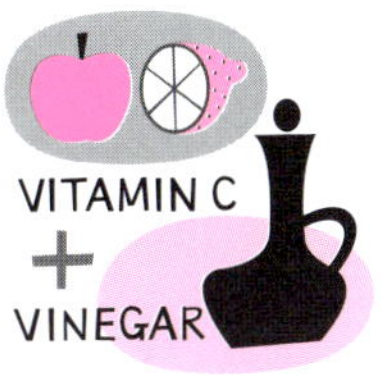

食後のお茶はNG

お茶に含まれるタンニンが鉄と結びついて、吸収しにくくなってしまいます。食後30分は控えましょう。

とると、吸収がよくなります。

ひどい貧血では鉄剤が処方されます

食事だけでは貧血の状態が改善されないときには、鉄剤が処方されることがあります。産後、体力にゆとりをもって育児をするためには、肝臓の貯蔵鉄まで満杯にしておきたいものです。妊娠後期出産まぎわの重度の貧血の場合は、鉄剤の点滴が必要なこともあるでしょう。鉄剤は食事からとる鉄分と成分は同じなので、処方されたらきちんと飲みましょう。

鉄剤を飲むと便が真っ黒になりますが、これは余分な鉄が排出されているので、心配はいりません。人によっては胃がむかついたり便秘になることも。鉄剤にもいろいろな種類があり、あまりに胃に負担がかかる場合は、点滴という方法もあります。つらい場合は、勝手に服用をやめないで、医師に相談してみましょう。

産後のきれいのために妊娠初期から始めよう

妊娠線を作らないケア

多くのママが悩んできた妊娠線。一度できてしまうと、完全に消えることはないので、早めのケアが大切です。

皮膚の層の伸びの違いが原因

一般的に「皮膚」といわれているのは「表皮」という表面部分で、その下には「真皮」と「皮下組織」があります。表皮にはよく伸びる性質がありますが、真皮と皮下組織は表皮にくらべると代謝が遅く、厚みもあるため、伸びがよくありません。そのため、急におなかが大きくなったり、体重が増加したりして表皮が伸びると、真皮や皮下組織の伸びとの間にズレが生じ、裂け目ができてしまいます。真皮が裂けるとすき間ができて溝が生まれ、そこに表皮が引っぱられてへこんだ感じになります。これが妊娠線です。

急激に体重がふえ、皮下組織中の皮下脂肪の量が増すと、皮下組織も厚くなり、さらに伸びにくく、裂けやすくなります。また、皮膚にうるおいがない場合は、伸びが悪くなるので、妊娠線ができやすくなります。

妊娠線はどうしてできる?

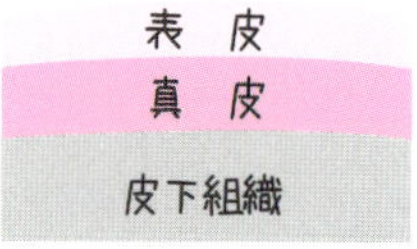

正常な皮膚

皮膚は外側から「表皮」「真皮」「皮下組織」の３層になっています。皮下脂肪がふえると、皮下組織が厚くなります。

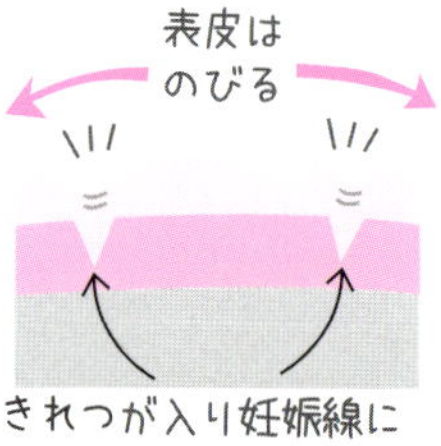

妊娠線ができた皮膚

真皮や皮下組織で裂け目ができ、表皮に見えてきます。妊娠線が赤や紫に見えるのは、毛細血管が透けて見えるからです。

妊娠線ができやすい人

かゆみが出たら妊娠線ができる前兆

真皮や皮下組織に裂け目ができるときに、表皮が引っぱられ、かゆみが出ることがあります。すぐに妊娠線ができるわけではありませんが、この時点でていねいに保湿ケアをしておきましょう。

皮膚が乾燥している

皮膚が乾燥しやすい人はしっかり保湿を。

皮下組織が厚い

厚い分だけ、断裂が起きやすくなります。

覚えておこう!

- 急におなかが大きくなったり、体重が増加することが原因
- 皮膚が乾燥している場合も、できやすくなります
- 対策は妊娠初期から日々の保湿ケアを始めましょう
- 下腹部だけでなく、胸やおしり、太ももにもケアを
- 保湿成分が肌に浸透しやすいおふろ上がりにケアするのが○

少しでも早くケアを始めるのが予防のヒケツ

妊娠線は皮膚の内側から始まるため、気づかないうちにでき始めていることもあります。妊娠線ができるピークは、赤ちゃんがグンと成長する8カ月ごろですが、つわりが終わって食欲が増す5カ月ごろからできることもあるので、油断は禁物。つわりが落ち着いたら、すぐにでもケアを始めるのがおすすめです。おなかやおしり、胸など、妊娠線ができやすいところは、徹底的に保湿を。

予防するための3カ条

● 保湿する

保湿剤は、水分と油分が含まれていて、肌への刺激が少ないものを選んで。１日に２～３回塗ると効果的。

● 毎日ケアする

水分がついた皮膚は、水分の蒸発とともに乾燥してしまうので、毎日ケアを。おしりや太ももの裏側などもチェックしましょう。

● 入浴後のケアが効果的

入浴後は血流がよく、皮膚の表面温度が高いので、保湿成分を肌に浸透させるのに最も適しています。

妊娠線ができやすい場所

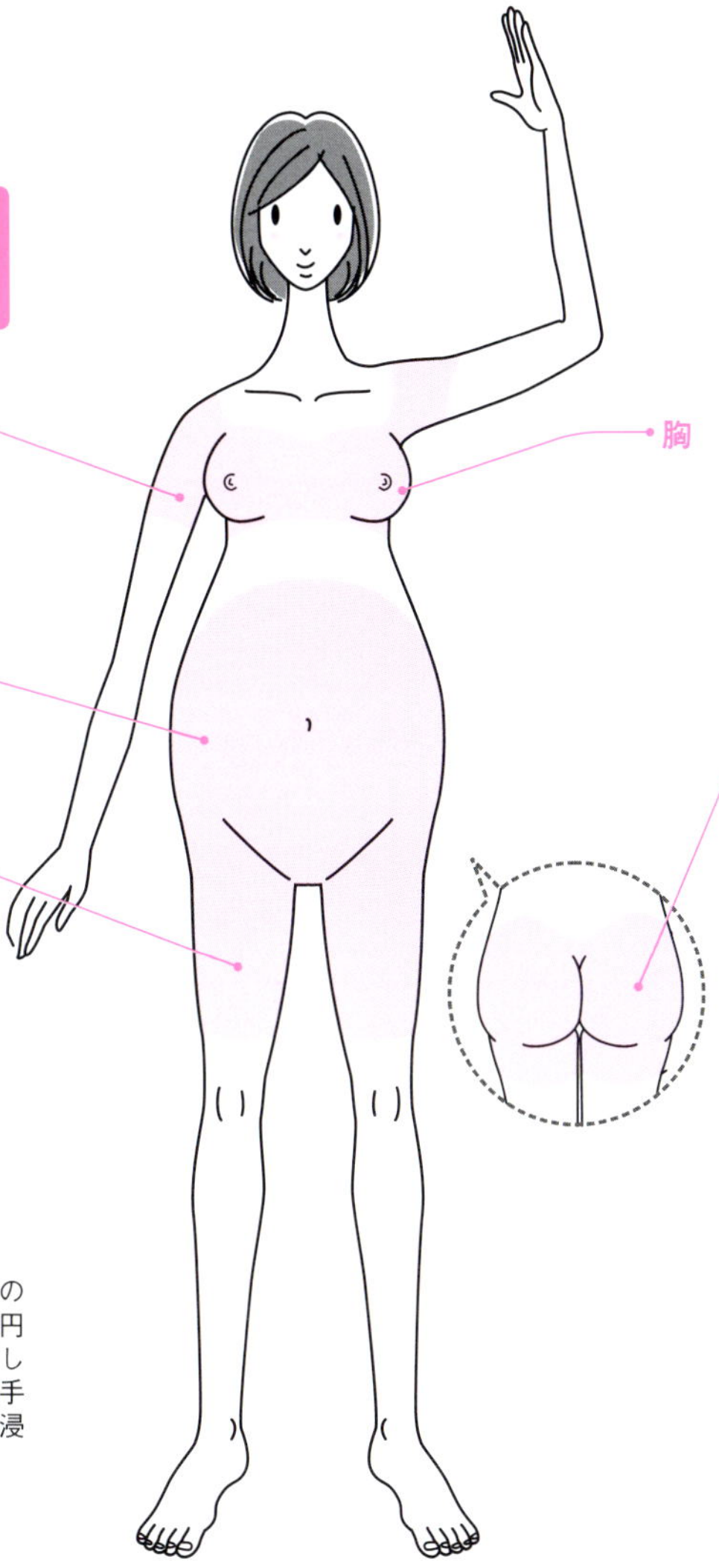

妊娠線ができやすい時期

- 急に体重がふえるころ
- おなかの赤ちゃんがグンと成長するころ

マッサージするときは

下から上へ

妊娠線が最も できやすいのは下腹部。下から上へ、円を描くようにマッサージしましょう。保湿剤は一度手になじませると、肌への浸透度がアップします。

見えにくいところもきちんとチェック！

- 姿見で確認
- 乳房の下のほうが盲点
- 夫にも見てもらって

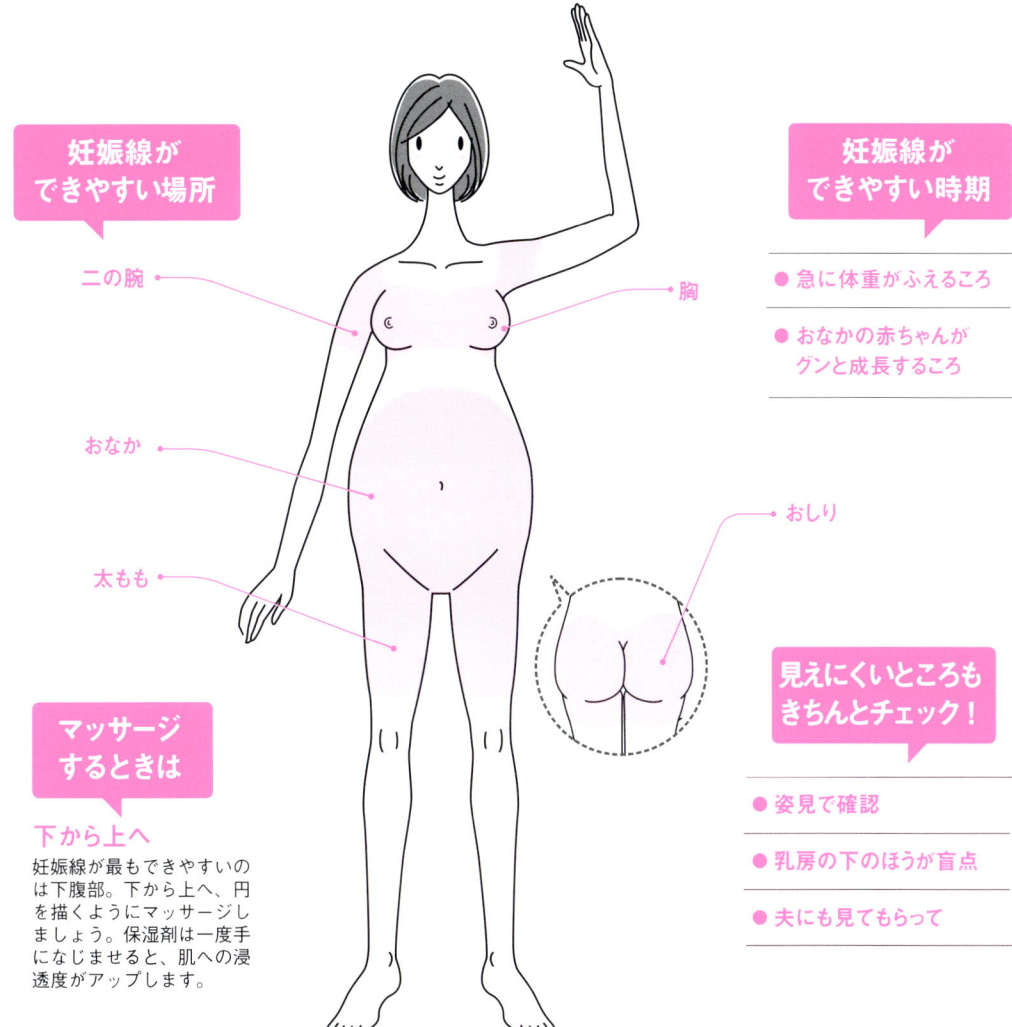

妊娠中期に気をつけること

おなかが大きくなるにつれて、体のあちこちにいろいろなトラブルがあらわれてきます。

そのほとんどは妊娠に伴う生理的なものですが、気をつければ快適に過ごせます。

下半身の血行が悪いと、足がつることも

足がつる、というのは妊娠中期から後期にかけて多く見られるトラブルです。おなかが大きくなって足にかかる負担がふえると、下半身の血行が悪くなって足がつりやすくなります。これに運動不足やカルシウム不足が重なると、頻繁に足がつることもあるでしょう。入浴や、寝る前の足のマッサージなどで、血液の循環を高めましょう。また、カルシウムが不足が原因のことも。乳製品や小魚、緑黄色野菜をたっぷりとりましょう。足がつってしまったときは、つま先をギュッと足の甲側に引っぱって、ふくらはぎの筋肉を伸ばしてください。

体毛が濃くなったり、抜け毛、白髪も

妊娠によるホルモンバランスの変化で、人によっては、休毛が濃くなったり薄くなったり、髪の毛が抜けたり白髪が急にふえてしまうことがあります。どれも一時的なもので、産後は元に戻りますから、心配はいりません。腕やすねの毛が目立って気になるときは、除毛や脱毛のお手入れをしてもよいでしょう。しかし、妊娠中の肌は敏感になっています。これまで使っていた除毛剤や脱毛剤でもかぶれる場合があるので、注意が必要です。

足や外陰部に静脈瘤ができることも

子宮が大きくなってくると、下半身の静脈に負担がかかり、静脈が蛇行してふくらんだり、こぶのように盛り上がる「静脈瘤」ができることも。静脈瘤は、足や外陰部、肛門の内部にできやすく、痛みを伴うこともありますが、特別な治療をする必要はありません。ただし、外陰部にできた静脈瘤は、出産時に破けて出血するおそれがあるので、下半身をあたためて、血液循環を高めることが大切。長時間同じ姿勢をとらないようにしましょう。

シミやソバカスができやすくなります

妊娠中は、さまざまな刺激からおなかの赤ちゃんを守るために、敏感に反応できる力が備わり、メラニン色素の沈着もその一つ。紫外線の刺激から肌を守るために、ふだん以上にメラニン色素が合成されるので、シミやソバカスができやすいのです。妊娠中は紫外線対策をしっかりしましょう。外出時にはUVカットのクリームなどを塗ったり、帽子をかぶるようにして。アフターケアも万全に。食事や果物でビタミンCをたっぷりとるようにすると、シミ、ソバカスの防止につながります。

妊娠後期

妊娠 8—10カ月 | 28週以降

お産も目の前。赤ちゃんにもうすぐ会える期待と、
陣痛に対する不安が入りまじる、妊娠後期。
最後まで安産のためにできること、ベストを尽くしましょう!

妊娠8カ月【後期】28—31週

この時期のポイント

妊娠後期に入ると、妊婦さん自身が感じる以上に母体に負担がかかっています。1日数回の生理的なおなかの張り、夕方の手足のむくみ、こむらがえり(足がつる)といった不快症状は多くの妊婦さんが経験するマイナートラブル。

妊娠ライフメモ

●定期健診が2週間に1回になりますが、引き続き必ず受けるように心がけて。

●大きなおなかが原因のマイナートラブルは、悪化させないように、うまく工夫して、しのぐしかありません。腰痛やこむらがえりなどには、下半身の血行をよくすること。体操や散歩などの運動、マッサージや入浴は痛みをやわらげるのに効果があります。

●出産準備は進んでいますか？　体調をくずしたり、突然産気づいたりといったアクシデントにもあわてないですむようにしましょう。

母体の変化と特徴

胎動をかなり強く感じるようになり、そのため夜眠れなくなることも。急激に皮膚が伸びることから、皮下組織が切れて妊娠線ができやすい時期。血液量もふえ、貧血になりやすくなります。高血圧やタンパク尿など妊娠高血圧症候群の予兆にも注意して。

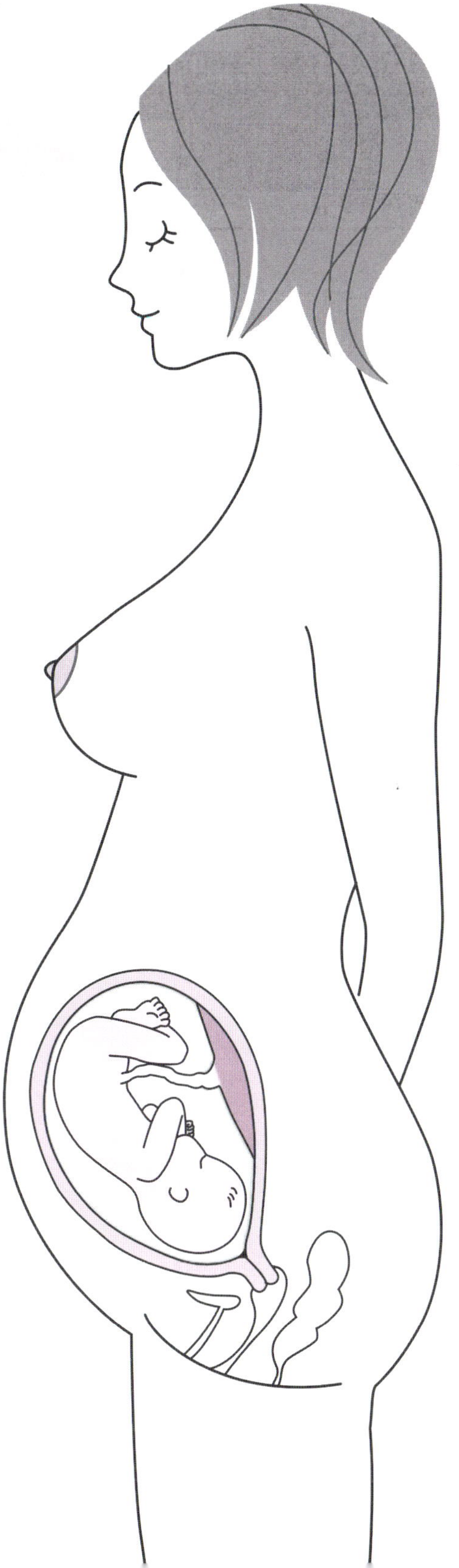

赤ちゃんの発育

羊水はもうふえず、グルグル動いていた赤ちゃんもしだいに位置や姿勢が定まって、多くの赤ちゃんは頭を下に向ける頭位に落ち着いてきます。外性器がよく見えるようになり、超音波での性別の推定も可能になります。

妊娠30週の胎児
身長　約40cm
体重　約1500g

28~31週　8カ月

お産が早まることも考えて、準備しておけば安心

お産入院グッズの準備

妊娠後期に入ったら、いつお産が始まってもあわてずにすむように、入院の準備をしておきましょう。緊急度に応じて、あとから持ってきてもらう荷物と分けておくとよいですね。

覚えておこう!

- 早めに入院する可能性も考えて準備を
- 産院のパンフレットに基づきチェックリストを作って
- 母子健康手帳、健康保険証、診察券はセットで持ち歩いて
- 入院時に必要なもの、退院時に必要なものなど分けて用意を
- お産のときに役立つものや誕生の記録のためのものも用意して

チェックリストを作って、準備スタート

お産は、いつ始まるかわかりません。出産予定日はあくまでも目安なのです。妊娠37週からは「正期産」の時期に入りますから、いつお産が始まってもおかしくありません。また、それ以前の時期に、おなかの張りで切迫早産になったり、破水から早産になる可能性もあります。

早めの入院という緊急事態が起こることを考えて、妊娠8カ月に入ったら、入院準備を始めましょう。

お産で入院する場合は、経膣分娩の入院期間は4~6日間、帝王切開だと1週間~10日くらいになります。準備は、まずチェックリスト作りから。入院先の産院によって、必要なものは少しずつ違います。入院の予約のときに、パンフレットなどをくれるはずですから、よく読んで、わからないところは健診のときに、助産師などに確認をしておきましょう。

また、同じ産院で出産した先輩ママに体験を聞いておくと、準備に役立ちます。

緊急時は、最低限必要なものだけを持参

外出先で急にお産が始まったときのために、妊娠後期に入ったら、「母子健康手帳、健康保険証、診察券」はいつでも持ち歩くようにしましょう。小さいポーチに、印鑑やお金、タオルといっしょにまとめておくと、緊急時に役立ちます。

入院してすぐに使うものは、パジャマやはおりもの、スリッパ、タオル類など。陣痛を乗り切るためのグッズも、用意しておくといいでしょう。

入院中に使う洗面用具、着替えの下着(産褥ショーツなど)、基礎化粧品などは、また別のバッグにまとめておいて、あとから家族に持ってきてもらってもいいでしょう。

退院のときに必要なものは、赤ちゃん用の衣類やおくるみ、ママの服。退院の前日までに持ってきてもらえばいいので、さらに別のバッグにまとめておきます。バッグの置き場所を家族に伝えることも、忘れないで。

持ち物チェックリスト

最低限必要なもの

- □ 母子健康手帳、健康保険証、診察券
- □ 現金（入院費はあとでも）
- □ 印鑑
- □ タオル
- □ 携帯電話

健康保険証、母子健康手帳、診察券、印鑑は入院手続きに必要。お金は、病院へ向かうためのタクシー代用に準備しておきましょう。タオルは急な破水に備えて。

退院に必要なもの

- □ ベビー用肌着
- □ ベビーウエア
- □ ベビーの帽子、ミトン、おくるみ
- □ 自分の服
- □（車の人は）チャイルドシート

車で退院する人は、寒い季節でもおくるみがあれば、ミトンや帽子は不要なことも。ママの服は、帰宅途中や直後に授乳することもあるので、前あきの服を用意。

入院生活に必要なもの

- □ パジャマ
- □ カーディガンなどはおりもの
- □ スリッパ
- □ ソックス
- □ 授乳用ブラ
- □ 産褥ショーツ
- □ 洗面道具・基礎化粧品
- □ バスタオル・タオル
- □ リップクリーム・ハンドクリーム
- □ 携帯電話充電器

授乳用ブラは、なるべく簡単に胸を出せるタイプを選んだほうが授乳のときにラク。何度も手を洗うので、手荒れ予防のためのハンドクリームや、病院内の乾燥対策にリップクリームもあると重宝です。

あると便利なもの

- □ カメラ・ビデオ
- □ 育児日記・誕生お知らせカード
- □ シュシュ・ヘアバンドなど
- □ サブバッグ
- □ 使い捨てカイロ
- □ のどあめ
- □ ウエットティッシュ
- □ 紙皿、紙コップ、ラップ
- □ 洗濯バサミ、ハンガー
- □ つめ切り（ベビー用も）
- □ うちわ、ペットボトル用ストロー

帝王切開だと、しばらくシャワーを浴びることができないので、ドライシャンプーがあると便利。ヘアピンやゴムは、髪の長い人が授乳のときに使います。育児書を持参したというママも。

お産セットの中身は？

各産院で用意される「お産セット」の中身は、産褥パッドや消毒に使う清浄綿などの消耗品が中心。産褥パッドを当てるのに使うT字帯や、赤ちゃんのおへその消毒キットなどが入っていることもあります。産院によっては、ネグリジェタイプの入院着、スリッパ、基礎化粧品などのアメニティセットまで準備されていることも。内容はそれぞれ違うので、入院のパンフレットでよく確認してから、必要なものをそろえるようにしましょう。

28～31週　8カ月

体の動かし方の工夫で少しラクになります

腰痛をなんとかしたい!

子宮の重みや骨盤のゆるみが引き起こす腰痛は、多くの妊婦さんが経験するもの。腰に負担のかからない動き方や姿勢で、予防・解消していきましょう。

背骨や骨盤に負担がかかって、腰痛に

妊娠中は、黄体ホルモンの働きで骨と骨の継ぎ目がゆるくなっています。このゆるみは、お産のときに赤ちゃんが出てきやすいように、体が準備を始めているのです。

しかし、赤ちゃんがしだいに大きくなると、その重みが背骨や、背骨を支える腰への負担になってしまいます。

おなかが大きくなると、体全体の重心は前に移動します。すると、骨の継ぎ目や骨盤がゆるんでいるため、簡単に骨が前にずれて腰痛が起きるのです。

また、重心が前に動くと、倒れるのを防ぐために、自然におなかを突き出したそりぎみの姿勢になります。このような不自然な姿勢に、子宮や母体の重みが加わると、背骨や骨盤に負担がかかって、やはり腰痛が引き起こされます。

腰痛予防は、腹筋を鍛えること

腰痛を予防するには、筋力、特に腹筋の力をつけることがいちばん効果的。

安定期に入ったら、マタニティスイミングやウォーキングなどで筋力をつけましょう。妊婦体操の腰のストレッチも筋肉を伸ばすことで疲れを解消します。

腰に負担をかけないように、日常生活の動作にも注意が必要です。中腰や前かがみの姿勢は腰によくありません。猫背にならないように、かといってそりぎみにもならないように、背筋はまっすぐ伸ばすように心がけてください。痛みを抑えるには、温湿布が効果があります。市販のはり薬、塗り薬などは妊娠中でも使用できますが、飲み薬は控えましょう。

いったん腰を痛めてしまうと、なかなかすっきり治りません。産後は授乳や抱っこなど、さらに腰に負担のかかることばかりです。

ですから、妊娠中はなるべく腰を痛めないように注意が肝心。根本的に腰痛を解消するには、少しずつ筋力をつけていくしかありません。

覚えておこう!

- 赤ちゃんの重みやおなかが大きくなって体の重心が前に移動するのが原因
- おなかを突き出したそりぎみの姿勢はNG
- 安定期に入ったら、マタニティスポーツやウォーキングなどで筋力をつけて
- ストレッチで筋肉を伸ばすことも腰痛解消に効果的

腰痛にならない基本動作

台所仕事は中腰で行わない

中腰の姿勢を避けるため、作業台やテーブルの高さを調節するか、イスにすわるなどして、台所仕事のときに一工夫しましょう。

階段は足全体で踏み締めて

階段の上り下りは、上体が猫背にならないようにゆっくりと。重心を片足にのせてから、もう一方の足を動かすようにしましょう。

前かがみの姿勢では、腰に負担

アイロンがけや料理をするときに、床にすわったり前かがみの姿勢で行うと、腰に負担がかかります。背筋をまっすぐ伸ばすように心がけて。

物を持ち上げるときには、腰を落とす

床にあるものを持ち上げるときは、まず腰を落としていったんしゃがみましょう。物を体に引き寄せてから、持ち上げるようにします。

掃除機の柄は短くしないで

中腰の姿勢は、腰によくありません。掃除機の柄は、短くしないで。腰を伸ばしたときに使いやすい長さになるように、調節しましょう。

イスには深く腰かけて

イスにすわるときは深く腰かけて、背筋を伸ばすようにして背もたれに体を預けます。ソファでは体がそりぎみになるので、やや前かがみに。

Q コルセットをしてもいい？

腰痛に悩んでいます。コルセットをすると、少しはラクになりますか？妊娠中につけてもよいでしょうか？

A コルセットは腰痛を治す器具ではありませんが、締めつけることで運動が制限されるので、痛みがやわらぐことがあります。しかし、妊娠中はコルセットを使用することはできません。

Q 腰痛がひどいのは何か病気のせい？

腰痛がどんどんひどくなってきました。何か悪い病気の前兆では？

A 妊娠中に起こる腰痛のほとんどは、子宮の重みや骨盤のゆるみが原因です。病的なものではありません。しかし、卵巣のう腫、子宮筋腫など、婦人科系の病気が原因で腰痛が起こることも。不安なときは、産院で相談を。

おなかが大きくなると、いろいろあります！

妊娠後期のマイナートラブル

妊娠後期になると、大きくなった子宮に圧迫されて、さまざまな不快な症状が起きてきます。出産と同時に解消しますから、もう少しのがまんです。

内診やセックスのあとの軽い出血

　妊娠後期に入ると、血液量がふえて粘膜もやわらかくなるため、内診やセックスのときなど、少しの刺激でも出血することがあります。また、子宮腟部がただれた「びらん」や、子宮頸管にできたイボのようなものが腟内にたれ下がる「子宮頸管ポリープ」でも、ちょっとした刺激ですぐに出血します。

　どれも妊娠の経過には影響のないものですが、出血があったときには健診時に主治医に伝えて、きちんとみてもらってください。

排便や排尿のときに、出血

　排便時の出血は、痔の可能性が高いでしょう。切れ痔（裂肛）は排便時に痛みを伴いますが、イボ痔（痔核）は出血だけの場合がよくあります。便秘が続くと痔になりやすいので、症状があったら早めに対策をとりましょう。

　排尿時に痛みがなく、少量の出血が見られたときは尿道のびらんが疑われます。出血に痛みを伴うときは、膀胱炎が考えられます。

　びらんはさほど心配はないものの、膀胱炎は感染症なので早めに治療を受けるようにしてください。

めんどうなくらいトイレが近い！

　妊娠するとほとんどの人が経験するのが、トイレが近くなる「頻尿」です。

　妊娠後期によく起こる症状ですが、なかには妊娠期間の前半から、膀胱が子宮に引っぱられるためにトイレが近くなることもあります。後半は、大きくなった子宮に膀胱が圧迫されるために起きます。

　もともと女性の尿道は男性よりも短く、妊娠後期になると、尿道の筋肉の働きも弱くなります。また、膀胱の粘膜が充血して、尿がたまったという刺激に敏感に反応するようにもなります。

　このように、いくつもの原因が重なって、妊娠中は頻尿になるのです。

　尿意を感じたときにがまんすると、膀胱炎になることがあります。トイレには、まめに行くようにしましょう。車の移動などで不都合があるときは、水分摂取を控えめにしたり、万一のために尿もれパッドを使うなどの工夫をしましょう。

　あまり神経質にならなくても、お産が終われば自然に直ります。

覚えておこう！

- 性器から出血しやすくなるので、健診時にみてもらいましょう
- 痔や頻尿になりやすいので注意して
- 尿もれは産後には直るので、パッドなどで対処を
- 会陰部のかゆみとおりものの変化があったら治療が必要
- 妊娠前より控えめに行動して、不快な症状を予防しましょう

尿もれは、しかたのないこと

妊娠中は、大きな子宮がいつも膀胱を圧迫している状態なので、くしゃみやせきをした拍子に、大きな腹圧がかかって尿がもれてしまうことがあります。

残念ながら予防策はないので、尿もれパッドや生理用ナプキンで対処するしかありません。

尿もれは、お産が終わるとしだいに直っていきます。しかし、なかには産後しばらくたっても、尿もれがおさまらないことも。そういうときは、骨盤底の筋肉を鍛える体操を行うと効果的。肛門をギュッと締める要領で力を入れたり、排尿の途中で尿を止める体操です。

ただし、この体操は、おなかが張りやすくなるので、妊娠中はできません。

会陰部のかゆみはカンジダかも

カンジダ腟炎の原因となる菌はカビの一種で、ふだんどこにでもいる菌ですが、妊娠中はかかりやすい病気です。また、膀胱炎などで抗生物質を使っている場合も出やすくなります。

会陰部の強いかゆみがあり、白いカスのようなおりものが出ます。妊娠中の腟炎の治療では、顕微鏡検査や培養検査でカンジダかどうかを調べ、カビを殺す作用のある腟錠が使われます。抵抗力が落ちると再発しやすいので、かぜなどひかないように、体調を整えましょう。

胃がもたれたり、胸やけが…

妊娠後期になると、子宮底の高さが30cm前後になり、胃を押し上げるようになってきます。このため、食後に胃がもたれたり、胸やけがすることも。

一度に食べられる量が少なくなっているのですから、回数にこだわらず小分けにして食べてみてはどうでしょう。1日の食事を4~5回くらいにして、1回の食事量は少なくしましょう。ゆっくり食べて、食後は十分に休憩します。

動悸や息切れがすることも

大きくなった子宮が、心臓や肺を圧迫するので、動悸や息切れがすることもあるでしょう。動き回ったあとに心臓が急にドキドキしたり、胸が苦しくなったり、背中でハアハアと息をすることはありませんか？ こんなときは、すぐにすわって休憩してください。

動悸や息切れがひどくつらいときは、貧血や心電図などの検査をしてもらいましょう。

手にもむくみやしびれが

手がむくんで手首の神経を圧迫するために起こる痛みやしびれを「手根管症候《しゅこんかんしょうこう》群《ぐん》」と呼びます。ひどい場合は、箸や歯ブラシを持つのもつらい状態になります。

症状をやわらげるには、まず水分と塩分をとりすぎないことと、血行をよくすること。腕を上げ下げする運動やマッサージのほか、ゆっくり入浴したり、温湿布なども効果的です。

手を酷使すると症状が悪化するので、家事は家族に協力してもらいましょう。産後1~2週間もすれば完治する人がほとんどです。

双子の妊娠・出産

妊娠中は大変だけど、生まれたときの喜びは2倍！

双子の妊娠や出産は、トラブルが起きやすいので注意が必要です。でも、正しい知識を身につけていれば、早めに対処できます。きっと元気な双子ちゃんに会えますよ。

一卵性と二卵性の違い

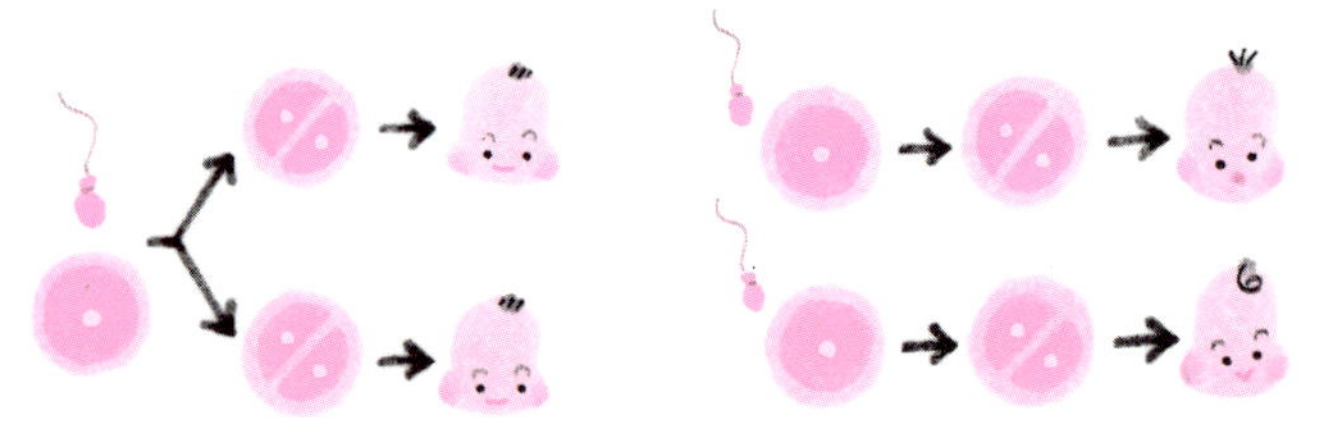

一卵性
1つの卵が2つに分かれたので遺伝子は同じ。顔や体つきもそっくり。

二卵性
もともと別の卵なので、双子でも性格や血液型が違うこともあります。

双子は母体への負担が単胎より大きい

双子の妊娠だとわかるのは、通常は妊娠6～7週のころです。超音波検査で、赤ちゃんになる胎芽が2つ見えれば、それとわかります。しかし、超音波画像の角度や見え方によっては、妊娠9～10週ごろにはっきりすることもあるでしょう。

ただし、双子の場合、妊娠初期に赤ちゃん側の理由で、片方の発育が進まず、母体に吸収されてしまうこともあります。それも頭の片隅に入れておいてください。

一卵性は、1つの受精卵が2つに分かれて、それぞれの赤ちゃんに育つ双子のこと。二卵性は、もともと別の受精卵が同じ時期に着床して、赤ちゃんに育ちます。一卵性では赤ちゃんの遺伝子は全く同じですが、二卵性はたまたま同じタイミングで生まれた兄弟姉妹というわけなのです。

双子の妊娠は、初期のうちは1人の場合と特に変わりません。しかし、妊娠6カ月ごろから急におなかが大きくなって、8カ月になると単胎（1人を妊娠している状態）のときの臨月くらいになります。体重増加も1人の場合の2倍とまではいきませんが、13～15kgふえることが多いでしょう。

妊娠中のトラブルとしては、貧血が多く見られます。また、おなかの張りやむくみ、腰痛も起きやすくなり、切迫流産・早産や妊娠糖尿病、妊娠高血圧症候群のリスクも高くなります。症状によっては、妊娠28～30週くらいから管理入院をすすめられることもあるでしょう。

覚えておこう！

- 妊娠9～10週ごろまでにわかります
- 一卵性は1つの受精卵が2つに分かれて育ちます
- 二卵性は、別の受精卵がそれぞれ着床して育ちます
- 貧血やおなかの張り、合併症などが起きやすくなります
- 帝王切開になることが多いですが、経腟分娩できることも

条件がそろえば、経腟分娩できることも

双子の成長は、妊娠24週ごろから、単胎の場合にくらべて控えめになってきます。これは、2人がそろってできるだけ長くママのおなかの中で過ごすための知恵なのです。体は小さめでも、週数が進むにつれて体の器官は成熟していくので、心配はいりません。小さく生まれても妊娠34～35週以降であれば、肺も成熟していますから、保育器に入る必要がないことも多いでしょう。

誕生時は小さく生まれることが多い双子ですが、成長スピードは早く、すぐに追いつくので安心して。ただし、早産のために未熟な状態で生まれると、NICUで適切な処置を受けることになります。

双子の場合、通常のお産よりも帝王切開になるケースが多いでしょう。しかし、「母子の健康状態が良好」「先に生まれる赤ちゃんが、頭を下にした頭位である」などの条件を満たしていれば、経腟分娩も可能です。希望する場合は、医師に相談してみるとよいでしょう。

双子の経腟分娩

1

陣痛が始まり、子宮口が開いてくると、子宮口に近いほうの赤ちゃんが骨盤に近づいて、骨盤から出ようとします。

2

子宮口が全開し、いきむたびに赤ちゃんの頭が見え隠れします。もう1人の赤ちゃんは、動かずそのままの位置で待機。

3

1人目の赤ちゃんが誕生！ へその緒は切りますが、胎盤はまだそのままの状態で、次の赤ちゃんの誕生を待ちます。

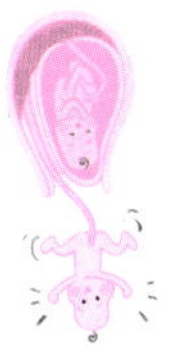

4

2人目の陣痛は最初よりも軽い場合がほとんど。産道が広がっているのでスムーズに通ることができ、通常は10～30分で誕生します。

3人に2人が帝王切開 3人に1人が経腟分娩

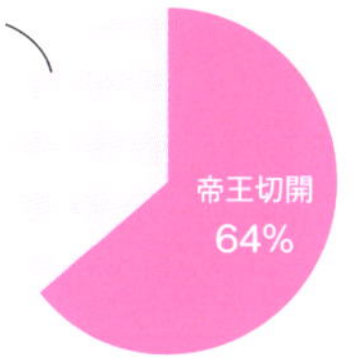

先輩ママのアンケートでは、約6割が帝王切開で出産。さらにその6割は、あらかじめ日程を定めた予定帝王切開でした。

出生時の週数は?

37週以降の「正期産」の時期での出産は約4割。33～36週に生まれる双子ちゃんが、半数を占めます。

出生時の体重はどれくらい?

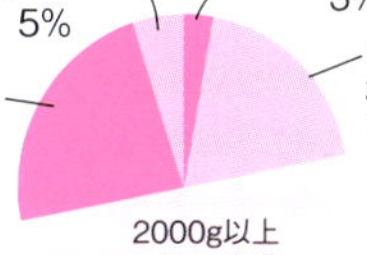

大部分の赤ちゃんは3000g以下ですが、かなりの個人差が見られます。

妊娠9カ月

【後期】

32—35週

この時期のポイント

34週ごろになれば、
赤ちゃんの体はほぼ完成しています。
切迫早産が心配される場合も、
ここまでもちこたえられれば一安心です。
そろそろ体がお産の準備を始めるので、
歩くと脚のつけ根や
恥骨のあたりが痛むことも。

妊娠ライフメモ

●下腹部がかたく張ってきたときには、横になってシムズの体位などで休むとラクになります。ただし、安静にしていても張りがおさまらない場合は、切迫早産のおそれが。

●里帰り出産をするならば、多少余裕をもって9カ月半ば（34週ごろ）までには帰りたいものです。それまでみてもらっていた産院に紹介状を書いてもらうことを忘れずに。

●おなかが重くて、ついつい家でゴロゴロ。里帰りした実家で上げ膳据え膳。この後期の油断が、急太りを招くのです。要注意！

母体の変化と特徴

大きな子宮がみぞおちまで上がり、胃や肺、心臓を圧迫。動悸や息切れ、胃もたれがさらに激しくなります。胸やけで、一度にたくさん食べられない人も。赤ちゃんの頭が膀胱を圧迫し、頻尿や尿もれも多くなります。

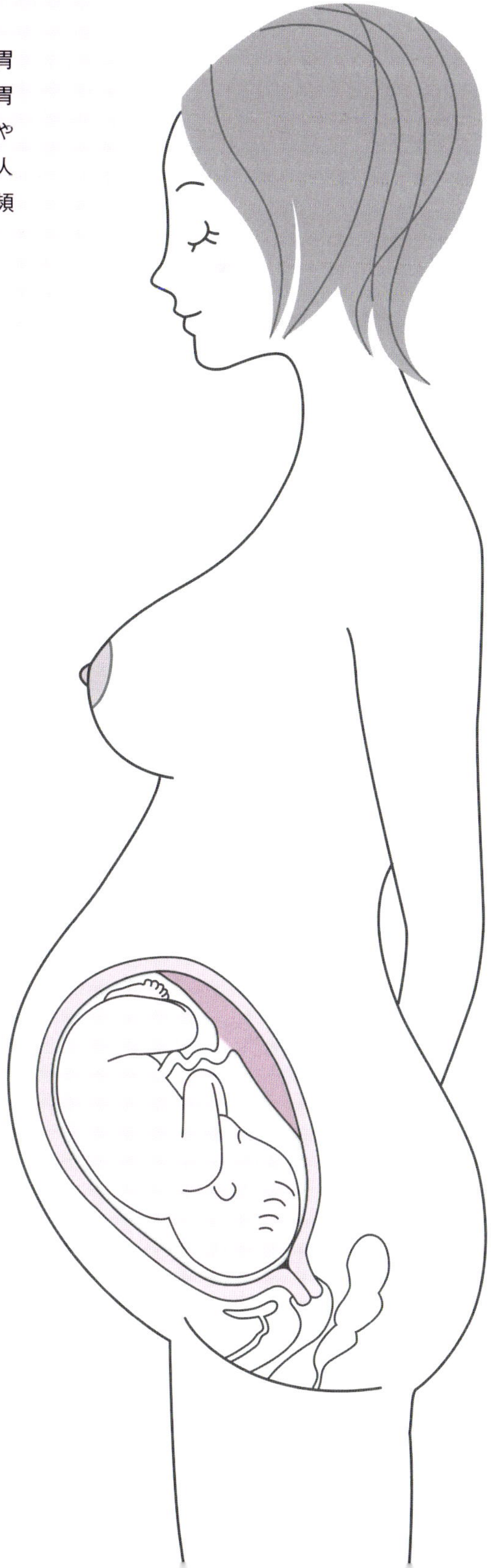

赤ちゃんの発育

皮下脂肪もふえ、今までガラスのように透けていた肌は、弾力に富んだツヤのあるピンク色に変わってきます。羊水を飲んで、たくさんの尿を出すこともできるようになります。生まれてからおっぱいを飲んで排泄する準備を始めたのです。

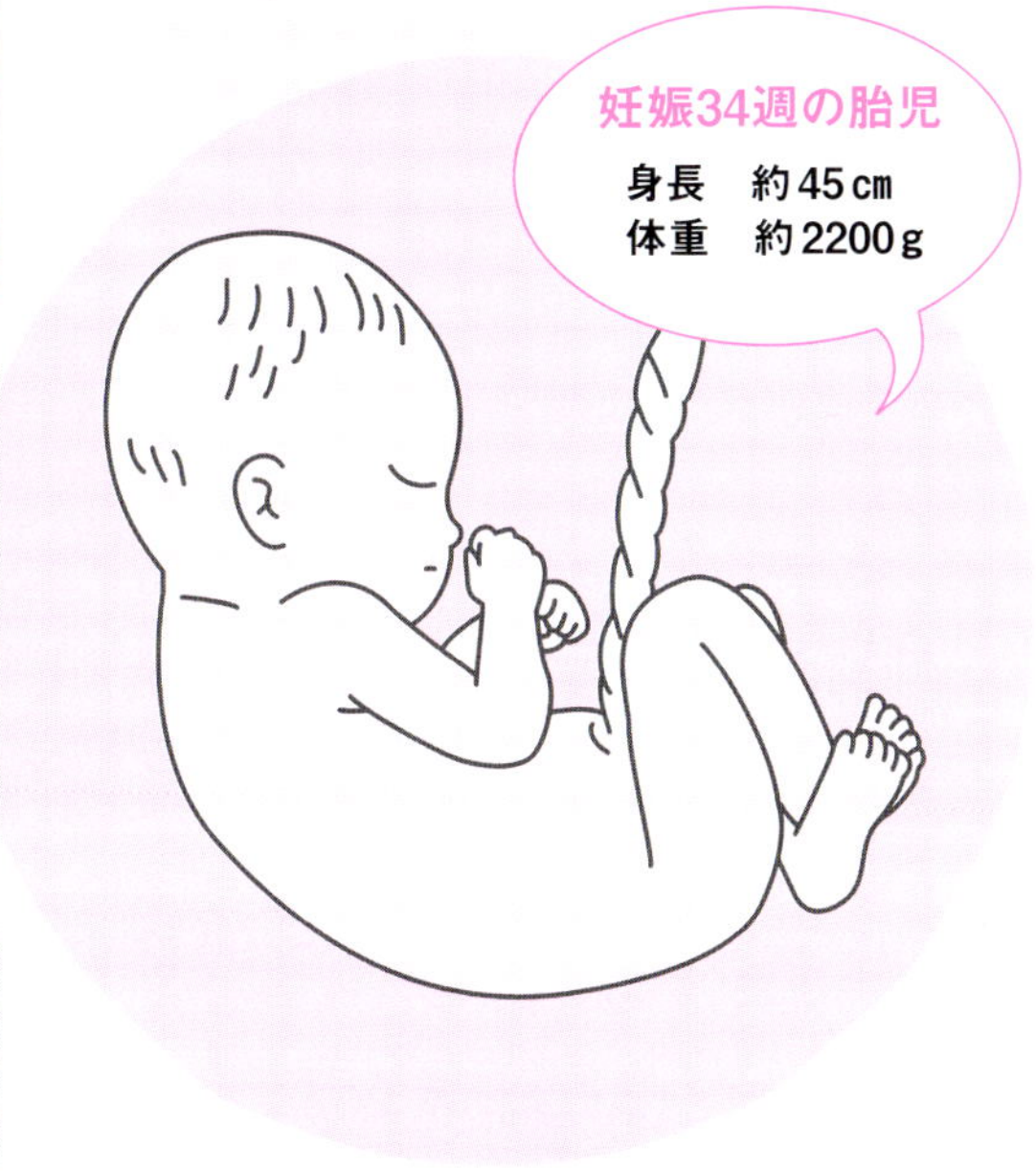

32～35週　9カ月

大きく重くなったおなかとうまくつきあって

大きなおなかの基本動作

お産もだんだん近づいてきて、おなかもかなり大きくせり出してきました。じゃまで家事がやりにくい、寝苦しいなど、妊娠中ならではの不便さやつらさ、どう解消すればよいのでしょうか？

覚えておこう!

- ゆっくり動く、あせらないがいちばんの基本
- 足元が見えにくいので、転ばないように気をつけましょう
- 同じ姿勢のままで長時間過ごさないように
- 特にあおむけで寝ると、下半身の静脈を圧迫して苦しくなることがあります
- 意外なところにおなかをぶつけることに注意して

動作はゆっくりと、あせりは禁物

おなかが大きくなって重くなると、ちょっと体を動かすだけでもつらいものです。加えて、動悸や息切れ、頻尿などのトラブルも出てきます。どうしても、1つひとつの動作がゆっくりになってしまうのはしかたのないこと。とっさの動きはとりにくくなっているし、体のバランスをとるのも容易ではありません。あわてて走って転ばないように、時間に余裕をもって行動をするようにしましょう。

今までとくらべて、物とおなかの距離感も鈍ってきているので、おなかをぶつけないように注意してください。ふだんはなにげない動作でも、おなかに力が入ってしまったり、腰痛がひどくなることもあります。なるべく快適に安全な生活を送れるように、基本動作のコツを覚えておきましょう。基本は、「動くときはゆっくり」、そして「あせりは禁物」。

家事は休息しながら。適度な運動も

大きくなったおなかでは、妊娠前や初期と同じペースでの生活は無理。家事の手抜きをしたり、夫にお願いしつつ、肩の力を抜いて過ごしましょう。疲れやすい時期なので、こまめな休息が大切。家事の途中でもこまめにすわったり、横になったりしてください。

あおむけで寝ると、おなかの重みが背中側の大静脈を圧迫して、血圧が下がり、気分が悪くなることも。抱き枕などを利用して、横向きで寝るようにしましょう。

休むときはシムズの体位がおすすめ

シムズの体位というのは、もともとヨガのポーズ。上半身をうつぶせにして、おなかから下は横向きになるので、おなかの大きい妊婦さんには、とてもリラックスできる姿勢です。妊娠中は運動も必要ですが、休息も同じくらい必要。おなかが大きくなると、どの姿勢も寝づらくなりますが、横向きポーズがラクでしょう。

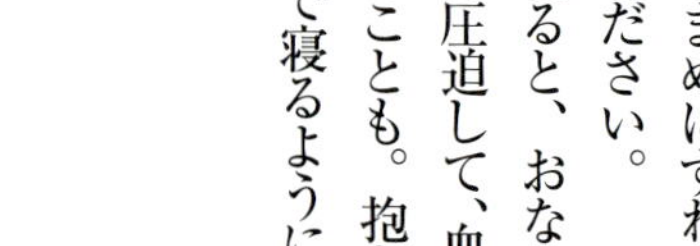

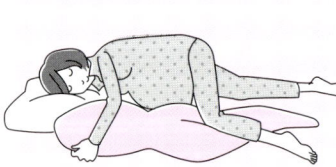

上半身は、枕に抱きつくような形でうつぶせに。下半身は横向きで、上になるひざにクッションなどをはさむとラク。

基本の動作を知っておこう

重いものを持つと、おなかに負担がかかる

重いものは持たない、が基本です。荷物が一方に片寄らないよう、なるべく両手２つに分けて体のバランスをとりましょう。買い出しにはショッピングカートがおすすめ。

ソックスを履く、足のつめを切る

この時期は足元も見えにくく、おなかがじゃまで靴下が履きにくいもの。靴下を履くときは、ベッドやイスに腰かけるとラクです。ひざを曲げながらゆっくり腰をおろして。あぐらも◎。

台所仕事はイスも使って

長時間立ちっぱなしになりやすいのが、料理をするとき。あまり根を詰めないで、野菜を切るなど、すわってできることはなるべくすわってしましょう。

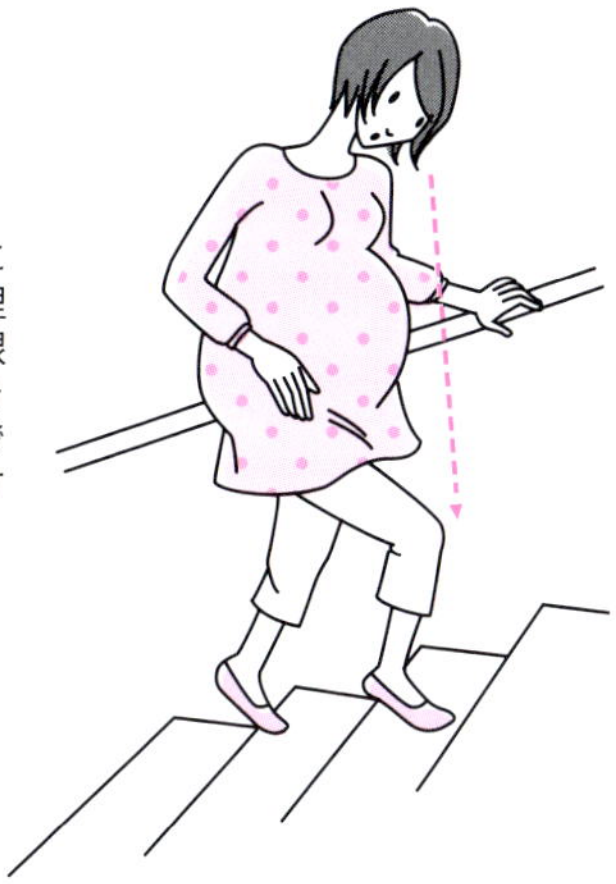

階段の上り下りは、足元に特に注意!

あごを引いて背筋を伸ばし、かかとを先におろしながらゆっくりと歩きます。階段の上り下りでは、少し体を斜めにして、足元をよく見ながら。特に下りるときが見えにくいので注意して。

掃除のおすすめは、雑巾がけ

四つんばいの姿勢は、安産ポーズでもあります。掃除機をざっとかけたら、こまかいところは雑巾がけにすると、掃除と安産体操と、両方できます。

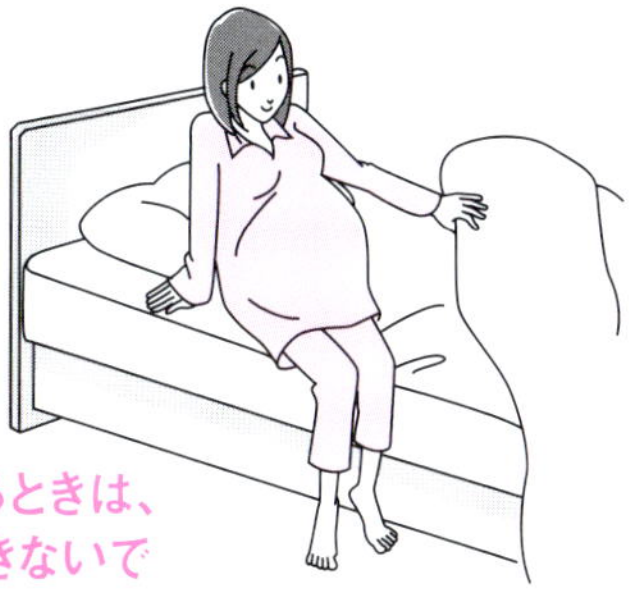

起き上がるときは、一気に起きないで

起き上がるときは、まず体を横向きにして手を着き、ゆっくり滑らせていきながら上半身を起こします。ベッドから下りるときは、一度ひざをついてから下りる方法も。

赤ちゃんと帰ってきてからドタバタしなくてすむように

留守にする自宅の準備

ベビーグッズや入院の準備が終わったら、お産で留守にする自宅のことも考えておきましょう。里帰り出産の場合は、夫への気づかいも忘れずに。

夫に引き継ぐことをまとめましょう

お産で自宅を留守にする際には、ゴミ出しの曜日やクリーニングの預け先などの家事に関することや、毎月の家賃の振り込みや新聞の集金など日々のこまごまとしたことについて、夫に引き継いでおかなくてはなりません。できれば、一覧などを作ると、夫にもわかりやすくてよいでしょう。洗濯機や掃除機の使い方、お米の研ぎ方やたき方などは、実際にいっしょに行って覚えてもらうと、赤ちゃんが生まれてからも安心です。

同居の義父母や近隣へのあいさつもしておくと、産後もお互いに気持ちよく過ごせます。いずれにしても、お産が早まることも考えて9カ月になったら進めておきたいものです。

夫に引き継ぐこと

日用品のありかを明確に

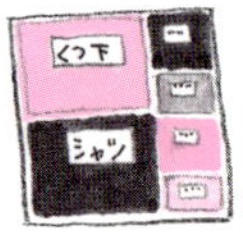

下着や洋服、小物などの収納は妻まかせという夫も多いもの。何がどこにあるかがわかるように、ラベルをはっておくなどの工夫を。時間がなくなる産後にも役立ちます。

預金残高をチェックする

引き落としできるだけの残高が残っているかどうか預金通帳をチェック。今まで集金に来てもらっていたものも、この際口座振替にすると、産後もわずらわしくなくてよいかも。

ゴミ出しの段取りをする

ゴミの分別方法はもちろん、分別したゴミごとの回収曜日や場所をいっしょに確認します。生ゴミなどもあるので、衛生面からも、こまめに出してもらうように伝えておきましょう。

自分でしておくこと

ご近所にひと声かけて

「赤ちゃんが生まれるのでうるさくなるかもしれませんが、よろしくお願いします」などと、あいさつしておくと、産後もご近所づきあいがスムーズに。

冷蔵庫の整理を始める

買いおきしていたものはどんどん使い、生鮮食品は必要最小限のもののみ買うようにします。ずっと入ったままになっている食品などがある場合は、これを機に処分しましょう。

冷凍保存で食事の作りおきを

ホームフリージングできるメニューをストックしておけば、夫はあたためるだけで食べられて便利です。長期間はもたないので、日付を明記して早めに食べてもらいましょう。

覚えておこう!

- 夫に引き継ぐことは一覧にしておくとわかりやすくて親切
- 家事のやり方はいっしょにやりながら教えるのがおすすめ
- 同居の義父母やご近所にもあいさつを
- 冷蔵庫の整理とホームフリージング作りをスタート
- 出生届けなど諸手続きについて夫と相談しておいて

まめに連絡をとり、夫婦の連帯感を

慣れ親しんだ実家で実母にサポートしてもらえる里帰り出産は、妊婦さんには心強いものです。実母にとっても、娘の役に立てる喜びや孫のお世話ができる幸せな時間でしょう。その分、つい、いろいろな面が実母におまかせになることも。夫も仕事が忙しいと、「実家にまかせておけば安心だ」と考えてしまいがちなので、出産や育児に参加しにくいというデメリットが生まれやすい面もあります。

里帰りしたときから、夫とはまめに連絡をとり合って、「自分たちの子どもを出産する」意識を共有するようにしましょう。出産のときも、できるだけ仕事の都合をつけてもらい、夫に里帰り先に来てもらって。お産の感動を分かち合うことで、夫婦としての連帯感は深まり、父親としての自覚も生まれるでしょう。

産後は何かと忙しくなりますが、メールなどを駆使して赤ちゃんの写真を送ったり、成長していく様子を報告したりすると、夫も赤ちゃんのかわいさを実感できるはず。帰宅後に親子3人の生活がスムーズに始まるよう、心がけましょう。

夫といっしょにしておくこと

赤ちゃんスペースを確保しておく

病院から帰ってきたら、すぐにねんねの場所が必要になります。ベビーベッドのセッティングをしておく、必要ならば模様がえをしておくなど、あとであわてないように準備をしておくこと。

洗濯・掃除をレクチャーする

洗剤や掃除道具の置き場所、使い方などを説明しておきます。家事いっさいを妻が仕切ってきたのなら、これをよい機会に、今後は夫にも覚えてやってもらいましょう。

出生届など諸手続きについての相談

出産すると、役所に届け出なくてはならないことがいろいろあります。何がどうなっているのか調べて、産後にあわてないようにしましょう。そのためにも、早めに名前を考えておくことも重要！

夫とは連携感を大事に

妊娠中

おなかの赤ちゃんの成長を報告。メールだけではなく電話もしましょう

おなかの大きさの変化や健診で医師から言われたことなどを夫に伝えましょう。メールは便利ですが、たまには電話で互いの声を聞くのも大切です。報告だけでなく、夫の生活の様子も聞きましょう。

出産

立ち会えなくても、できるだけ来てもらうことが大切です

「いっしょに出産を乗り切った」という体験は、夫婦のきずなを強くします。出産予定日前後は仕事の段取りをつけて、里帰り先に来てもらえるといいでしょう。立ち会えなかったとしても、立ち会おうとした行動そのものが、励みになるでしょう。

産後

電話やメールで赤ちゃんの様子を報告しましょう

パソコンなどを使える場合は、スカイプしたり、動画を見たりすることもできます。実際に動いたり、声を出したりしている赤ちゃんのかわいさを、夫にも伝えられるといいですね。離れていても、身近に感じられる工夫を。

必要なものをじょうずに選びましょう

育児グッズのそろえ方

赤ちゃんが生まれるまでに用意したほうがいいものもあれば、生まれてから様子を見て買い足したほうがいいものも。予算を立てて、賢くそろえましょう。

早めに情報収集して少しずつそろえましょう

育児グッズにはいろいろな種類があり、サイズ70以上の肌着など、産後に買い足しても間に合うものもあります。まずはどんなものがあるかを調べ、リストを作って予算を立てましょう。

リストアップしたら、それをチェックしながら購入。かさばるものもあるので、無理せず、夫や実母などにいっしょに行ってもらって。短期間しか使わなかったり、収納場所に困るようなものは、レンタルやリースをじょうずに利用しても。

情報収集のポイント

1 情報収集
雑誌やカタログを見たり、インターネットで調べてみて。サンプル請求してみても。

↓

2 リストを作る
そろえたいものをリストにしてショップへ。いくつか回って価格などを比較します。

↓

3 予算を立てる
高額な商品もあるので、家計から出せる金額と実際にかかる金額を確認しましょう。

↓

4 買い物
リストをチェックしながら購入します。自分の入院準備品もいっしょにそろえておくと○。

↓

5 買い忘れチェック
臨月になったら、最終的に買い忘れたものがないか、リストを見直して。

↓

6 レンタルの手配
予約時に期間も申し込むので、よく考えて。早めに予約しておくと安心です。

↓

7 買い足し
育児が始まると、「やっぱり必要」と思うものも出てきます。夫に協力してもらって。

買い物するときのポイント

何回かに分けて行きましょう

育児グッズには、大物家具やこまごまとしたものがあるので、一度に買おうと思わず、何回かに分けて購入しましょう。

リストを作るときのポイント

買うか、借りるか、もらうか

予算を立てる前に、友だちや先輩から借りられるものや、親や友だちから出産祝いとしてもらえそうなものをチェックしておきましょう。レンタル業者のリストアップもこのときに。

情報収集のポイント

育児用品メーカーのホームページやカタログ、店頭でチェック

まずは、育児雑誌などに広告が出ているメーカーのサイトや、産院の待合室にあるカタログなどを見てから、店頭で実際に確認して。

口コミで確認

先に出産した友だちや先輩などがいる場合は、使い心地やよい点、悪い点などを聞いてみても。

覚えておこう！

- 偏らず、いろいろなところから情報収集を
- もらえるもの、借りるものもリストアップして
- 無理せず、家族といっしょに少しずつ買い物しましょう
- 臨月になったら、買い忘れがないかチェック
- 様子を見ながら産後に買い足しして

妊娠中にそろえておきたいアイテムリスト

黒で書かれたものは必須アイテム、色で書かれたものは必要に応じて準備したいものです。

肌着

- □ 短肌着　4〜5枚
- □ コンビ肌着　3〜4枚
- □ ボディスーツ　3〜4枚

ウエア

- □ おくるみ　1枚
- □ ロンパース　2〜3枚
- □ ソックス　2〜3足
- □ スタイ　1枚
- □ ミトン　2組

おむつ

- □ 紙おむつ　2〜3パック
- □ おしりふき　5〜6パック

紙おむつ派

- □ 紙おむつ処理器　1個

布おむつ派

- □ 布おむつ　20〜30枚
- □ おむつカバー　3〜4枚
- □ おむつライナー　5〜6パック
- □ 洗濯用バケツ　1個
- □ 洗剤　1パック

授乳グッズ

- □ 授乳用ブラジャー　2〜3枚
- □ 母乳パッド　1パック
- □ 哺乳びん（120〜150mℓ）　1〜2本
- □ 乳首　1〜2個
- □ 粉ミルク　1缶
- □ 哺乳びん消毒グッズ　1個
- □ 哺乳びん洗浄ブラシ　1本
- □ 哺乳びん専用洗剤　1本

寝具

- □ ベビー用組み布団　1組
- □ 綿毛布・タオルケット　各1枚
- □ ベビーベッド　1台
- □ バウンサーなど　1台

沐浴・グルーミンググッズ

- □ ベビーバス　1台
- □ ベビーソープ・シャンプー　各1個
- □ 沐浴剤・入浴剤　1本
- □ ガーゼハンカチ　10〜15枚
- □ 湯温計　1個
- □ ベビー用バスタオル　2枚
- □ ベビー用綿棒　1パック
- □ ベビー用つめ切り　1個
- □ ベビー用体温計　1個
- □ ベビーブラシ・コーム　1個

お出かけグッズ

- □ マザーズバッグ　1個
- □ 抱っこひも　1個
- □ ベビーカー　1台
- □ チャイルドシート　1台

レンタルでも借りられるもの

- □ チャイルドシート
- □ ベビーベッド
- □ ベビーバス
- □ バウンサー

気持ちよく安全に過ごせる場所を選んで

赤ちゃんコーナーをつくろう

赤ちゃんは一日のほとんどをねんねで過ごします。ママがお世話しやすく、赤ちゃんも快適に過ごせるスペースを用意してあげましょう。

風通しや日当たりのよい場所に

赤ちゃんのためのコーナーは、快適に過ごせることがいちばん大切です。日当たりがよく、風通しがよい部屋を選びましょう。ママの目が届く場所であれば、リビングの一角などで十分ですが、カーテンなどで直射日光がさえぎれるか、窓をあけた際やエアコンをつけた際に風が直接当たらないかなどもチェックして。

また、赤ちゃんコーナーの周りにはよけいなものを置かず、スッキリさせておくのが原則です。額や棚など、赤ちゃんの頭上に落ちてくるものや倒れてくるものがないかどうかも、確認を。必要なら、部屋を整理したり、夫に頼んで家具の配置がえをしてもらいましょう。

赤ちゃんコーナーのチェックポイント

風通しがよい

赤ちゃんのために、毎日新鮮な空気に入れかえたいもの。窓をあけてみて、風の通り道を確認してみましょう。

掃除がしやすい

ホコリは意外にたまるので、アレルギー予防の点からも、こまめな掃除が必要です。周りもスッキリさせておいて。

ママの目が届く

生まれたばかりの赤ちゃんは、こまやかなケアが必要なので、コーナーはママの目が届く場所につくりましょう。

直射日光が当たらない

赤ちゃんは体温調節が未熟なので、直射日光が当たらないように工夫を。外気温に左右されやすい窓ぎわなども避けましょう。

頭の上に倒れるものや落ちてくるものがない

部屋を見回して、壁にかけてあるものや棚などをチェック。移動できないものは、倒れてこないように固定しておきます。

エアコンの風が当たらない

赤ちゃんは体温調節がうまくできないので、エアコンの風が当たると体が冷えすぎたり、熱がこもったりしてしまうので、注意して。

ケアグッズが置ける

おむつ替えなどをすることを考えて、近くにケアグッズを置けるスペースも確保できればベター。ベビーベッドの場合は下に置いても。

覚えておこう!

- 日当たりと風通しのよい部屋をつくりましょう
- 落ちたり、倒れたりするものがないところを選びます
- 直射日光や風などが避けられることも大切
- ベビーベッドか布団かは生活スペースや間取りによって決めて
- 産後は温度、湿度ともに赤ちゃんに快適な環境に

ベッドか布団かは家庭の状況しだいで

赤ちゃんの寝具は、ベビーベッドと布団の2種類があります。ベビーベッドには、ホコリがかかりにくく、掃除がしやすいというメリットがありますが、置くためのスペースが必要になるので、無理にベッドにしなくても。

夜はママとパパの寝室、昼間はママとリビングというような場合は、ママやパパの寝具といっしょにしたほうが、お世話をしやすいでしょう。

生まれたら快適な環境を保って

生まれたばかりの赤ちゃんは自分で体温を調節することができないので、こまめに部屋の温度を調節したり、着替えさせたりしてあげなくてはなりません。

部屋の温度は18〜22度ぐらい、湿度は50〜70％ぐらいが最適です。夏はエアコンのドライ運転などによる冷えすぎや扇風機の風に注意し、冬は乾燥しやすいので加湿器を使ったり、洗濯物を部屋干しにするなど工夫をしましょう。

赤ちゃんにとって快適な環境は?

温度 18〜22度くらい

湿度 50〜70%くらい

壁に温湿度計をかけて、部屋の温度と湿度をチェックしましょう。石油やガスの暖房器具を使う場合は、換気することも忘れないで。

寝室とリビングが離れている場合、昼間は

バウンサーなどを使っても

キャスターつきで移動ができ、ゆりかごのように使えるベビーチェアや、リクライニングになるバウンサーなどを使えば、いつもママの目の届くところに置けて安心です。

32～35週　9カ月

妊娠後期に逆子でも、最終的には頭を下にする赤ちゃんがほとんど

逆子は直る？

ある日突然ドクターに言われる「逆子ですね」の言葉。でも、悩まないで大丈夫。逆子の95％は出産までに直ります。また万が一直らなくても、安全に出産することができます。

大きい頭を下にする「頭位」が正常な姿勢

赤ちゃんは頭でっかちで、体にくらべて頭が重たいもの。妊娠26週ごろまでは、羊水の量が多いため、自由にクルクルと動き回っています。そして妊娠週数が進み、赤ちゃんが大きく、重くなるに従って、頭を下にした姿勢（頭位）になってくるのがふつうです。

ところが、なかには頭が上にある「逆子」の赤ちゃんがいます。逆子のほとんどは、骨盤の中に赤ちゃんのおしりがはまり込んでいる状態です。

中期には50～70％の赤ちゃんが逆子ですが、赤ちゃんが大きくなり、相対的に羊水の量が減って、子宮の中のスペースに余裕がなくなると、向きを変えるのがだんだんむずかしくなります。

逆子になる決定的な原因はわかりませんが、子宮や胎盤の状況によると考えられています。双角子宮や子宮筋腫、胎盤の位置が低い、羊水が多め、あるいは少なめ、などが影響します。ただし、多くは自然に頭位に戻り、最終的に出産まで逆子でいる率はわずか3～5％です。

お産がどうなるかは逆子の形によります

一口に逆子といっても、その形はさまざまです（左ページのイラスト参照）。

下から産めるかどうかは、逆子の状態や赤ちゃんの大きさ、妊婦さんの骨盤の広さ、産道のやわらかさによっても違ってきます。

おしりから先に進んでくる場合は下から産めることもありますが、やわらかいおしりからでは、頭位にくらべて子宮口

逆子になりやすい時期、直りやすい時期

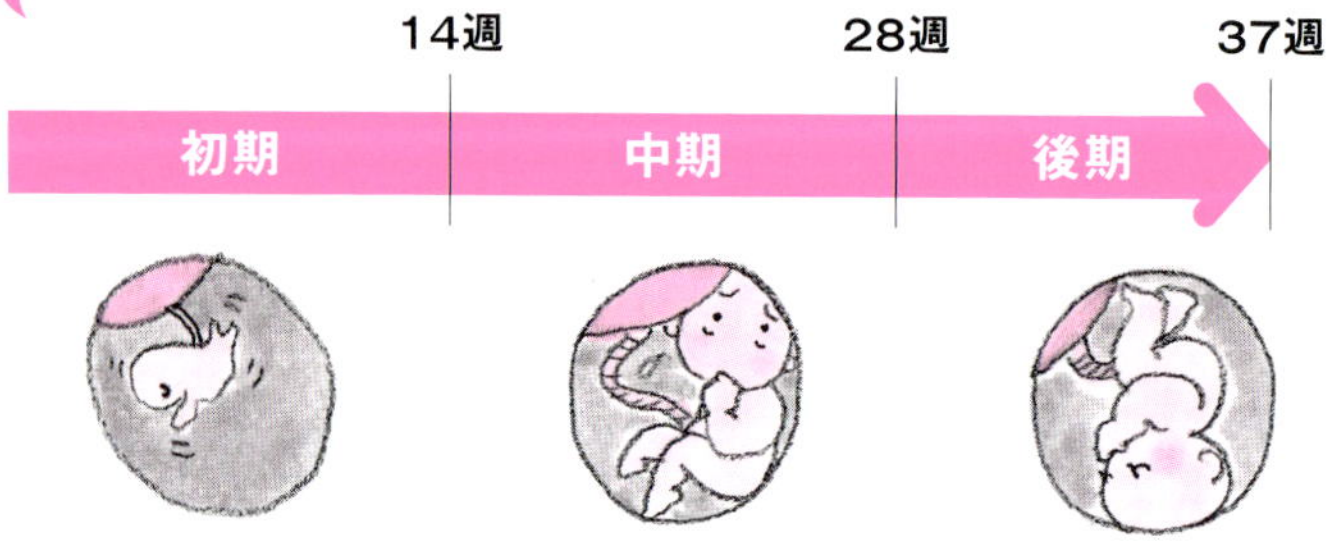

体が小さく、広い子宮内をクルクル動き回っている

徐々に頭が大きくなるが、まだ逆子の赤ちゃんも多い

重くなった頭が逆三角形の子宮の形におさまってくる

覚えておこう！

- おなかの赤ちゃんは、ふつう頭を下にしています（頭位）
- 「逆子」は頭が上にあり、おしりが骨盤に入り込んでいます
- 中期まで逆子だった赤ちゃんの多くは、後期には頭位に
- 経腟分娩ができるかどうかは、逆子の状態などにより違います
- 妊娠28週を過ぎても直らない場合は逆子直しを試してみても

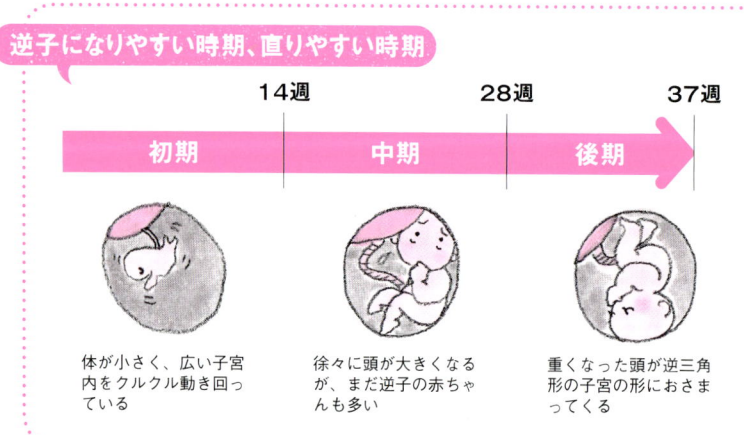

が開くのに時間がかかります。足が先に出てくる足位の場合は、赤ちゃんの体は出ても、最後にいちばん大きい頭がひっかかってしまう危険があり、帝王切開になるでしょう。

医師の指示を仰ぎ、逆子直し体操も

妊娠28週を過ぎても逆子のままで、医師の指示があったら、逆子直しを行うこともあります。ただ、おなかが張りやすいポーズなどは、今はあまり積極的には行いません。

手軽にできることとして、寝る向きを変える方法があります。おなかの赤ちゃんの背中が、上になるような向きで寝るようにします。人によってどちらに向くとよいかが違うため、超音波検査を受け、医師の指示を受けて行いましょう。

逆子の姿いろいろ

単殿位

おしりが下に、足は上に伸びている状態。いちばん経腟分娩しやすいポーズ。

頭位

経腟分娩できる、頭を下にした状態です。これが理想的な姿勢といえます。

膝位

おしりと足が下にある状態。両足が下なら全複殿位、片足が上がっていれば不全殿位。

複殿位

ひざの関節が曲がって下にあり、ひざから先にお産が進む。2番目に多いポーズ。

横位

体が横向きになっている状態で、ごくまれなケース。経腟分娩は不可能です。

足位

お産のときに足から進む状態になります。経腟分娩はむずかしいでしょう。

逆子が直る、といわれる方法はいくつかあります

できれば経腟分娩のほうが、ママにとっても赤ちゃんにとっても、負担は少ないもの。逆子が直るといわれる方法はいくつかあります。かつてはよく、胸とひざを床に着けて伏せる姿勢の「逆子直し体操」なども指導されましたが、おなかが苦しくなったり張ったりするため、今はあまり積極的には指導されません。いくつか方法はあるので、試してみるのもいいでしょう。

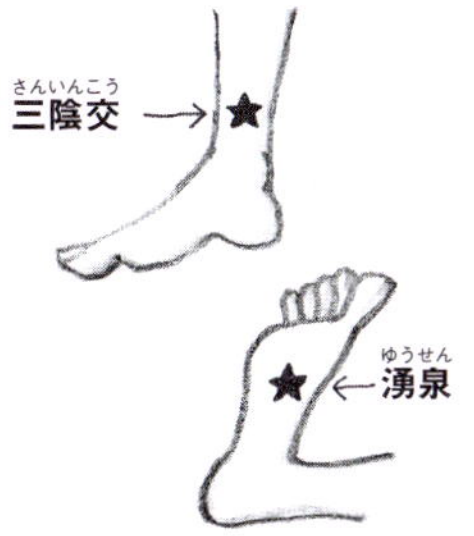

お灸や鍼

昔からされているお灸や鍼。三陰交のツボは、体をあたためるツボなので、逆子が直らなくても、妊婦さんの体にはいい効果が。

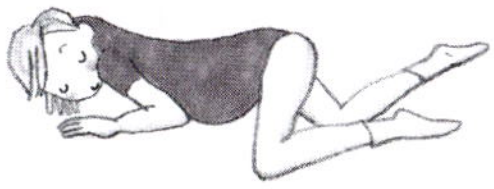

シムズの体位

寝る姿勢を変えることで、子宮の中に少し余裕ができるせいか、向きが変わることが。

外回転術

医師が、おなかに手を当てて、赤ちゃんの向きを変える方法ですが、熟練した技術が必要です。

赤ちゃんの命綱だから、何かあったらすぐ病院へ

胎盤と羊水のトラブル

赤ちゃんとママをつなぐ、命綱ともいえる胎盤。赤ちゃんを守っている、羊水。これらに起こるトラブルで母子ともに危険が生じることがあります。もしものときのために知っておきましょう。

覚えておこう!

- 羊水の量には個人差があるので、特に医師から説明がない場合は心配しないで大丈夫
- 万一陣痛が始まる前に破水が起きたら、すぐ病院へ
- 「前置胎盤」は胎盤が子宮口をふさぐ状態で、妊娠後期の出血に注意が必要
- 出産前に胎盤がはがれる「常位胎盤早期剥離」は妊娠8カ月以降に多い危険なトラブル

羊水が極端に多い、もしくは少ない

羊水は、主に母体の血液成分である血漿と胎児尿（赤ちゃんが羊水を飲んで栄養を吸収し、排泄したおしっこ）からつくられていますが、妊娠後期になると胎児尿が主成分となり量が減ってきます。妊娠7週ごろは10mℓだったのが、30週前後は700～800mℓにふえ、出産近くには200～400mℓになるのがふつうです。800mℓ以上になると「羊水過多」と診断され、原因は羊膜からの羊水分泌が盛んだったり、赤ちゃんの中枢神経系か消化器系に異常があることなどが考えられます。反対に、100mℓ以下の「羊水過少」は多くが原因不明ですが、赤ちゃんの腎臓系に問題があり、尿が排泄されないという理由が疑われます。

臍帯脱出

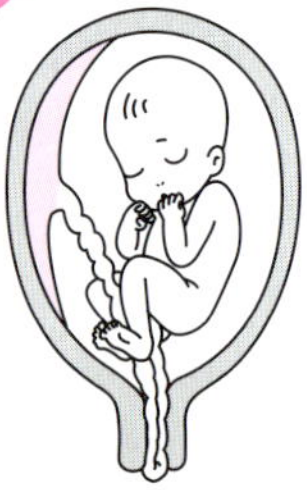

前期破水したときにこわいのは、胎児よりも先に臍帯が出てしまう臍帯脱出。逆子で破水した場合に多く、このままお産すると、産道と胎児に臍帯がはさまれて危険です。

ただし、どちらも比較的まれなトラブルなうえ、羊水量は個人差が大きいもの。医師から特に説明がなければ、神経質になる必要はありません。

陣痛が始まる前に破水が起きることも

お産のときに卵膜の一部が破れ、羊水が流れ出ることを「破水」といいます。痛みや出血はなく、生あたたかい水のようなおりものが流れ出る感じです。通常、破水はお産がかなり進んで子宮口が全開するころに起こるものですが、ときに陣痛が始まる前に起こることがあります。

羊水が流れ続けることで、腟と子宮をつなぐ道ができ、細菌が子宮内に入ってしまったり（細菌感染）、羊水といっしょにへその緒が出てしまう（臍帯脱出）危険が生じます。破水が起きたら、すぐにナプキンやバスタオルを当てて病院へ向かいましょう。量には個人差があり、少量だと尿もれと勘違いする人もいるようですが、羊水は無色透明で、少し生ぐさいのが特徴。おふろには入らず、できるだけ車を使い、羊水が極力流れ出ないように横になって入院します。

臨月前に破水してしまった場合には、感染対策のために長期入院が必要となったり、破水後そのままお産が始まり、早産になるケースもあります。

前置胎盤の種類

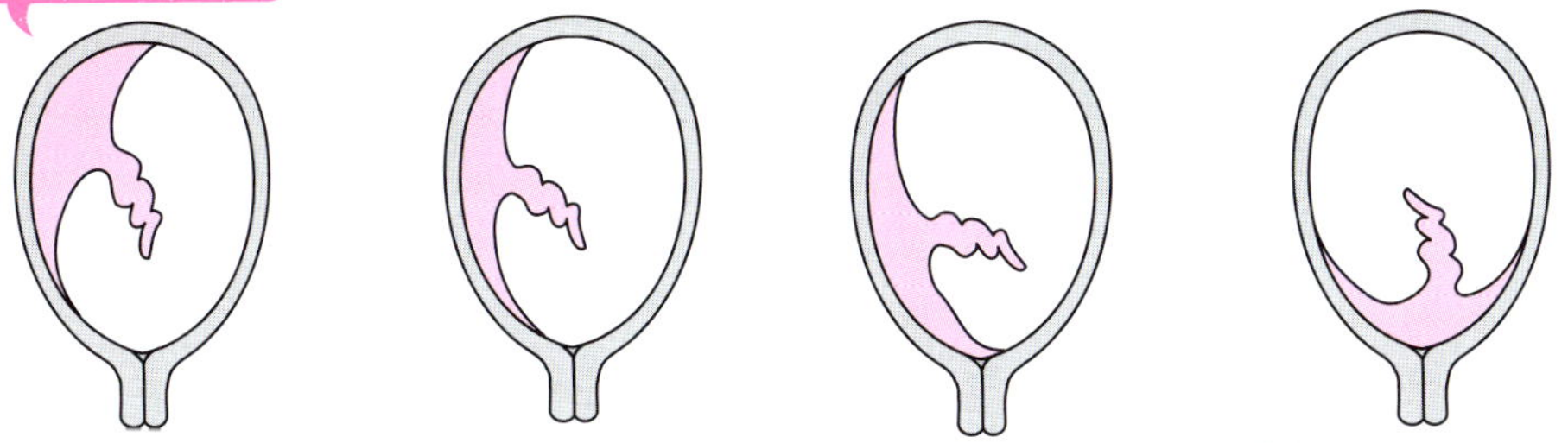

正常な胎盤
子宮の上側の前方（子宮底部）が、胎盤のあるべき正しい位置。

辺縁前置胎盤
胎盤の縁が子宮口に少しかかっている。経腟分娩の可能性あり。

部分前置胎盤
胎盤が子宮口の一部を覆っている。一部前置胎盤ともいう。

全前置胎盤
胎盤が子宮口の周囲にできて、完全にふさいでいる。帝王切開に。

胎盤が子宮口をふさぐ前置胎盤

受精卵が着床する胎盤の位置は、子宮の上のほうにできているのがふつうです。ところが胎盤が下のほうにできてしまい、子宮口の一部もしくは全部を覆ってしまうことがあります。この状態を「全前置胎盤」といいます。原因はよくわかっていませんが、子宮筋腫や、内膜に傷や炎症がある場合に起こるといわれ、経産婦さんにより多く見られます。

最近は超音波検査により、早い時期に前置胎盤はわかります。前置胎盤といわれている人は、妊娠後期の出血に注意してください。胎盤がはがれて大出血する前に前兆として少量の出血があることが多いので、少しでも不正出血があったらすぐに病院へ。お産は帝王切開になることも多いのですが、胎盤の一部が子宮口にかかる辺縁前置胎盤ならば自然分娩も可能です。また、子宮が大きくなるにつれて胎盤の位置が上がり、自然分娩が可能になることもあります。

常《じょう》位《い》胎《たい》盤《ばん》早《そう》期《き》剥《はく》離《り》は強い腹痛と出血が

正常な位置にある胎盤は、ふつうは赤ちゃんが生まれてからはがれて出てきます。ところが、なんらかの理由で出産前にはがれてしまうのが常位胎盤早期剥離です。これは通常妊娠8カ月以降に多く起こるトラブルで、手おくれになると非常に危険。赤ちゃんと母体をつなぐライフラインの胎盤が突然はがれるので、母子ともに命に関わります。原因は不明ですが、妊娠高血圧症候群の人には多く見られ、強い打撲などが原因になることもあるといわれています。

突然、激しい腹痛と子宮収縮が起こり、おなかが板のようにかたく張ります。胎盤が下からはがれると外出血、上からはがれると内出血に。おなかの中では大出血が起こっていますが、目に見える出血はそう多くはないこともあります。内出血のケースだとさらに気づきにくいので、かなり危険。少しでも兆候があったら、救急車を呼んででも産院へ急ぎましょう。緊急帝王切開をして、赤ちゃんと胎盤をとり出す必要があります。

妊娠10カ月【後期】36—39週

この時期のポイント

頻繁におなかが張るようになって、
お産の準備が進んでいきます。
また本格的な陣痛の前ぶれとして
前駆陣痛を感じることもあるでしょう。
少量の出血（おしるし）は、
お産が近づいた兆候。
あわてないで様子を見ます。

妊娠ライフメモ

●陣痛＝規則的な張り、です。「これかな」と思ったら、時計で間隔をはかりましょう。15分、10分……とだんだん短くなるようなら、本格的な陣痛の開始と考えられます。

●ひとりのときにお産が始まることもあります。いつでも入院できるように入院準備は万全に。連絡先や留守宅のことなど、事前に夫と相談しておいたほうがよいですね。

●いよいよお産が近づいたこの時期になると、だれもが不安になってしまうもの。今一度、流れや呼吸法をおさらいし、あとはリラックス！

母体の変化と特徴

赤ちゃんが骨盤内に下がってくるので、胃もたれや動悸、息切れが軽くなります。逆に膀胱や直腸への圧迫が強くなり、頻尿や便秘になりがち。おりものがふえるのは、子宮口をやわらかくして開きやすくするためです。

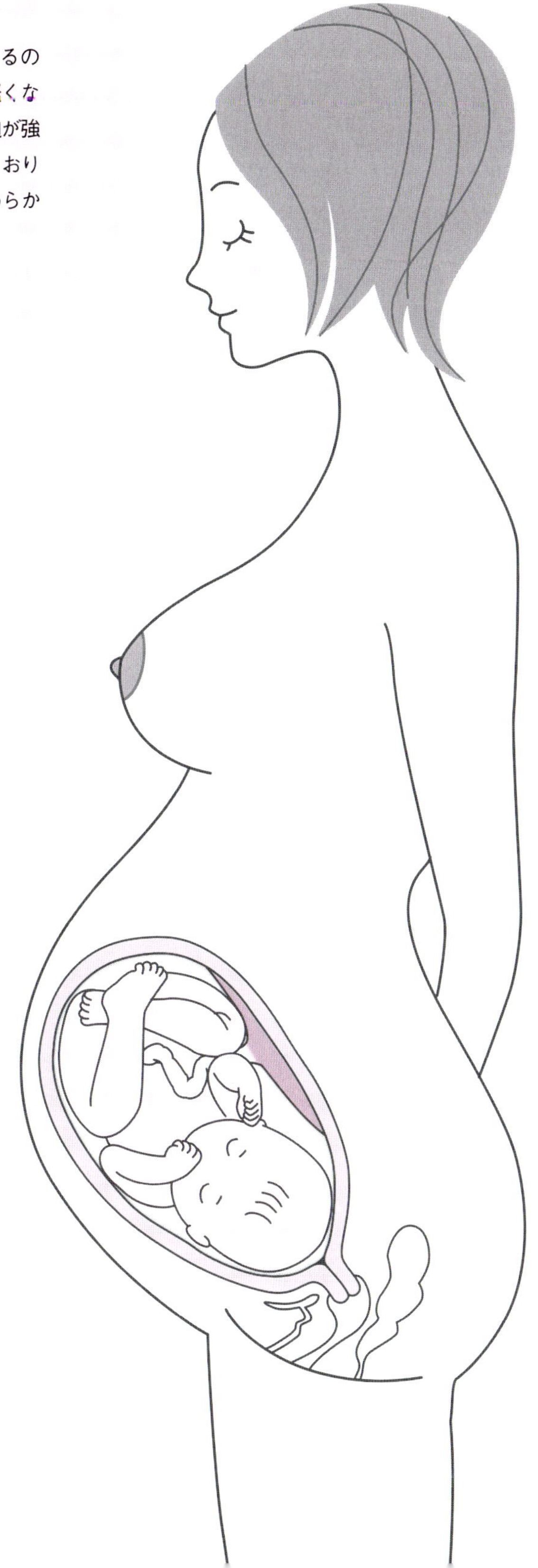

赤ちゃんの発育

20～30分周期で寝たり起きたりを繰り返しています。一般的に頭を下にした頭位で骨盤内に固定されるため、胎動は減少。内臓や神経系統も発達し、生まれてすぐに呼吸や体温調整、母乳を飲む準備が整っています。

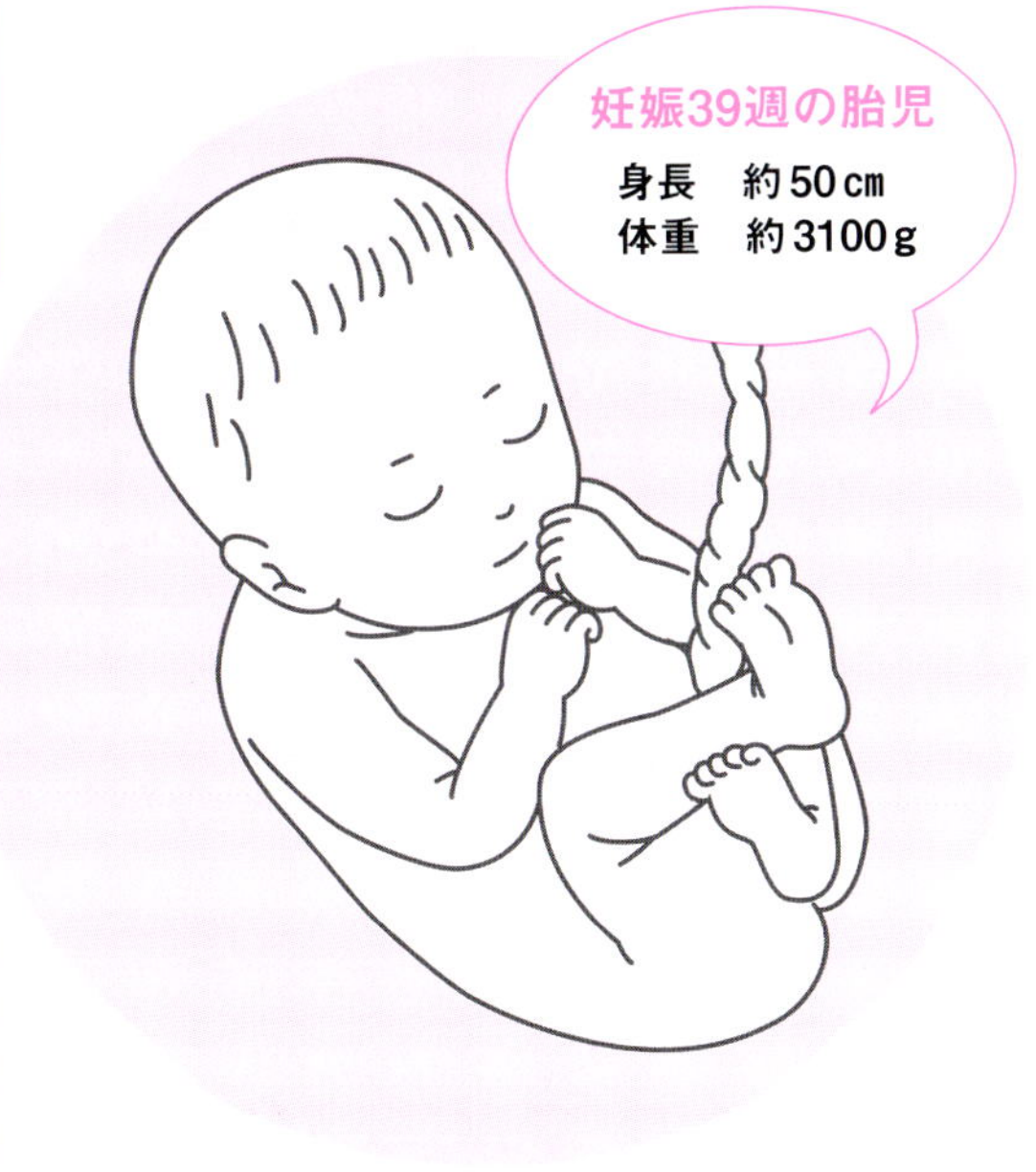

妊娠経過が順調なら始めましょう

妊娠中のおっぱいケア

妊娠中から、体の中ではすでにおっぱいをつくる準備が始まっています。産後の母乳育児をスムーズに進めるためにも、妊娠中にできることをしておきましょう。

吸いつきやすい、強い乳首に

母乳には、赤ちゃんの成長に必要な栄養がたっぷり含まれています。特に、産後2～3日間に分泌される「初乳」には、赤ちゃんを病気から守る免疫成分も多く含まれていますから、ぜひ飲ませたいものです。

母乳育児は、あごの発達にもつながり、授乳というスキンシップを通じて、母子の間に信頼関係が育つなど、数々のメリットがあります。

妊娠中から母乳育児の準備を始めて、産後の授乳をスムーズに進めましょう。臨月に入ったら、乳頭（乳首）のケアを始めます。まずは、乳頭の形をチェックしてみましょう。陥没乳頭や扁平乳頭など、乳首の形にトラブルのある場合は、ていねいな乳頭マッサージが必要です。見た目は問題がなくても、乳頭の伸びが悪いこともあります。乳輪からつまんで、乳頭の先端が人さし指の第一関節よりも短いときは、同じようなケアが必要です。

母乳は、赤ちゃんが乳頭に吸いつく刺激が脳に伝わって、血液からつくられます。1日に何度も吸われると、乳首が傷ついてしまうことがあります。傷つきにくい強い乳首にするためにも、乳頭マッサージはおすすめです。乳頭を刺激すると子宮が収縮することがあるので、おなかが張ったときは中止してください。

乳頭の形をチェック!

赤ちゃんは乳首だけでなく、乳輪部までくわえておっぱいを飲みます。乳頭の形によってはくわえにくいことがあるので、自分の乳頭の形を見て、ケアをしましょう。

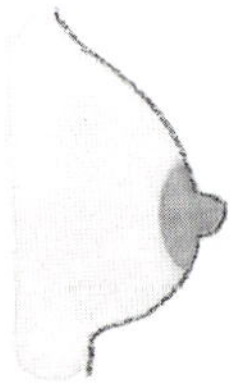

正常な乳頭

乳首がある程度（1～2㎝ほど）突出している状態が、正常な乳首の状態。赤ちゃんが吸いつきやすい形です。

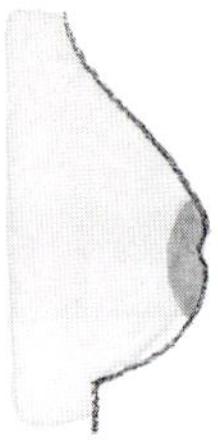

陥没《かんぼつ》乳頭

乳頭が乳輪の中に入り込んでいるタイプ。乳頭吸引器を使って引っぱり出してみます。それを続けてみて、指でつまみ出せるようになったら乳頭マッサージを。

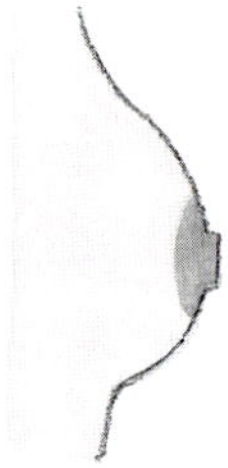

扁平《へんぺい》乳頭

ほとんど出ていなくて平らなタイプ。乳輪部からつまめて伸展性がよければ問題なし。伸展性の悪い場合は、乳頭マッサージをていねいに行ってみて。

覚えておこう!

- 傷つきにくい強い乳首にするためにマッサージが効果的
- 妊娠経過が順調なら、ケアを始めましょう
- 乳頭にトラブルがある場合は、ていねいなマッサージを
- おなかの張りがあるときは、マッサージを中止して
- 産後のために母乳相談ができるところをチェックしておいて

乳頭のマッサージ

初めは圧迫のみで、左右1分ずつ行います。慣れてきたら縦方向、横方向へのもみずらしもとり入れて、左右1分ずつ。入浴中なら皮膚もやわらかいので行いやすいでしょう。

基本の構え

片手でおっぱいを支え、もう片方の手の親指、人さし指、中指の３本の指で、指の腹がちょうど乳首に当たるように乳輪部から乳首をつまみます。

1 基本の構えから、３本の指の腹で乳頭の先端をつぶすように意識して圧迫（指の腹と腹がくっつくくらいの気持ちで）。最初は、５～10秒くらいをかけてゆっくりと。乳頭・乳輪部の位置変えながら圧迫します。

縦方向

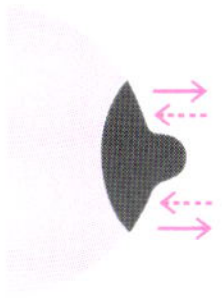

横方向

2 乳頭を３秒くらいで先端までつぶすくらいに圧迫できたら、縦方向にもみずらし、次に横方向に。乳頭・乳輪部を時計回り、反時計回りに交互にひねってもみずらしましょう。

食事や下着選びにも気をつける

●バランスのとれた食事がいちばん

バランスのとれた食事がいちばん。妊娠中は母乳のためだけでなく、おなかの赤ちゃんのためにも栄養バランスのよい食事をとるように心がけて。母乳はビタミンＫの含有量がやや少ないので、妊娠中からビタミンＫを含む納豆や緑黄色野菜を積極的にとりましょう。

●下着は締めつけないものを

妊娠中は乳腺が発達してバストが急激に大きくなります。乳腺を刺激しないように、サイズにもゆとりのあるものを選んで。バストを締めつけず、ゆったり包んで支える、ハーフトップタイプなどがおすすめです。

母乳育児のことを相談できる場所や人をさがしておきましょう

産後、実際に母乳育児を始めてみると、軌道に乗るまでいろいろなことが起こるでしょう。うまく母乳が出ない、逆におっぱいが張りすぎる、乳首が切れる、など慣れない育児にプラスして、体に痛みがあるトラブルなので、大変だと感じる人も多いようです。赤ちゃんが吸う力と、ママのおっぱいのぐあいのバランスがとれてくると、だんだんトラブルも減り、スムーズに授乳ができるようになります。

出産する産院が近くて、母乳外来があるならベストですが、そうではない場合、産後1～2カ月を過ごすところの近くに、助産院など母乳について相談できるところがあるかどうか、妊娠中にさがしておきましょう。

出産まで、あと少しがんばって！
臨月のマイナートラブル

臨月に入ると、赤ちゃんはまた一回りグーンと大きくなります。大きくなった子宮に圧迫されて、体にいろいろな不快症状が出ることも。もうちょっとのがまんです。

覚えておこう！

- 休むときは体を横向きにして、シムズの体位などに
- 不眠や食欲不振がある場合は、リラックスを心がけて
- 脚のつけ根や恥骨の痛み、骨盤のゆがみ、皮膚のトラブルなど、産後に治るものは痛みを軽くする対策や医師への相談を
- 母乳が出ても心配ありませんが、多いときは医師に相談して

あおむけで寝ると冷や汗が…

子宮の後ろには、足から心臓に戻る静脈が走っています。あおむけに寝ると、大きくなった子宮がこの静脈を圧迫し、血圧が下がって気分が悪くなったり、脳貧血を起こすことがあります。これを「仰《ぎょう》臥《が》位《い》低《てい》血《けつ》圧《あつ》症《しょう》候《こう》群《ぐん》」といいます。

休むときは体を横向きに。シムズの体位（Ｐ１５８参照）など、ラクになれる姿勢を工夫してみてください。

お産への緊張から睡眠不足になる人も

寝苦しさや頻繁にトイレに起きることから、不眠を訴える妊婦さんも多いもの。夜中に熟睡できないと疲れやすくなるので、昼寝で睡眠を補いましょう。

体の不調ばかりでなく、お産に対する緊張感から寝つきが悪くなることもあります。鎮静効果のある入浴剤などを入れた、ぬるめのおふろにのんびりつかって、リラックスするようにしましょう。

脚のつけ根や恥骨の痛み

脚のつけ根には靭帯が通っているために、これが大きくなった子宮に引っぱられて、つったり、痛みを感じることがあります。臨月に入って子宮の収縮がよく起こるようになると、そのたびに脚のつけ根が痛むこともあるでしょう。内ももの筋肉を伸ばすような安産体操をすると、ある程度は予防することができます。

また、お産が近くなって、赤ちゃんの頭が骨盤の中に下がってくると、圧迫されて脚のつけ根や恥骨のあたりに、重苦しさや痛みを感じることもあります。

特に恥骨は、お産のときに赤ちゃんの頭が通りやすいように、左右の結合部がゆるむ仕組みになっているので、痛みを感じることが多いでしょう。痛みがひどいときは、医師に相談してください。

骨盤のゆがみは坐骨神経痛に

骨盤の左右のバランスがとれていないと、妊娠による体重増加でゆがみに負担がかかり、坐骨神経が圧迫され、痛みを感じるようになる人もいます。症状を軽くするには、湿布や塗り薬などがありますが、やはり安静がいちばんです。

お産には影響ありませんし、大きくなった子宮に圧迫されたために起きた痛みなら、産後は治ります。ただ、もともと骨盤にゆがみがある人は、回復に時間が

かかるかもしれません。

ヘルペスにご用心

外陰部にヘルペスができていると、出産で赤ちゃんが産道を通るときに感染することが心配されます。ヘルペスに感染した赤ちゃんの致死率はきわめて高いので、お産までに治らなければ、帝王切開でのお産になります。ただし、口のわきなどにできる口唇ヘルペスではこの心配はありません。

ヘルペスは一度かかると再発しやすいやっかいな病気です。きちんと治療を受け、体調を整えて、お産までに再発しないようにしましょう。

胃はスッキリ、なのに食欲不振

妊娠36週を過ぎると、赤ちゃんがしだいに下がっていくので、胃のあたりがスッキリ。食欲が戻ってくる人が多いのです。ところが、お産が近づいてくると、ストレスから胃の調子が悪くなって、食欲が落ちてしまうことがあります。頭痛が起きたり、精神的に不安定になってイライラしてしまうことも。

お産に対して不安な気持ちをもつのは当然ですが、出産を乗り越えれば、いよいよ赤ちゃんとご対面。自分の手に抱っこすることができるのです。赤ちゃんに会える日を楽しみにして、気持ちを前向きにして過ごしましょう。

出産前なのに、白い母乳が出ることも

出産が間近に迫ってくると、乳腺はさらに発達して、母乳を出す準備を整えます。まだ赤ちゃんが生まれていないのに、乳首から白い汁やどろっとした透明の液が出ることがあるでしょう。

これは、産後に出てくる初乳とは違う成分のもの。異常ではありませんから、心配しなくても大丈夫。血がまじっても異常ではありませんが、回数や量が多いときは医師に相談してください。

わきの下におっぱいが？

乳房以外に、わきの下におっぱいのようなふくらみができることもあります。これは「副乳《ふくにゅう》」と呼ばれていて、退化した乳腺がホルモンの刺激でふくらんだものです。母乳は出ませんが、張って痛むときは冷やしてください。授乳期が終われば、元に戻ります。

このほかに、乳首の周りにイボのようなブツブツができることもあります。これは「モントゴメリー腺」と呼ばれています。妊娠したことで目立つようになりますが、痛みを伴うこともなく、全く心配のいらないものです。

湿疹やじんま疹も

妊娠中は、ホルモンの作用で皮膚にアレルギー症状が起こりやすくなっています。臨月に入ると、大きなおなかが負担になって胃腸の調子が低下することも多く、ちょっとした刺激で湿疹やじんま疹が出てしまうことがあります。

産後は自然に治りますが、かゆみなどがひどいときは医師に相談して、症状をやわらげる治療を受けましょう。

ちゃんと育ってる？　無事生まれてこられるの？

赤ちゃんの気がかりを解消

健診で、赤ちゃんが「大きめですね」「小さめだね」などと言われると、心配になってしまいます。でも、たいていは個人差の範囲内のこと。不安なら主治医に確認を。

覚えておこう！

- 赤ちゃんの大きさには個人差や誤差があります
- 順調に成長していれば、あまり心配いりません
- 赤ちゃんが小さい原因は染色体異常や母体の合併症など
- 赤ちゃんが大きい原因は合併症や遺伝が考えられます
- 胎動が急になくなった場合はすぐに受診しましょう

大きさ

大きい・小さい　推定体重には、誤差がつきもの。順調にふえていればあまり心配しなくて大丈夫。

超音波で計測して「推定体重」を算出

赤ちゃんの推定体重は、超音波で赤ちゃんの頭の横幅、おなかの厚みや横幅、あるいは面積や外周径、太ももの骨の長さなどを計測して算出します。

下の図は、赤ちゃんの妊娠週数ごとの標準体重をあらわしたもの。推定体重が、このグラフの帯の中（標準範囲）にあり、曲線に沿うようにふえていれば、問題はないでしょう。

推定体重が標準範囲を上回ったり、下回ったりすると、大きめ、小さめと言われることがありますが、実は推定体重には誤差がつきもの。３００ｇくらいは誤

妊娠中の赤ちゃんの体重変化

ピンク色のついた帯の中が標準範囲、中心の線が平均値を示します。妊娠週数ごとにグラフを縦割りに見て、帯の中に入っていれば標準サイズということになります。それぞれの時期の胎児の80％が標準範囲に含まれます。

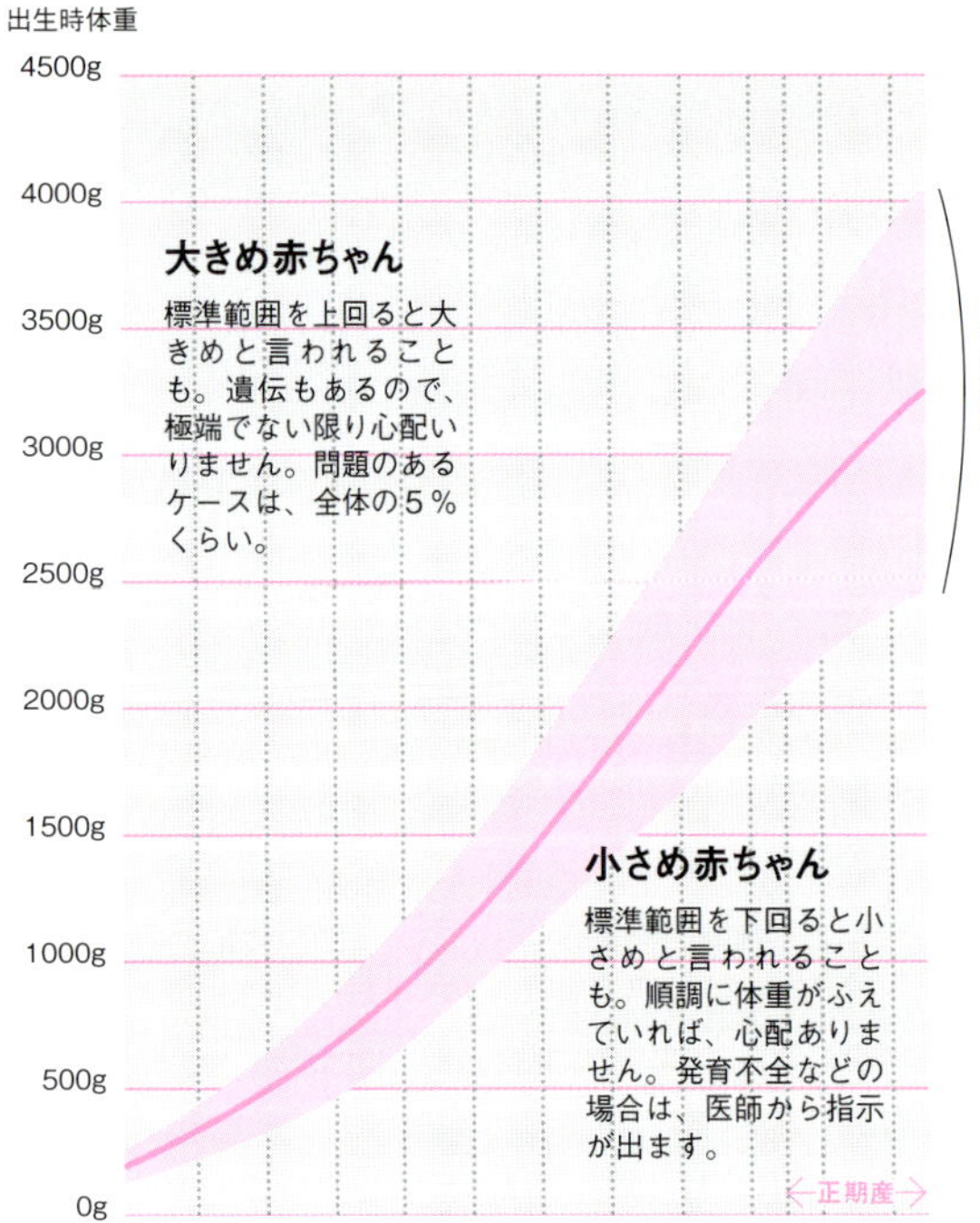
出生時体重
4500g
4000g
3500g
3000g
2500g
2000g
1500g
1000g
500g
0g
18 20 22 24 26 28 30 32 34 36 37 38 40 41
妊娠数週
正期産
標準範囲
大きめ赤ちゃん
標準範囲を上回ると大きめと言われることも。遺伝もあるので、極端でない限り心配いりません。問題のあるケースは、全体の５％くらい。
小さめ赤ちゃん
標準範囲を下回ると小さめと言われることも。順調に体重がふえていれば、心配ありません。発育不全などの場合は、医師から指示が出ます。

出典：「推定胎児体重と胎児発育曲線」保健指導マニュアル

差が出ることがあるので、あまり気にすることはありません。

また、大人に身長や体重の個人差があるのと同様に、赤ちゃんにも標準より小さい子、大きい子がいてあたりまえです。

赤ちゃんが小さくなる原因

小さめと言われても、実際は成長に問題がないことが多いのですが、なかにはごくまれに、赤ちゃん自身の心臓や脳神経系統の障害、染色体異常などが原因で、発育不全を起こしているケースもあります。このような場合は、赤ちゃんが最初から小さいのが特徴です。

妊婦さんのほうに問題がある場合も考えられます。妊娠高血圧症候群では血管が収縮し、血圧が高くなっています。そうなると、子宮への血液の流れが悪くなり、必要な酸素や栄養が不足して赤ちゃんの発育に影響が出ます。胎盤も、妊婦さんから赤ちゃんへと栄養を運ぶ大切な役割を果たしているので、その働きが悪くなると、赤ちゃんが順調に育たなくなります。

妊娠週数が進むにつれて、標準値との差が開いていく場合は、なんらかの異常がある可能性もあります。そのようなときには、医師から検査などの指示があるはずです。

赤ちゃんが大きめになる原因

赤ちゃんが大きくなる原因としては、カロリーのとりすぎ、糖尿病などの病気が考えられますが、遺伝も大きな要因です。

標準よりも大きいお母さん、体格のいいお父さんの遺伝子を受け継いだ赤ちゃんが、大きめになるのは当然です。標準値よりも2週間分くらい大きいのは、正常の範囲内といえます。推定体重に誤差が出ることもあるので、しばらく様子を見てから再計測したり、妊婦さんに糖尿病がないか検査をすることもあるでしょう。

また、統計的に見ると、第2子は第1子よりも２００ｇくらい大きくなる傾向にあります。これは、1人目のときよりも子宮が伸びやすく、赤ちゃんが伸び伸びと育つ環境が整っているからだと考えられます。

ただ、第3子となると、必ずしも大きくなるとは限りません。育児などの疲れ、年齢などの悪条件が重なるために、第2子と同じくらい、またはかえって小さくなることもあるようです。

推定体重

推定体重は、超音波検査で計測した赤ちゃんの頭の横幅（BPD）、おなかの厚み（APTD）や横幅（TTD）、太ももの骨の長さ（FL）の数値を組み合わせて算出します。

A 頭の横幅（児童大横径:BPD）
赤ちゃんの頭を上から見て、左右の横幅がいちばん長いところの数値。

B 腹部の厚み（軀幹前後径:APTD）
おなかの前後の厚み。体の向きや呼吸などによって数値に誤差が出ることも。

C 腹部の横幅（軀幹横径:TTD）
赤ちゃんの左わき腹から右わき腹までの横幅。

D 太ももの骨の長さ（大腿骨長:FL）
脚のつけ根からひざまでの骨の長さ。発育状況を知る目安になります。

腹部周囲径（AC）
Cをはかるあたりをぐるり一周する長さ。

胎動

胎動で赤ちゃんの元気を確認できます。「胎動10カウント法」でチェックしてみて。

胎動が激しいのは、元気な証拠！

赤ちゃんが大きくなると、手足や頭を突き出して、キックされることもあり、痛みすら感じることも。

でも、胎動は赤ちゃんが元気な証拠。赤ちゃんの性格もあらわれます。活発な赤ちゃんなら激しい動き、おとなしい子なら静かな動き……。おなかにいるときからの性格は、その後も持続することが多いようです。

胎動が強くても弱くても、動いているようなら心配いりません。しかし、ごくまれに、急に激しく動いたあとに、胎動がピタッとなくなることがあります。このようなときは、おなかの中でトラブルが起きている可能性があるので、すぐに産院を受診してください。

20分おきに、寝たり起きたり

妊娠30週を過ぎるころから、赤ちゃんは20分ごとに寝たり起きたりのサイクルで生活するようになります。

20分間は元気に体を動かして、次の20分間は静かに眠って過ごすリズムで、これは昼夜を通して同じです。ですから、胎動が20分くらいなくても、心配はありません。

日中は、妊婦さんも忙しく動いているので、胎動に気づかないことが多いものです。夜のリラックスした時間帯には、胎動を感じとることができるでしょう。寝る前の静かな時間は、胎動を感じるチャンスです。妊娠30週を過ぎたら、時間帯を決めて毎日「胎動10カウント法」で、赤ちゃんの元気な胎動を確かめてみましょう。胎動をカウントしながら赤ちゃんに話しかけると、有意義な時間にすることもできますよ。

「胎動10カウント法」でチェック

「胎動10カウント法」とは、赤ちゃんが元気かどうかを自分でチェックできる手軽な方法です。赤ちゃんと向き合える時間をつくるよいチャンス。ぜひ試してみてください。

記入例

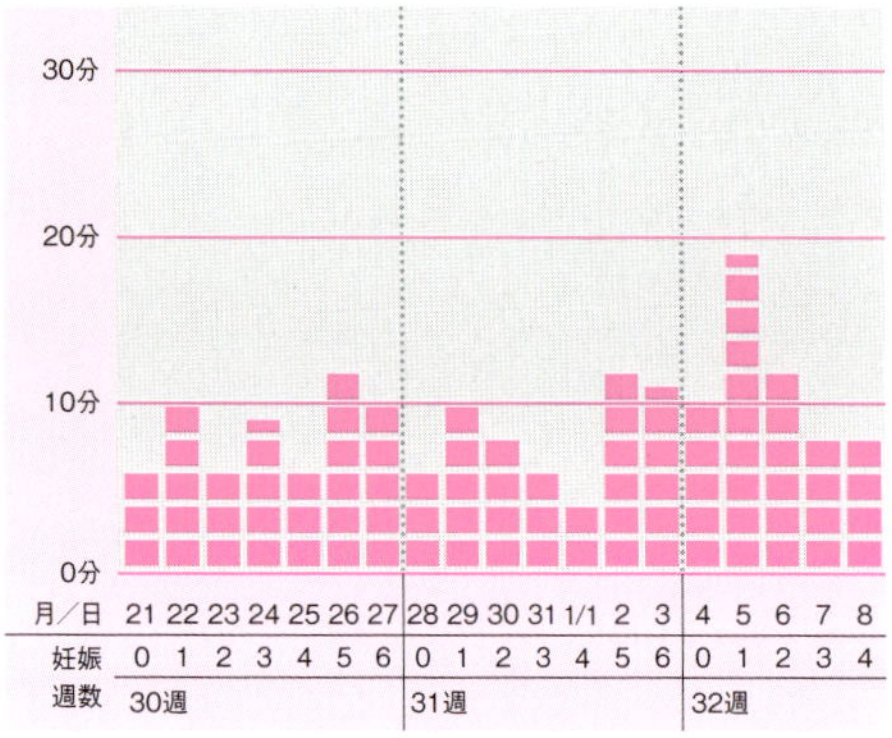

【グラフの記入法】自分の妊娠週数の上に日付を書き込み、その日、10カウントするのにかかった時間を塗りつぶします。自分の目で赤ちゃんの元気さを確かめられるうえ、赤ちゃんの異常に気づくきっかけになることも。

胎動10カウントのやり方

①妊娠30週ごろから始めます。②毎日決まった時間帯に測定。横になり、リラックスした状態で行います。③胎動を10回感じるのに何分かかったかをグラフに記入します。④続けて動くときは、止まるまでを1回と数えます。⑤30分以上かかるときは、1日に2〜3回測定しましょう。それでも30分以上かかるときは、医師に相談を。

もっと知りたい赤ちゃんQ&A

Q 体重の増加にばらつきが…

毎回の健診で体重はふえているのですが、ふえ方にばらつきがあります。とても気になるのですが。

A 推定体重は、超音波ではかった体の各パーツの数値から算出します。頭の横幅は3乗するので、1㎜違うだけで体重はずいぶん違います。ふえ方のばらつきは、誤差の範囲内でしょう。

Q 赤ちゃんの発育が悪いようです

妊娠30週のころから赤ちゃんの発育が悪く、子宮内胎児発育遅延と診断されました。何が原因なのでしょう。

A 原因不明の場合もありますが、妊娠高血圧症候群の影響で体全体が循環不全を起こしている、胎盤機能が低下するなど、子宮環境の悪化が考えられます。安静が第一なので、入院して点滴をするといった処置を受けることも。

Q 頭が大きいのは水頭症のせい?

頭だけが異常に大きいようです。医師から特に注意はないのですが、水頭症ではないでしょうか。

A 水頭症は、髄液が流れる通路が詰まるなどして、脳室に水がたまる状態です。超音波で見れば、すぐに診断がつきます。医師から何も言われなければ、問題はないでしょう。

Q ダウン症ではないかと心配

超音波で見る横顔が、鼻よりも唇のほうが飛び出ていて、ダウン症の特徴に似ているような気がします。

A 赤ちゃんはおなかの中でいろいろなことをしています。たまたま、羊水を飲むのに口を動かしていたのでは。お産が近づくと神経質になるのは無理のないことですが、むやみに心配してはかえってよくありません。

Q 下腹部に胎動を感じます

胎動をいつも下腹部に感じます。まだお産まで間があるのに、赤ちゃんが下がっているのでしょうか。

A 胎動は、膀胱の裏や下腹部で感じることが多いものです。これは、赤ちゃんがそり返るときに、頭がぶつかるから。下がってきているサインではありません。

Q 胎動が弱くなるのは赤ちゃんに問題が?

臨月に入ってから、胎動をあまり感じません。もしかして、赤ちゃんが弱っているのかも……。

A 妊娠38週を過ぎると、赤ちゃんの頭が骨盤の中に入って固定されるので、しだいに大きな胎動は少なくなるでしょう。ただし、お産間近でも、胎動を全く感じないことはなく、20分に1回くらいは感じるものです。

もしかして難産になってしまう？

お産の気がかりを解消

健診のときに医師から「産道がかたいから、難産になるかも」と言われたり、高齢出産だと不安がつのるかも。でも、必要な手助けをしてもらえますから、心配しすぎないで。

産道がかたいと、どうなるの？

赤ちゃんは、子宮頸管から膣、骨盤底筋を通って出てきます。この通り道を、「軟産道《なんさんどう》」と呼びます。お産が近づくにつれて、軟産道はやわらかくなり、子宮口が開きやすくなります。これを「頸管の熟化」といい、臨月に入ると、健診のつど内診を受け、熟化の程度を調べます。妊娠37週を過ぎても熟化が始まらないと、健診で「産道がかたい」と言われることもあるでしょう。そのまま陣痛が始まると、子宮口が開くまでに時間がかかり、難産になるおそれがあります。

でも、陣痛が始まると、自然に熟化が進むことも多いので、心配しすぎる必要はありません。陣痛が始まっても熟化が進まないときは、熟化を促す注射や坐剤を使うことも。こういった手当てで、ふつうはスムーズにお産が進みます。

太りすぎると、お産が長引く？

臨月になると、妊娠生活のゴールも間近。気がゆるんだり、子宮が下がって空腹感を感じるようになり、つい食べすぎて、急に体重がふえてしまう人が少なくありません。

太ったからといって、必ず難産になるわけではありません。しかし、太りすぎると、骨盤の内側や産道の周囲にも脂肪がついてしまうために、子宮の収縮が弱くなって微弱陣痛になり、分娩時間が長引くなどのリスクが高くなります。

こうなると、産婦さんの体力が消耗して、さらに陣痛が弱くなり、最後にいきめないということもありえます。

このほか、肥満によって血圧や血糖値が高くなり、妊娠高血圧症候群や妊娠糖尿病などの合併症を招きやすいことも心配。そうした事態にならないように、規則正しい食生活をし、散歩や家事などでこまめに体を動かして、最後までしっかり体重管理をしましょう。

身長が低いと難産になりやすい？

身長150cm以下の小柄な妊婦さんの場合、骨盤がやや狭い傾向があります。

覚えておこう！

- もし産道がかたいままでも必要な処置をしてもらえます
- 微弱陣痛や合併症を起こさないよう、最後まで体重管理を
- 経腟分娩できるかどうかは赤ちゃんの頭と骨盤の大きさで決まります。赤ちゃんの頭より骨盤が狭い場合は予定帝王切開に
- 遺伝や年齢は難産に関係ありません

でも、小柄だから必ず難産ということはありません。骨盤が狭くても、赤ちゃんの頭が小さめで無理なく通れるなら問題ないのです。

また、赤ちゃんは、出産のときに頭の骨を重ねるようにして（骨重《こつじゅう》）、頭を細くしながら産道を通ってきます。このため、逆子でなければ、骨盤が多少狭くても経腟分娩できることもあります。

骨盤が狭くて帝王切開になるケース

赤ちゃんの頭に対して骨盤が狭い状態を「児頭骨盤不均衡《じとうこつばんふきんこう》（CPD）」と呼びます。赤ちゃんの頭の大きさは、超音波検査でわかりますし、骨盤の大きさは超音波計測や外計測で判断します。骨盤のX線写真の撮影は、最近は行われない傾向にあります。もし骨盤計測のためのX線を撮っても放射線量が少ないので、赤ちゃんに影響が出ることはありません。

その検査の結果、やはり赤ちゃんの頭よりも骨盤が狭くて、経腟分娩がむずかしいと判断されたら、予定帝王切開でのお産になります。

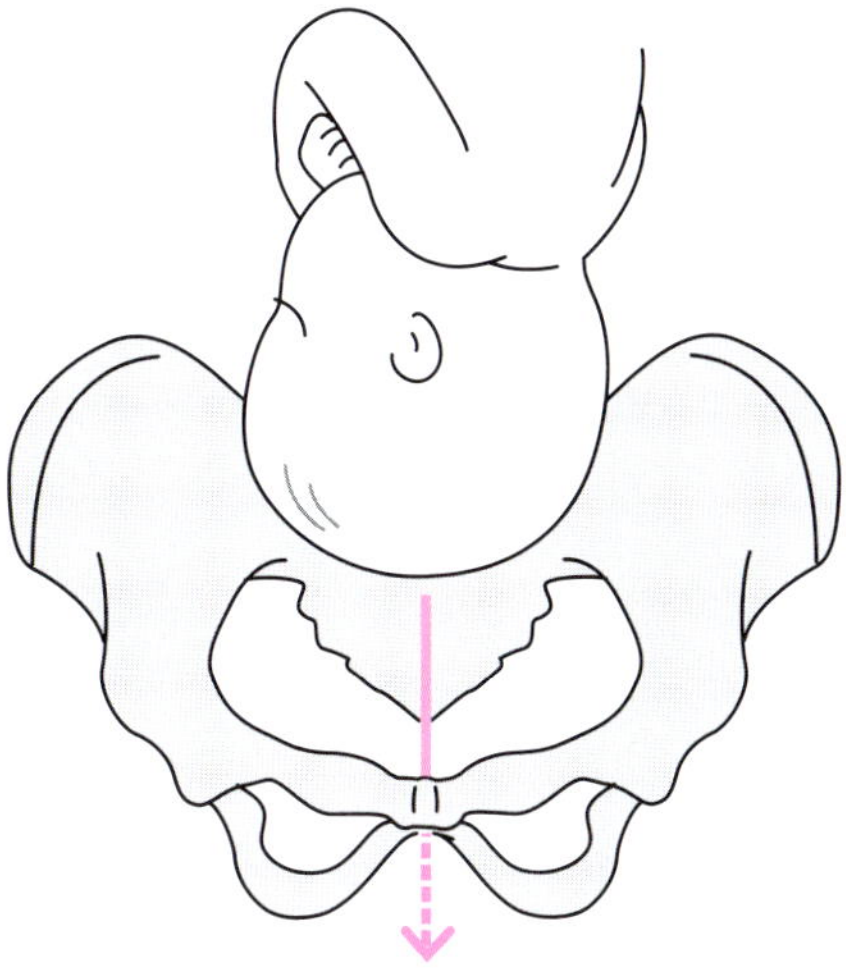

難産は遺伝しません

お母さんや姉妹が難産だったから、自分もそうなるのでは、と心配する人がいます。でもお産は1人ひとり違うものです。また同じ人の1人目と2人目のお産でも、全く同じような進行になることはめったにありません。

ただ、体型や骨盤の形などが似ているときは、もしかすると難産になる要素があるのかもしれません。自分にもその要素があるときは、主治医に相談して、対策を立てておけば安心です。

高齢出産のリスクも人それぞれ

赤ちゃんに染色体異常が発生するリスクは、統計上、20代より30代、30代より40代と高くなりますが、それ以外のリスクが、年齢によってグンとアップするということはありません。

妊娠高血圧症候群にかかりやすい、年齢が上がるにつれて筋肉や組織がかたくなり、なかなか子宮口が開かなかったり、産道の伸びが悪くてお産そのものに時間がかかることがある、なども高齢出産の特徴としてあげられますが、これらは個人差が大きく、一概に難産になりやすいとはいえません。

妊娠できたということは、出産もできるということです。精神的にも安定し、経済的な余裕もある高齢出産ならではのメリットもあります。

仕事をもっている人では、責任ある立場にいるために、がんばりすぎてしまう傾向も見られます。産休に入ってからも、あれをしておこう、これもしなくちゃとあせらずに、無理をしないように過ごしましょう。

へその緒がからんでいると お産はどうなる？

へその緒＝臍帯が首に巻いていても、それだけで首が締まって呼吸ができなくなることはありません。こわいのは、わきの下などに挟まっていた場合で、狭い産道を通るときに、臍帯が圧迫されて血流がとどこおるようなケースです。また臍帯に結び目ができている場合、お産のときに引っぱられて結び目がきつくなると、やはり血流が止まってしまいます。このような事態になったときには、胎児の心拍が落ちてくるため、緊急帝王切開になることもあります。

逆子がお産直前に 直ることもあります

まれに、出産直前になって逆子が直り、帝王切開の予定だったのが、経腟分娩できたというケースもあります。ふつうは、赤ちゃんの大きさが大きくなるほど、子宮の中のスペース（羊水で満たされた部分）に余裕がなくなるので、体の向きは変えにくくなるものですが、それでも最後の最後に、頭を下に向ける赤ちゃんもいるのです。

“陣痛”と気づかない、 ということはありません

初産の妊婦さんがときどき口にするのが、「陣痛だと気づかなかったらどうしよう」ということ。でも、気づかないですむほど、陣痛はやさしい痛みではありません。気づかないでお産が進んでいれば、その分ラッキーだったというくらいのことです。ただ、陣痛は必ずしも腹部が痛いわけでもありません。「おなかの張りが周期的」とか「いつもより腰が痛い」と感じていたのが、実は陣痛の始まりだった、というケースもよくあります。いずれにしても、いつもと違う体の変化があったら、何分おきに起こるのか、時間をはかってみましょう。周期的に起こるなら、陣痛の始まりかもしれません。

もし、産院に着く前に 生まれちゃったら…

赤ちゃんを迎える準備が整わない場所で生まれてしまうことを、「墜落産《ついらくざん》」と呼んだりします。万が一、自宅や移動中の車の中などで生まれてしまった場合は、赤ちゃんの体温が低くならないように、バスタオルなどで包んで保温し、急いで産院に行くか、救急車を呼びましょう。特に、経産婦の場合は、一般的に前回よりもお産の進みが早いことが多いので、注意が必要です。

お産で救急車は 呼びません

陣痛でも破水でも、お産がスタートしてから生まれるまで数時間はかかるので、基本的には救急車は呼びません。ただし、次のケースは別です。

●常位《じょうい》胎盤《たいばん》早期《そうき》剥離《はくり》

ものすごく強いおなかの張りが、休むことなく続く状態で、胎盤がはがれてきているサイン。胎盤がはがれると赤ちゃんへの酸素供給が止まるため、一刻も早く帝王切開しなくてはなりません。

●前置胎盤でお産が始まった場合

胎盤が子宮口にかかっているため（詳細はＰ１６９）、赤ちゃんが出るよりも先に胎盤がはがれてしまい大変危険です。前置胎盤といわれている人は、早めに予定帝王切開するケースが多いですが、万が一のこともあります。

お産の気になること Q&A

Q 逆子のままでも経腟分娩できる？

逆子が最後まで直らない場合、経腟分娩はできないのですか？　帝王切開での出産は、こわくて……。

A

どの部分が先に進んでくるかによります。おしりが下にある場合は、下から産むことが可能かも。足先やひざが先に進んでくると、産道が開ききらず、頭がつかえる危険があります。経腟分娩を希望する場合はよく主治医と相談を。経腟分娩を試みても、お産の状況により帝王切開になることもあります。

Q へその緒が短いと帝王切開になる？

臍帯の長さが十分じゃないと、赤ちゃんが生まれてこられないと聞いたことがあります。必ず帝王切開になる？

A

必ずしも帝王切開になるわけではありませんが、臍帯の長さは個人差があり、極端に短いと、赤ちゃんがうまくおりてくることができず、お産が長引くことはあります。ただ、臍帯の長さは妊娠中には正確にはかることはできないので、陣痛中に赤ちゃんの心拍が下がったりして帝王切開してみたら、結果的に臍帯が短かったからだとわかることはあります。

Q 1人目が逆子だと2人目も逆子になる？

1人目は必死に逆子体操をして直しました。現在2人目を妊娠中ですが、また逆子になりますか？

A

たとえば1人目の逆子の原因が子宮筋腫の場合、年齢が上がるにつれて筋腫が大きくなる可能性があり、逆子になる確率も高くなります。また羊水が少ない、骨盤が小さい、双角子宮なども同様の傾向がありますが、多くの場合は関係ないといわれています。

Q 「赤ちゃんがまだ下がっていない」ってどういうこと？

健診で、赤ちゃんがまだ下がってきていない、と言われました。その意味は？

A

お産は、子宮口がやわらかくなって開き、赤ちゃんが産道の出口のほうへ近づくことで進みます。予定日近くなると、子宮口が1～2㎝くらいまで開いてくることもありますが、赤ちゃんが子宮底のほうにいるならば、お産は始まりません。赤ちゃんが子宮口に近づいてくることを「赤ちゃんが下がってくる」と言います。

Q 「子宮口」ってどこですか？

お産の話を聞くと「子宮口」という言葉がよく出てきますが、産道の出口とは違うのでしょうか？

A

子宮口は、子宮頸管部分のことをさします。妊娠初期～中期は、子宮頸管は長さがあり、赤ちゃん側を内子宮口、外に通じる部分を外子宮口と呼びます。これがお産のときには短くなり、開いてくるときには内も外もなくなり、「子宮口」となります。10㎝まで開いて赤ちゃんが生まれます。

いよいよお産までカウントダウン！　今からできることを

安産のためにできること

赤ちゃんに会えるのがうれしい半面、陣痛のこと、自分の体のこともだんだん不安になるかもしれません。今からできることをして、安産できる日を迎えましょう。

まず体調をしっかり整えておきましょう

お産はとにかく体力勝負。かかる時間も、初産で平均15～16時間、経産でも7～8時間はかかります。その間、休憩時間はあるとはいえ、後半はずっと走り続けるような呼吸で過ごすのだから、体力が必要なことは想像できると思います。

バランスのいい食事をとり、早寝・早起きで生活リズムをキープして、かぜなどひかないこと。こうして体力をしっかりつけてお産に臨みましょう。

実際、お産の最中にスタミナが落ちてくると、強い陣痛＝子宮収縮の力が起こせなくなり、さらにお産が長引いてしまうこともあります。体力キープが、安産のためにできることの最終手段です。

妊娠中にしなかったことを突然始めるのはNG

体力をつけるといっても、したこともないスポーツに突然トライしたり、食べたことがない食品を無理に食べたり、ということではありません。あくまで今までしてきたことの延長で、できることをしましょう。

切迫早産で長く入院していた人や安静と言われた人の場合は、37週を過ぎたらもういつ生まれても大丈夫なとき。いきなりハードな運動はできませんが、少しずつ家の周りを散歩することから始めたり、ストレッチしてみたり、体をほぐすような気持ちで体を動かし始めましょう。お産までに少しでも、筋力を回復してください。

お産の流れを予習して不安を解消しておこう

初めて行く場所は、とても遠く感じたり、不安だったりするものですね。初めてのお産も、それと同じです。未知の痛みに対する恐怖心は、「よくわからない」という不安感でさらに大きくなり、さらに痛みに敏感になってしまう、という悪循環を起こしてしまいます。お産が、どういう経過をたどって進んでいくのかを知っていれば、「今はこういう時期だから、こういう乗り越え方をしよう」など、冷静に考えることもできるでしょう。不安が少しでも消えることは、リラックスにつながります。子宮口はリラックスしたほうがぐっと開きやすくなり、お産は進むもの。お産の流れをしっかり頭に入れておきましょう。

覚えておこう！

- 臨月だからと特別なことは始めないこと
- 切迫早産などで安静にしていた人は、積極的に体を動かしましょう
- お産のときに実践できるよう、リラックスの方法を身につけて
- お産に対して前向きなイメージをいつももちましょう

安産する「気持ち」を準備する

お産に前向きなイメージをもつ

陣痛をいいものとしてとらえるイメトレを。陣痛がひとつきたら、それだけ赤ちゃんに会う瞬間に近づいたと思うこと、波をふわりと乗り越えるようにして陣痛を乗り越える、トンネルの向こうから光が見える出口が近づいてくる感じなど、陣痛を味方につけて！

携帯・PC電源オフの日をつくる

不安から、たくさんの情報に踊らされてしまいそうになるようなときは、情報源をシャットアウトしてみましょう。目の疲れや肩のこりとさよならして、自然の空気を感じる時間を意識してつくったら、気持ちは自然と落ち着いてくるかもしれません。

安産のことを家族とたくさん話す

話すことは放すこと。自分の気持ちをしゃべることで、ああ、こういうことを自分で考えていたんだ、と再確認したり、しゃべってみたら案外大丈夫そうと思えたり。夫と、家族と、友だちと、たくさん話をして不安をパワーに変えていきましょう。

リラックスする方法を見つける

お産の真っ最中は、痛さをリラックスすることで乗り切ります。でも、どういうときにリラックスできるのか、知らないとできません。どういうときに自分は気持ちがゆるんでラクになるのか、いろいろトライしておきましょう。お産だけじゃなく、育児が始まってからも、きっと役立ちます。

おふろにゆっくり入る

陣痛をやわらげるのにおふろに入れる施設もあるほど。お湯につかったときに、筋肉がゆるむ感じを楽しみながら入浴を。

アロマオイルや音楽

アロマオイルは、好きな香りをいくつか準備しておきましょう。気分がアガる音楽も◎。

手浴・足浴

湯船に入らなくても、手足の末端をあたためることで、血行がよくなってリラックスできます。

安産する「体」を準備する

お産ぎりぎりまでウォーキング

妊娠中、ウォーキングしていた人も多いでしょう。破水さえしていなければ、陣痛がき始めていても、歩いていいくらい。安静にと言われていた人も、ゆっくりウォーキングから始めてみましょう。歩くときには、ぜひ足に合ったウォーキングシューズを履いて、姿勢を意識しながらしっかり歩きましょう。

食べたもの日記をつけてみよう

体重管理にも役立つ方法ですが、毎日何をどれだけ食べたか、日記をつけてみましょう。なんとなく食事をしていると、どんな栄養が不足しているかわかりにくいものですが、記録をつけてみると、足りていない栄養がわかるようになります。

体を冷やす食べ物を口にしない

基本的に、火の通ったあたたかいものを食べるようにしたいですが、特に体を冷やすといわれるような食べ物は避けておきましょう。ただ、絶対に食べてはダメ、というわけではありません。ストレスをためずに、バランスよく楽しく食事をすることが最優先です。

体が冷える食べ物

- 生野菜
- 白い砂糖
- 冷たい飲み物
- 南国のフルーツ
- 緑茶・紅茶・コーヒー
- バナナ

まずは体力をしっかりつける!

体力をつけるといっても、筋肉をつけるばかりが体力づくりではありません。食事をバランスよくとり、休息もしっかりとること、何よりも、かぜなどの感染症にかからないことがとても大切です。体力勝負のお産にいどむために、ベストコンディションを、常にキープしましょう。

「早寝・早起き」で、生活リズムを整える

臨月になると、胎動が力強くなって、よく眠れないという人も多いでしょう。これは、産後にどうしても数時間ごとに起きる生活に慣れるためだ、とも言われることもありますが、眠りが浅くても夜は目を閉じて体を休めて。朝は早めに起きて、眠くなったら、昼寝の時間をもつのもいいでしょう。

あと少しだから、と体重管理を手抜きしない

ここまで理想的な経過をたどって順調にほどよい体重増加できた人が、「あと少しだから、いいか」と手を抜くと、急激に体重がふえて体には負担になります。血圧も高くなりやすくなるので、あともう少し、体重管理をがんばって。特に里帰り出産は、上げ膳据え膳で甘えないように気をつけましょう。

スクワットして、太ももの筋肉GET!

意外と力が入る、脚。お産が終わったときには筋肉痛！という人も。スクワットで脚の筋肉を鍛えておきましょう。また、太ももの筋肉は体の中でいちばん大きな筋肉組織。鍛えることで血流量がふえて、血の巡りのいい体になれることも期待できます。

体を動かすときはおなかに話しかけながら

妊娠中、体を動かすのは、半分は自分のため、半分は赤ちゃんのため。赤ちゃんといっしょに運動しているのだから、おなかに話しかけながら体を動かしてみて。もう赤ちゃんの聴力は完成しています。おなかの中で聞いているはずだから、やさしく語りかけてね。

- ウォーキングしながら
「きれいなお空だよ」
- 水中ウォーキングしながら
「お水、気持ちいいね」
- 雑巾がけは安産ポーズ
「床、ピカピカになったよ」
- ストレッチしながら
「おなかの中でも伸びているかなぁ?」
- 運動し終わったあとに、
「お疲れさまでした、ちょっと休もうね」

股関節をやわらかくするストレッチをする

当然のことですが、お産のときには脚をしっかり開きます。ストレッチして股関節を少しでもやわらかくしておきましょう。急激に伸ばそうとするとかえって筋肉を傷めるので、少しずつ毎日することが大切です。

【基本】
あぐらをかくようにして、足の裏を合わせます。だんだん体の近くにかかとを寄せられるように意識して。

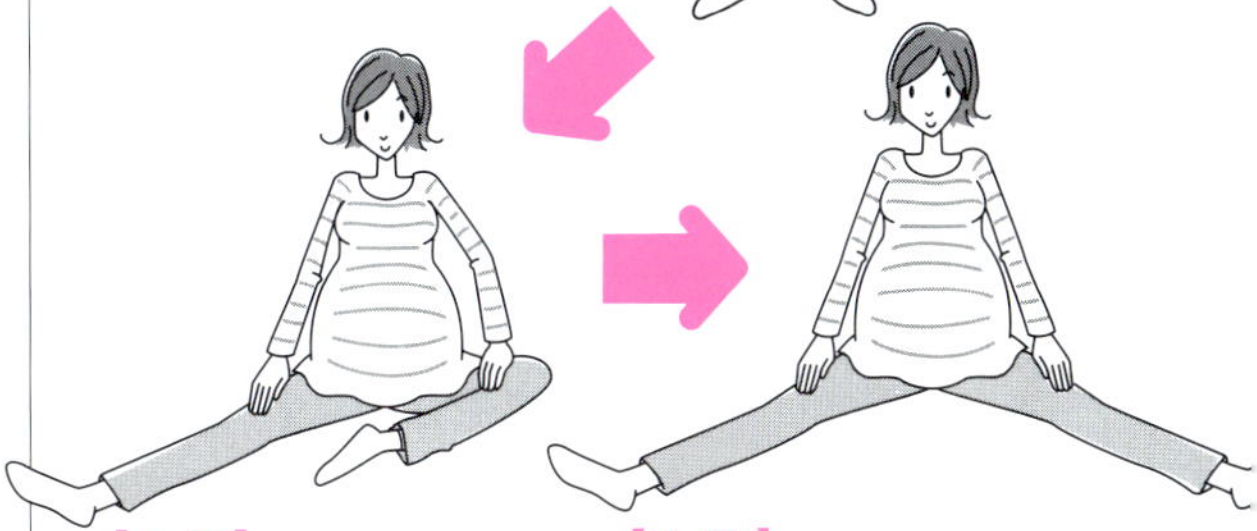

【応用】
片脚を伸ばしましょう。伸ばしたほうに上体を傾けて上半身もストレッチ。

【上級】
両脚を伸ばしましょう。初めは開く角度が浅くてもかまいません。

しゃがむポーズで腰もリラックス

両脚をしっかり床に着けてしゃがむ、まさに和式トイレを使うときのポーズです。背骨はたくさんの骨が積み重なって構成されているのでこのポーズをとることで自然に骨の間隔が伸ばされて腰痛対策にもなります。

お産をスムーズに進めるために大切

呼吸法をレッスンしてみよう

じょうずに呼吸することが、安産へと導きます。お産本番で息を吐くことに集中できるよう、妊娠中に練習しておきましょう。

基本の呼吸法をマスターしよう

お産のときの痛みで体がこわばり、息を止めてしまいそうになると、さらに体が緊張して痛みを感じるという悪循環にはまってしまいます。赤ちゃんにも酸素が届かなくなるので、お産のときの呼吸はとても大切。ラマーズ法やソフロロジーなど、いろいろなものがありますが、「こうしなくてはいけない」ということはありません。

お産のときの呼吸法の基本は「深呼吸するように鼻から吸って口からゆっくり、長く細く吐く」こと。そうすることで、「赤ちゃんに酸素を送ること」と「ママをリラックスさせること」の2つの役割を果たせるのです。まずは基本の呼吸をしっかり覚えましょう。

呼吸の基本

【いろいろな呼吸法】

考え方はさまざまですが、それにこだわりすぎる必要はありません。

ラマーズ法

ゆっくりした呼吸で心と体をリラックスさせることで、お産の痛みをやわらげる方法。「ひっひっ、ふー」という呼吸が代表的です。

ソフロロジー

ヨガや禅などのリラックス法をベースとした呼吸法とイメージトレーニングを行います。腹式呼吸でゆっくり息を吐くのが基本。

リーブ法

気功法を基本とし、息を吸うときにおなかをへこませ、吐くときにふくらませる『逆腹式呼吸法』が特徴。イメージトレーニングも。

吸うときは、鼻から

2～3秒かけてゆっくり空気を吸います。鼻から吸うことでより深くリラックスした腹式呼吸になり、口やのどの渇きも防ぎます。

吐くときは、ゆっくり口から

目はしっかり開いて

目を閉じると、外からの情報が遮断されて、より痛みを感じやすくなります。周りを見ることで気もまぎれます。

口はすぼめて

すぐに吐き終わってしまわないよう、口はすぼめてゆっくり少しずつ吐きます。吐き続けることに集中して。

覚えておこう!

- 基本の呼吸は「鼻から吸って口からゆっくり長く細く吐く」
- 呼吸の役割は赤ちゃんへ酸素を送ることとママをリラックスさせること
- 呼吸法にはこだわらないで
- 目はしっかりあけて、陣痛の痛みから気をそらしましょう
- 妊娠中に1回は練習して、体で覚えておくことが大切

吐くことでリラックスできます

息を吐くと力が抜け、体をリラックス状態にすることができるといわれています。お産がスムーズに進むためには、産婦さんが心も体もリラックスすることが大切なので、吐くことを意識しながら呼吸しましょう。口を大きくあけて吐くとすぐに終わってしまうため、口をすぼめ、細く長く吐くことに集中するようにします。

そうすることで、リラックスするのはもちろん、痛みから気をそらせるというメリットもあります。その際のポイントは、目をしっかりとあけていること。目を閉じると、何も見えない分、痛みだけを感じてしまいます。目をあけて、周りのいろいろなものを見ていれば、気持ちも落ち着いてきます。それが、さらにリラックスを招くことになるのです。

痛みのピークで長く吐く

妊娠中はまだ陣痛の痛みを想像することがむずかしいので、痛みの波に合わせた呼吸法の練習をするのは無理かもしれません。お産の進み方に合わせて呼吸を変えていくということを頭に入れながら、今は「ゆっくり吐く」という基本の呼吸を練習しておきましょう。

実際に陣痛が始まって痛みがきたときには、「ふーーーーー」と細く長く、ゆっくりと吐きます。痛みで緊張するため、呼吸が浅く早くなりがちですが、過呼吸を起こしやすくなるので、「ゆっくり吐く」ことを意識して。それでもがまんできないほど痛みが強いときは、「ふーー、ふーー」と少し早めに吐き、陣痛の波が弱くなってきたら、また元に戻します。いきみをのがす時期になるまでは、この繰り返しで陣痛を乗り切りましょう。

基本の呼吸のリズム

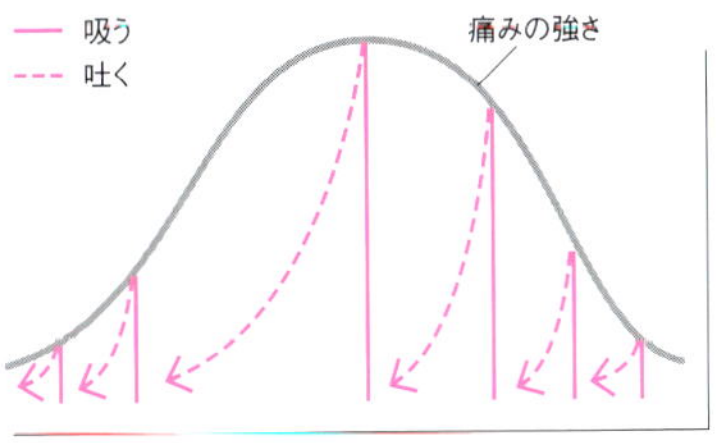

呼吸法は体で覚えていないと、じょうずにできないので、最低１回は練習しておきましょう。

お産の進行につれてこんなふうに変えていきます

陣痛のがし

ふーっ　ふーっ
吐　吐

細く、長く、ゆっくりと吐くのが基本です。吐くことに集中することで、パニックにならずに陣痛を乗り切れます。

いきみのがし

ひっひっふー、ウン
吐 吐 吐

まだいきめないという時期には、「ひっ、ひっ、ふー」と息を吐いたあと、「ウン」と軽くいきんで。体の力が抜け、いきみのがしに。

いきむとき

すーはーすーはー、すっ、んー
深呼吸　吐　いきむ

まず深呼吸を２回。その後、大きく息を吸って一度止め、力のかぎりいきみます。声を出すと力が抜けるので、声を出さず、おなかとおしりに力を入れて。

赤ちゃんの頭が出たら

はっ はっ はっ はっ はっ
吐 吐 吐 吐 吐

「はっはっはっ」という短い呼吸か「ふぁ～、ふぁ～」という呼吸で全身の力を抜きます。赤ちゃんの頭がゆっくり出て、会陰の裂傷も防ぎます。

練習のポイント

1 赤ちゃんのことをイメージする

赤ちゃんもママといっしょにがんばっていると思って、赤ちゃんにたっぷり酸素を届けるつもりで。

2 あぐらで股関節を伸ばして

あぐらには股関節を開き、産道を広げる効果があるので、お産本番にも役立ちます。

3 手でおなかをさする

「手でふれる」ことには癒やしの効果が。赤ちゃんのことを考えれば、よりリラックスできるかも。

安産の準備以外にしておくといいこと、あります！

お産直前にしておくこと

産後の生活に備えて、今しておきたいことを集めました。お産は育児生活のスタートだから、それに備えてしておきたいことがいくつかあります。

出産までのカウントダウンを有効に過ごそう

出産したら、しばらくできなくなる夫とのデートや、友だちとのランチ、お買い物など、今のうちにしておかなくちゃ！と思うことはいっぱいありますね。またしばらくすればできるようにはなるけれど、今のうちに楽しんでおきましょう。そして、いつお産が始まってもあわてないように、準備万端にしておいて。いつも持ち歩きたいものや、お産に備えて準備しておくことがあります。

また、携帯電話には連絡先がしっかり用意してあっても、いざというときに充電が切れたり、電波が届かないことも。産院の電話番号など、重要な番号は、紙のメモに書いてわかりやすい場所に保管しておくことも大切です。

臨月になったら、必ずして！

お産のときの連絡先を携帯にリスト化しておく

お産が始まったことを連絡したい人のリストを作って、一斉配信できるようにしておくと便利。また、「生まれました」報告の文面を作っておいて、日時だけ入れて送ればOKにして準備したという先輩ママもいます。

ネイルは落として、メガネも確認しておいて

意外と忘れがちな２つ。つめの色もチェックすることがあるので、ネイルは落としておきましょう。ふだんコンタクトレンズの人も、長時間のお産に備えてはずすことになるので、メガネの準備もおこたりなく。

いつ破水してもいいようにナプキンやタオルを用意

破水はいつでもだれでも起こる可能性があります。子宮底に近い部分の破水なら、尿もれパッドでも吸収できますが、子宮口に近い部分の破水だとかなり大量に出ます。バスタオルもすぐに手にとれるところに１枚スタンバイを。

出かけるときは必ず母子健康手帳を持って

予定日近くになったら、あまり遠くに出かけないことが鉄則ですが、近所のお出かけでも、いつ何があっても妊娠経過がわかるように、母子健康手帳を持ち歩きましょう。健康保険証と診察券もセットで持ち歩けば完璧。

入院グッズの最終点検

お産入院グッズの準備は完璧？　お産のときにすぐ持って行きたいものと、産後から使うものに分けて、大きい荷物はあとから持ってきてもらう、という作戦も。もちろん、そのバッグがどこに置かれているかも、家族には伝えておきましょう。

覚えておこう！

- 友だちや夫と、大人だけの時間を満喫しておきましょう
- 出産準備グッズは買っただけじゃダメ。チェックして
- 育児情報を集めて、なるべくラクに産後生活を過ごす準備を
- 赤ちゃんのための医療機関の情報や、役所のことなど整理して

産後の生活に備えておこう

ご近所とのコミュニケーション

いろいろな人の手を借りてこそ、楽しい子育てができるというもの。あまり話す機会がなかったご近所さんとも、赤ちゃんが生まれることをきっかけに仲よくなっておくと、助けられることがきっとあります。「にぎやかになってご迷惑をかけるかも」という一言も忘れずに。

赤ちゃんのための医療機関をさがす

小児科のリサーチをしましょう。近所にはあるのか、何軒かあるなら、どこが感じよさそうか、クチコミを頼ったりしながら、候補をつくっておきましょう。実際に足を運ぶのは、産後ですが、場所がわかっているだけでも安心できるはずです。耳鼻科、皮膚科のリサーチもしておきましょう。

戻ってくるお金の申請書類をチェック

妊娠・出産は何かとお金がかかるものですが、申請すればとり戻せるお金もあります。ただ、申請をしないと戻ってこないので、何が申請できるのか、申請書類をそろえておいたりといった準備をしましょう。くわしくはP60～61を参照してください。

ネットスーパーや食材宅配のリサーチ

産後、小さい赤ちゃんを連れてなかなかできないのが買い物。食品や日用品の宅配サービスは強い味方になります。生協やネットスーパーなど、どこが安心できてリーズナブルで便利か、自分たちのライフスタイルに合うところをさがして、利用し始めましょう。

名前候補のしぼり込み

赤ちゃんへのファーストプレゼントの名前。いろいろ考えてはいるでしょうが、最終候補を2～3つにしぼり込みましょう。あとは顔を見ての直感で決めるにしても、選択肢をしぼっておくことも大切です。また、一応男女両方の名前の準備はしておきましょう。

育児グッズのスタンバイ

出産準備はしたけれど、箱や袋から出してもいない、なんてことはありませんか？　どうやって使うものか、家族で試してみたり、肌着類は一度水に通してやわらかくしておいたり。買ってくるだけが出産準備じゃないのです。ベビーベッドも組み立てておきましょう。

母乳について相談できるところを調べておく

母乳育児は、軌道に乗るまでが大変なことも。出にくかったり、乳首が切れたり、トラブルがあったときに、すぐに頼れるところを、見つけておいて。産院に母乳外来があればベストですが、なければインターネットなどで調べておいて。産後は調べる余裕はあまりないものです。

内祝いの手配・リスト作り

産後、出産祝いをたくさんもらったら、今度はお返しをする番です。内祝いのリストを作り、どこにどんなものを送るか、目星をつけておきましょう。内祝い専門のカタログサイトもあります。実際の作業は家族にまかせるとしても、こだわりたい人ほど、産前の準備を万端に！

妊娠後期の
里帰り出産のチェックポイント

慣れ親しんだ環境と実母のサポートで安心できる里帰り出産ですが、妊娠後期に転院したり、移動したりと心配なことも。気をつけたいポイントは?

転院が必要な場合は早めに予約しましょう

自宅と実家が近い場合は、健診を受けた産院で出産し、産後だけ実家に帰ることもありますが、実家が遠い場合は、里帰りを機に転院して出産することになります。

最近は産婦人科医が不足していることもあり、妊娠中期から後期になってからでは、産院の予約がとりづらい可能性があります。日々大きくなっていくおなかであせることがないよう、里帰りする可能性がある場合は、早めに予約しましょう。

妊娠初期に予約だけしておく

お産をするのは妊婦さん自身です。満足できるお産のためにも、できるだけ自分で情報を集め、実家にまかせきりにしないことが大切です。地元に住んでいる友だちに確認したり、インターネットで調べるなどしてみましょう。転院先が決まったら、できれば一度帰省して健診を受けておくと、里帰り後もスムーズに受診できます。

里帰り前の産院で紹介状をもらう

里帰り後の産院の医師は、初期〜中期までの妊娠経過をみていません。転院する場合には紹介状があると安心です。かかっている産院に依頼しましょう。転院先の担当医師名がわからない場合は、「主治医殿」としてもらいます。万一、転院によい顔をされない場合は「手伝いに来てくれる実家の母の都合が悪くなって」など、角の立たない理由を考えて。

妊娠9カ月(35週)じゅうに帰省先に帰る

出産予定日まぎわでは、移動中にお産が始まる可能性も。妊娠経過に問題がない妊婦さんは、遅くても妊娠35週までには里帰りするようにしましょう。そうすれば、里帰り先の産院でも健診が受けられます。飛行機を利用する場合、出産予定日の28日前からの搭乗には、医師の診断書と本人の誓約書が必要な場合も。航空会社に確認しましょう。

母体に負担のかからない交通手段を選んで

里帰りの際は、体に負担がかからないように十分気をつけましょう。連休や祝日、お盆や年末年始などは混み合うので避けるのが原則。できるだけ夫につき添ってもらうと安心ですが、休めないようなら実家から迎えに来てもらっても。荷物はなるべく宅配便などで送り、身軽に移動できるようにしましょう。

出産

いよいよお産を迎えるとき。今まで準備したことを生かして、
リラックスして安産しましょう。
医学的なことも、知っておくと安心です。

出産

お産の始まるサイン

いよいよ、そのとき。心と体の準備は万全ですか?

大きなおなかをかかえた妊婦生活も、ゴールまであと少し。出産に向けて、体の準備は着々と進んでいます。お産が近づいたサインも、いろいろあらわれてきます。

覚えておこう!

- お産が近づくとおなかが下がるなどの前兆があることも
- おしるしなどがないままお産が始まることもあります
- 初産で10分間隔、経産で15分間隔の陣痛があったらすぐに産院へ連絡を
- 破水した場合はすぐに産院へ
- 予定日を過ぎて1週間以上たったら医師の指示に従って

お産の始まりは、陣痛や破水などから

お産が近くなると、いろいろな形で兆候があらわれてきます。しかし、これらの前兆はだれにでも起こるものではなく、症状にも個人差があります。前兆がないままお産が始まることも多いのです。

お産が近づいたサインとして、血のまじったおりもの（おしるし）が出ることもありますが、これも全体の4割くらいの妊婦さんにしか見られません。

実際のお産は、陣痛や破水から始まる場合がほとんど。いつ、どんなときに、どんなふうに始まるのかは、予測不可能です。でも、たとえひとりのときに始まっても、あわてる必要はありません。子宮口が開くまでには長い時間がかかりますから、落ち着いて対処しましょう。

お産が近づいたサイン

おなかが下がってくる
赤ちゃんが骨盤のほうにおりてくるので、おなかも下のほうが大きい感じに変わってきます。

おなかが今まで以上に張る
お産に備えて、子宮が収縮する頻度が高くなり、おなかの張りを感じることが多くなります。張りが規則的になったら、陣痛です。

脚のつけ根が痛くなる
赤ちゃんを通りやすくするために、左右の恥骨の結合部が少し開いてきます。このため、脚のつけ根に痛みやつるような感じが。

胎動の様子が変わる
骨盤の中に赤ちゃんの頭が入ってくるので、胎動が少なくなります。ただ、お産直前まで赤ちゃんがよく動くという人も。

おりものがふえてくる
お産の準備が始まると、子宮頸管がやわらかくなり、分泌物もふえてきます。白っぽく、やや水っぽいおりものが多くなります。

お産の始まり方と入院のタイミング

お産はどんなふうに始まるの？　始まったことは自分でわかる？　産院へ行くのはどんな状態になったとき？　お産の始まり方のパターンを知っておけば、あわてることなく、タイミングよく入院もできるはず。

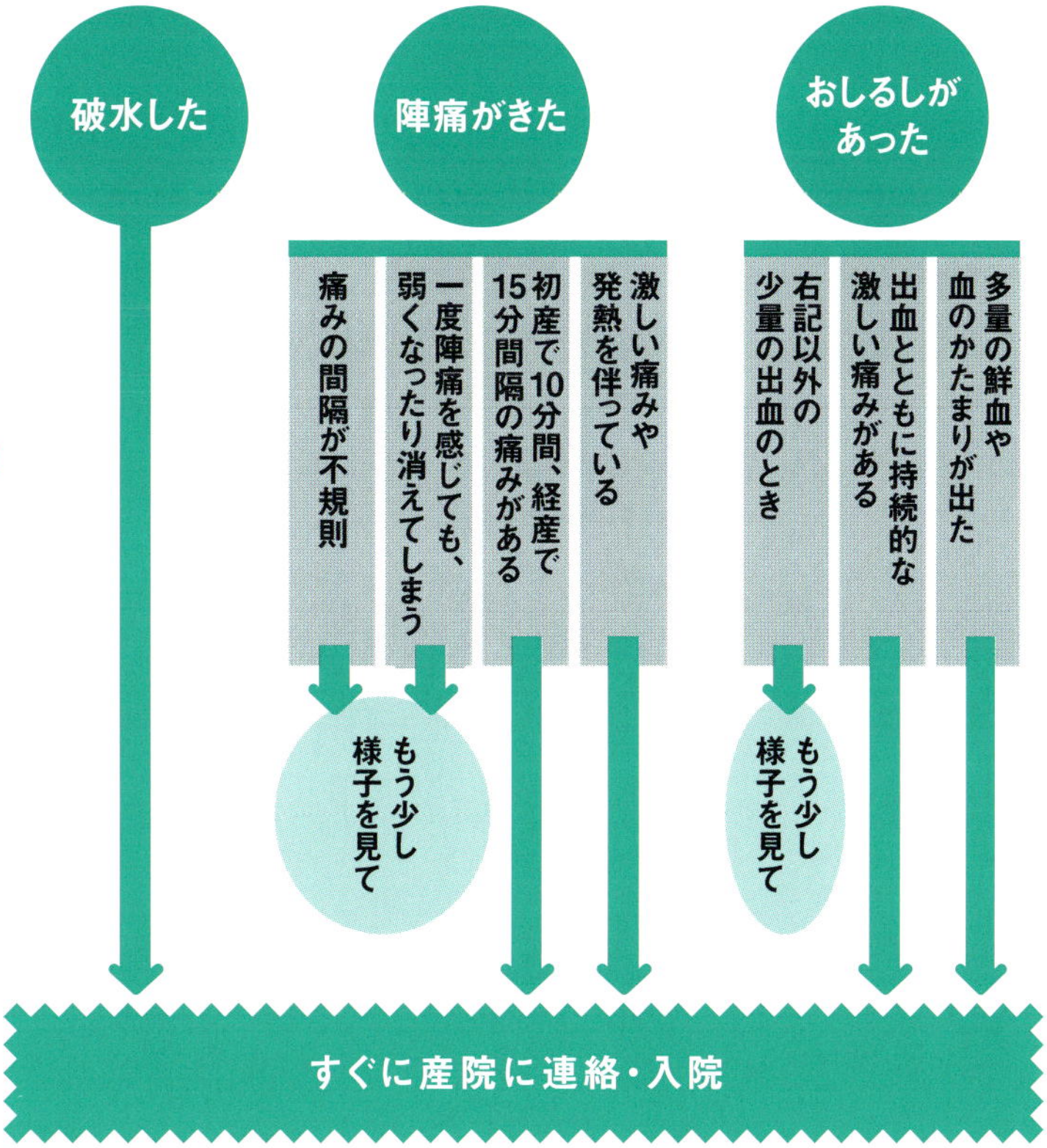
破水した
陣痛がきた
おしるしがあった
激しい痛みや発熱を伴っている
初産で10分間、経産で15分間隔の痛みがある
一度陣痛を感じても、弱くなったり消えてしまう
痛みの間隔が不規則
多量の鮮血や血のかたまりが出た
出血とともに持続的な激しい痛みがある
右記以外の少量の出血のとき
もう少し様子を見て
もう少し様子を見て
すぐに産院に連絡・入院

お産の始まりはなんだった?

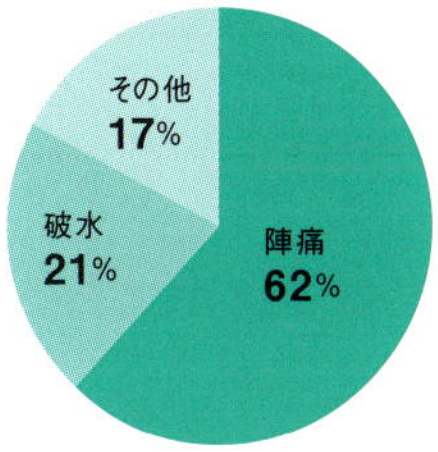
陣痛
62%
破水
21%
その他
17%

6割以上の人は、陣痛からお産が始まっています。破水から始まる人も少なくありません。おしるしがあった人は、全体の４割程度。おしるしがないまま、お産が始まることが多いことを覚えておきましょう。

Q 予定日よりも、早く始まったら?

医師から「お産が早くなりそうだね」と言われました。予定日よりも早く生まれても大丈夫ですか?

A

赤ちゃんは、妊娠37週までには、ほぼ発育を完了しています。予定日より早くても37週に入っていたら、心配は無用。それ以前でも、お産の始まるサインがあったら、すぐに産院へ。

Q 予定日を過ぎても始まらない!

予定日を過ぎたのに、お産がなかなか始まりません。このまま待っていてもよいのでしょうか?

A

予定日を数日過ぎただけなら、心配はありません。1週間以上たってもお産の兆候がないときは、赤ちゃんの健康状態から判断します。早く産んだほうがよいときは、器具や薬を使ってお産を誘発することも。

お産が始まったときの流れを予習しておきましょう

入院するときの手順

お産が始まって入院するとき、あわてずにすむように、家を出る前にするべきことを確認しておきましょう。ひとりのときにお産が始まっても、安心です。

お産が始まったと思ったら

1 まず産院に指示を仰ぐ

2 家族に連絡、タクシーを呼ぶ

3 メイク・コンタクトをはずす

4 火の元・戸締まりを確認

産院に連絡して指示を受けましょう

おなかの張りの間隔が、初産の人では規則的に10分程度になったときが、入院のタイミングです。

産院に電話して、陣痛が始まった時間や現在の間隔、おしるしの有無、破水の有無などを報告。そのまま自宅で様子を見たほうがいいのか、すぐ産院に向かったほうがいいのか指示を仰ぎます。破水や大量出血、激しい痛みや発熱があったときは、陣痛が始まっていなくても産院に連絡します。

入院することになったら、夫や家族に連絡。産院までは、横になれるように家族の運転する車か、タクシーで行きましょう。痛みが弱くても、自分で車を運転してはいけません。

時間に余裕があるなら、お産のときは顔色から体調を判断するので、メイクを落として。コンタクトレンズもはずして、メガネにかえておきます。

家を出る前には、忘れずに火の元と戸締まりを確認。電気の消し忘れなどもチェックしてから、産院に向かいます。

産院へ持っていく荷物は最低限でOK

入院するときは、母子健康手帳や保険証、診察券、タクシー料金など、最低限のもので大丈夫。荷物を持っていけるときは、パジャマや下着、洗面道具や陣痛のがしグッズなど、すぐに使うものを持参して。

覚えておこう！

- 産院に連絡して陣痛が始まった時間や間隔などを報告
- 自宅で様子を見るか、入院するか、産院の指示に従います
- 入院する前に夫や家族に連絡
- 産院へは自分で運転せず、タクシーか家族の運転する車で
- 問診や超音波検査などをへてお産が始まっているとわかったら入院手続きをします

お産が始まったと思ったら

1 受付をすませる

2 問診で体の状況を報告

3 超音波などの検査を受ける

4 内診で子宮口の開きぐあいを確認

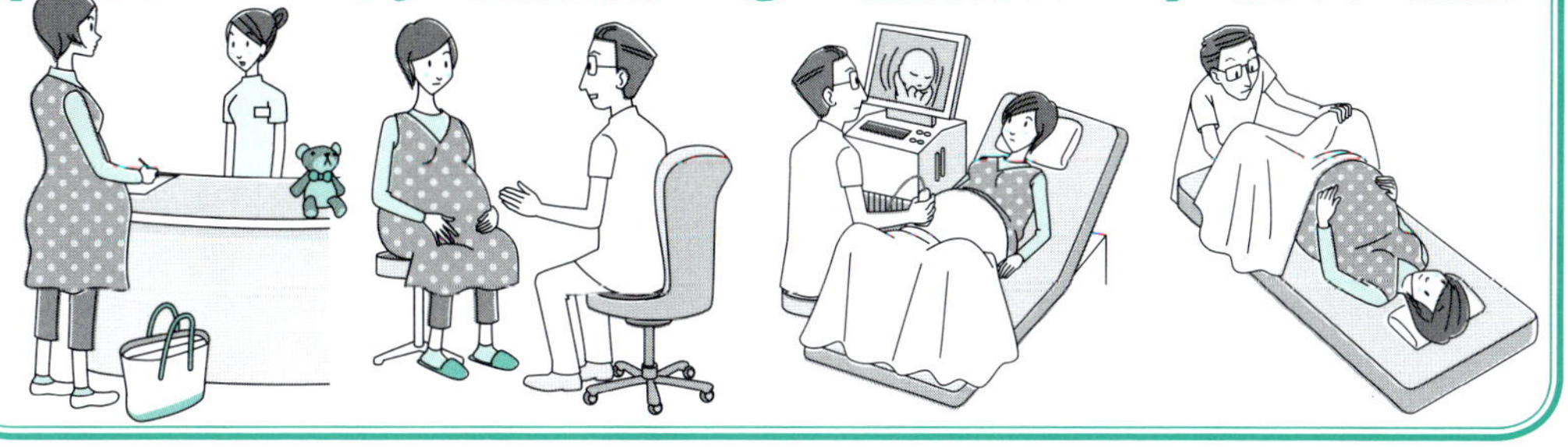

お産の開始が確認できたら入院

産院に着いたら、まずは受付へ。夜間の場合は、夜間用入り口から入ります。診察室では、産婦さんの体の状態を問診で確認します。おしるしの有無や陣痛の様子、破水の有無、その他のトラブルについて、医師や助産師が聞きとります。

通常の健診と同じように、尿検査や血圧測定を受け、超音波で赤ちゃんの位置や向きを確認します。さらに、分娩監視装置で陣痛の間隔や強さ、胎児の心拍数をチェックします。内診では、子宮口がどれくらい開いているか、どれくらいやわらかくなっているかを確かめます。これらの診察や検査結果から、お産が始まっていると判断されると、入院が決定。入院の手続きをすませてから、病室に入って着替えをします。

ただし、お産の進みぐあいによってはすぐに陣痛室に入ったり、場合によっては分娩室に直行してお産の準備にとりかかることもあるでしょう。

こんなとき、どうする?

外出先でお産が始まったら?

家から1時間以内くらいの場所なら、まずかかりつけの産院に連絡して指示を仰いでください。旅行先などの場合は、近くの産院へ。大量出血など、急を要する場合は、救急車を呼んでもかまいません。

救急車を呼んでもいいの?

大量の出血があったり、お産が急に進んで今にも生まれそう、などの緊急の場合以外は、お産の入院のために救急車を呼ぶことはできません。一般的なお産の始まり方なら、自力で産院に向かうのが原則です。

自宅で生まれてしまったら?

赤ちゃんの呼吸を確認します。弱いようであれば、赤ちゃんの口や鼻の中の羊水をガーゼでとってください。赤ちゃんの体が冷えないようにタオルや毛布でくるみます。へその緒は切らずに、救急車を呼んで産院へ。

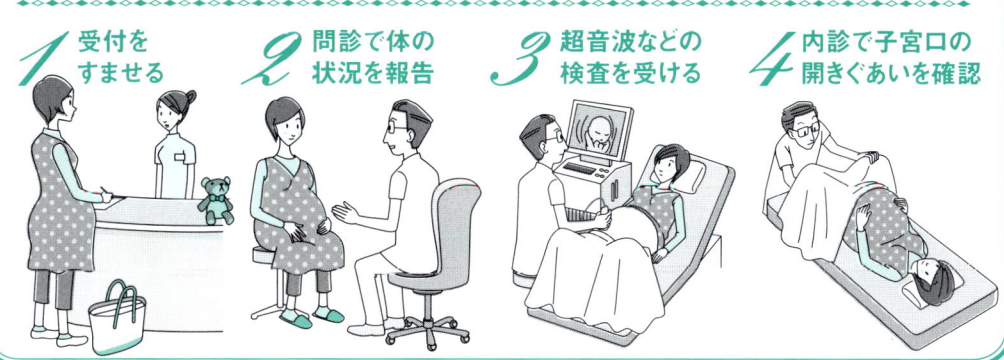

3つの要素が進みぐあいを決めます

お産を進めるメカニズム

お産は、陣痛やいきむ力のほかにも、産道の伸びぐあいや赤ちゃんの回旋など、主に3つの要素が関わり合っています。これらのバランスがうまくとれると、お産がスムーズに進みます。

覚えておこう!

- お産を進める要素は「娩出力」「産道」「回旋」の3つ
- 子宮が収縮する「娩出力」によって、赤ちゃんは子宮口におりてきます
- 赤ちゃんが通る産道は、リラックスすることで広がります
- 赤ちゃんは産道の形に合わせて体の向きを変える「回旋」をしながら生まれてきます

お産を進める3つの要素とは

出産が近づくと、だれでもお産がうまく進むのかどうか、不安になります。無用な心配をしないためにも、お産を進める体のメカニズムを理解しておきましょう。

産道

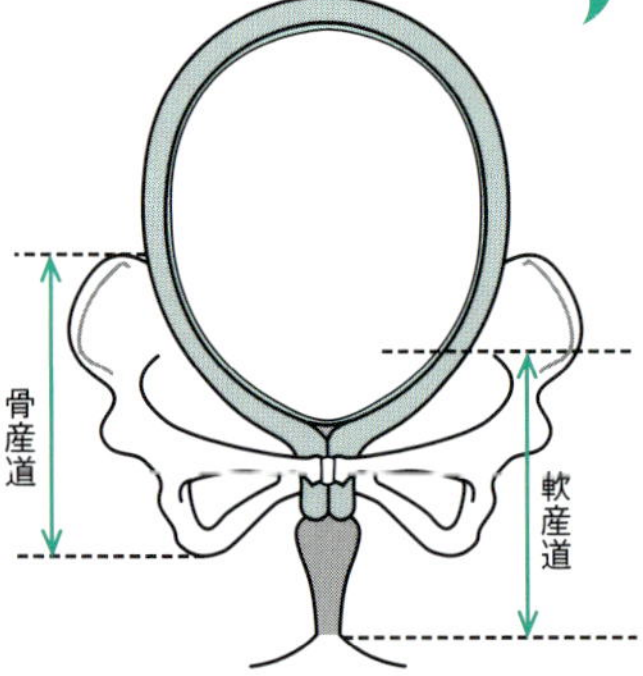

お産には、陣痛やいきみなどの「娩出力」、赤ちゃんの通り道になる「産道」、そして、産道で赤ちゃんが体の姿勢や向きを変える「回旋」の3つの要素が関わり合っています。つまり、お母さんと赤ちゃんが力を合わせることで、お産がスムーズに進むのです。

娩出力は、子宮の収縮する力

子宮は、筋肉の袋のようなものです。そして、子宮の筋肉が収縮を繰り返すことを陣痛といいます。お産の時期が近づくと、ホルモンが分泌されて自然に陣痛が始まります。陣痛はしだいに周期的になり、間隔は短く、1回の収縮が持続する時間は長くなっていきます。

子宮が収縮すると、内側の圧力が高くなって、赤ちゃんを子宮口へと押し下げます。すると、赤ちゃんの頭が子宮口をジワジワと押し広げていくのです。

子宮口が全開になると、赤ちゃんは産道をおりてきます。この間も陣痛は続いて、自然にいきみたくなってきます。分娩台に上がって出産の準備が整ったら、陣痛の波に合わせてお母さんがいきむと、赤ちゃんを押し出す力を強めることができるのです。

産み出す力

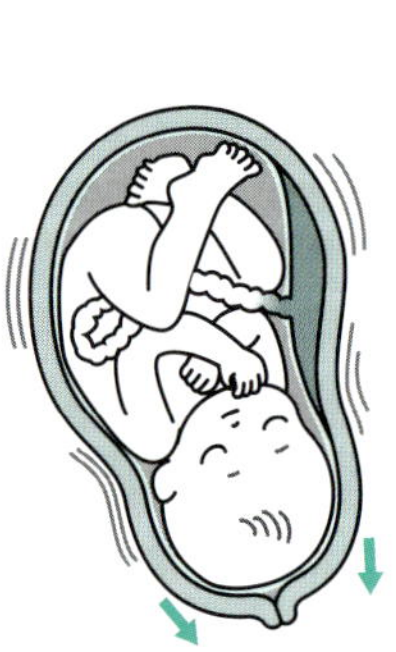

子宮がギュッと収縮することで、赤ちゃんが下がってきます。

リラックスすると産道が広がります

赤ちゃんが通り抜ける産道には、軟産道と骨産道があります。軟産道は、子宮頸管、子宮口から腟、骨盤底筋にかけての部位。お産が近くなると、ホルモンの影響でやわらかく伸びて、赤ちゃんが通りやすくなります。骨産道は、軟産道を囲んでいる骨盤のこと。出産のときには、やはりホルモンの影響で恥骨の結合がゆるみ、骨産道全体がいくぶん広がります。

産道の開きやすさ、伸びのよさは、個人差が大きいものです。陣痛が始まると順調に子宮口が開いてくる人もいれば、子宮口が全開になるまで長い時間がかかる人もいるものです。陣痛の合間には、体の力を抜いてリラックスを心がけましょう。産道の緊張がゆるんで、子宮口が開きやすくなります。

赤ちゃんが体の向きを変える「回旋《かいせん》」

お産が始まると、赤ちゃんはあごを胸につけて、体を丸めるようにしながら骨盤の中に入ってきます。狭い産道をくぐり抜けるために、骨盤の形に合わせるように頭の向きを変えます。そして、頭が骨盤から出ると、今度はあごを胸から離して、頭をそらせるようにして産道の出口から出てきます。

胎児の回旋運動

赤ちゃんは、産道の形に合わせるように、自分でじょうずに調整しながら、姿勢や体の向きを変えて生まれてきます。

1

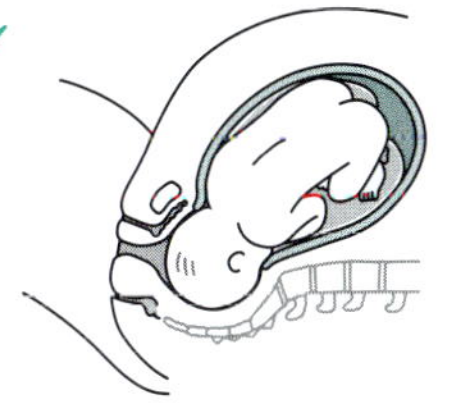

あごを引いて胸につけ、体を丸めるようにして骨盤の中に入っていきます（第１回旋）。

2

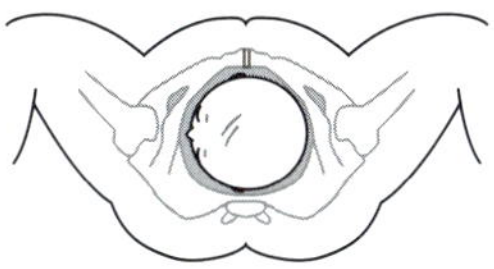

骨盤の入り口は、横長。最初は、母体に対して頭の向きが横向きになるように入っていきます。

3

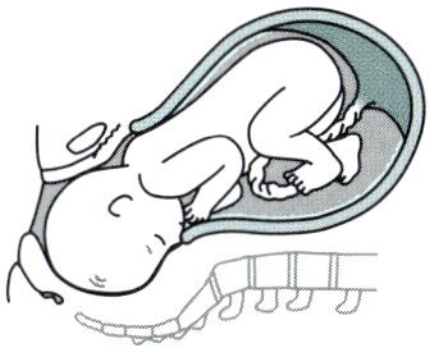

骨盤の中に入ると、今度は縦長の形に合わせるために、顔を母体の背中側に向けます（第２回旋）。

4

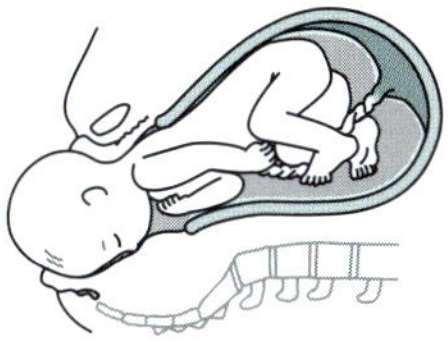

頭が骨盤を抜けると、産道のカーブに合わせるためにあごを胸から離し、いよいよ外に出る態勢に。

5

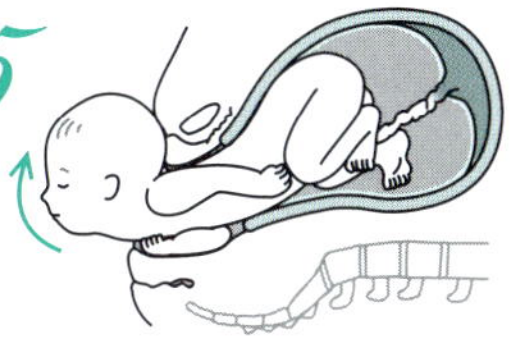

頭が産道から出ると、ぐいっと首をそらすようにして、出てきます（第３回旋）。

6

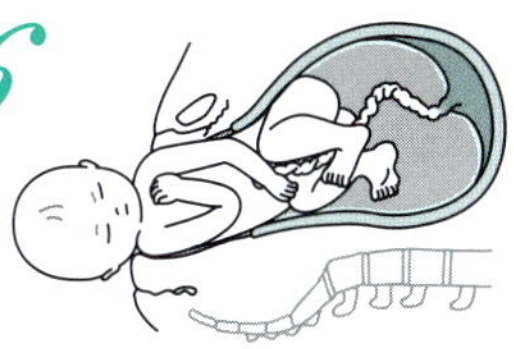

さらに90度回転。再び頭を横向きになって、肩を片方ずつ出します（第４回旋）。このあと、もう一度陣痛があり、胎盤が出ます。

どんなふうに進んでいくのか、頭に入れておくと、安心です

お産本番の流れ

お産がどのように始まって、どんなふうに進んでいくのか。おおまかな流れがわかっていると、安心です。陣痛とじょうずに向き合って、満足のいくお産にしてください。

陣痛が軽いうちは自由に過ごします

お産の流れは、左ページ上図のように大きく3つの時期に分けることができます。

第1期は、陣痛が始まってから子宮口が全開大の10cmにまで広がっていく時期。産婦さんは、病室か陣痛室でこの時期を過ごします。

初産の人は、子宮口が開ききるまでに通常10～15時間かかりますが、2回目以降の人は、4～6時間で開きます。初産と経産でお産にかかる時間が違うのは、主にこの子宮口が開くまでの時間に大きな差があるからです。

陣痛が軽いうちは、病室のベッドにじっと横になっている必要はありません。自由に動き回ってラクな姿勢をとりましょう。つき添いの夫とおしゃべりなどをして、気分をまぎらわせるとよいでしょう。

陣痛がなかなか強くならないときは、体を動かして。病院の廊下を歩いたり、階段を上り下りするうちに、陣痛が強くなってくることもあります。

特に、子宮口が7～8cmくらいまで開いてから全開大になるまでの時間がつらいところ。いきみたい感じが強烈にやってきますが、でもまだいきむと赤ちゃんを圧迫するだけだし会陰部を傷つけるだけなので、いきんではいけません。

自分がラクになるポーズをさがして

陣痛は、お産が進むにつれて、1回がしだいに長く強く、次の陣痛までの間隔は短くなっていきます。陣痛を乗り切るのがつらくなってきたら、自分がラクになる呼吸法やポーズをさがしてみましょう。

呼吸法は必ずしも決まりがあるわけではありません。深呼吸で乗り切れるうちはそれがいちばんラクなはず。病院スタッフが指導してくれることもあるでしょう。大きく息を吐く深呼吸と同時に、おなかをさすると、痛みをとるのに効果的です。また、息を吸いすぎると、過呼吸になって手足がしびれたりします。息を吐くことに集中することで、痛みを乗り越えていきましょう。

腰の痛みが強いときは、クッションにもたれかかるようにして四つんばいの姿勢になると、痛みがやわらぎやすいものです。いろいろなポーズ（Ｐ２０２～２０３参照）を試して、少しでもラクに過ごせる方法をさがしてください。

覚えておこう!

- 初産では子宮口が全開大になるまでに10～15時間かかります
- 陣痛がなかなか強くならないときは体を動かして
- 陣痛がつらくなってきたらラクなポーズをさがしましょう
- 分娩室に移動しても、お産の準備ができるまではいきみのがし
- 助産師の指示に合わせていきむことが大切

お産の流れ

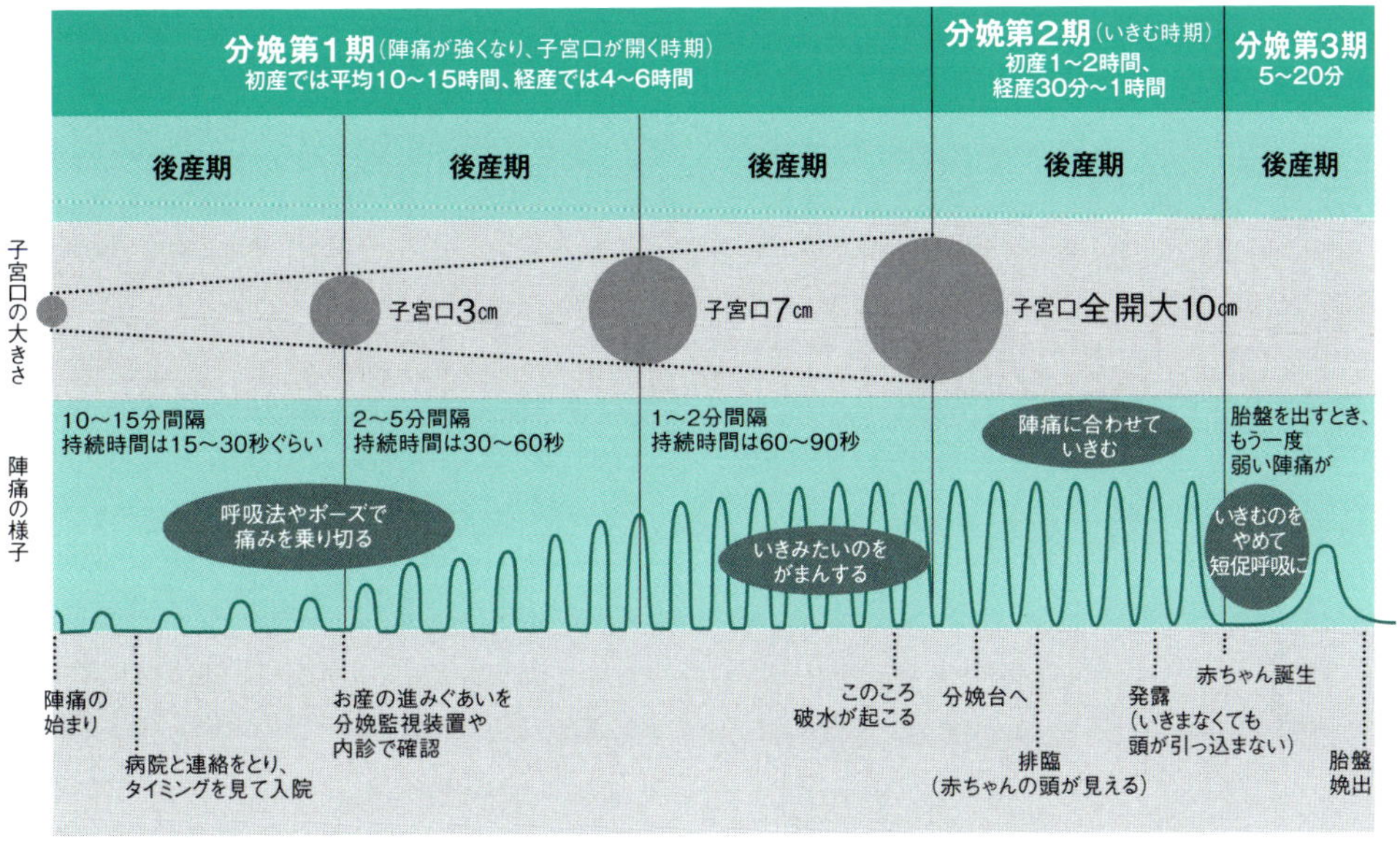

陣痛乗り切りグッズ

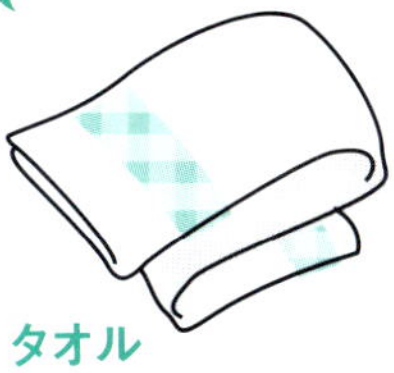

タオル

汗をふくタオルは必需品。大小のサイズをとりまぜて、多めに用意しましょう。

テニスボール

いきみをのがすのに、会陰部の圧迫に使います。マッサージ用にも役立ちます。

うちわ

陣痛の最中は、とにかく暑い！　扇子よりもしっかりあおげるうちわを用意して。

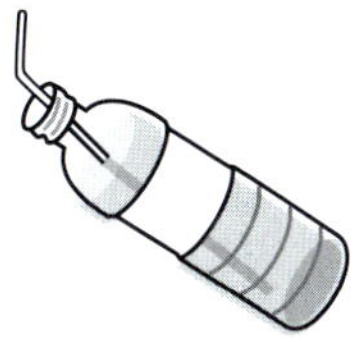

ペットボトルの飲み物

呼吸法を続けていると、のどが渇きます。寝たまま飲めるようにストローも。

アロマグッズ

好きな香りに包まれていると、リラックスできます。ハンカチに数滴たらして。

お気に入りのCD

陣痛が本格化するまで、好きな音楽を聞いてリラックスしましょう。

時計・携帯

陣痛の間隔をはかります。陣痛の記録ができるアプリなども便利。

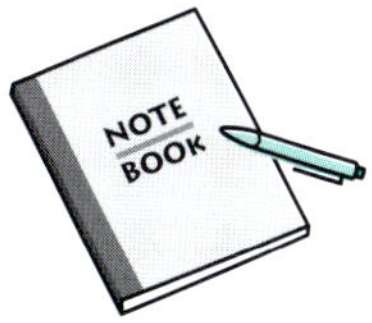

ノートとペン

陣痛の間隔などをメモしていくと、お産の進みぐあいがよくわかります。

陣痛を乗り切る方法

陣痛はだれでも痛いもの。少しでも痛みがやわらぐポーズやコツ、試してみましょう！
遠のいた陣痛を呼び戻す方法も、覚えておきましょう。

おなかをさする

痛いところに手を当てるだけでも気持ちがやわらぐもの。痛みがきたら、あぐらの姿勢で呼吸法に合わせながらおなかを軽くさすって。

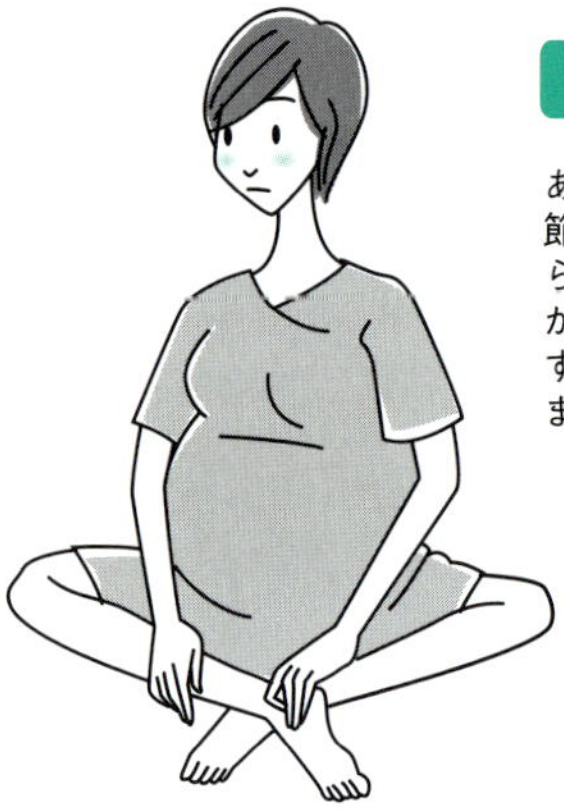

あぐらをかく

あぐらの姿勢は、股関節を開き、産道をやわらかくするので、お産が早まる効果があります。なかなかお産が進まないときに。

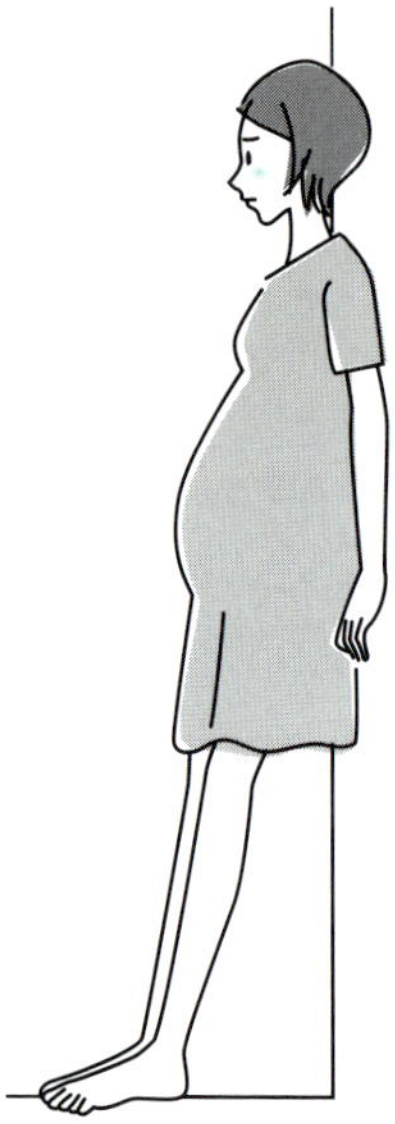

壁に体重を預ける

陣痛室や入院室の壁を利用して、立ったまま痛みをのがす方法です。重力の効果で、横になるよりも赤ちゃんが下がりやすくなります。

イスにまたがってすわる

脚を開いてまたがる姿勢には、腰の負担を軽くする効果あり。陣痛室には、痛みのがし専用の陣痛イスが置いてある場合もあります。

カエルのポーズ

ひじから先をぴったり床に着けてうずくまります。体がラクなだけでなく、骨盤底筋群が伸ばされて子宮口が開きやすくなります。

痛みが
強くなってきたら

腰を突き上げる

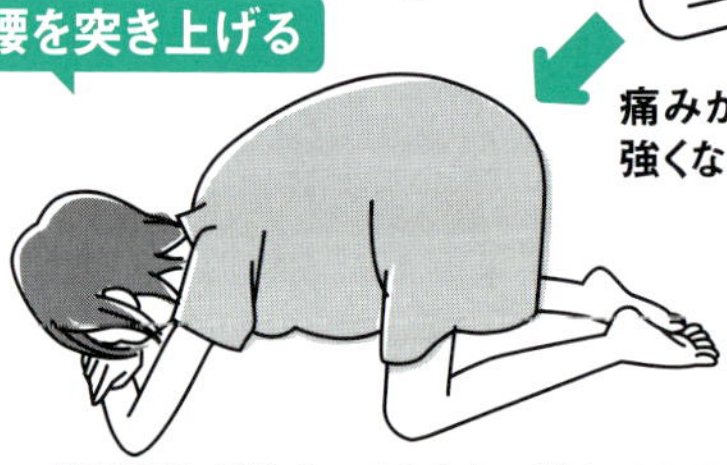

陣痛の波が近づいてきたら、腰をできるだけ上に突き上げてみて。この姿勢で呼吸法をすると、強い痛みも、のがしやすくなりますよ。

おしゃべりをする

人と話すことで気もまぎれて、痛みに集中しすぎないですみます。声を出すことが、息を吐く呼吸にもつながります。

シムズの体位で休む

寝不足ぎみの産婦さんには特におすすめ。痛みがきたら、この姿勢をとると、陣痛の波が去っている間はゆっくりリラックスできます。

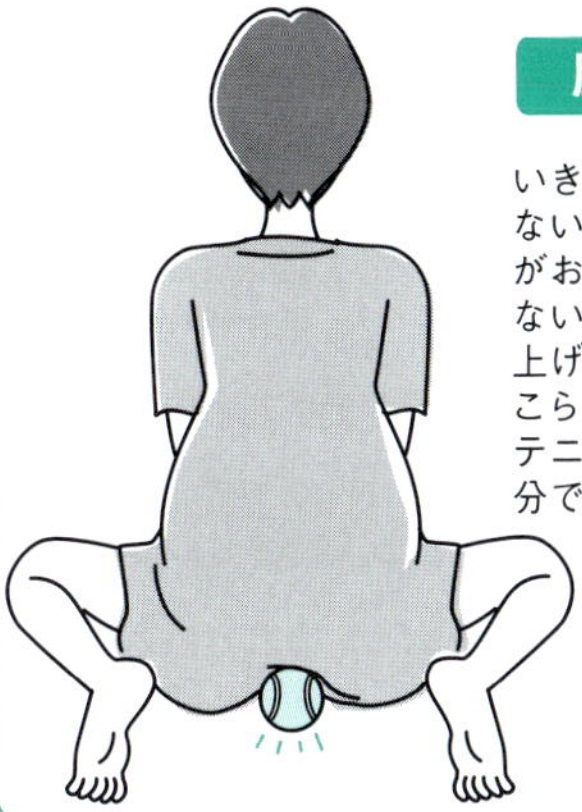

肛門を押す

いきみたいのにいきめない時期は、赤ちゃんがおりてくる力に負けないよう、肛門を押し上げてみて。いきみがこらえやすくなります。テニスボールの上に自分ですわっても。

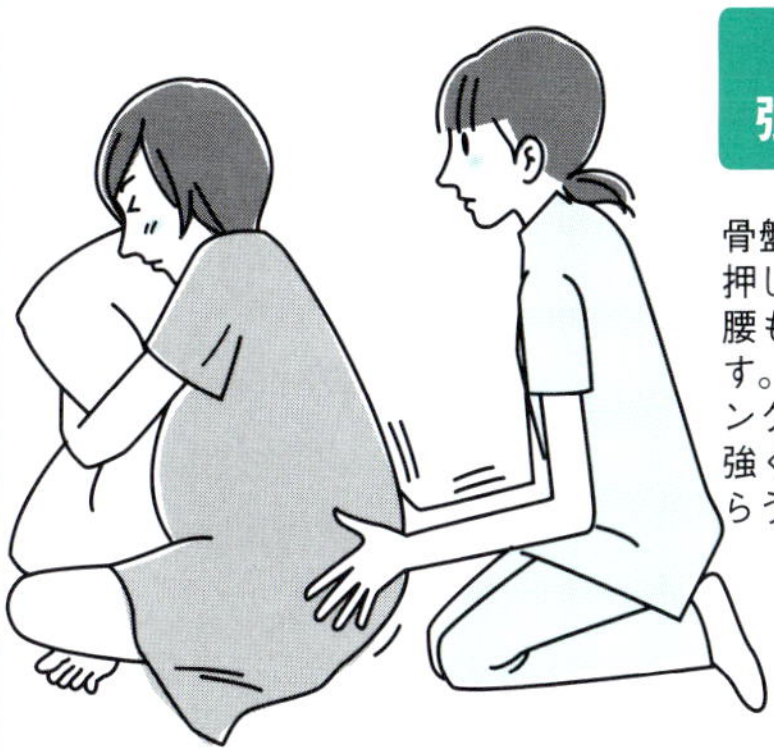

腰を強くマッサージ

骨盤が赤ちゃんの頭に押し広げられることで、腰もかなり痛くなります。陣痛がくるタイミングで、仙骨を中心に強くマッサージしてもらうと、ラクに。

陣痛が弱いとき

体力が落ちたり、寝不足だと、いい陣痛がきません。陣痛が遠のくと、その分お産は長引きます。陣痛を乗り越えるのではなく、陣痛を呼び込むことも、ときには必要となります。

何か食べる

食べることで体があたたまるのがわかるように、すぐにエネルギーに変わります。消化のいいおにぎりやヨーグルトなどがベスト。

腰をあたためる

血行をよくすることで、陣痛を促します。骨盤全体をあたためるイメージで、使い捨てカイロや湯たんぽを腰に。

歩く、階段を上り下りする

妊娠中、体を動かすとおなかが張った、ということからわかるように、運動は子宮収縮を呼びます。ゆっくりでいいから歩いてみて。

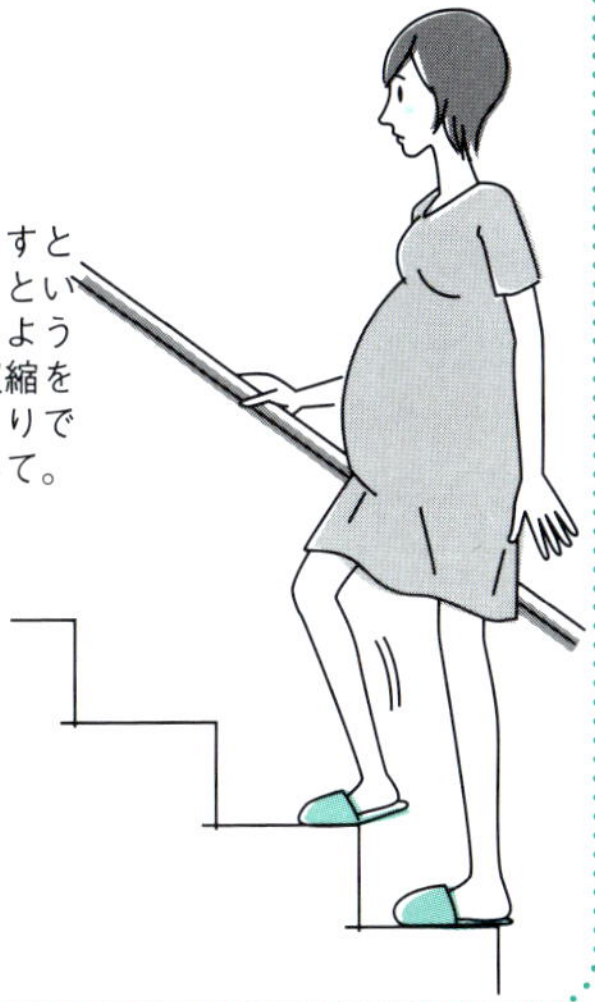

子宮口が全開大になるまで いきみのがし

赤ちゃんがしだいに下がってくると、背骨から腰へと、痛む場所も下に移動していきます。助産師か、つき添いの家族が手助けしてくれるときは、ベッドに横になったり、イスにすわったりして、腰をゆっくりと指圧してもらいましょう。手のひらでさすったり、体重をかけて強めに指圧してもらっても、痛みがずいぶんやわらぎます。

子宮口が全開に近づくと、自然にいきみたい感じが強くなってきます。でも、この時期はまだいきんではいけません。手のひらで会陰や肛門のあたりをぐっと圧迫してもらいましょう。これで、いきみたい感じを、かなりのがしやすくなるはずです。

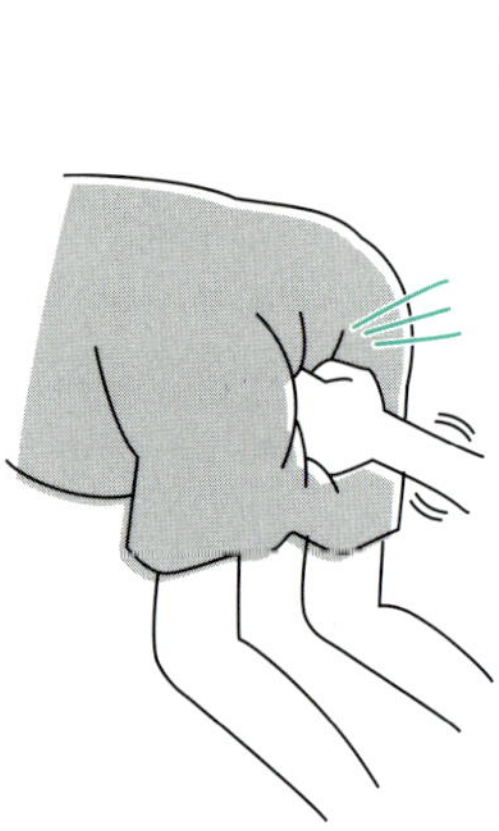

じょうずにいきむポイント

産道に意識を集中させる

妊娠中にイメージトレーニングをする場合は、絶対にいきまないでください。

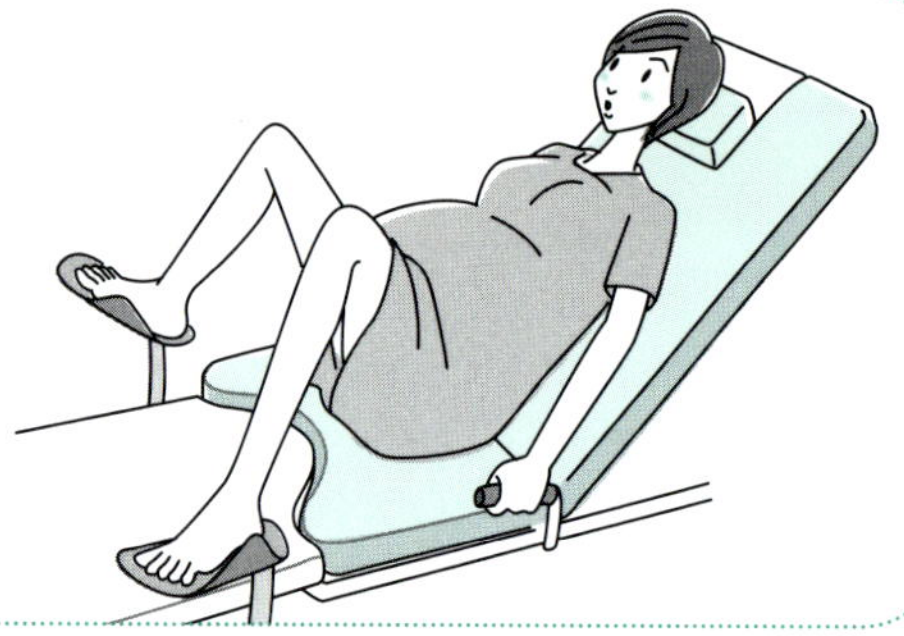

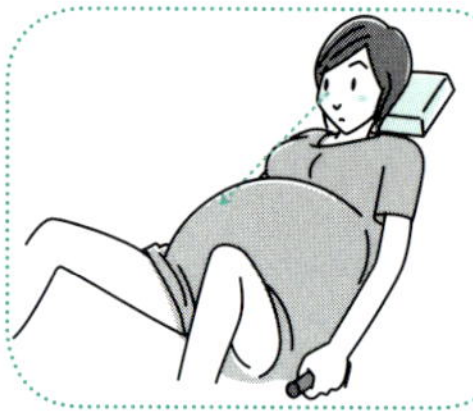

あごを引き、おへそを見る

のけぞりぎみになっては力が入りません。しっかりあごを引いて、冷静さを保つためにも目はあけ、おへその方向を見ましょう。

背中はぴったりつける

強くいきもうとして、体をよじってはいけません。分娩台から背中を浮かせないように、ぴったりつけるほうが、うまくいきめます。

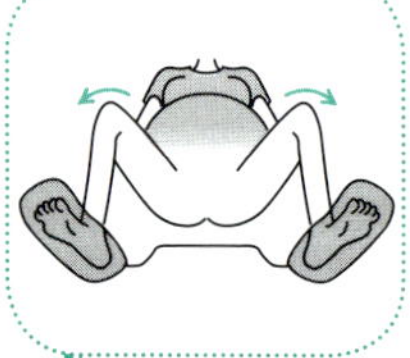

ひざは大きく開く

内股になると赤ちゃんが出てきにくいので、ひざは意識して大きく開いて。足のせ台に足の裏をしっかりとつけ、かかとに力を入れます。

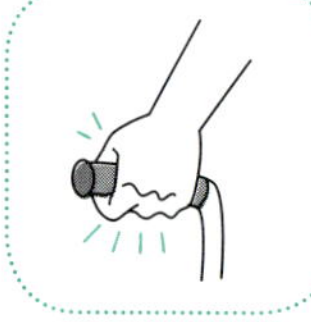

グリップを強く引く

分娩台についているグリップをしっかり握り、ボートのオールをこぐように、手前のほうへ持ち上げるように引きましょう。

NG!

痛いと無意識にひざを閉じたくなりますが、産道を閉じたのでは赤ちゃんは苦しい！ しっかり開脚して。

NG!

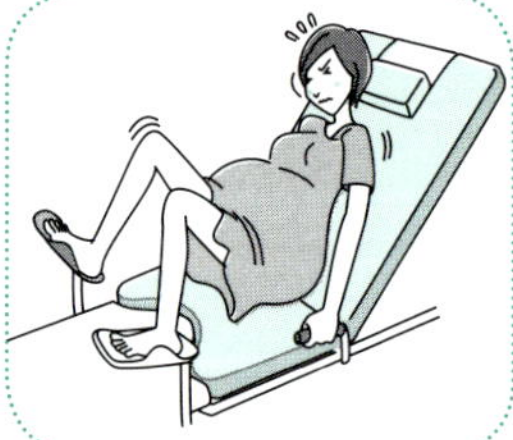

痛いからと体をよじったのでは力が入りません。背中を分娩台に押しつける感じで。

分娩室には歩いて移動することも

子宮口が全開大に近づいたら、いよいよ分娩室に移ります。ふつう、分娩室は陣痛室のすぐ近くに位置しています。ゆっくり歩いて移動しますが、途中で陣痛の波がきたら、立ち止まってしのぎましょう。産院によってはLDR室があり、移動しないこともあるし、ストレッチャーで移動することもあります。

陣痛の合間に、分娩台に乗ります。背もたれの角度や足のせ台の位置は調節できますから、姿勢が苦しいときは助産師にそう伝えましょう。分娩台に乗るときも、大きな痛みがきたら呼吸でのがして、まず腰かけて、体を横たえます。

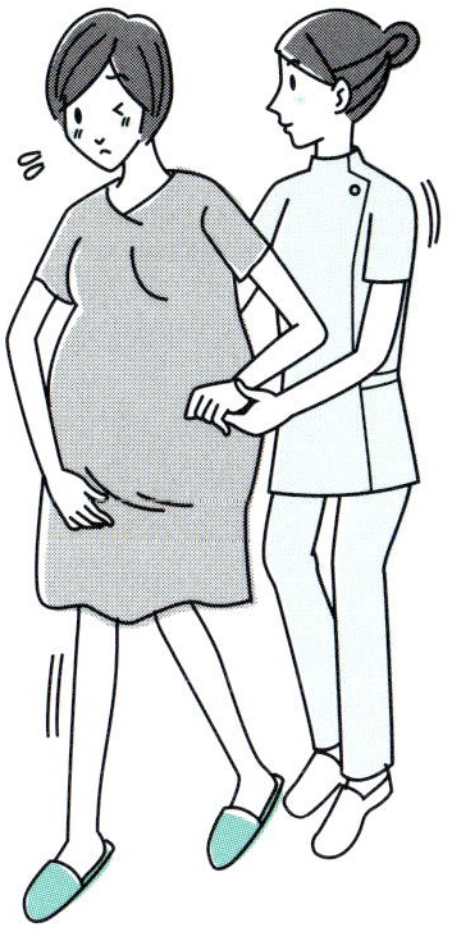

子宮の収縮に合わせていきみます

第2期は、子宮口が全開になってから赤ちゃんの娩出まで。準備が整うと、助産師から「いきんでみましょう」という指示が出ます。いきみたい感じが強くても、落ち着いて。子宮の収縮にうまく合わないと、いきみの力を効率よく発揮することができません。「合図に合わせていきむ」ことが大切です。

陣痛といきむ力の相乗効果で、赤ちゃんは産道を少しずつおりてきます。狭い骨盤の中を、赤ちゃんは頭の骨の合わせ目をずらすように重ねて、頭を小さくしながら進んできます。

頭が骨盤を抜けると、いきんだときに産道の出口から赤ちゃんの後頭部が見えてきます。この状態が「排臨《はいりん》」。そのうち、陣痛の合間にも赤ちゃんの頭が見え続ける「発露《はつろ》」という状態になります。

頭が抜けて、続いて体も

手の届くところまでおりてきた赤ちゃんは、あごを持ち上げた姿勢のまま進んで、会陰を頭でグイグイ押し上げながら、産道の出口を広げます。会陰が伸びて、赤ちゃんの頭が抜けるくらいに広がると、助産師から「ハッハッの呼吸にして」と指示されるので、胸の上に手を置いて短い呼吸（短促呼吸）に切りかえます。すると、間もなく、産道にはさまっていた大きなものが抜け落ちるような感触とともに、赤ちゃんの頭が出てきます。さらに肩から体にかけてもするりと出てきます。赤ちゃんの誕生です。第3期は、胎盤の娩出まで。再び軽い陣痛が起きて、胎盤が出てきます。これでお産は、ほぼ終了です。

お産のときの処置

なんのために必要なのかを知っておきましょう

お産のときには、さまざまな処置を受けます。どれも赤ちゃんを無事に産むために行われるものですが、いつ、なんのためにするのか、その内容と理由を知って納得のうえで受けましょう。

医療処置は、産院の方針によって違います

お産は病気ではありませんが、医療機関で産むことによって、さまざまな医療の助けを借りることになります。自然なお産がしたい、という気持ちは大切にしながら、ママと赤ちゃん両方の大事な命と健康を守るための医療です。

健診のときに、お産のときにはどんなことがされるのか、よく聞いておくことも大切です。陣痛の真っただ中、何が行われているかを理解しているだけでも、落ち着いてお産に集中できるでしょう。

陣痛の強さを測定する「分娩監視装置」

分娩監視装置は、陣痛の強さや持続時間、間隔、赤ちゃんの心拍数が測定できる器械です。産婦さんのおなかに端子をベルトで固定して、測定します。これらのデータから、お産の進みぐあいや赤ちゃんの健康度をチェックすることができます。

自然分娩で経過が順調なときは、入院時と子宮口が全開になるまではときおり、そして分娩台に上がってからつけるくらいでしょう。

しかし、陣痛促進剤を使用しているときや、赤ちゃんの心拍数の低下が心配されるときは、出産までずっと分娩監視装置をつけていることが多いでしょう。端子をおなかにつけていると、自由に身動きすることができません。この場合は、ベッドの上で過ごすことになります。

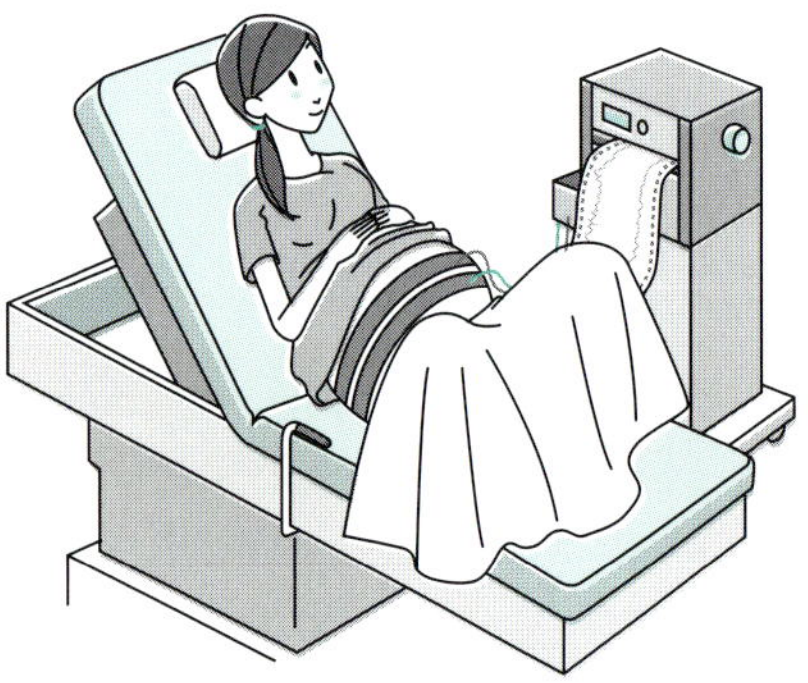

グラフには、２本の数値が記録されていきます。ママの子宮収縮の強さと、赤ちゃんの心拍の様子です。

子宮口を広げる処置をとることも

自然分娩で子宮口がなかなか開いてこ

覚えておこう!

- 医療処置はスムーズにお産を進めるために行うもの
- 分娩監視装置で、陣痛の進行や赤ちゃんの様子をチェック
- 子宮口がなかなか開かないときは、器具や薬を使って広げます
- 導尿で子宮は収縮しやすく、赤ちゃんはおりやすくなります
- いざというときに投薬や輸血できるような処置をしておくことも

ないときや、計画分娩で陣痛誘発剤を使ってお産をするときなどに、子宮口を広げる処置をすることがあります。ラミナリアやメトロバルーンという器具を子宮口に挿入して、時間をかけながら広げていく方法と、薬を使う方法がありますが、計画分娩では両者を組み合わせるのがふつうです。

自然分娩で、陣痛が始まっているのに子宮口が開いてこないときには、子宮頸管熟化剤の内服薬などが処方されることがあります。

万が一に備えて、血管を確保することも

感染症がある場合などは、陣痛が始まったときから抗生物質を点滴することもありますが、特に問題がない場合でも、ママの状態が急変したときに備え、点滴で血管を確保しておくことがあります。問題がなければ、特に薬などが入るわけではありませんが、いざというときには、陣痛促進剤などの投薬がすみやかに行うことができます。また、輸血が必要になった場合にも、役立ちます。

導尿で、子宮の収縮を促します

膀胱がからになると、子宮が収縮しやすくなります。また、尿がたまっていると、赤ちゃんがおりてくるのを妨げることもあるので、分娩台に上がってからお産の準備をするときに、導尿の処置を受けることがあります。このほか、陣痛が強くてトイレに移動するのがつらいときや、産後すぐの安静時間中に尿がたまったときにも処置を受けます。

細いチューブを尿道に入れるときにチクッとすることはありますが、強い痛みはありません。チューブを入れると、膀胱にたまった尿が、チューブを通って排泄されます。

帝王切開やほかにトラブルがある人以外は、産後の安静時間が終わって病室に戻ったら、自分でトイレに行きます。

産道を少しでも広く確保するための処置

赤ちゃんがおりてくる産道は、直腸と隣り合っているので、便が多量にたまっていると、お産の進行を妨げるおそれがあります。浣腸で直腸にたまった便を出すと、産道が広がりやすくなり、赤ちゃんがスムーズにおりてこられるようになるのです。また、浣腸すると、腸の動きが活発になるので、自律神経の働きがよくなって、陣痛がつきやすくなる効果もあります。このため、入院時に浣腸の処置を行う病院が多く、細いチューブを肛門に入れて、浣腸液を注入します。浣腸したあとでも、分娩台の上でいきんだときに、水っぽい便が出ることがあります。よくあることですし、すぐにケアしてもらえますから、全く気にしなくて大丈夫です。

もちろん、ふだんから便秘もなく、分娩台に上がるまえに自力で便通があった場合は、浣腸をしないこともあります。ふだんの生活で、便秘対策が必要なのは、お産に備えるという意味もあるからなのです。

出産

陣痛促進剤を使うとき

薬の助けを借りたほうがよいこともあります

ママの体と赤ちゃん、両方のために、陣痛を促したほうがいいときがあります。どんなときに陣痛促進剤が使われるのか、知っておきましょう。

覚えておこう!

- よい陣痛がつかない場合や微弱陣痛のときに使います
- 医師から提案があったら、使う理由と使わないことで起こる状況を確認しましょう
- 早く産む必要があるときや計画分娩の場合に使うことも
- 陣痛が進んでも赤ちゃんが出てこられないとわかっている場合などは使えません

弱い陣痛を強めるために

お産は、ほとんどの場合、自然の流れに乗ってスムーズに進みますが、なかには何かの理由で、医療の助けが必要なケースがあります。

たとえば、子宮口は開いていて、赤ちゃんもおりてきているのに、赤ちゃんを押し出すほど強い、よい陣痛がついてこないとき、あるいは、一度陣痛がついたのに、途中から陣痛が弱くなってしまう「微弱陣痛」などの場合、陣痛促進剤の助けを借りることが、有効な手段です。

微弱とはいっても、弱い陣痛が起こるたびに産婦さんも赤ちゃんもストレスを受けて、体力を消耗していきます。いたずらに分娩時間を長引かせるのは、いいことではないのです。

お産を誘発するときにも

「分娩誘発」と「陣痛促進」は、似ているようですが、医学的には全く違います。「陣痛促進」は、一度ついた陣痛が弱くなったときに強めるために行う処置で、お産が始まってからのこと。

「分娩誘発」は、これに対して、まだお産が始まっていない段階で、お産のきっかけをつくって、陣痛を起こすために行う処置です。これを行うのは、

●重度の妊娠高血圧症候群で赤ちゃんを早く産む必要がある場合

分娩誘発には、物理的に産道を開く方法があります

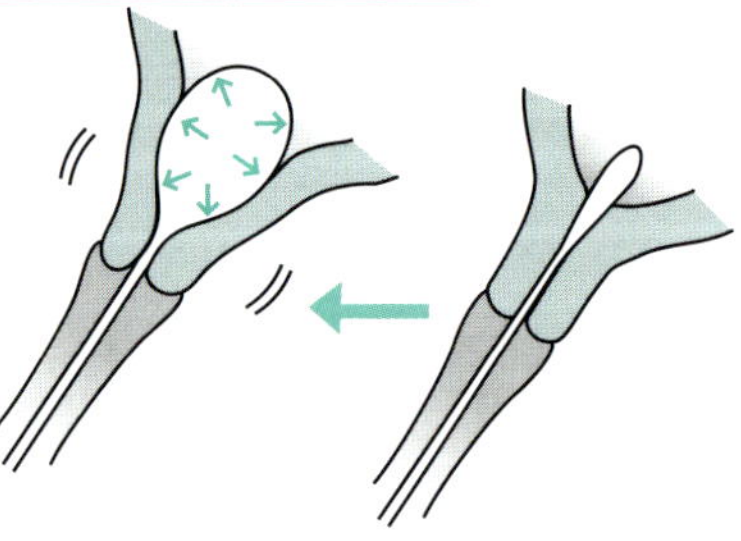

産道を直接開く分娩誘発の方法があります。図のような風船を入れて子宮口を開く「メトロバルーン」や、海藻の成分を使い、水分を含むとふくらむ原理を利用した「ラミナリア管」などがあります。

●予定日を過ぎてもなかなか陣痛がつかず、過期産になりそうな場合
●産婦さんの希望で、計画的に出産したいとき
などがあります。

もちろん、どちらも、母体や胎児の状況に問題がないことを確認してから行うのが前提です。

誘発・促進してはいけないとき…

陣痛誘発も促進も、行うときにはいくつかの条件を満たす必要があります。

まず、陣痛誘発や促進ができないケースをまとめておきましょう。

●妊婦さんの骨盤よりも、赤ちゃんの頭が大きい「児頭骨盤不均衡」
●子宮口が胎盤でふさがっている「前置胎盤」
●赤ちゃんがおなかで横向きになっている「横位」
●開腹手術の経験があり、縫合した部分が弱くなっている場合
●経腟分娩で赤ちゃんに感染が起こることが予想される場合
などでは、分娩誘発を行うことはできません。

これらの点で問題がなく、母体や赤ちゃんが経腟分娩に耐えられると判断されたときに、陣痛誘発や促進が行われます。

陣痛促進剤が使われるケース

1 一度ついた陣痛が弱くなって子宮口や胎児の状態が悪くなり、お産が長引いているとき

2 破水して時間がたっても自然陣痛が起こらず、このままでは感染が起こる心配があるとき

3 母体に合併症があり、このまま待っていると母児が危険と思われるとき

4 過期産（妊娠42週以後）、あるいは過期産の予防（妊娠41週0日～6日）

陣痛促進剤が使えないケース

1 児頭骨盤不均衡、横位など、陣痛が進んでも赤ちゃんが出てこられないとき

2 子宮口がふさがっている前置胎盤のとき

3 前回帝王切開など、手術のあとの組織が弱くなっている部分がある場合

4 経腟分娩で赤ちゃんに感染が起こると予想されるとき

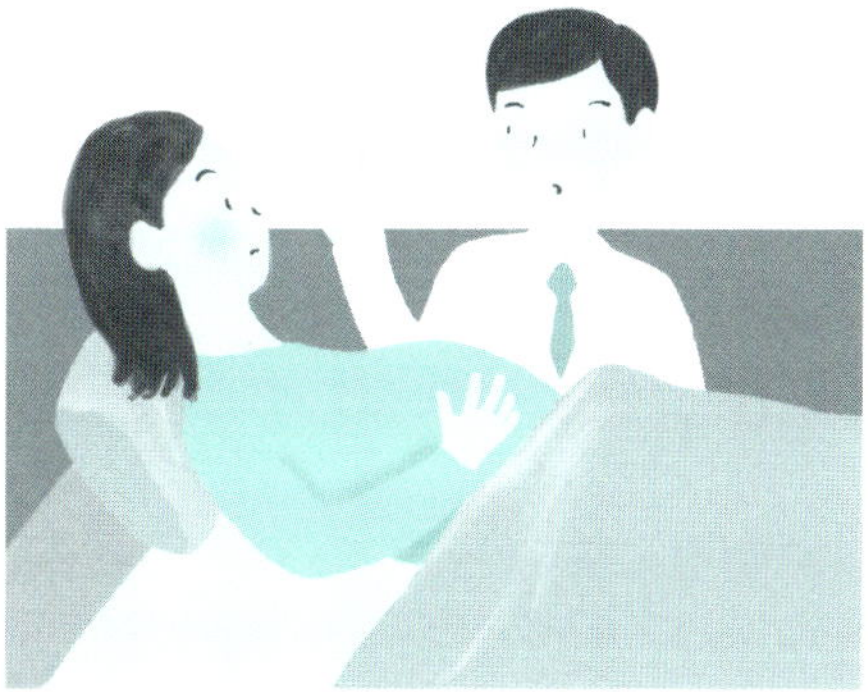

陣痛促進剤は点滴が主流

陣痛促進剤には、内服薬と点滴で投与される薬がありますが、現在はほとんど点滴が使われています。内服薬だと、薬が効きすぎた場合に途中で調整することができませんが、点滴なら薬の効きぐあいに合わせて、微調整が可能だからです。母児ともに元気で、計画無痛分娩をする場合などで、痛みを最初からコントロールする計画の場合、内服薬の子宮収縮を起こさせることはあります。

このほか、子宮口を器具を使って物理的に開く方法があります。海藻が水を含むとふくらむ性質を利用したラミナリアや、風船の仕組みで開くメトロバルーンなどがあります。また、医師の手で、卵膜と子宮内膜の間をはがしたり、人工的に破水を起こすこと（破膜）を起こすこともあります。

陣痛促進剤を使う前に確認したいこと

お産がなかなか進まないときに、医師から「陣痛促進剤を使いましょう」と提案されることがあります。このようなときは、なぜ薬を使う必要があるのか、使わないとどういう状況が予測されるのかを、家族とともに聞いておきましょう。

たとえば、微弱陣痛の場合は、そのままではお産が停止して、胎児の健康状態が悪化するおそれがあります。すでに破水しているときは、羊水が減っているので赤ちゃんにストレスがかかり、また、時間が経過するごとに感染症が起こる危険性が高くなります。また、母体に合併症があるケースでは、母体の命に関わることもあります。

促進しないとどのようなことが起こりうるのか、薬のリスクと秤にかける必要があります。

陣痛促進剤でいちばんこわいのは、薬が急激に効きすぎてしまう「過強陣痛」です。このことが原因での事故があった時代もありましたが、今は分娩監視装置での管理と、点滴量のコントロールにより、改善されています。

陣痛促進剤が使われ始めたら

現在では、使用量をコントロールしやすい点滴を使って、分娩監視装置で陣痛の様子を常にモニターするなどの管理方法がとられています。実際に、陣痛促進剤を使い始めたら、分娩監視装置がきちんと装着されているかを、まず確かめてください。分娩監視装置をつけていれば、子宮収縮の様子のほか、陣痛がきているときに胎児の心音が下がらないかどうか、つまり赤ちゃんが元気であるかどうかをチェックすることができます。

また、助産師や看護師が、常にそばにいるかモニターしていて、異常が起きたときにすぐに駆けつけてもらいましょう。痛みが強くて不安なときは、遠慮せずにナースコールしていいのです。陣痛促進を始めて5時間以上経過してもお産が進行しないときは、あらためてその原因を検討することがあります。陣痛促進剤を使う使わないにかかわらず、医師が定期的に内診して、お産の進みぐあいは常にチェックします。

もっと知りたい陣痛促進剤 Q&A

Q 陣痛促進剤の効き方に個人差は？

陣痛促進剤の薬の効き方には、個人差はないのですか？　少量で急に効いてしまったら、どうなるのでしょう。

A

どんな薬でも、人によって効果や副作用は異なります。促進剤が最も有効に効く量を「至適濃度」といいますが、この濃度になるように、少量から始めて調節していきます。

Q 医療側の都合で使うことは？

お正月休みを避けるために、薬が使われることはないのでしょうか。予定日が年末なので、不安です。

A

医師やスタッフが休むために使われることはありません。ただし、お産の経過や胎児の状態から「人手がいる」と予想される場合などは、スタッフのそろっている時間帯にお産が進むように、薬を使うことがあります。

Q ベッドの上で寝たきりになる？

ずっと点滴をして分娩監視装置をつけているということは、ベッドの上で寝たきりで過ごすのでしょうか。

A

陣痛促進剤を使うときは、分娩監視装置をつけて常に母体と胎児の安全を確認する必要があるので、基本的にはベッドの上での安静になります。トイレに行くときは、いったんモニタリングを中止して行くことになるでしょう。

Q 陣痛促進剤を拒否できますか？

陣痛促進剤を使うのは、どうしてもイヤです。医師から強くすすめられたときでも、断っていいですか？

A

医師から十分な説明を受けても、それでも使うことに抵抗があるときは、断ってもかまいません。ただし、その場合はたぶん、帝王切開になることが多いだろうと思われます。

Q 自然の陣痛より痛みは強い？

薬を使うと、自然の陣痛よりも強くなって、痛みも強くなるのでしょうか。とっても不安です。

A

痛みに対する感受性には個人差があり、感じ方を人とくらべることはできません。薬で人工的に陣痛を強めるので、心の準備が追いつかないうちに陣痛が強くなることもあります。呼吸法などで、しのいでください。

できれば切らずに産みたいけれど
会《え》陰《いん》切《せっ》開《かい》ってどんなもの？

お産のときに、会陰が自然に裂けてしまうことがあります。この裂傷を防ぐために、あらかじめハサミで切開するのが会陰切開です。初産では、切開を受けることが少なくありません。

覚えておこう！

- 会陰に裂傷ができるのを防ぐ目的などで行われます
- 腟口の真下から斜めに3〜5cmほど切開
- 赤ちゃんと胎盤が出たあとに傷を縫合します
- 痛みは3日間ほどでなくなり、傷は1週間前後でふさがります
- 傷口を清潔にすることが大切

会陰が伸びて赤ちゃんが出やすく

会陰というのは、腟の出口と肛門の間のわずか数cmの狭い部分のこと。出産が始まるまではかたく締まっていますが、陣痛が周期的に起きるようになると、おもちのようにやわらかくなります。

これは、プロスタグランディンというホルモンがたくさん分泌されるために起こる変化で、赤ちゃんがスムーズに出てこられるように、会陰はやわらかく伸びるようになってきます。

お産が進んで、赤ちゃんの頭が産道の出口から見えるようになり（排臨）、さらにいきんでいないときにも赤ちゃんの頭が常に見えているようになる（発露）と、会陰は赤ちゃんの頭に押し広げられて、しだいに薄く、紙のように引き伸ばされていきます。

無傷で産めるのは、ごく一部の人だけ

このいよいよ赤ちゃんが生まれるという段階で、助産師は「会陰保護《えいんほご》」を行って会陰が伸びるのを助け、裂傷が起きないように介助します。

そのまま会陰がうまく伸び続けて、赤ちゃんの頭がくぐり抜けられるまでに広がることができれば、会陰切開を受ける必要はなく、自然の裂傷ができることもありません。

しかし、現実には、会陰が十分に伸びて、裂傷も起きずに赤ちゃんを産めるのは、初産の人ではたった1割、経産の人でも3割くらいとされています。

会陰の伸びが悪くて、そのままでは産道の出口から肛門方向や尿道方向に裂けてしまいそうなときや、赤ちゃんの心拍数が低下して健康状態が危ぶまれるときには、会陰切開をして赤ちゃんが生まれるのを助ける必要があります。

会陰保護

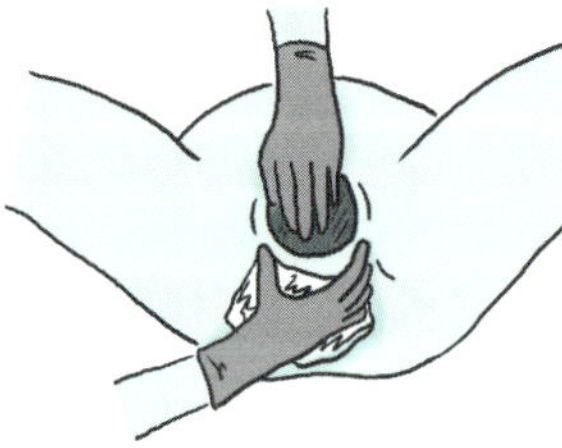

会陰と、腟口に進んでくる赤ちゃんの頭を、手で押さえます。頭が急に飛び出して、会陰が裂けてしまうのを防ぐ方法です。

また、裂傷を予防し、赤ちゃんをすみやかに娩出するために、特に初産ではほとんどの産婦さんに会陰切開をする方針の施設もあります。

医療用のハサミで3〜5cmほどの切開

会陰切開を行うのは、会陰の伸びが限界に達して、もうこれ以上時間をかけても伸びないと判断される時期です。

切開に使われるのは、赤ちゃんを傷つけないように、先が丸い医療用のハサミ。切開方法は3種類ありますが、一般的なのは膣口の真下から斜めに切る「正中側切開法」と呼ばれる方法です。

子宮が収縮して産婦さんがいきんでいる間に、3〜5cmほどパチンと切開します。すると、出口が広がって、赤ちゃんの頭が出てこられるのです。

切開するタイミングは、産婦さんがいきんで会陰が伸びきった瞬間。麻酔の使用の有無は病院によりますが、麻酔を使わない場合でも、陣痛の波がピークに達している最中なので、切開の痛みはほとんど感じないでしょう。

切開をしないで自然の裂傷ができてしまうと、膣口から肛門の方向や、あるいは尿道の方向に傷ができます。軽度の傷ならばぬわなくても自然にふさがっていきますが、度合いがひどいと、肛門まで裂けてしまうこともあります。

会陰の縫合はとける糸で

会陰の傷は、赤ちゃんが生まれて胎盤が出たあとに縫合します。最近は、しばらくするととけてしまう糸でぬうことが多いのですが、病院によっては内側をとける糸でぬって、皮膚の表面は抜糸が必要な糸でぬう場合もあります。

助産院などでは、会陰切開はしないので、裂けた傷の表面をクリップ状の金具で留めたり、ホチキスのような金具を使うこともあります。

お産でいちばん大切なのは、赤ちゃんが無事に生まれることです。会陰切開をどうするかは、お産の前に主治医と相談して、状況に応じて対処してもらうなど、納得できる方法を選んでください。

会陰切開の方法

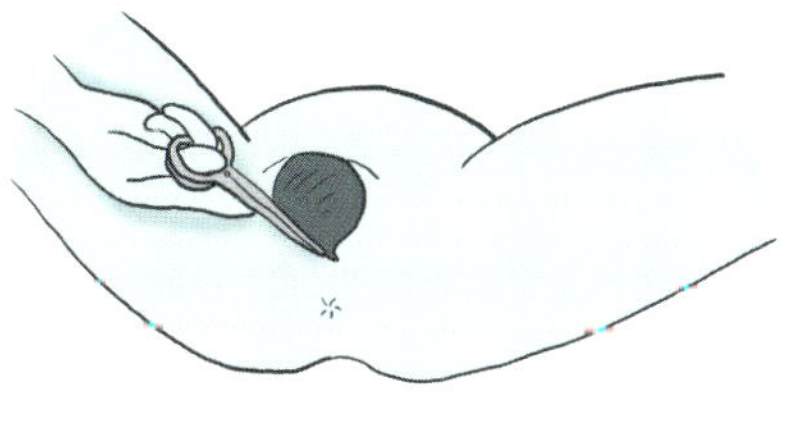

会陰切開には、主に3通りの切開位置がありますが、一般的なのは「正中側切開法」。自然裂傷は、肛門方向や尿道方向に起きやすいものです。

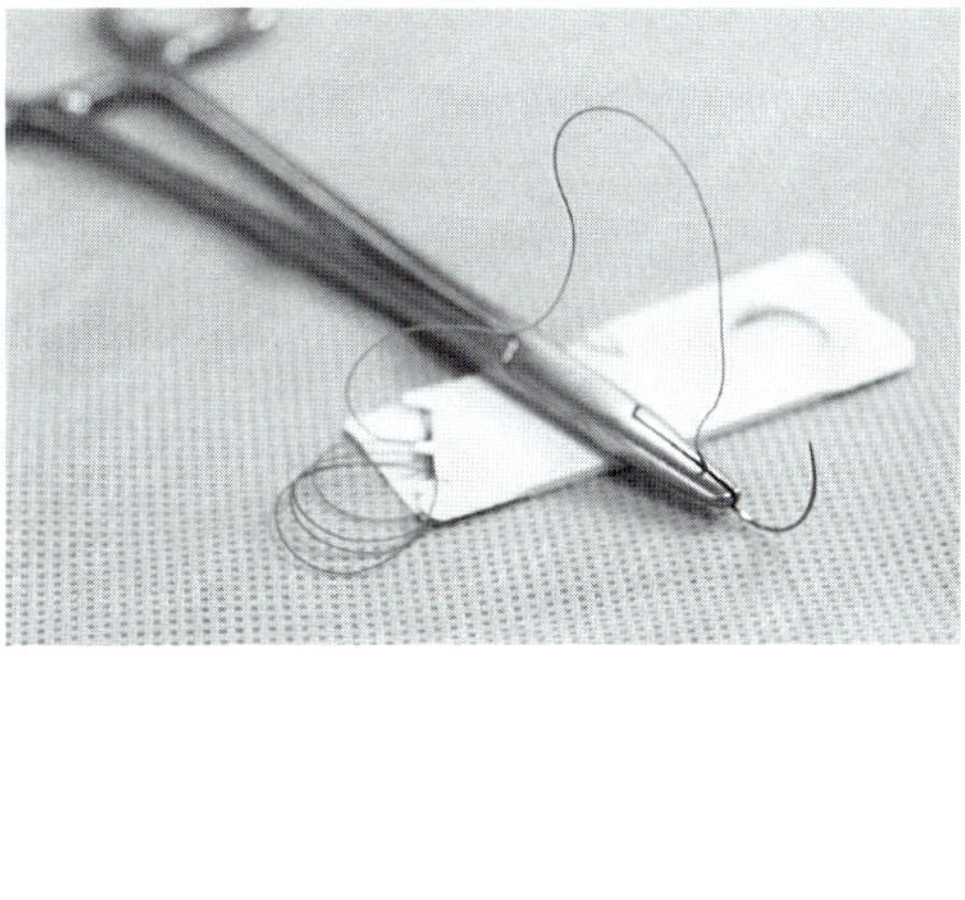

3日間ぐらいは、傷が痛みます

会陰切開を受けたにしても、自然に裂けてしまったとしても、傷はぬったほうが早くきれいに治ります。

切開すると、刃物で切った断面が直線的な傷なので、きれいにぬうことができます。しかし、裂けてしまうと断面がギザギザになっているので、こまかくぬわなければなりません。また、中に空間が残ってしまうと、そこに血液がたまって血腫ができたり、細菌に感染して傷が化膿するおそれがあります。

傷は、ふつう1週間くらいで完全にふさがります。傷がズキズキと痛むのは3日間くらい。歩くときはソロソロとしか歩けなかったり、すわるときにも傷に当たらないように、まん中がくり抜かれたドーナツイスや、円座クッションが手放せないかもしれません。

しかし、すわったり歩いている間は痛くても、ベッドの上で安静にしているときには痛まないものです。

もし、安静にしていても傷が痛むときは、血腫ができているか、化膿しているおそれがあるので、ひどいときはスタッフに相談してください。

退院するころになっても、傷の突っ張り感が強いようなら、とける糸を使った場合でも、抜糸をしてもらうとラクになることがあります。

傷の回復には清潔がいちばん

傷を早く回復させるには、清潔を保つことが大切です。トイレに行くたびに清浄綿でやさしくふくか、洗浄便座がある病院なら、多少傷にしみてもきれいに洗ってください。悪露の手当てのときも、清浄綿で傷をこすらないように注意しましょう。

退院して自宅に帰るころには、傷も回復しているので、歩いたりすわったりもだいぶラクになっているはず。違和感が長引くときは、円座クッションを使う、正座するなど、傷に当たらないような姿勢を、自分なりに工夫しましょう。

退院後も、傷がひどく痛むようなときは、1カ月健診を待たずに受診して、回復状況をみてもらったほうが安心です。

産後の性生活は、1カ月健診で許可がおりたら、もう大丈夫。とはいえ、会陰に傷があると、スムーズに行えるようになるまで多少の時間がかかります。負担のかからない方法を、夫とよく話し合いましょう。

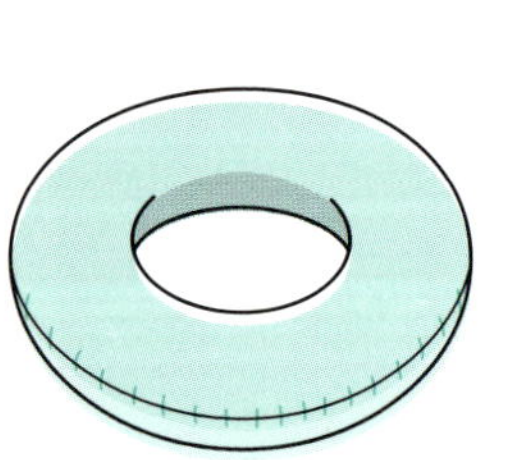

すわったときに傷口がイスやベッドに当たらないようにする円座クッション。授乳のときなどに。

もっと知りたい会陰切開 Q&A

Q イヤだと言ってもいいの?

できれば、会陰切開を受けたくありません。お産の前に、医師にそう伝えてもいいですか?

A

「すべての人に切開する」のか、「必要な人にだけする」のか、病院によって方針はさまざまです。母親学級で説明を受けたり、医師に質問して方針を確かめましょう

Q 切開を受けるのは、どんなとき?

できるだけ切開をしないでほしいと伝えてありますが、それでも切開するときがあるのですか?

A

お産では、何が起こるかわかりません。赤ちゃんを急いで出産しなければならない緊急事態では、救命が最優先。会陰切開して、吸引分娩、鉗子分娩などで、少しでも早く赤ちゃんを出します。

Q 切らずにすむコツは?

会陰切開や裂傷を避けるために、妊娠中からできることがあったら教えてください。

A

妊娠中に皮下脂肪がつきすぎると、産道の伸びが悪くなります。体重管理はしっかりと。また、短促呼吸の練習も大切。短い呼吸でいきみをのがさないと、お産の最後の最後で裂けてしまうことがあります。

Q 麻酔はしてもらえる?

切開するときに麻酔をしてもらえるかどうか気になります。医師に申し出てもいいですか?

A

麻酔の有無は病院によって異なります。陣痛の痛みが強いので、麻酔なしでもさほど痛みは感じませんが、どうしても麻酔してほしいときは、あらかじめ頼んでおくとよいでしょう。

Q 切開後、便秘になるのでは?

切開した傷があると、排便のときにがんばれないのでは……。もともと便秘症なので、心配です。

A

会陰切開をすると、産後すぐはきばれないことが多いものです。傷が気になって便秘がひどくなるようなら、薬を出してもらいましょう。1週間くらいで傷は完全にふさがりますから、退院後は大丈夫です。

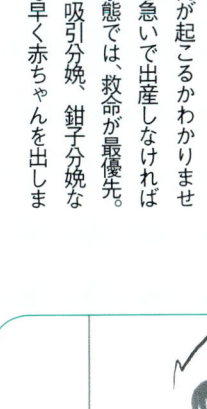

いざお産が始まってみないと、どうなるかはわかりません

お産が長引いたとき

妊娠中の経過がいくら順調でも、いざお産が始まってから、母体や赤ちゃんにトラブルが起きて、「難産」になることがあります。どんなケースがあるのでしょうか？

覚えておこう！

- 生まれるまでに15時間以上かかると、医療処置を受けることが多くなります
- 微弱陣痛の場合は陣痛促進剤を使うことがあります
- 陣痛があっても子宮口が開かないときは帝王切開になることも
- 赤ちゃんを早く出したいときは吸引分娩などを行い、効果がなければ帝王切開に

安産と難産の違いは？

実は「安産」と「難産」について、これといった定義があるわけではありません。ただ、産む人の立場からすると、お産に時間がかかった場合は「難産だった」と感じることが多いようです。

一般的にお産にかかる時間は、初産の場合で、子宮口が開ききる第1期に10～15時間、そこから赤ちゃん誕生までに1～2時間となっていますが、トータルで15時間以上かかると、結果として赤ちゃんや母体にトラブルが起こり、医学的な処置を受けることも多くなります。

お産が長引くと体力を消耗します

お産が始まっているのに、陣痛がなかなか強くならないことがあります。陣痛が強まらないと、子宮口も十分に開かず、お産はスムーズに進みません。これを「微弱陣痛」と呼びます。

微弱陣痛には、お産の始めから陣痛が弱い場合と、子宮口や産道がかたいために時間がかかり、最初はふつうにきていた陣痛が途中から弱まってしまう場合があります。

弱いといっても、陣痛が続けば産婦さんは体力を消耗しますし、「お産が進まない」精神的なストレスも感じます。そのためますます陣痛が弱まり、さらにお産が長引いてしまうこともあります。

陣痛が弱いときは、体を動かしたり、歩いたり、また疲れているときは睡眠をとることで、有効な陣痛がくるように促します。それでも陣痛が弱い場合には、陣痛促進剤を使うことが多くなります。

陣痛がきているのに子宮口が開かない

ある程度の陣痛があるのに、子宮口が赤ちゃんが出てこられる10cm（全開大）まで開かないことを「軟産道強靱《なんさんどうきょうじん》」と呼びます。子宮口をやわらかくする薬を使ったり無痛分娩などの処置をしますが、それでも開かないときには、母体も疲労し、赤ちゃんの状態も悪くなるので、帝王切開になります。

赤ちゃんがおりてこない

子宮口が開いても、赤ちゃんがなかなかおりてこないときは、やはりお産が長引いてしまいます。

おりてこない原因には、赤ちゃんの頭が骨盤を通れない「児頭骨盤《じとうこつばん》不均衡《ふきんこう》」や、

へその緒が首や体にからまっている「臍《さい》帯巻絡《たいけんらく》」、赤ちゃんがうまく骨盤を通り抜けるように体の向きを変えられない「回旋《かいせん》異常《いじょう》」などがあります。

へその緒がからまることはそれほど珍しいことではなく、多くの場合からんでいてもそのまま無事に生まれてきます。ところが、お産の途中でへその緒が圧迫され、赤ちゃんに酸素が送られなくなって、状態が悪くなることがあり、その場合は医療の手助けにより、早めに出してあげる必要が出てきます。

回旋異常も、お産の進行が停止してしまった場合には吸引分娩や鉗子分娩にしたり、それもむずかしいときは帝王切開に切りかえます。

吸引分娩と鉗子分娩

赤ちゃんをできるだけ早く出したいとき、赤ちゃんがある程度産道をおりてきているのなら、吸引分娩や鉗子分娩を試みます。

吸引分娩は吸引カップを赤ちゃんの頭に当て、引き出す方法です。生まれてきた赤ちゃんの頭が長く伸びたり、こぶができることがありますが、生後しばらくすると自然に直るので心配はありません。

鉗子分娩は、金属性のへらのようなもので、頭をはさむようにして引き出しますが、最近はあまり行われなくなっていて、吸引分娩でうまくいかないときは、帝王切開になることが多いでしょう。

胎盤がうまく出ないときは

赤ちゃんの誕生後に、役目を終えた胎盤が出てきます。胎盤が出ないと、大出血の原因になるため、へその緒を引いて、軽くマッサージをしたり、子宮収縮剤を投与します。それでも出ないときには、医師が子宮内に手を入れて、胎盤をはがす処置をすることもあります。

産後、子宮は急激に収縮して、出血を止めますが、収縮が不十分だと「弛緩出《しかんしゅっ》血《けつ》」と呼ばれる大出血を起こすことも。こうなると輸血などの緊急の処置が必要になります。

吸引分娩

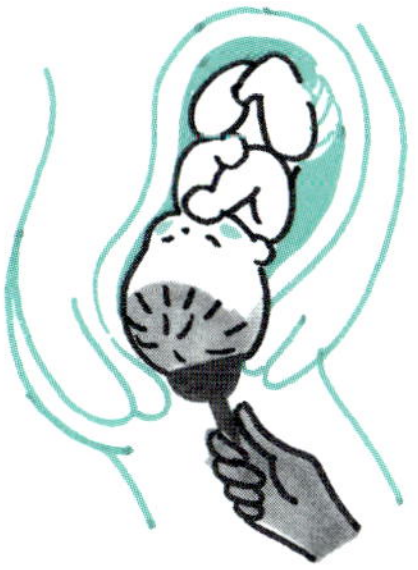

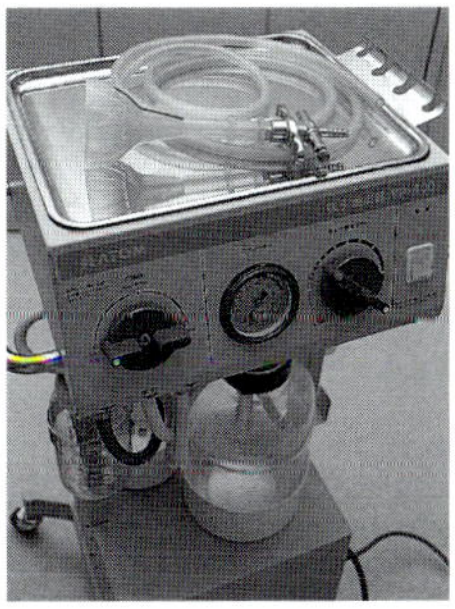

吸引カップを赤ちゃんの頭に当てて、吸引器で減圧し、中を真空にして引っぱり出す方法です。

鉗子分娩

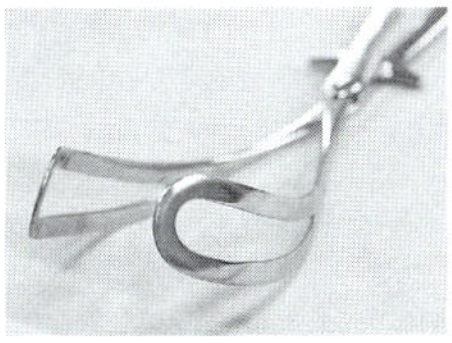

鉗子の間に頭部をはさみ、引き出す方法です。会陰を大きく切開しなくてはならず、最近はあまり使わない施設がふえています。

ママのおなかを切って、赤ちゃんをとり出す緊急手術

帝王切開でのお産

妊娠経過が順調でも、いざお産のときに帝王切開になることがあります。自分には関係ないと思わず、原因や手術の実際、産後について、一通りのことを知っておきましょう。

お産の15～20%は帝王切開

赤ちゃんが子宮口から腟を通って生まれるのが「経腟分娩」。いっぽう、なんらかの事情で経腟分娩がむずかしいと判断されたときに、産婦さんのおなかを切って赤ちゃんをとり出す手術を行うのが帝王切開です。

自然に下から産みたいと思うのが人情ですが、お産にはトラブルがつきもの。ママと赤ちゃんの安全のために、手術したほうがよいこともあるのです。帝王切開もお産の一つの方法で、経腟分娩でなかったからといって、ひけめを感じる必要はありません。

現在の日本では約15～20%が帝王切開によるお産です。

おなかを切る位置

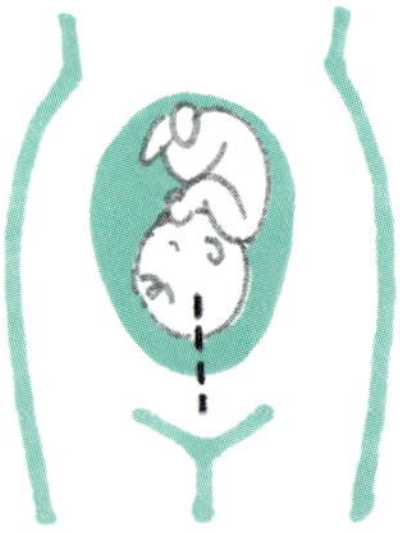

縦切開

手術中の視野が広くとれるため、確実性が高く、緊急のときには縦切開が原則です。おなかの切り方にかかわらず、子宮は下部を横に切ります。

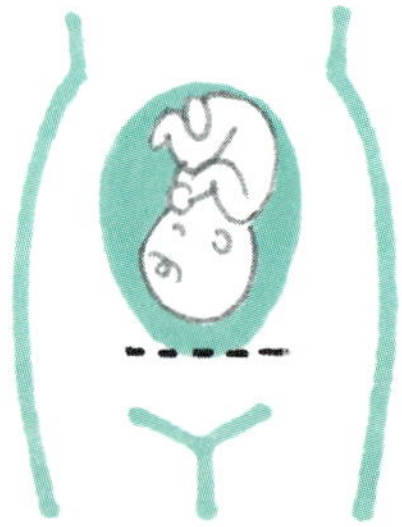

横切開

恥骨のすぐ上を横に切る方法。傷あとが目立たないメリットが。前回帝王切開の場合は、同じ傷の上を切るので、傷あとが2つになることはありません。

妊娠中に決まる「予定帝王切開」

妊娠中の検査で、赤ちゃんの頭が大きくて骨盤を通り抜けられない（児頭骨盤不均衡）、胎盤が子宮口をふさいでいる（前置胎盤）などがわかり、下から産むのは無理な場合は、計画して行う「予定帝王切開」になります。

現在は超音波などの技術の進歩で、おなかの赤ちゃんの様子や母体の状態がよりくわしくわかるようになったため、事前に帝王切開を選ぶケースもふえています。足から出てくる逆子や、大きい子宮筋腫がある、また、前回が帝王切開なども「予定帝王切開」をすすめられることが多いでしょう。

なぜ帝王切開が必要なのか、経腟分娩ではどのくらいリスクがあるのかなど、

覚えておこう！

- ママと赤ちゃんの安全を優先するために行います
- 計画的な「予定帝王切開」とお産中に切りかえる「緊急帝王切開」があります
- 通常は下半身のみ麻酔します
- 経腟分娩の場合よりやや長く10日～2週間入院します
- 赤ちゃんの成長は経腟分娩の場合と変わりません

主治医から説明を受け、納得して手術を受けましょう。

お産の途中で切りかわる「緊急帝王切開」

経腟分娩ができると思っていても、いざお産が始まってから、トラブルが起きて、母子の状態が悪くなることがあります。こんなときは一刻も早く赤ちゃんを出さなくてはなりません。そのときに行われるのが「緊急帝王切開」です。

原因としては、赤ちゃんの心拍が弱くなる「胎児仮死」や胎盤がはがれてしまう「常位胎盤早期剥離《じょういたいばんそうきはくり》」、子宮口が開かない「軟産道強靭《なんさんどうきょうじん》」、赤ちゃんがうまく回って産道をおりてこられない「回旋異常」などがあります。手術に切りかえるタイミングは、母子の状態により異なります。

手術の設備やスタッフが不十分なときには、態勢の整った病院に救急車で運ばれることもあります。

産婦さんの意識はあり産声も聞けます

手術の前には剃毛や血管確保のための点滴を受け、手術室に移動して麻酔を受けます。

帝王切開で使われるのは下半身の痛みだけをブロックする腰椎麻酔が主流です。この麻酔なら産婦さんの意識ははっきりしていて、産声も聞け、赤ちゃんと対面することもできます。緊急度の高い手術で全身麻酔が選ばれたときは、産声を聞くことはできません。

まずおなか、続いて子宮を切開し、赤ちゃんをとり出します。胎盤の処置などもすませたら、子宮は抜糸の必要のない「吸収糸」でぬい、おなかを縫合します。ホチキスのような金具で留めることもあります。手術開始から終了まで、トータルで1時間ほどです。

手術の流れ

前日に入院（予定帝王切開の場合）

前日の午後から夕方に入院し、検査などを受けます。夕食のあとは水分もとらない絶食に。

当日はまず点滴から

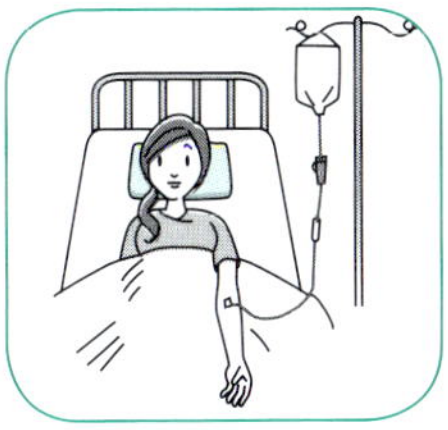

手術着に着替え、子宮収縮剤などの投薬や点滴や万が一の輸血に備えて血管確保の点滴をしたら、手術室へ移動します。

麻酔を開始

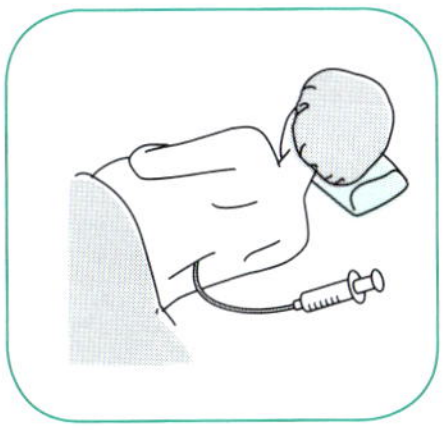

体を丸めて、腰に麻酔の針を刺します。医師が足やおなかにふれて麻酔が効いているかどうかを確認。

手術開始

まずおなかを切開します。痛みは感じませんが、さわられている感覚がある人も。

赤ちゃん誕生

子宮の下部を横に切って、赤ちゃんをとり出します。すぐに元気な産声が聞こえます。

赤ちゃんと対面

出生後の処置をすませた赤ちゃんの顔を見せてもらえるでしょう。

胎盤の処置

10カ月間赤ちゃんを育てた胎盤やその他の内容物をきれいにとり出し、子宮とおなかを縫合します。

帝王切開の産後

経腟分娩より育児のスタートは2～3日遅れますが、その後は変わりません。

赤ちゃんの成長に差はありません

帝王切開で生まれたからといって、経腟分娩の赤ちゃんと成長で特に違いはありません。狭い産道をくぐり抜けていない分、頭が丸いくらいのもの。腰椎麻酔の影響も心配いりません。

ただ、帝王切開になった原因や状況によっては、しばらくの間保育器に入ったり、早産のときはＮＩＣＵのお世話になることもあります。

産後1～2日で歩行や食事を再開

産後、麻酔が切れておなかの痛みを感じたら、子宮収縮剤や抗生物質、痛み止めなどの点滴を受け、安静にします。

帝王切開の産後でいちばん気をつけなくてはならないのは「血栓」です。手術後は血液の流れが悪くなり、ときには血管が詰まってしまうことも。その予防のため、最近は術後24時間ほどで、歩行練習を始める産院がふえています。

食事は、24時間くらいたつと腸が動き始めるので、最初は水分からとり、ガスが出たら流動食→三分がゆ→五分がゆとかえていき、2日後くらいからふつうの食事ができるようになります。

1週間から10日で退院できます

赤ちゃんへの授乳やお世話も2～3日目ごろから徐々にスタート。抜糸は傷の様子を見ながら7日目ごろに行われます。経過に問題なければ、1週間から10日で退院となります。

退院後の生活は基本的に経腟分娩の場合と変わりません。赤ちゃんのお世話も同じようにできます。ただし、手術のときに出血が多かったり、輸血を受けた場合、重度の妊娠高血圧症候群の場合などは、術後の経過を慎重に見守る必要があります。おなかに力が入ると感じる傷の痛みは、1カ月ごろまで続く人が多いよう。傷あとはしだいに赤みもとれ、1年くらいで、白っぽく目立たなくなります。

産後の生活ポイント

できるだけ休んで

育児の合間にはできるだけ体を休め、無理をしないようにしましょう。

家事は手抜きでOK

家事は体への負担の少ないものから。おなかに力のかかる作業は夫に頼んで。

入浴はがまんして

浴槽につかっての入浴は１カ月健診後に。シャワーで清潔を保って。

セックスも1カ月後から

セックスは１カ月健診でOKが出てから。避妊を確実にしましょう。

もっと知りたい帝王切開 Q&A

Q 30代では帝王切開がふえるってほんと?

35才です。高齢出産では、帝王切開になるケースが多いと聞きました。なぜですか?

A 体力や産道の筋肉の柔軟性には個人差も大きく、高齢だから必ず難産になるとはいえません。ただ、妊娠高血圧症候群や子宮筋腫などのリスクがある場合は、母子の安全を考え、最初から帝王切開を選択することはあります。

Q 帝王切開はイヤだと言ってはダメですか?

逆子のため、帝王切開をすすめられていますが、下から産みたいのです。

A 前回帝王切開や逆子など、母子の状況によって、経腟分娩できることも。帝王切開の準備を整えたうえで、経腟分娩にチャレンジするダブルセットアップという方法がとれるかどうか、主治医とよく相談してみましょう。

Q 帝王切開でも母親の自覚がもてますか?

陣痛の痛みを経験しないで産むと、母親としては半人前だと言われてしまいました。

A おなかの中で10カ月間赤ちゃんを育て、おなかを切るという大変な思いをして産むのですから、そんな心配はいりません。どんなお産でも、母親としての思いは同じです。

Q 次のお産も帝王切開になりますか?

今回帝王切開で産んだら、次からのお産も帝王切開に決まってしまうのでしょうか?

A 帝王切開になった原因によります。骨盤が狭い、子宮奇形など母体側に原因があった場合は次も帝王切開の可能性が高いでしょう。逆に逆子や前置胎盤、回旋異常などは、妊娠経過が順調なら、経腟分娩できることもあります。

Q 帝王切開では出産費用はどうなる?

帝王切開になると保険がきくので、かえって安くてすんだという話を聞きましたが、ほんと?

A 帝王切開のお産では健康保険の適用になるので、入院日数が多いことによる出費はふえますが、経腟分娩とくらべ、グンと高くなることはありません。生命保険に加入していると、そちらから入院費や手術費が出ることも。

Q 帝王切開のあと不妊になりやすい?

帝王切開で産んだあと、2人目不妊になりやすいと聞きましたが……。

A 手術が直接不妊の原因になることはほとんどありません。母体の回復という面から、次の妊娠まで最低1年はあけたほうがよいでしょう。1カ月健診でOKが出れば、セックスを再開できます。避妊を確実にしてください。

麻酔によって、陣痛の痛みをなくします

無痛分娩ってこんなお産

産む人の心身への負担を軽くする目的のために、麻酔を使って陣痛の痛みをやわらげる無痛分娩。医学が進んだ今、お産の一つの選択肢として定着しつつあります。

麻酔によって痛みの大部分をとり除きます

お産に対して強い不安やおそれがあったり、痛みにとても弱い人の場合、そのストレスがお産の進行を妨げることがあります。呼吸法などの方法でも、ある程度は陣痛の痛みを軽くすることができますが、より効果的に、麻酔薬を用いて痛みを減らすのが「無痛分娩」です。

高血圧、心臓の病気、糖尿病などがある妊婦さんに、医学的な理由から医師が無痛分娩をすすめるケースと、本人ができるだけ痛くないお産をと希望するケースがあります。

年間の実施件数の多い施設を選んで

現在日本ではまだ、無痛分娩のできる施設はそれほど多くありません。もし無痛分娩をしたいなら、産院選びの段階からチェックが必要です。

選ぶときのポイントは、まず年間にどのくらい無痛分娩を扱っているかです。実施件数の多い施設ほど、無痛分娩に慣れており、スタッフや設備なども整っていることが多いでしょう。専門の麻酔医がいるか、または、麻酔に熟練している産婦人科医がいることも安心の条件の一つです。

無痛分娩では、自然のお産にくらべ、特別な態勢を整える必要があるため、お産する日を決めて、計画的に行われることもあります。陣痛のどの段階から、どんな薬を使い、どの程度陣痛の痛みをとるかは、病院によって異なります。最初から痛みをコントロールするケースもあれば、お産が進み、陣痛が強くなってから麻酔を開始するケースもあります。前もって確認しておきましょう。

自分でいきみ、産んだ実感もあります

使われる麻酔は、背中にチューブを留置して、そこから持続的に薬を注入する硬膜外麻酔が中心です。これは、陣痛の痛みを感じる神経をマヒさせる「局所麻酔」。以前は、痛みを完全になくすために、濃度の高い麻酔を使ったり、全身麻酔で眠らせてしまう方法もとられていましたが、最近では「自分で産んだことを実感したい」という希望が多いこともあって、濃度の低い麻酔薬が用いられるようになりました。

ですから、ある程度陣痛の痛みも感じるし、自分でいきむことができ、赤ちゃんの生まれる瞬間を体験できます。

覚えておこう！

- 硬膜外麻酔でお産の痛みを軽くする方法です
- 高血圧や心臓病など持病がある場合や痛みに弱い場合の選択肢
- 実施件数の多い産院を選びましょう
- 麻酔医や麻酔に慣れている産婦人科医がいるかもチェック
- 局所麻酔のため、いきむ感覚や生まれた瞬間もわかります

計画無痛分娩の流れ

1 前日に入院

お産の前日に入院し、赤ちゃんの様子や陣痛が起きていないかなどをチェックします。必要に応じて、子宮口を広げる処置が行われることもあります。

2 当日朝、投薬から開始

お産当日の朝になると、まず浣腸を行い、子宮口をやわらかくする薬を服用する場合もあります。薬は朝から飲み始め、およそ1時間ごとに4～6回飲むことになります。

3 陣痛室へ移動

陣痛室へ移動します。赤ちゃんの心拍数や陣痛を直接監視するため、分娩監視装置を装着します。

4 陣痛促進剤開始

お産のための準備が整ったら、点滴で陣痛促進剤を投与し始めます。薬剤の投与は陣痛の様子をモニターしながら行われます。

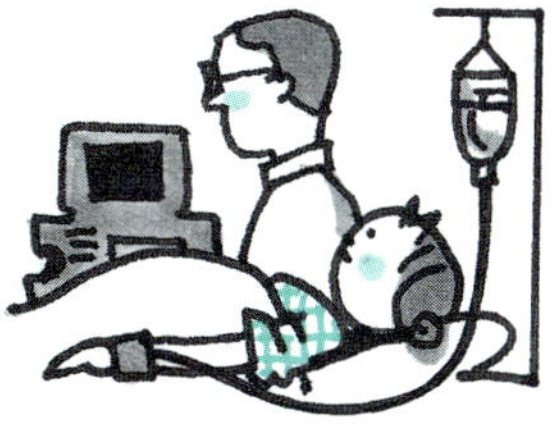

5 麻酔チューブ装着

背中を丸め、硬膜外麻酔の針を刺す場所に、前もって痛くないように麻酔をします。その後針を刺し、チューブを装着します。

6 麻酔薬投与開始

4～5㎝前後に子宮口が開き、陣痛が強くなるころに、チューブを通して、麻酔薬の注入を始めます。注入を始める時間は状況によって異なります。

7 分娩室でいきむ

子宮口が全開したら、分娩室へ移動します。ここからは、ふつうのお産と変わりません。麻酔の量を調整し、自分の力でいきんで、赤ちゃんを産み出します。

8 赤ちゃん誕生!

赤ちゃんが誕生し、母子の対面をします。陣痛によるストレスが少なく、体力の消耗も少ない無痛分娩では、その後の育児に余裕が出るといわれることも。

もっと知りたい無痛分娩 Q&A

Q 麻酔による母体や赤ちゃんへの影響は?

お産に麻酔を使うことで、赤ちゃんや産む人に何か影響が出たり、トラブルが起こることはありませんか?

A

硬膜外麻酔の副作用として知られているのは、産婦さんの血圧の低下です。これが長く続くと、赤ちゃんの酸素不足を招くため、予防のための点滴が必ず行われ、お産の間も血圧のチェックをします。

Q スリーピングベビーってどんなもの?

無痛分娩では、赤ちゃんにも麻酔がかかって、眠って生まれてくることがあると聞きましたが?

A

母体の血液中に入った麻酔薬が、胎盤を通して赤ちゃんにも移り、赤ちゃんがうつらうつらしている状態をいいます。昔は見られましたが、現在ではほとんどありません。

Q 日本で無痛分娩が少ないのはなぜ?

欧米では、陣痛の痛みを麻酔でとるのはごくふつうのことだとか。なぜ日本では少ないのですか?

A

日本では「陣痛の痛みを乗り越えてこそ、母親になれる」といった意識が、妊婦さん自身にも、周囲の人にも強いのかもしれません。産科麻酔医が少なく、行う施設が限られ、あまり情報がないのも原因の一つと考えられます。

Q 麻酔が効きにくい体質の人はいますか?

せっかく無痛分娩にしたのに、痛かったという話を聞きました。麻酔が効きにくい体質があるのでしょうか?

A

痛みの感じ方は人によって異なります。たまたまその人が予想していたより、痛みを強く感じたということでしょう。特別に麻酔が効きにくい体質があるというわけではありません。

Q お産が長引くことはありませんか?

麻酔が効いて、うとうとしていると、自然分娩にくらべて、お産に長く時間がかかるのでは?

A

陣痛によるストレスが少ないと、緊張がとれてリラックスでき、お産がスムーズに進むことも多いものです。現在の麻酔では、自分でいきむこともでき、多少時間はかかりますがお産には特に問題はありません。

Q かかる費用はどれくらいですか?

無痛分娩にすると、自然分娩にくらべて、どのくらいお産の費用が高くなるものですか?

A

麻酔薬や麻酔を行う技術料がかかる分、割高になります。ただし、自然分娩に上乗せされる金額は、病院によって1万~20万円以上まで、かなりの差があります。事前にチェックを。

産後

赤ちゃんがやってくると、大人だけの生活から一変します。
寝不足で大変になることもあるけれど、
新生児赤ちゃんとの時間を、どうぞたっぷり楽しんで。

入院生活シミュレーション

体を休めながら育児の基本を学びましょう

大きな仕事を終え、疲れた体を休めたい入院生活ですが、退院したら赤ちゃんとの生活が待っています。体の調子を見ながら、少しずつ赤ちゃんのお世話を覚えましょう。

お産当日

体を休めて体力を回復

赤ちゃんが生まれ、胎盤が出たあとに処置を行うと、2時間ほどは分娩台で安静にし、様子を見ます。特に出血や体調の変化などがない場合は、入院する部屋に入ります。お産当日は新生児室で赤ちゃんを預かってくれることが多いので、ママはとにかく体をゆっくり休めましょう。

産後6~8時間すると、助産師から「トイレに行ってみましょう」と声をかけられます。この時点ではうまく排尿できなくても徐々に感覚が戻るので問題はありませんが、お産のときに膀胱や尿道、骨盤底筋などへのダメージを受けていないかをチェックするために、自力で排尿することが大切です。

赤ちゃんと初めて対面

赤ちゃんは処置をしたあと、分娩台のママのもとへ。母乳育児をすすめる産院では、このとき赤ちゃんに乳首を吸わせることも。

2時間は安静に

お産が終わっても、急に大出血を起こしたりしないか、発熱など体の異常がないかなど、分娩台で様子を見ます。

6~8時間で初めてのトイレへ

貧血などを起こさないよう、ゆっくり起き上がり、助産師につき添ってもらってトイレに行きます。

当日は…

- 産後2時間くらいは分娩台で安静にします
- 部屋に戻ったらゆっくり休みます
- 自分でトイレに行くことが大切
- 赤ちゃんは新生児室でお世話を受けます（当日から母子同室の場合も）

覚えておこう!

- お産当日はゆっくり体を休めることを優先します
- 育児の基本について指導があるので、しっかり覚えて
- 母乳はまだそれほど出ませんが、あせらず続けましょう
- 退院が近づいたら、退院後の準備を
- 退院前に忘れずに出生届を記入してもらって

産後1日目

育児や授乳の指導を受けます

お産の翌日ですが、もうママとしての生活が始まります。抱っこやおむつ替えの基本、母乳を出すためのマッサージなどの指導があるので、しっかり聞きましょう。助産師などに直接聞けるチャンスなので、わからないことがあったら教えてもらっておくと安心です。

会陰切開の傷が痛くてうまく歩けないというママも多いもの。あまりに痛い場合は鎮痛剤を処方してもらいましょう。

1日目は…

- 母子同室がスタートする病院も
- 医師の回診があります
- 育児や母乳の指導を受けます（実際には母乳はまだあまり出ません）
- できるだけ横になって体を休めます
- 赤ちゃんは看護師から観察を受け、沐浴してもらいます

母乳指導がスタート
母乳マッサージを受けても、まだ母乳はそれほど出てきません。まずは赤ちゃんに吸ってもらうことが大切。

初めてのおむつ替え
新生児期はこまめなおむつ替えが必要です。手順を覚えて、いつもおしりを快適にしてあげましょう。

産後2日目

授乳に慣れることが大切

少しずつ体力が回復してくる時期です。母乳の量はまだ多くはなく、赤ちゃんも慣れていないので、あせってしまうかもしれませんが、飲ませることで母乳の出はよくなり、赤ちゃんもうまくなっていくので心配はいりません。乳房が張ってくる感覚があれば、母乳がつくられている証拠です。

2人目以降の出産では後陣痛が強いことも

お産直後には、妊娠中に大きくなった子宮が急激に元に戻ろうとして収縮するために、下腹部に「後陣痛《こうじんつう》」と呼ばれる痛みが生じます。一般的に初産婦よりも経産婦のほうが、痛みが強い傾向があります。また、授乳のときに乳頭が刺激されると、子宮を収縮させるホルモンが分泌されて、痛みが増すことも。

生理的なものなので、ふつうは特に治療は行いませんが、収縮が順調な場合は子宮収縮剤を中止することがあります。

2日目は…

- 母体調がよければシャワーがOKに
- ミルクメーカーの調乳指導があることも

入院中のタイムテーブル

6:30	起床　検温
8:00	朝食
9:00	回診
10:00	赤ちゃんの沐浴（毎日）（沐浴指導）
10:30	授乳（初回は授乳指導）
12:00	昼食
13:00	授乳　調乳指導
15:00	面会開始
16:00	授乳
18:00	夕食
19:00	授乳　シャワー
20:00	面会時間終了
22:00	就寝

※ 産院や曜日によって違いがあります。母子同室の場合は赤ちゃんが泣くたびに授乳します。

産後3～4日目

赤ちゃんの沐浴にチャレンジ

助産師や看護師から沐浴指導があるころです。汗をかきやすい赤ちゃんには沐浴が欠かせませんが、まだ首がすわっていない新生児の沐浴は思ったよりも大変です。支え方や洗い方の手順などのほか、沐浴前の準備や沐浴後の着替え、グルーミングなどについても指導があるので、きちんと覚えて。

沐浴は意外に重労働のため、帰宅後はパパの仕事になることも多いので、できればパパにも指導を受けてもらえるといいでしょう。

産後3～4日目は…

- 赤ちゃんの沐浴指導を受けます
（初日は見学のみ、翌日から実際に沐浴させる病院も）
- 退院指導を受けます
- 赤ちゃんは小児科医によるメディカルチェックを受け、ビタミンK2シロップを投与されます

退院後の準備を始めましょう

そろそろ体調も落ち着いてきます。出生届は14日以内に届け出る必要があるので、赤ちゃんの名前について、夫と最終的な確認を。

産後に必要とわかった育児用品などがある場合は、夫に頼んで買っておいてもらうと、帰宅してすぐに使えます。分娩入院費の用意や迎えに来てもらう手はずなどについても、夫に伝えておきましょう。

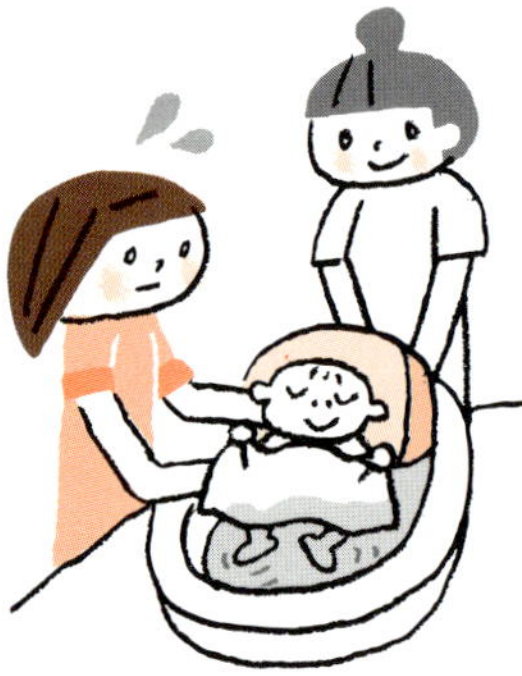

赤ちゃんの首をしっかり支えます

赤ちゃんは首も体もフニャフニャ。片手で洗うため、もう片方の手で首をしっかり支える必要があります。

入院中からできる産褥体操

出産当日

あおむけに横たわったまま、おなかをさすりながら、ゆっくりと深呼吸を繰り返します。

1日目

あおむけに寝て、かかとを床に着け、つま先を立てたり、伸ばしたり、左右に交互に倒したりします。

2日目

あおむけに横になり、両手を上に伸ばして左右に広げます。息を吸いながら、頭の上に両手を伸ばします。

3日目

あおむけに寝てひざを立て、左右に交互に倒します。倒すときに息を吐き、戻すときに吸って。

4日目

あおむけに寝て、胸の前で手を組みます。ひざを軽く曲げて、ゆっくりと頭と上体を起こします。

5日目

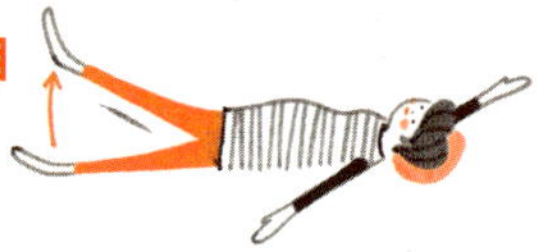

あおむけに寝て両手を横に開き、ひざを曲げずに足を交互に上げます。おなかに負担をかけすぎないで。

産後5日目

診察を受けてから退院が決定

一般的に入院期間は5日前後。経産婦さんの場合はもう少し短くなります。退院の前には、内診や触診のほか、子宮の収縮度合いや悪露の状態などの診察を受けます。

赤ちゃんも体重や黄疸の有無、反射や聴力などが正常かなどの診察を受けて、異常がなければ退院となります。車で帰宅する際はチャイルドシートを忘れずに準備して。

最終日は…

- 退院診察を受けます
- 費用の精算をします
- 退院

退院診察は母子それぞれ

診察を受けて退院が決まったら、ママには医師や助産師から退院後の生活指導も。

会計をすませます

分娩入院費は前もって金額を確認して用意しておきましょう。

退院おめでとう!

お世話になった医師や助産師、看護師にあいさつを。

もっと知りたい入院生活 Q&A

Q 会陰切開のあとが気になります

とても敏感な部分なので、痛みはどのくらいか、どのくらいで回復するのかなどが心配です

A

産後すぐはやはり痛みがありますが、がまんできない場合は鎮痛剤を処方してもらえます。その後は少し引きつれたような感じがしますが、退院前に抜糸するときには傷もくっつき、痛みもひいているでしょう。

Q トイレで排便したら会陰切開の傷が開かない?

排便の際にいきんだら、ぬった傷が開きそうでこわいのですが、大丈夫でしょうか?

A

医師がきちんと縫合しているので、排便で傷が開くことはありません。心配しないで。いきむのをがまんしていると便秘になってしまうので、まずゆっくり下腹部に力を入れてみましょう。

出生届に記入してもらうのを忘れないで

出生届には出産を担当した医師に記入してもらい、捺印してもらう欄があるので、退院前にお願いしておきましょう。用紙は産院に備えつけてある場合もあるので、確認を。

記入してもらった出生届は生後14日以内に赤ちゃんを産んだ地域か本籍地、ママとパパが住んでいる地域の役所に提出します。

産後

産後の母体の回復と変化

出産という大仕事を終えて、母になった体。どんなことが起こるのでしょうか

出産に備え、時間をかけてゆっくりと変化してきた体は、産後、急激に元の状態に戻ろうとするため、痛みや不快な症状が出ることもあります。

子宮は収縮して元の大きさに

妊娠の末期には胃の高さぐらいまで大きくふくらんでいた子宮ですが、産後胎盤が出るときに強く収縮します。その後、子宮底はいったんおへその高さあたりまで戻り、約6週間かけて妊娠前の大きさに戻ります。これを「子宮復古《しきゅうふっこ》」といいます。

子宮が収縮するときの痛みが「後陣痛」です。初産では産後2〜3日目が痛みのピークで、その後はおさまってきます。授乳すると、乳首を吸われる刺激で子宮が収縮し痛みが増すこともあります。

子宮底の変化

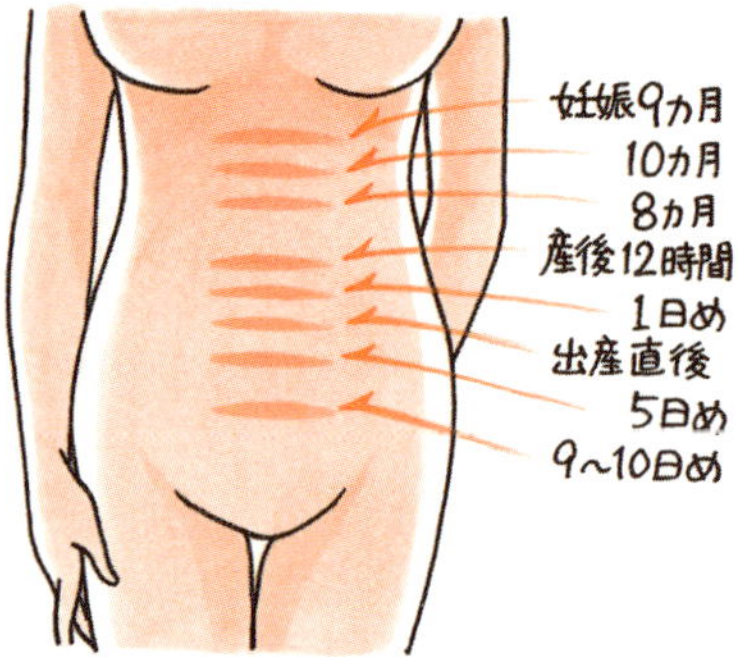

悪露は徐々に減って色も赤から黄色に

お産のときにできた子宮や産道の傷からの出血や、子宮内膜のかけらなどがまじったおりものが「悪露《おろ》」。

お産の直後は真っ赤な鮮血状で、大きなパッドを頻繁にとりかえる必要があるほどたくさん出ますが、日がたつにつれ量が減り、色も赤から褐色、黄色、白と薄くなっていきます。一般的には産後1カ月ほどでなくなりますが、産後6〜8

悪露の変化

	色	量
出産後2〜3日まで	鮮赤〜暗赤色	多い
出産後4〜7日ごろ	赤〜褐色	生理程度
出産後2〜3週目ごろ	黄色	少ない
出産後4週目以降	白色に	なし

悪露の手当てのしかた

消毒綿で、必ず前から後ろ、まん中から両サイドの順でふきます。

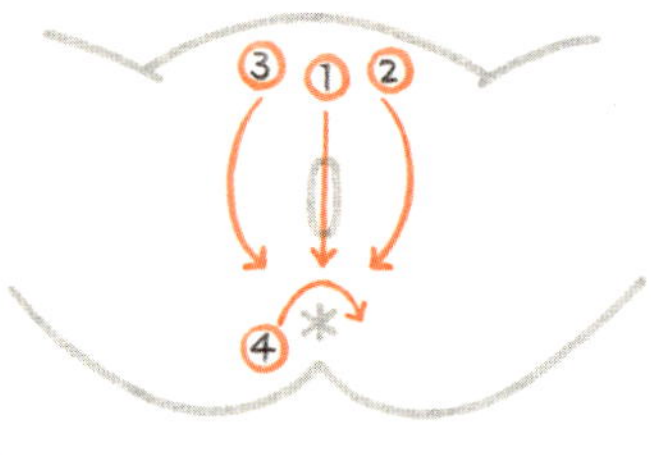

覚えておこう!

- 子宮は徐々に収縮して約6週間後に元の大きさに
- 悪露が出るのは一般的に産後1カ月ほどまでの間
- 悪露が出ているうちは清潔を保ち、シャワー入浴に
- 産後6カ月までが体重や体型を戻すチャンスです
- ホルモンの影響で髪や肌など体の各部分に変化が出ることも

週間まで続く人もいます。

　悪露が出ている間は、感染予防のため、トイレのたびに消毒綿などで、必ず前から後ろへふき、また、シャワートイレで洗うなど、清潔に保つようにします。また、湯ぶねへの入浴は控えて、シャワーにしましょう。

　減りかけていた出血の量がまたふえて、ふだんの月経のときよりも多くなったり、鮮血のかたまりが出た場合は、何かトラブルが起きているサインなので、産院を受診してください。

体重や体型戻しは産後6カ月が勝負

　赤ちゃんが生まれたあと、ママの体重はそのまま妊娠前まで戻るわけではなく、一般的には3～5kgくらいは残っているものです。

　ただ、産後の体は元に戻ろうとする力が強く、脂肪組織には流動性があり、体型戻しの効果が出やすい時期です。特に母乳をあげることが、体重を減らし、体型を戻すにはいちばん効果がありますから、がんばって母乳育児に励みましょう。そのためにはバランスのよい食事をし、水分をたっぷりとることです。

　体重は元どおりになっても、おなか回りのたるみが気になる人は多いもの。これは妊娠によって皮膚が引き伸ばされ、また腹筋も落ちているせいです。子宮の回復が順調なら、入院中からの産褥体操に続けて、体の各部を引き締める体操をしたり、補正下着を着用して、引き締めるように努力しましょう。

抜け毛や乳首の黒ずみ、見た目の変化も

　産後は抜け毛や白髪がふえるなど、頭髪の悩みは多いもの。おふろで洗髪したときにごっそりと髪が抜けて驚く人もいるはず。でも、産後1年ほどたてばたいていの人の髪は元に戻りますから、あまり心配しなくて大丈夫。

　妊娠中から産後にかけて、活発なホルモンの影響で、乳首や外陰部などが黒ずんできますが、ホルモン量が平常になるとともに色も薄くなっていきます。授乳中のママの乳首が黒ずむのは、授乳の刺激に耐えるためでもあります。母の勲章と考えて、気にしないようにしましょう。

おなか回りを引き締める体操

ひざをかかえてすわり、片手を後ろについて上体をひねります。ひねるときに息を吐き、戻すときに吸います。

あおむけに寝てひざをやや開いて立て、両手を伸ばしてゆっくり上体を起こします。

上と同じようにあおむけに寝て、両腕で支えながら腰を浮かせます。

「異常」のサインを見のがさず、健康な体をとり戻して

産後のマイナートラブル

妊娠・出産の疲れに加え、毎日の育児に追われる新米ママ。気をつけないと、体のあちこちに危険信号が点滅しています。おかしいかな、と思ったらお産をした病院で相談を。

覚えておこう！

- 悪露が出ている間は清潔にして「産褥熱」を防いで
- 「乳腺炎」予防のためにこまめな授乳や搾乳を
- 授乳による水分不足などで便秘や痔が悪化することも
- 抱っこするときなどの姿勢に注意して、腰痛を予防しましょう
- 尿もれには骨盤底体操や尿を途中で止めることが効果的

細菌感染による高熱が「産褥《さんじょく》熱《ねつ》」

お産で傷ついた子宮や産道に細菌が入って、38～39度の高熱が出るのが「産褥《さんじょく》熱《ねつ》」です。熱が下がらないと、母体が消耗して危険ですし、子宮内膜炎から第2子不妊の原因になることもあります。抗生物質のなかった昔のお産では多かったのですが、現在は衛生状態もよく、消毒が徹底しているので少なくなりました。

悪露のパッドを交換するときの清拭をていねいにして、感染を防ぎます。

産後に乳房が張ってくるのと同時に、一時的に微熱が出ることがありますが、それは産褥熱ではないので、心配いりません。また、母乳をあげているため尿の量が減って、膀胱炎になりやすく、そのために熱が出ることもあります。たっぷり水分をとって、まめにトイレに行くようにしましょう。

こまめな授乳で乳腺炎を予防

母乳が乳房の中にたまって炎症が起きることがあります。「急性うっ滞性乳腺炎」といい、乳房の張りやしこり、赤くなる、熱をもつなどの症状が出ます。

赤ちゃんに吸ってもらう、授乳前後の搾乳をまめにすると、治ることが多いのですが、ほうっておくと「急性化膿性乳腺炎」に進行して、乳房にうみがたまったりします。

冷やす、しこりをとるように母乳をしぼる、抗生物質や消炎剤を飲むなどの対処法がありますが、自己判断は危険なので、必ずお産をした産院で相談してみましょう。

産後に便秘や痔が悪化することも

妊娠中でも痔に悩む人は多いのですが、出産のときのいきみで、さらにひどくなるママもいます。妊娠中はたいしたことがなかったのに、お産がきっかけでイボ痔が出た、という人もいます。

会陰切開の傷が気になってトイレでいきめない、授乳で水分が不足する、体を動かさないなどの悪条件が重なって便秘になると、痔もますます悪化してしまいます。

まずは、繊維質の多い規則正しい食事と適度な運動で、便秘を解消するように努めましょう。赤ちゃんがいつ泣くかわからないから、なかなかトイレにゆっくり入っていることもできなくて、便秘になる人もいますが、家族にも協力しても

らって、なるべく決まった時間に、排便の時間をとる習慣をつけられるといいですね。症状の軽いうちに産院で相談することが大事です。坐剤や軟膏などを使って治療すればしだいに治っていきます。

育児で腰に負担をかけないように

妊娠中には大きなおなかを支えるために、どうしても腰に負担がかかりがちで、腰痛を起こす人が多いものです。産後も、中腰で赤ちゃんを抱っこしたり、慣れないために無理な姿勢で授乳するなど、引き続き腰に負担がかかります。

ひどくなると育児に支障をきたすこともあるので、腰痛を悪化させずにうまくつきあう方法を工夫しましょう。

姿勢や動作に注意して、骨盤ベルトを使ったり、体操で弱った腹筋を鍛えましょう。痛みがあるときは使い捨てカイロなどを当てるとラクになることも。育児を家族にかわってもらって、たまにはゆっくりと入浴したり、体を休ませることも大切です。

腰痛予防のエクササイズ

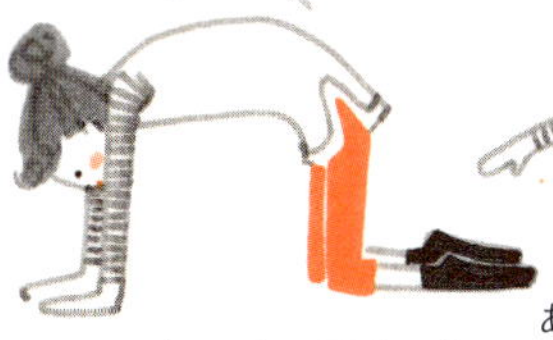

四つんばいになり両手で床を押すようにして、息を吐きながらおなかをのぞき込むように背中を丸めます。

あおむけに寝て、両手を広げ、ひざを曲げて足を立てます。息を吐きながら、ひざを片側に倒し、吸いながら起こして。左右交互に。

尿もれには体操が有効。筋肉を鍛えましょう

妊娠中から尿もれに悩む人は多いもの。特に後期では大きくなったおなかに押されて、膀胱や子宮を支える筋肉が弱くなり、くしゃみをしたなどのちょっとした刺激で、尿がもれてしまうのです。

また、お産のときのいきみによって、子宮や膀胱を支える骨盤底筋群《こつばんていきんぐん》や尿道を引き締める括約筋《かつやくきん》が、伸びてしまうのも一因です。

産後はしだいに直っていきますが、肛門や腟を意識して締めたりゆるめたりするケーゲル体操（骨盤底体操）や、おしっこを途中で止める動作などを行うと効果的です。

ただし、尿もれが長く続くようなら、何かほかに原因があるかもしれません。気になるなら、出産した産婦人科や泌尿器科で相談してみましょう。

尿もれに効くエクササイズ

うつぶせに寝て、両足を伸ばしたまま、持ち上げます。5秒かけてゆっくり戻します。

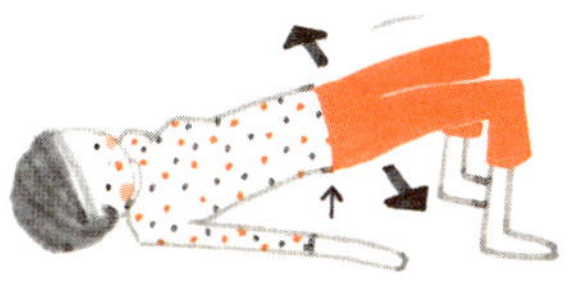

両ひざを立ててあおむけに寝て、腟や肛門に力を入れながら腰を浮かします。そのまま左右にゆっくり腰を振って。

赤ちゃんがやってくると暮らしは一変します

産後の生活ポイント

あわただしい新米ママパパの日々の始まりです。待ったなしの赤ちゃんのお世話以外にも、しなくてはならないことがいろいろあります。夫婦力を合わせて乗り切っていきましょう。

出生届の提出は生後14日以内に

出生届というのは、新しく家族となった赤ちゃんを戸籍に入れるためのもの。この届を出すことで、住民票にも記載され、各種の行政サービスが受けられます。

届け出は出生当日を含む14日以内に、現在住んでいる市区町村か本籍地、あるいは赤ちゃんが生まれた地区のいずれかの役所に提出します。14日目が役所の休みにあたるときは休み明けまでになりますが、遅れると「過料」という罰金が課せられることになっています。出産に立ち会った医師や助産師に出生証明書の記入を受け、名前を決めて早めに提出を。届け出に必要なのは、出生届の用紙のほか、印鑑、母子健康手帳、国民健康保険加入者は健康保険証です。

1カ月健診は出産した産院で受けます

ママと赤ちゃんの1カ月健診は、出産した産院で受けるのがふつう。退院のときに、日時を予約する場合も多いでしょう。ママと赤ちゃんが同じ日に受診する場合は、つき添いの人がいると安心です。脱ぎ着させやすい服を着せ、おむつやミルクは余分に持参しましょう。

ママは子宮の回復ぐあいや悪露の様子、母乳の出、体重の戻りなど、赤ちゃんは身長・体重のふえと異常がないかを調べ、母乳・ミルクの飲み、生活リズムなど現在の様子を聞かれます。もし気になっていることや疑問があれば、ぜひこのときに相談しておきましょう。

お宮参りは赤ちゃんの体調を見て

1カ月健診が無事すんだら、赤ちゃんのお宮参りを、という家庭も多いもの。男の子は生後31日目、女の子は32日目といわれますが、それにはこだわらず、赤ちゃんの体調や気候、家族の都合などによって決めるとよいでしょう。

神社で祈祷を受けるときは、前もって連絡しておき、「御初穂料」としていくら包んだらよいかを確認しておきます。「お気持ちで」と言われたら5000円程度を目安にして。

覚えておこう!

- 出生届は生後14日以内に現住所地か本籍地、赤ちゃんの生まれた地区の役所に提出
- 無理せず、体の回復を第一にして生活しましょう
- ママと赤ちゃんは出産した産院で1カ月健診を受けます
- 1カ月健診で異常がなければ、ふだんどおりの生活に
- お宮参りは赤ちゃんの体調優先

産後の生活カレンダー

退院1週間

退院できたというのは、体の回復が順調ということ。でもこの時期の無理は禁物。疲れたらすぐ休むようにします。授乳や頻繁なおむつ替え、沐浴、着替え、抱っこと、慣れない育児に振り回されます。布団は敷きっぱなしにして、赤ちゃんが寝ている間はいっしょに休み、体力＆気力をキープすることが大事。家事などは家族に協力を求めましょう。

退院後2週間

悪露が少なくなってきたら、生理用のナプキンからおりものの専用シートにかえてもOK。でも、会陰の傷からの感染を防ぐため、湯ぶねへの入浴は避け、シャワーだけにしましょう。寒い時期は部屋の温度を上げ、よく体をあたため、湯上がりには髪を手早く乾かして、かぜなどをひかないように。食事の準備や洗濯など軽い家事から始めて体を慣らしていきましょう。

退院後3週間

だんだんとふだんどおりの日常生活を送れるようになります。力仕事はまだ無理ですが、短時間の近所への外出くらいはよいでしょう。この時期は、妊娠中に引き続きホルモンの影響で、シミやソバカスができやすいので、春夏は特に紫外線対策を忘れずに。ただし、赤ちゃんは抵抗力がないので、人混みに連れ出すのはまだNGです。

退院後4週間

1カ月健診で問題なければ、入浴やセックスの許可がおります。ただし、最初のうちは、会陰の傷が気になって、スムーズにいかないこともあるでしょう。夫に率直に伝えて、ゆっくりと慣れるようにするといいですね。月経がこなくても、排卵をしている可能性があるので、避妊は忘れずに。コンドームが手軽ですが、痛みを感じるときは、市販の潤滑ゼリーの助けを借りても。

もっと知りたい産後Q&A

Q 「床上げ」ってなんのこと?

実家の母に「床上げまでは水仕事はしないものだ」と言われました。「床上げ」ってなんですか?

A 産後は布団を敷いたままにして、昔は3週間をめどにその布団を片づけることを「床上げ」といいました。現在は軽い家事であれば、むしろ早めから体を動かしたほうが回復は早いといわれています。

Q 産後は本を読んではダメなのですか?

年配の助産師から「産後は目に悪いから、読書などはダメ」と聞きました。なぜですか?

A これも「床上げ」と同じく、住宅環境が悪かった時代には、針仕事や読書など、根を詰めた作業は控えるようにという教えです。現在では育児の合間に、雑誌や新聞を読んで息抜きするくらいはかまいません。

Q 産後1カ月健診前に心配事が起きたら

もし、退院後に赤ちゃんや自分の体にトラブルが起きたら、1カ月健診前でも産院に行ってかまいませんか?

A もちろん、1カ月健診の予約をしていても、それ以前に産院に行ってはいけないということはありません。これはおかしいと思ったら受診して。ただ、少々の不安なら、あわてて出かける前に、受診すべきかどうか、電話で相談してみるとよいでしょう。

Q 赤ちゃんを連れて買い物に行ってもいい?

お手伝いの人がいない場合、ごく近所までなら赤ちゃんを連れて、買い物に行ってもよいですか?

A 新生児期の赤ちゃんはまだ首もすわっていませんし、抵抗力もないので、1カ月健診がすむまでは、外出させないのが基本です。かといって、寝ている赤ちゃんを置いての買い物もおすすめはできません。買い物は夫に頼むか、生協などの宅配を利用しては。

Q 里帰り先から自宅に戻るのはいつごろ?

里帰り先の実家から飛行機で赤ちゃんを連れて帰るとしたら、いつごろが適当ですか?

A 気候や移動距離にもよりますが、産後1カ月健診で問題なしと言われたら、もう大丈夫。それ以上家をあけていると、夫が父親としての自覚がもてなくなるかも。飛行機には生後8日目から乗せることができます。

Q 赤ちゃん連れの外出はいつからOK？

寝たきりの祖母に赤ちゃんを見せに、車で泊まりがけで実家に行くなら、いつごろからなら大丈夫？

A

1泊以上の旅行の場合は、ミルクやおむつの替えなど、荷物も多くなりますし、赤ちゃんへの負担を考えても、遠出の旅行は首がすわってからが安心。マイカーの場合、チャイルドシートが必要です。休憩をとりながら安全運転で出かけましょう。

Q 美容院へはいつから行っていい？

妊娠後期から美容院へ行っていません。産後、いつごろからなら美容院へ行ってもよいのでしょう。

A

退院後体調が落ち着いてきたら、かまいません。最近では入院中にカットしてくれるヘアサロン併設の病院もあるくらいです。ただし、短時間ですむカットにして、パーマは1カ月過ぎてからにしましょう。

Q 妊娠線はもう消えないのですか？

おなかに妊娠線がたくさんできてしまいました。これってもう永久に消えないの？

A

妊娠線は皮下に断裂ができたものなので、残念ですが、一度できたら完全に消えることはありません。でも産後は徐々に赤みは薄くなり、白い線になって目立たなくなります。

Q 仕事に復帰するために準備しておくことは？

子どもを保育所に預けて、産休明け4カ月から仕事に戻る予定です。気をつけることはなんですか？

A

まずは、ママの体調が通勤や仕事耐えられることが大切。産休中は体力を戻すことを最優先に。復帰後もできるだけ母乳育児を続けたいときは、朝と帰宅後は母乳にして、職場でもまめに搾乳し、保存します。保育所によっては、冷凍した母乳を預かって、解凍して飲ませてくれることもあります。いずれにせよ、預けている間、赤ちゃんは哺乳びんで飲むことになるので、少しずつ哺乳びんでの授乳に慣らしていきましょう。保育所では、最初の1～2週間、「慣らし保育」といって、数時間だけ預かり、保育所での生活に慣らすシステムをとっているところがほとんど。また、最初のうちは、かぜをひいたりして、休まなくてはならないことも多いので、ペースをつかむまでは、仕事をある程度セーブすることも必要です。

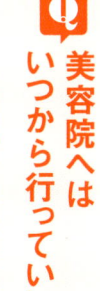

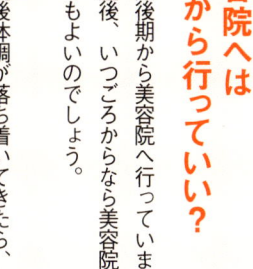

産後1カ月から1年までの変化

産後1カ月

産前産後の急激な体の変化がとりあえず落ち着く時期

母乳が突然出てくる人も。あきらめないで

入院中や退院して家に帰ったあと、母乳の出が悪かったというでも、1カ月過ぎるころになって、ようやくリズムが整って、母乳が出てくることがあります。母乳は出ないものとあきらめず、リラックスして授乳を続けましょう。母乳マッサージも有効です。

1カ月健診が終われば妊娠前の生活に

1カ月健診では内診を受け、子宮や悪露の状態をチェック。ここで医師から「ふつうの生活に戻っていいですよ」と言われたら、入浴や家事、外出など、妊娠前と同じようにして大丈夫ということ。セックスの再開もOKという意味です。

最初の性生活から避妊に気を配って

会陰切開を受けて縫合した場合など、傷は治っていても、最初のうちはセックスのときに痛みを感じることがあるかもしれません。無理をせず、ゆっくりとペースをとり戻しましょう。すぐに次の子を望んでいなければ、必ず最初から避妊して。

産後3カ月

赤ちゃんのいる生活に少しずつ慣れてきます

授乳のリズムができてきます

赤ちゃんもある程度の量をまとめて飲めるようになるので、授乳がスムーズになります。乳房は血管が浮いて見えるほど大きくなり、赤ちゃんの泣き声を聞くと乳房が張ってきます。ひとりでの外出のとき、赤ちゃんのことを考えただけで張ってくることもあります。

夜中の授乳がまだ続くことも

このころから、夜はまとまって眠るようになり、夜中の授乳がなくなる赤ちゃんが多いようです。でも個人差があり、まだ夜中に起きて授乳が必要なことも。赤ちゃんが寝ている間は自分も昼寝で睡眠不足を補うなどして、疲れをためないようにしましょう。

そろそろ月経が再開する人もいます

母乳をあげている間は月経はこない、というのはまちがい。早い人では産後2～3カ月で月経が再開することがあります。母体のためには、次の妊娠まででできれば1年くらいはあけたいもの。月経の前に排卵はあるので、自分に合った方法を選んできちんと避妊を。

産後 6カ月

体の回復が少しずつ実感できる時期。心にも余裕が

ママ自身の
体調に気をつけて

産後半年、赤ちゃんとの暮らしに慣れて楽しい日々。でも、油断するとこれまでのたまった疲れから、抵抗力が弱まり、細菌感染を起こして熱が出たり、歯が痛くなったりすることも。なんだかおかしいなと思ったら、なるべく早く受診して。

お肌や髪の手入れも
忘れずに

ホルモンの影響もあって、肌がかさついて、うるおいがなくなったり、抜け毛がふえたり。「育児やつれ」なんていう言葉もあるくらい、赤ちゃん優先で自分のことはついあと回しになりがちですが、たまにはゆっくり入浴したり、美容院に行って、リフレッシュを。

そろそろ体重も
元に戻るころ

そろそろ体重も妊娠前と同じくらいに戻るころです。母乳育児でカロリーを消費していたママは、今までと同じペースでたくさん食べていると、離乳食が始まってからは摂取カロリーが上回って太ってしまうことも。適度な家事や運動を心がけましょう。

産後 10カ月

育児にも息抜きが必要。自分の時間を大切に

赤ちゃんを預けて
外出してみては

わからないことだらけだった育児も、このころになると慣れて、ママとしての自信もついてきます。赤ちゃんもずいぶん扱いやすくなっているので、ときにはパパや家族に預けて外出してみては？　数時間ひとりでのときを過ごすと、また明日からの元気がわいてきます。

母乳の出が
だんだん少なく

赤ちゃんの離乳食も進み、母乳以外からも栄養をとれるようになってきています。そのせいか、これまでわくように出ていた母乳の出が、乳首に吸いつけば出るという程度に落ち着いてくる人も。乳房の張りも少なくなって、ちょっとたれぎみになるかもしれません。

体重戻しに
真剣にとり組んで

もし、この時期にまだ妊娠前の体重に戻っていなかったら、本格的に引き締めないと、そのまま太った状態が続いてしまうおそれ大。見た目だけでなく、将来の健康のためにも余分な脂肪は落としましょう。腹筋などのストレッチや体操、食べ物にも気をつかって。

産後 12カ月

赤ちゃんから「子ども」へ。母乳ともそろそろさようなら

抱っこにおんぶ
子育ては体力勝負

３kg前後で生まれた赤ちゃんも、１年で体重は約３倍に。毎日10kg近い赤ちゃんを抱っこやおんぶしているのですから、ママはすごい！　でも、歩き始める活発な赤ちゃんとつきあうのは重労働。腰や腕、肩などを痛めることもあるので、気をつけて。

体の変化を総点検。
気になるときは病院へ

産後１年、赤ちゃんのことばかりが頭にあって、自分の体を産婦人科でみてもらうことはあまりなかったでしょう。でもせっかく顔なじみになった産婦人科。気になることがあったら迷わず受診を。特にがん検診は、若いママでも１年に１回受けましょう。

お産の記憶が薄れ
次の子がほしくなる?

つらかった陣痛や産後の痛みなどの生々しい記憶が薄れ、大きく成長したわが子を見ていると、赤ちゃんを産み、育てる充実感をまた味わいたくて「そろそろ次の子を」という気持ちになるかも。体調も完全に戻り、生活に問題なければ、考え始めてもよいころですね。

産後

ホルモンの急激な変化と、ママになったストレスで心が不安定に

マタニティブルーの解消法

赤ちゃんが生まれて、幸せいっぱいのはずなのに、なぜか気分が落ち込んだり、メソメソと悲しくなったり、その逆にイライラしたり。だれに起きても不思議はない、ごく一般的な症状です。

覚えておこう!

- 原因はホルモン分泌量の急激な低下
- 自分で全部完璧にこなそうと思わないことが大事
- 赤ちゃんのお世話を第一に、家事は手抜きで大丈夫
- 夫や実母に協力してもらい、ゆっくりできる時間の確保を
- 産後1カ月以上続くときは医師に相談を

ホルモンの急激な変化が精神に影響を及ぼします

妊娠中には、赤ちゃんを育て、出産するために、卵巣からエストロゲンとプロゲステロンという女性ホルモンが盛んに分泌されます。また、胎盤からも種々のホルモン、あるいはホルモン様の物質が分泌されています。お産が終わり、胎盤が体外に出てしまうと、これらのホルモンの分泌量は急激に低下します。その後は母乳を出すプロラクチンというホルモンが出てきて、軽いうつ傾向を促します。この変化で自律神経が影響を受け、心が不安定な状態になるのです。

何もかも完全にこなそうとしないで

マタニティブルーの症状としては、わけもなく悲しくなり、涙が止まらなかったり。何もやる気が起きずに、投げやりになったり。また、ささいなことが気になってイライラし、夫や家族に当たり散らしてしまうこともあります。眠れなくなったり、食欲不振になる人もいます。母乳の出が悪いときなど、赤ちゃんをちゃんと育てていけるのか不安になり、自分をダメな母親だと責めてしまう人も少なくありません。特に責任感の強いまじめな人や、完璧主義の人ほど、ブルーな気分に陥りがちです。

最初からなんでもうまくできる人はいません。育児も家事も完璧にこなそうとせず、なるようになる、となるべくおおらかに構えることがいちばんです。

家族の協力を仰ぎましょう

産後のママは自分で思う以上に疲れがたまっています。慣れない授乳や赤ちゃんのお世話に、不安を感じながらがんばっているときに「ダメじゃないの」「母親なんだから、がんばれ」などといった言葉は、落ち込みに追い討ちをかけるようなものです。

できれば妊娠中に、夫やお世話になる実家のお母さんなどに、産後はマタニテ

マタニティブルーになったら…

自分でなければ、と思わないで

赤ちゃんを産んだのはあなたでも、これからの子育てはママひとりだけでするのではありません。私がいなければこの子はダメなんだ、という思い込みを捨てましょう。

夫にサポートしてもらいましょう

育児の不安を支え合えるのは、ほかのだれでもない父親である夫です。仕事が忙しくて、実際に育児の手助けがむずかしいときでも、話を聞いてもらえるだけでずいぶんラクに。

ママ友だちと話をしましょう

赤ちゃんのいるママでなければわかりにくい、こまごまとした育児の不安や気がかりを話せる友だちがいると、それだけで安心できることも多いもの。電話などで気分転換を。

家事は必要最小限に

ママが心身の疲労で倒れてしまうような事態になったら大変。この状態は一時的なものと割り切って、赤ちゃんのお世話を優先に。家事は手抜きでOKです。

イブルーになりやすいことを説明しておき、ママをさらに落ち込ませる言動は控えてもらえるとよいですね。

　体がとても疲れているときは、夜中の授乳をミルクにして夫にかわってもらっては？　1日ゆっくり眠るなどの休息をとるだけで、気分が回復するものです。

症状が重い場合は産院で相談を

なかには、出産をきっかけに本格的なうつ状態になってしまう人もいます。これはマタニティブルーよりもはるかにヘビーな状態です。

　うつになる理由はいろいろと考えられます。本当はまだ赤ちゃんを産みたくなかった、産んでみたら自分が思い描いていた状態とは違っていたなど。あるいは、出産そのものが予想と異なり、ショックを受けた場合もあるかもしれません。

　産後1カ月以上たっても改善されないときは産院で相談してみましょう。本人が無理なら、夫や家族など周囲の人から医師に相談してみてもよいですね。

生まれたて赤ちゃんの体

生まれたばかりでも、体の各部分はもう一人前

生まれたばかりの赤ちゃんの、体のパーツは小さくても一人前。でも、大人とは違う点もいっぱいあります。生まれてからパニックにならないように予習しておきましょう。

ひとりでは何もできないけれど、機能は備わっています

赤ちゃんは、生まれてすぐから肺呼吸をスタートさせて、一気に子宮の外の生活に慣れていきます。まだ、首も支えないと落ちそうにグニャグニャで、泣くことでしか感情表現もできませんが、それでも、おっぱいの近くに顔を近づければ乳首に吸いついてきます。まだ近くしか見えませんが、目も見えているし、耳ももちろん聞こえています。

原始反射と呼ばれる反射は、赤ちゃんが生まれてすぐから、子宮の外で生きていくために備えられた本能の力です。吸てつ反射があるから、おっぱいを吸えるし、把握反射は、木の上で暮らしていたなごりで、落ちないように握る力になっています。何もできないようでいて、生

知っておきたい赤ちゃんの特徴

体温調節機能は未熟。環境に工夫が必要

体温調節機能は未熟。寒いところに放置しておけば、体温が下がって危険な状態に。寒すぎず、暑すぎないよう、着せるものや冷暖房装置で温度調節を。

体重は一度減って、そのあとふえます

体重は生まれたときよりもいったん減ります。おしっこや胎便、皮膚からも水分が蒸発していくからです。これを「生理的体重減少」といいます。1週間くらいですぐ戻り、その後は、1日約30g、1カ月で1kgほど体重がふえます。

呼吸は大人の2倍の回数

赤ちゃんの呼吸は1分間に40回で、20回の大人にくらべると約2倍。生まれてすぐは多少不規則ですが、数日で安定。腹式呼吸で、脈拍は1分間に120～140。

うんちはほとんど授乳のたびに出ます

おしっこは日に10回以上出ます。うんちは生まれて間もなくから半日ぐらいの間は、真っ黒な色をした胎便が出て、その後は黄色いうんちとなります。うんちの回数は赤ちゃんによりかなり違い、1日に1回しかしない子もいれば、おしっこのたびに少しずつする子もいます。

頭の形はだんだん丸く整います

赤ちゃんは狭い産道を通るために、頭蓋骨の継ぎ目を重ねるように生まれてきます。ですから出生直後は、細長い形をしていたり、圧迫により、でこぼこしていることも。骨が発達するにつれて本来の形に直るので心配はいりません。

覚えておこう！

- 赤ちゃんは生きていくための機能が備わって生まれてくる
- 原始反射は、生きていくための能力
- 泣くのは、唯一の情報伝達の手段と覚えておいて
- 包み込むように抱っこすると安心します

きていくための力はしっかり備わって生まれてきているのです。

新生児は眠ってばかり、とは限りません

赤ちゃんはおっぱいやおむつ替え以外は、眠っているものだと思っていた、という人もいます。でも、実際は、泣いたり、手足をバタバタ動かしていたり、「意外と寝なくて、大変！」と悲鳴をあげたくなることもあります。

泣くのは、おなかがすいていたり、おむつがぬれたなど何か不快なことがあったり、抱っこされていなくて不安だったり、理由はいろいろ。初めは、ママのほうも、何がなんだかわからないかもしれませんが、赤ちゃんが1日1日成長するスピードで、ママも急激にママとして成長します。だんだん、なぜ泣いているかがわかるようになってくるでしょう。泣くことが、赤ちゃんの唯一の情報伝達の手段だということだけ、覚えておきましょう。

歯はまだ生えていませんが、白いものが見えることも

歯が生え始めるのは個人差が大きく、生後６カ月ごろが平均的。ただ、新生児のころに、白い歯のようなものが見えることがあり、上皮真珠と呼ばれる、歯が形成された名残。自然と消えるので心配ありません。

首も腰もまだグニャグニャです

すわることはもちろん、抱っこすると頭が落ちそうになるくらい、首もしっかりしていません。だんだん筋肉がついて、運動神経も発達してくると、体もしっかりしてきます。上半身からだんだんに下半身もしっかりしていきます。

包み込まれる感じが好き

赤ちゃんが泣きやまないときは、バスタオルやおくるみで、すっぽりくるんであげましょう。子宮にいたときは、常に体じゅうが包まれていたのが、急に何もなくなって不安なのだといわれます。たくさん抱っこしてあげましょう。

手足は“M”の字に曲がっています

おなかの中にいた姿勢のなごりで、赤ちゃんの手足はMの字に曲がっています。股関節がまだ発達しきれていないため、開脚した形になっています。

まだ笑いませんが、口元が笑顔になることも

新生児微笑といい、筋肉がひきつれるだけ、ともいわれますが、ママにとっては天使の笑顔。キュッと口角が上がって、ほほ笑んだような口元になることが。あやすと笑うようになるのは生後１カ月を過ぎてからです。

鼻の穴はまだ小さくてときどきフガフガ鳴ります

鼻が詰まって苦しそうに見えるときがありますが、のぞいてみると鼻くそも鼻水も出ていない、ということがよくあります。まだ鼻の穴が小さくて、呼吸をして空気が通るたびに鼻が鳴ることはよくあります。

目は見えていますが、遠くはわかりません

胎内にいたときから光は感じていたし、目は見えていますが、まだ近くしか見えません。おっぱいをくれるママの顔くらい、約30㎝くらいまでが見えるといわれています。顔の近くまで、顔を寄せてあげましょう。

まずは基本中の基本をマスター

育児レッスン　授乳と抱っこ

母乳は産後すぐからたくさん出るものではないので、あせらなくて大丈夫です。ママも赤ちゃんも少しずつ慣れていきましょう。

母乳

母乳には栄養物質が豊富

母乳にはタンパク質や脂肪、糖分、ビタミンB群などをはじめとするビタミン、鉄分などさまざまな栄養が含まれています。特に「初乳」と呼ばれる産後1週間くらいの間に出る黄色っぽい母乳には、ウイルス性の病気に対する抗体が多く含まれています。この抗体は、妊娠中にも臍帯を通じて、ママから赤ちゃんに送られていたもので、赤ちゃんが6カ月になるころまで残って病気から守ります。

乳房は産後2～3日目くらいから張ってきますが、張り方には個人差があります。張ってこないときはタオルなどであたためたり、乳房全体をマッサージすると効果的です。最初のうちはなかなか出ませんが、繰り返し赤ちゃんに吸ってもらうことで刺激され、ホルモンが分泌されて母乳の出が安定してくるので、あせらず続けましょう。逆に乳房が張りすぎて痛いときは、タオルなどで冷やします。

泣いたらそのつど授乳を

母乳の場合は、時間は関係なく、赤ちゃんがほしがったら飲ませます。赤ちゃんが泣いても、最初のうちはおむつがぬれているのか、おなかがすいているのか、眠いのかの区別がつきにくいので、まずはおむつをチェックしてみましょう。新しいおむつにしてもまだ泣いていたり、

授乳するときは

授乳の前に

抱っこしたら、ママが飲ませやすく、赤ちゃんも飲みやすいよう、授乳クッションなどで高さを調節します。

1

乳房全体を持ち上げて高さを調節

片手で赤ちゃんの頭を支え、もう片方の手を乳房の下に当てて、乳首が赤ちゃんの口の近くにくるように、乳房全体を持ち上げます。

2

乳輪が隠れるほど深くくわえさせる

乳輪を深くくわえることで、赤ちゃんはあごを使ってしっかり母乳を飲むことができます。口をしっかり開いて吸っているか、よく見てあげて。

覚えておこう!

- 赤ちゃんに繰り返し吸ってもらうことで母乳の出が安定します
- 母乳は赤ちゃんが泣くたびに飲ませてOK
- 片側10分を目安に、終わったらゲップをさせましょう
- ミルクの量は正確にはかり、授乳間隔を2～3時間あけます
- 飲み残したミルクは雑菌が繁殖するので必ず捨てましょう

口の周りを指でつつくと吸いつこうとする様子が見られたら、授乳のタイミングといえます。

　授乳の際は清潔なガーゼや清浄綿などで乳首の周りやママの手指を消毒し、乳輪が隠れるぐらいまでしっかりくわえさせましょう。赤ちゃんもまだうまく吸えないことが多いですが、回数を重ねるとじょうずになるので、心配ありません。

片側10分を目安に

母乳は赤ちゃんが吸う刺激によって量がコントロールされます。ただし、あまり長く吸われていると、乳首が切れたりすることがあるので、片側10分くらいを目安に、左右均等に吸わせるようにしましょう。

　赤ちゃんは授乳のときに空気をいっしょに飲み込んでしまうので、そのまま寝かせると、吐きもどしたり、苦しくなったりしてしまいます。終わったら、縦抱きにしてそのままママの肩まで抱き上げ、背中を軽くたたいたり、さすったりして、ゲップをさせましょう。ゲップが出ないときは、頭が高くなるように横向きに寝かせます。

赤ちゃんを抱っこするときは

首とおしりを手で支える

首を支えて、縦に抱き、
腕の位置を変える

首とおしりを支えながら
曲げたひじに頭をのせるようにする

授乳を終えるときは

終わったらそっと離して

吸っている途中に無理に離すと、乳首を傷つけることがあるので、赤ちゃんの様子をよく見てタイミングをはかりましょう。

1

乳輪にくぼみをつくって

10分したら、赤ちゃんの口の近くのおっぱいに指でくぼみをつくります。おなかがいっぱいでも吸っていることもあるので、終わりの合図を。

2

**すき間に
ママの指を入れて離す**

1でつくったくぼみと赤ちゃんの口の間にそっと指を入れてすき間を広げ、自然に赤ちゃんの口を離していきます。

×

**急に離すと
乳首に傷ができます**

いきなり離そうとすると、まだ飲みたい赤ちゃんが乳首に吸いついて、トラブルの原因になることもあるので、気をつけましょう。

ミルク

母乳と変わらない栄養が含まれています

最近のミルクには、母乳と変わらない栄養が含まれています。どうしても母乳があげられない場合や、母乳が足りなくて赤ちゃんの成長が心配なとき、1日じゅう授乳している状態になってママがつらいときなどは、母乳にこだわりすぎる必要はありません。ただ、産後1カ月までは赤ちゃんに吸ってもらうことで母乳の分泌がよくなるので、できるだけ赤ちゃんに吸ってもらうことは続けましょう。

粉ミルクの場合は、母乳にくらべて消化するまでに時間がかかるので、授乳と授乳の間は2～3時間あけて飲ませます。飲ませたあとは、母乳と同じように縦抱きにして赤ちゃんにゲップをさせてください。

正確にはかることが大切です

ミルクの授乳で大切なのは、量を正確にはかること。哺乳びんを用意して、一度沸騰させてから調乳に適した70度程度に冷ました湯を、でき上がりの半量入れます。粉ミルクの缶に付属しているスプーンとすり切りを使い、正確にはかったミルクを哺乳びんに加え、回しながら完全にとかしましょう。残り半分量の湯を入れたら、ひじの内側に数滴たらして、温度を確認します。

飲ませるときは、赤ちゃんを抱っこして、母乳のときと同じようにまず高さを調節します。赤ちゃんの目を見ながら「おなかがすいてたのね」「おいしいね」などと言葉をかけてあげて。赤ちゃんによっては乳首の形やサイズ、穴の大きさやその形などが合わないことがあるので、何回か飲ませて様子を見るといいでしょう。

飲み残したミルクは雑菌がふえてしまうので、必ず捨てるようにします。同じ理由で作り置きも厳禁です。

夜中の授乳に必要なもの

- 哺乳びん
- 調乳用ポット
- 1回分ずつ計量した粉ミルク
- 乳首
- ガーゼ

↓

あらかじめセットしておく

ミルクを飲ませるときのポイント

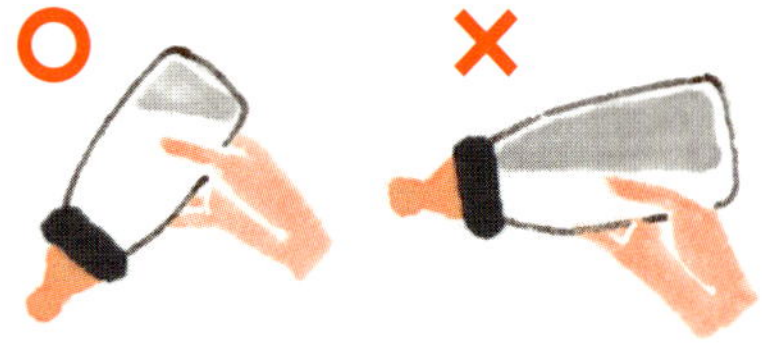

哺乳びんは大きく傾けて

ミルクの面が乳首の縁よりも低くなると、赤ちゃんは空気を吸い込んでうまく飲めないので、傾きを調節して。ミルクの量が少なくなってきたら、傾きをより大きくします。

母乳と同じように乳首の根元まで深くくわえさせる

あごの発達を促すため、深くくわえないと飲めない乳首がほとんどなので、しっかりくわえさせます。根元までくわえて飲むことであごの発達が促され、離乳食を食べるときに、かみくだく力もはぐぐまれます。

もっと知りたい授乳 Q&A

Q 母乳がよく出る食べ物はありますか?

生まれたらぜひ母乳で、と思っています。妊娠中から食べておくとよいものはありますか?

A 「これがよい」という食べ物はありませんが、母乳はママの血液からつくられるので、ママが何を食べるかは大切です。偏食にならないよう、バランスよく食べましょう。

Q 母乳マッサージって痛いですか? したほうがいい?

先に出産した友だちから、母乳マッサージが痛かったと聞きました。しないといけないのでしょうか?

A 母乳マッサージの目的は、乳房の基底部をよく動かして血流をよくし、母乳の通り道を作ることです。乳房そのものを押したりするわけではないので、心配しなくて大丈夫です。

Q 母乳の出が悪いので、ミルクを足してもいい?

赤ちゃんが泣いてかわいそうです。でも、ミルクを足したら、母乳が出なくならないでしょうか?

A ミルクを足すことにはなんの問題もありませんが、母乳は赤ちゃんが吸うことで分泌がよくなります。今回は母乳、次はミルクとするのではなく、毎回、まず先に母乳を飲ませてからミルクを飲ませるようにしましょう。

Q かぜをひいても母乳をあげて大丈夫?

ウイルスが体に入った状態だと思うと心配。薬を飲んだときは、母乳はやめたほうがいいですよね?

A ママを通してかぜの免疫物質をもらえることになるので、いつもどおり飲ませてかまいません。一般的なかぜ薬や抗生物質も、母乳にはほとんど影響がないので大丈夫です。

Q 乳首が切れて痛いときはあげなくていい?

乳首をはずすときに引っぱってしまい、傷ついてしまいました。痛いので、しばらくミルクにしたいのですが……。

A 母乳は、吸わせないとホルモンの分泌が減り、出が悪くなります。乾燥するとますます悪化するので、ワセリンなど赤ちゃんの口に入っても安心な保湿剤を使い、ケアしながら授乳を続けましょう。しばらくなら搾乳しても◯。

Q 使用後の哺乳びんは洗えばOKですか?

使った哺乳びんは、専用の洗剤を使って洗えばいいのでしょうか? どこに保管すればいいの?

A 哺乳びんは洗ったあと、殺菌消毒する必要があります。専用の薬液を使うものや電子レンジで消毒するものなどタイプがあり、そのまま保管できるので、使いやすいものを選びましょう。

産後

紙おむつ、布おむつ、それぞれの特徴を知って、じょうずに使い分けを

育児レッスン・おむつ替え

生まれてから約2年間は、お世話になるおむつ。赤ちゃんとの相性とママの手間を考えて、いちばんよいものを選びたいもの。TPOによる使い分けもいいですね。

布おむつと紙おむつをじょうずに併用

日本の紙おむつの性能は優れているので、紙おむつが主流です。でも、経済的な面やエコのためということから、布おむつだけで、あるいは布おむつと紙おむつを併用したいというママも最近はふえています。

併用している人は、昼間は布おむつを使い、夜間や外出のときには紙おむつと使い分けることが多いよう。ママの余裕があるときは布にし、パパに預けるときなどは紙というように使い分けてもいいですね。

赤ちゃんが泣いたら、まずおむつチェック

生まれてすぐの赤ちゃんは、1日に10回以上おしっこやうんちをすることも珍しくありません。赤ちゃんが泣いたらまずおむつをチェック。授乳の前とあとにも、おむつをのぞいてあげましょう。

こまめに替えることで、おむつかぶれの予防にもなります。もし、おしりがかぶれて赤くなってしまったら、おしりをきれいにしたあとに、保湿するようにすると赤みがおさまってきます。

出産前は紙おむつ1パックを準備

新生児用の紙おむつは、小さめで生まれた赤ちゃんならば、2〜3カ月まで使うことができますが、大きめで生まれると、1カ月たたないうちに使えなくなることも。

サイズの合わない紙おむつを使っていると、うんちやおしっこがもれる原因にもなります。出産前はすぐに使う量だけを用意して、出産後に様子を見ながら買い足しましょう。

布でも紙でもうんちはできるだけトイレに流し、紙なら1つずつビニール袋に入れて、フタつきのバケツに捨てるとさほどにおいません。布おむつはおむつ用洗剤をといたバケツにつけおきし、ある程度たまったら洗濯します。

覚えておこう!

- 経済的な布おむつ、便利な紙おむつ、それぞれをうまく使って
- 新生児用紙おむつは1パック用意し、産後に買い足しを
- 新生児のおむつ替えは1日10回以上
- 赤ちゃんが泣いたらまずおむつをチェック
- こまめに替えて、おむつかぶれを予防しましょう

紙おむつ

1
新しいおむつを広げて用意

新生児期のおむつ替えはスピードが勝負。新しいおむつは前もって広げておくのが鉄則。

2
広げたおむつをおしりに当てます

テープを留めつける側が前になります。おへそが隠れないように当てましょう。

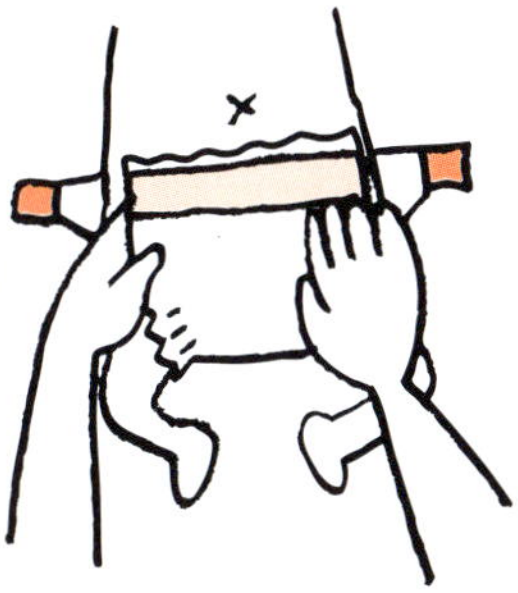

3
左右対称にテープを留めます

位置をマークで確認しながら、テープを留めます。

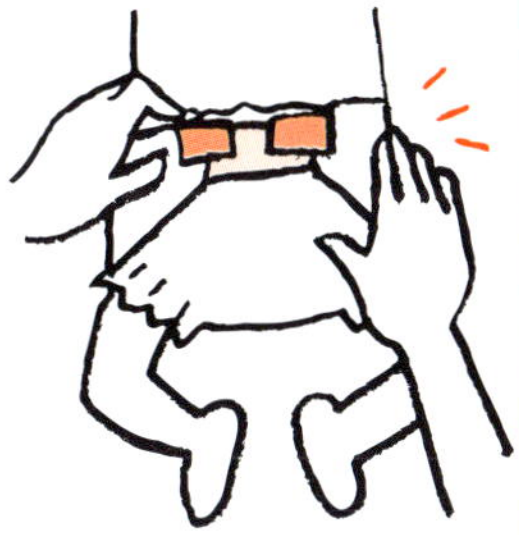

4
最後に、サイドギャザーを必ずチェック

おなかや足ぐりのゆとりを点検、横もれ防止のためサイドギャザーを外側に出します。

布おむつ

1
折ったおむつを、カバーの上にセット

適度な大きさに折り、おむつカバーの上にセット。ライナーを敷けば、おしりがサラッと。

2
男の子は前を、女の子は後ろを厚めに

おむつを赤ちゃんのおしりに当てます。折り方を男女でかえるのは、おしっこもれを予防するため。

3
指1～2本余裕をもたせてベルトを留める

カバーのベルトを、左右対称におなかに留めます。きつすぎないよう注意。

4
最終チェックをしてでき上がり!

カバーからおむつがはみ出しているともれるので、カバーの中に押し込んで。

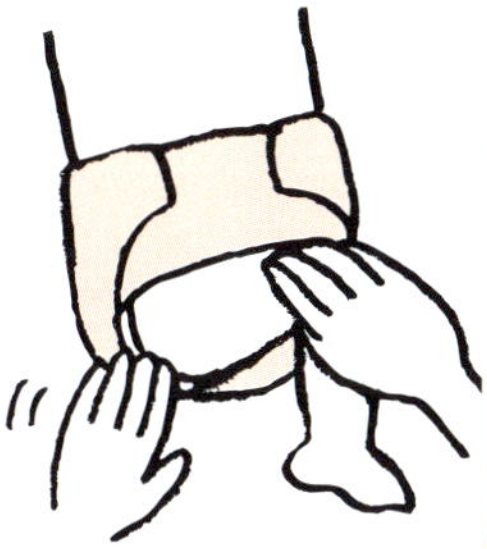

産後

育児レッスン・沐浴

1日1回の「おふろ」で赤ちゃんもサッパリ

お世話の中でいちばん大変な沐浴。首がすわっていない赤ちゃんを洗うのは体力と慣れが必要。でも、新陳代謝が活発な赤ちゃんの清潔と快適のため、毎日欠かさずに。

おへそが乾くまでは、ベビーバスで沐浴を

汗っかきの赤ちゃんは、こまめな沐浴でお肌をいつも清潔にしておきましょう。汗をそのままにしておくと雑菌が繁殖して、あせもや湿疹の原因になります。

沐浴は、昼間でも夜でもかまいません。ママがひとりで赤ちゃんをおふろに入れるのは大変なので、家族に手伝ってもらいやすい時間帯がよいでしょう。

おへそが乾くまでは傷口から細菌などが入るといけないので、新しいお湯を入れたベビーバスが安心。大人といっしょのおふろは、1カ月健診をすませてから。

湯冷めしないように部屋を暖めて

母乳やミルクを飲ませてから沐浴までは、30分以上はあけたほうがよいので、授乳のタイミングを見て沐浴させる時間を決めます。赤ちゃんが湯冷めしないように、部屋を暖めておきましょう。

シャンプーや体を洗うガーゼ、着替え、タオル、綿棒などのお手入れの道具もすべて準備しておきます。

着替えは、ベビードレスや肌着を重ねてそでを通しておきます。その上におむつやタオルなどを重ねて、セットしておきましょう

手早く洗い、沐浴後には水分補給

顔、頭、首、胸と上から順に洗っていきます。汗がたまりやすい、くびれの奥や、おしり回りは特にていねいに洗いましょう。

沐浴のあとは、吸湿性のよいタオルでしっかりすばやく水分をふきとって。ぬれたままだと、体が冷えてかぜをひいたり、おなかをこわしたりするので注意。へその緒がジクジクしているうちは、水けをとってよく乾かします。

着替え終わったら、水分補給を忘れずに。また、鼻や耳、つめのお手入れも、おふろ上がりがベスト。つめは伸びやすいので、こまめに切りましょう。

覚えておこう!

- 赤ちゃんは汗をかきやすいのでこまめな沐浴を
- 沐浴は昼でも夜でもOK
- 1カ月健診まではベビーバスで
- 授乳後30分以上あいてからに
- 上から順に手早く洗い、部屋を暖めて湯冷めを防止
- グルーミンググッズや着替えを準備しておきましょう

沐浴の手順

1 お湯にひじを入れ、温度を調節

夏はややぬるめの38～40度、冬はやや高めの40度前後で。

2 足から静かにおふろへ

裸だと不安になるので沐浴布をかけて、足からそっと入れます。

3 お湯をかけ体をあたためる

あたたかいお湯につけたら、まずは体をあたためてあげて。

4 ガーゼで顔や頭を洗って

お湯でしぼったガーゼで顔、頭、胸、おなか、足と、体の前側を洗います。

5 腹ばいにして体の背側を洗います

あごと両腕を大人の腕にのせ、うつぶせに。背中とおしりを洗って。

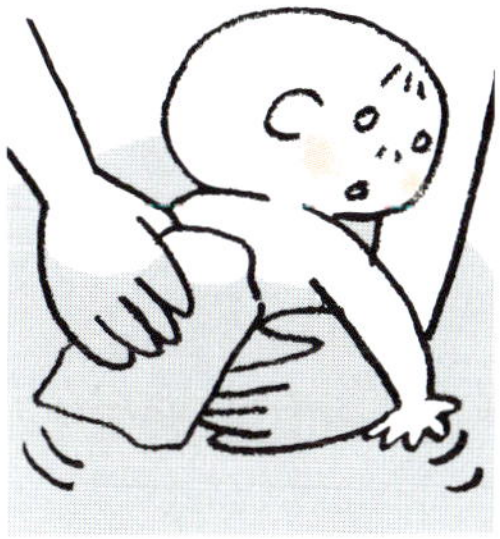

6 指の間に汚れが残ってる?

指の間などこまかい部分も忘れずに。上がり湯をかけて終了。

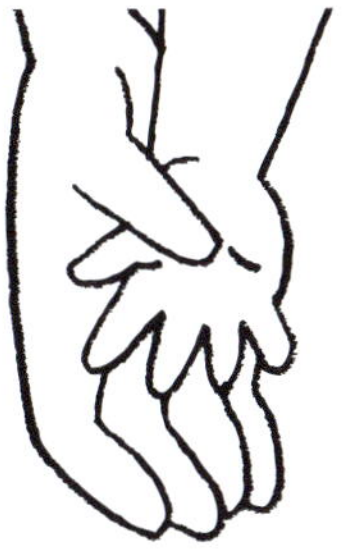

7 タオルで水けをふきとって

タオルで包んで、軽く押さえるようにして、水けをふきとります。

8 首やわきの下、手足のくびれも

髪の毛、首やわきの下、股、手足のくびれも水分をふきとって。

さくいん

【さ行】

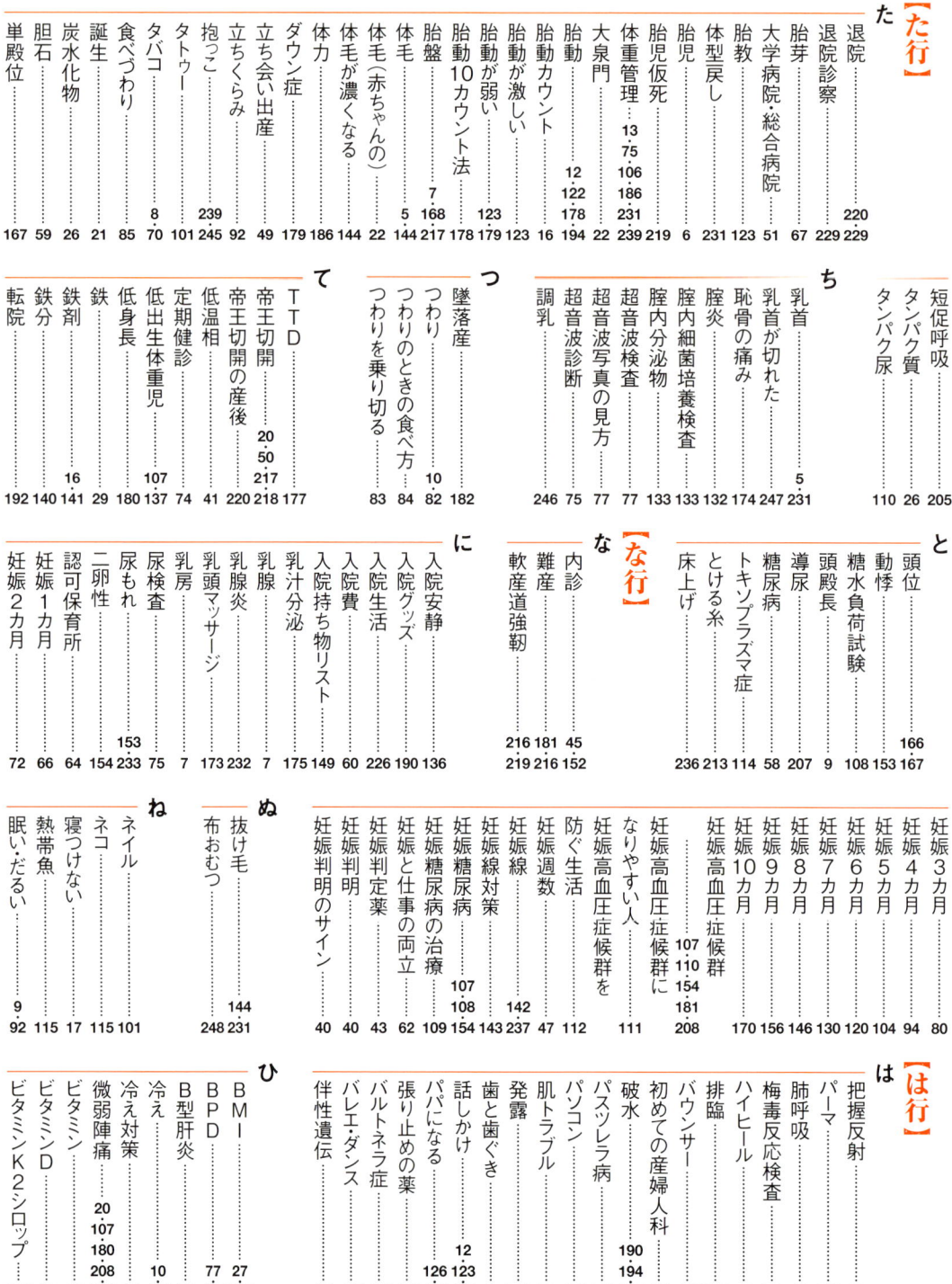

表紙デザイン　大薮胤美（フレーズ）
カバーイラスト　カツヤマケイコ
本文デザイン　舩木幸政・澁谷明美（Cima Coppi）
本文イラスト　福井典子　うつみちはる　カツヤマケイコ　aque
ゴトオチエ　佐藤昌子　高沢幸子　高橋ユウ
料理　ほりえさわこ
マタニティ・ヨガ指導　松本智子（マヒナマイン）
撮影　加藤しのぶ　埒 由起子
主婦の友社写真課
読者モデル　清水圭子さん・正大さん・俐玖《りく》くん（P18～21）、
河野圭徳《けんと》くん（P22）、
谷口織絵さん・紗結《さゆ》ちゃん（P23）
編集協力　荒木晶子
笠井たまき　角 美奈子　木村泰子　長澤幸代
編集デスク　関川香織（主婦の友社）

☆本書は『Pre-mo』に掲載された記事をもとに、新たに構成したものです。
また、内容は2012年8月現在のものです。

監修 北川道弘
国立成育医療研究センター 副院長

1974年、東京慈恵会医科大学卒業。南カリフォルニア大学分子生物学教室留学、1995年同大学助教授。国立成育医療センター周産期診療部長を経て、2008年より同センター副院長に就任。東京慈恵会医科大学客員教授も併任。専門分野 周産期医学、出生前診断。

主婦の友新実用BOOKS
最新《さいしん》 はじめての妊娠《にんしん》&出産《しゅっさん》

平成24年10月10日　第1刷発行

編者　主婦の友社
発行者　荻野善之
発行所　株式会社　主婦の友社
〒101-8911
東京都千代田区神田駿河台2-9
電話　03-5280-7522（編集）
03-5280-7551（販売）
印刷所　大日本印刷株式会社

Printed in Japan　ISBN978-4-07-283819-8